齐召南年谱

台州文化研究丛书

陈爱平 著

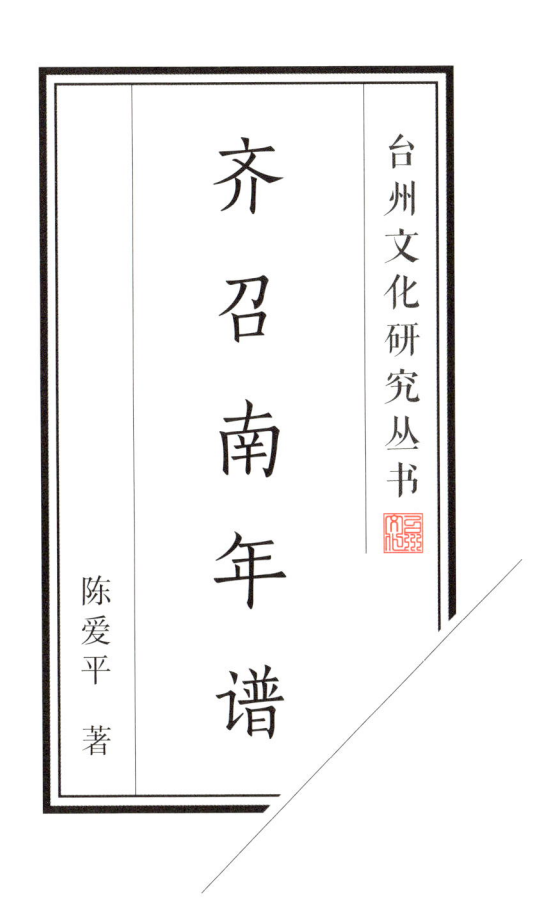

上海古籍出版社

图书在版编目(CIP)数据

齐召南年谱/陈爱平著. —上海：上海古籍出版社，2021.4
(台州文化研究丛书)
ISBN 978-7-5325-9913-4

Ⅰ.①齐… Ⅱ.①陈… Ⅲ.①齐召南—年谱 Ⅳ.①K827=49

中国版本图书馆 CIP 数据核字(2021)第 053763 号

台州文化研究丛书·第五辑
齐召南年谱
陈爱平 著
上海古籍出版社出版发行

(上海瑞金二路 272 号 邮政编码 200020)
(1) 网址：www.guji.com.cn
(2) E-mail：guji1@guji.com.cn
(3) 易文网网址：www.ewen.co
江阴市机关印刷服务有限公司印刷
开本 710×1000 1/16 印张 21 插页 5 字数 270,000
2021 年 4 月第 1 版 2021 年 4 月第 1 次印刷
印数：1—1,500
ISBN 978-7-5325-9913-4
K·2976 定价：98.00 元
如有质量问题，请与承印公司联系

《台州文献丛书》编纂指导委员会

主　　　任　李跃旗　吴海平
副　主　任　叶海燕　沈宛如　吴丽慧　李立飞
　　　　　　陈光亭　陈　春
执行副主任　叶海燕
委　　　员　颜邦林　李创求　张海星　赵小明
　　　　　　陈红雷　林　慷　李玲玲　孙　敏
　　　　　　郑志敏　颜士平　黄人川　陈　曦
　　　　　　吕振兴　陈文献　李欠梅

《台州文献丛书》编纂委员会

主　任　吕振兴
副主任　陈　波　蒋天平　周　琦　徐三见
委　员　胡正武　毛　旭　劳宇红　李先供
　　　　叶慧洁　姜金宇　王荣杰　李东飞
　　　　舒建秋　蒋朝永　华　伟　戴　峥

《台州文献丛书》咨询委员会

主　任　陈高华
副主任　张涌泉
委　员　(按姓氏笔画为序)
　　　　史晋川　吴秀明　林家骊　陈立旭
　　　　龚贤明　董　平

《台州文献丛书》文化研究编辑部

主　编　周　琦
副主编　严振非
编　委　何善蒙　陈　雄　胡平法　丁式贤
　　　　曾其海　王　及　楼祖民　任林豪
　　　　马曙明　郑瑛中　徐永恩　许世琪
　　　　吴茂云

台州文献丛书总序

　　台州位于浙江中部沿海，境内群山起伏，丘陵错落，河道纵横，岛屿众多。1984年发现的仙居下汤遗址，证明早在9 000至1万年前，就有先民在这里活动。今台州、温州、丽水以及闽北一带古称"东越"。战国时期，越王子裔在这一带与东瓯人融合，建立东瓯政权。即使从西汉昭帝始元二年（公元前85年）置回浦县算起，至今也有2 000多年的历史。一代又一代的台州人在这里耕山耘海，战天斗地，与时俱进，在改造自然、改造社会、发展自己的同时，积累了丰富的知识，留下了浩繁的文献。

　　三国吴沈莹著《临海水土异物志》，对台州的水稻双熟制及野生植物有所记载。宋朝陈仁玉著成《菌谱》，为目前所知世界最早的食用菌专著。徐似道著的《检验尸格》是我国第一部司法验尸技术著作。陈骙著的《文则》为我国第一部修辞学著作。赵汝适撰有《诸蕃志》，为我国第一部记述中外交通、贸易与外国物产风土的志书。贾似道著有《促织经》，为世界上第一部昆虫学专著。陈詠著成《全芳备祖》，为我国第一部植物学辞典。明朝王士性所著《广志绎》包含丰富的地理学思想与地理学资料。戚继光在台州抗倭靖海，留下了不朽的军事著作《纪效新书》。清朝的齐召南历经三十年著成《水道提纲》，是研究河流的巨著。李诚编《万山纲目》，是研究山脉的杰作。台州在南朝时就开创了佛教天台宗，北宋时又创立了道教南宗祖庭，被称为佛宗道源，历代高僧名道留下了许多佛学、道教著述。唐朝郑虔左迁台州，聚徒讲学，开台州教育之先河；南宋时台州成为辅郡，淳熙年间，著名理学家朱熹驻节台州，讲学各地，文教特盛。台州被称为"小邹鲁"，历代的儒学著作蔚为大观。历朝历代，有许多台州人出仕游宦，留下了许多"经济之学"的奏疏，至于属于"辞章之学"的诗文，更是车载斗量。台州文献是祖国文化宝藏的一个有机组成部分，有许多著作在全国乃至全世界产生了广泛的影响，对人类文明做出了巨大的贡献。

古人文献虽然也记载着一些自然科学知识，但记载得更多的是历史、人物、典章制度、诗词文赋等人文科学知识。文献不仅记载着知识，也承载着精神。知识经常更新，精神一脉相承。台州精神的发展是有台州传统文化基因的。台州人的硬气自古有名，台州的和合文化近年来也被广为传扬。改革开放以来，台州人敢为天下先，发展民营经济，创造了"台州现象"，使台州从一个相对落后的地区，发展成为股份合作制经济发祥地、长三角地区先进制造业基地、中国民营经济最具活力城市、国家小微企业金融服务改革创新试验区、国家社会信用体系建设示范城市、浙江省湾区经济发展试验区、国家卫生城市、国家森林城市、全国环保模范城市、中国优秀旅游城市、全国文明城市、中国最具幸福感城市，这些都与台州精神的发扬光大不无关系。台州精神，不同的学者有不同的表述，但都与硬气、和合等台州传统文化的基因有千丝万缕的联系。

当前，台州发展已经迈上了新时代新征程。我们要以党的十九大精神统领全局，高举习近平新时代中国特色社会主义思想伟大旗帜，拉高标杆，争先进位，全力推动高质量发展，全面深化改革，再创民营经济新辉煌，加快建设独具魅力的"山海水城、和合圣地、制造之都"，奋力谱写"两个高水平"台州篇章。这不仅需要我们总结台州的新民主主义革命、社会主义革命和社会主义建设，特别是近四十年改革开放的实践和经验，也要总结自清朝上溯至先秦等台州先人积累的各种知识和经验，继承其精华，抛弃其糟粕，使传统与现代融为一体，坚定台州文化认同、文化自信。因此加强台州文献的发掘、研究、整理和利用，意义非常重大。

台州人对文献的发掘、整理和研究，有着悠久的历史传统。南宋台州学者陈耆卿在编撰台州现存的第一部总志《嘉定赤城志》时，首设《辨误门》，记载了他对文献的一些研究成果，被认为是台州文献整理工作的滥觞。至清朝、民国，滥觞演变为巨流，出现了一大批成果：如黄瑞《台州金石录》、洪颐煊《台州札记》、戚学标《台州外书》、王棻《台学统》、宋世荦《台州丛书》等。这些成果有的属于考据，有的属于辑佚，有的属于汇编。从民国进入新中国的项士元先生，为台州文献的保护和整理工作做出了重要贡献。至改革开放以后，台州文献的整理、研究工作得到地方党委、政府的高度重视，其中启动于2011年的《台州文献丛书》编纂工程，因其科学性、系统性、丰富性，以及巨大的工作量形成地方文献整理、研究的一个高峰！

《台州文献丛书》包括台州文献典籍的影印、台州先贤著作的点校整理以及对台州历史文化进行理论研究的《台州文化研究丛书》三大块面。《台州文献丛书》的编纂工程，是一项聚全市之力的重大文化工程，在台州文化史上具有里程碑意义。这部丛书是地方历史文化的结晶，为世人打开了解台州地方文化的窗口。愿优秀的历史文化更好地传承和弘扬，服务当代，惠泽未来。

《台州文献丛书》编纂委员会

2018年4月

导　言

齐召南,字次风,号琼台,晚年号息园,生于康熙四十二年(1703)正月十一日,卒于乾隆三十三年(1768)五月廿三,浙江天台人。雍正十一年,举博学鸿词,齐召南以副榜贡生被荐举。乾隆元年,齐召南在廷试中获二等,选庶吉士,散馆后授检讨。乾隆八年,擢中允,迁侍读。乾隆九年,以父丧去官,丁忧期间,齐召南校勘《礼记》,撰《汉书考证》等。乾隆十二年,齐召南复为侍读学士。乾隆十三年,齐召南擢内阁学士,命上书房行走,迁礼部侍郎。乾隆十四年夏,齐召南坠马,头部触石,受重伤,以原官离任。齐召南于乾隆二十年受浙江巡抚周人骥之邀,主持敷文书院,至乾隆三十年束装归里,历十一年。乾隆三十二年十月,其堂兄齐周华文字狱案发,齐召南受牵连被抄家,受此打击,于乾隆三十三年五月病逝,终年六十六。

齐召南在朝中做官,深受乾隆帝的喜欢。乾隆十三年五月,御试翰詹八十七人于乾清宫,试题是《竹泉春雨赋》《洞庭张乐诗》和陈时务疏,齐召南的《竹泉春雨赋》御定为一等第一名,随即齐召南被擢内阁学士兼礼部侍郎。乾隆十三年,乾隆皇帝在宁古塔得到一枚古镜,不知道这枚古镜的出处,询问了多人,没有人能够说出其出处,最后是齐召南考证出这枚古镜的来历。乾隆帝非常高兴,对左右的人说:"是不愧博学鸿词矣!"乾隆十三年九月,乾隆帝在西苑射箭,发十九矢皆中,为此齐召南进诗四首,序一篇,乾隆帝阅后朱批,随即和韵四章,让齐召南感到非常荣幸。数日后,齐召南充文献通考副总裁官。乾隆十四年四月,齐召南坠马,头部受重伤,乾隆帝非常关心齐召南的病情恢复情况,反复问询,并要果亲王阿哥派人探问。年末,乾隆帝于弘德殿召见齐召南,询问病情,准齐召南以原衔回籍调理。齐召南虽然不再任官,但乾隆帝每次南巡,齐召南都参与迎驾。他参与了乾隆十六年、二十二年、二十七年、三十年这四次迎驾。每次迎驾,乾隆帝都要单独问询一下齐召南的病情,以示关怀。其中的乾隆二十二年、二十七年、三十年这三次,乾隆帝驾幸齐召南任山长的敷文书院,赋诗、御制对联等,对齐召南关爱有加。

至今,齐召南的个人文献资料虽然不全,但大部分都保留了下来。目前所见的齐召南的个人文献资料情况,下面做一个梳理。

现存于临海博物馆的齐召南诗文集抄本或稿本有:《息园诗录》(一卷)、《赐砚堂诗稿》(二册,不分卷)、《琼台拙文》(一卷)、《赐砚堂遗墨》(一卷)、《宝纶堂诗目》(一册)、《齐胡二家诗抄》(一册)、《和陶百咏·木屑编》(一册两种)、《松岭偶集》(一卷)、《瑞竹堂词》(一卷)、《宝纶堂诗文集句》(一卷)。这些抄本通常卷数不多,有的一种有两个抄本的,如《赐砚堂诗稿》就有两个抄本。将其中的部分抄本与《宝纶堂诗文集》对照,可发现抄本保存了齐召南更多的原著的内容;可惜抄本内容实在太少,多是摘抄齐召南原著中的少量章节。临海博物馆还藏有《云根石天然图书谱》一册(清刻本)、《齐太史移居唱酬集》(掣古斋)。

齐召南的诗文集中,还有几种抄本藏于其他图书馆,《双砚堂集句》四卷附一卷,藏于北京图书馆,《台山初稿瑞竹堂诗》四卷,藏于安徽省图书馆,《琼台拙文稿》一卷,藏于吉林大学图书馆。

以上齐召南的诗文集抄本、稿本、刻本,不易见到,须到当地图书馆、博物馆才能阅览。整理过的齐召南诗文集,现在常见版本有《宝纶堂文钞》《宝纶堂诗钞》,嘉庆二年刻本,收录在《续修四库全书》第1428册中。《宝纶堂续集》(掣古斋)、《宝纶堂外集》(扫叶山房石印),这两种收录在《清代诗文集汇编》第300册中。齐召南的主要诗文,多收录在以上这四种刻本中,这四种刻本是研究齐召南个人经历、思想的重要文献。

以上主要谈的齐召南的个人诗文资料,以下就他参与的著述活动做一个梳理。齐召南的个人经历主要是两段,一个阶段是自乾隆元年至乾隆十四年在朝廷做官,还有一个阶段是乾隆二十年至乾隆三十年这十一年间,在敷文书院任山长,齐召南的大部分学术活动都在这两段时期。齐召南自乾隆元年至乾隆十四年间,他在朝廷主要是从事校勘、整理古籍及著述活动,以下著作,是齐召南自己主持或与他人一同合作的,如《尚书注疏考证》《春秋左传注疏》《春秋穀梁传注疏》《春秋公羊传注疏》《礼记注疏考证》《〈前汉书〉考证》《〈后汉书〉考证》《〈史记〉考证》《〈魏书〉考证》《〈隋书〉考证》《〈旧唐书〉考证》《〈宋史〉考证《明鉴前纪》等。康熙《大清一统志》的修纂，是齐召南参加的一项重要的著述活动，其中，河南、山东、江苏、安徽、福建、云南六省皆为齐召南编辑，外藩、属国亦为齐召南创稿。外藩、属国这两部分是《一统志》最难的部分，在齐召南之前，就有多人参与编辑而未能完成，最终由齐召南完稿。在敷文书院，从乾隆二十四年开始，齐召南主持修纂《温州府志》《永嘉县志》两志书。除此之外，齐召南还绘制过《天台山十景图》，编辑了《天台山志要》十二卷。

齐召南最为重要的学术成果是《水道提纲》一书，他的学术地位，是由《水道提纲》一书奠定的，这里有必要对他的这一成果单独做一些介绍。齐召南参与康熙《大清一统志》修纂时，志馆设在他的老师任兰枝家，齐召南实际上成了一统志的最后统稿人。修志过程中，齐召南有机会接触全国大部分的志书资料，而历代志书详于政区，略于水道，与修编纂同仁都感叹自《水经注》以来的一千多年没有全国水道著作，齐召南就是在编修一统志时，开始收集全国水道资料，为以后完成《水道提纲》一书，提供了坚实的文献基础。齐召南在收集水道资料时，有幸见到中国第一次，也是亚洲第一幅使用经纬度方法测量的《皇舆全览图》，虽然这幅图缺西域部分，但齐召南可能是中国历史上第一个使用经纬度定位方法标注河流地理位置的人。齐召南头部受伤之后回天台，开始编纂《水道提纲》一书，成书于乾隆二十六年。乾隆三十七年，也就是齐召南卒后五年，乾隆帝下命搜访遗书，齐召南的儿子齐式迁以稿进呈。第二年四库开馆时，被录入四库全书，清代当朝的著作能被录入四库全书的，被同时代的人认可的著作，是非常少的，由此可知《水道提纲》一书的价值。《水道提纲》虽被录入四库全书，但因是抄本，流传不广，知道的人并不多。直到乾隆四十一年，齐召南的弟子戴殿海、戴殿泗兄弟等刊刻之后，《水道提纲》才广为流传。《水道提纲》最大的成就是记载大清版图最大时期的中国水系，将大清版图范围内的水系作了全面系统的梳理。与《水经注》比较而言，《水道提纲》所记载的水系范围要大得多，《水经注》是详于北而略于南，《水道提纲》成书于乾隆间，正是中国版图最大的时候，其涉及的水系，东北到库页岛，北方到外蒙古，西北至巴尔喀什湖，西南到云南、西藏，东南到台湾，对后人研究两百多年前中国水系有着重要的价值。现在《水道提纲》点校本虽然已出，但深入系统研究《水道提纲》一书的成果尚少。

齐召南于乾隆元年被荐举博学鸿词时，新登基的乾隆皇帝就热衷于编辑、整理书籍，《三礼义疏》《四书》文、《大清通礼》《明纪纲目》《律吕正义后编》《大清会典》《续文献通考》等官修著作，都是此时开编的。齐召南本人也参与了多种书籍的编校、考证、著述。乾隆时学者私人著述大盛，汪绂的《孝经章句》《或问》《春秋集传》《紫阳书院记》《书经诠义》，全祖望《天一阁碑目》《水经注》，程廷祚的《易通》《大易择言》，王懋竑的《朱子年谱》《理学逢源》，杭世骏的《续礼记集说》《订讹类编》，惠栋《古文尚书考》《易汉学》，戴震的《六书论》《考工记图》《转语二十章》《尔雅文字考》《诗补传》《勾股割图记》，顾栋高的《春秋大事表》《毛诗订诂》，沈彤的《周官禄田考》，秦蕙田《五礼通考》，钱大昕《三统术衍》等等著作，纷纷在这时出现。我们通常所说的乾嘉学术的重要人物，在这时次第登场。乾嘉学术的核心代表人物如纪昀、戴震、钱大昕等，齐召南与他们的年龄只相差二十多岁。纪昀在乾隆十二年参加顺天府乡试，齐召南是顺天武乡试正考官，纪昀于乾隆十三年参加会试时，齐召南是会试同考官。正是在乾隆十二年、十三年间，戴震的老师程恂将戴震的《考工记图》一书带给齐召南看，齐召南叹为奇书。乾隆十四年，齐召南因头部受伤离开了北京，若不是这个意外的原因，齐召南就会与随后入朝做官的纪昀、钱大昕、戴震等同朝为官。齐召南与其中一些重要人物都有联系，可以称得上是乾嘉学术早期的重要人物之一，其代表作《水道提纲》，需要做进一步深入研究。

  对于齐召南这样一位有重要学术成就的乾嘉学派早期人物，现在缺乏研究，为他作年谱，可以厘清其交游关系和社会背景，为进一步研究做准备。

  查阅资料显示，过去已有三种齐召南年谱，齐召南《自编年谱》、齐中嶔的《齐侍郎年谱》和干人俊的《齐召南年谱》。干人俊的《齐召南年谱》四卷（稿本），现收录在《宁海丛书》中，第一卷主要收录齐召南本传、墓表等，第二卷是齐召南的家族世系，第三卷才是齐召南年谱，第四卷收录了齐召南一些重要文章。从干人俊的行文看，他没有见过《齐侍郎年谱》。浙江省图书馆藏有齐中嶔的《齐侍郎年谱》，2012年8月，我去浙江省图书馆抄阅，当抄到一小部分时，我感觉到《齐侍郎年谱》就是齐召南的《自编年谱》，当抄完之后，更进一步确信这部《齐侍郎年谱》正是齐召南的《自编年谱》。理由有两条，第一，《齐侍郎年谱》非常简洁，只有五千多字，内容主要涉及齐召南做官的经历，尤其是对齐召南三次迎銮及得到皇上的赏赐记载得较细致，而对齐召南其他事迹、交往的人物，提得很少。从文笔风格和人物称呼来看，这段文字正是杭世骏在《礼部侍郎齐公墓志铭》所说的齐召南《自编年谱》。第二，《齐侍郎年谱》截止时间是乾隆三十年(1765)，这年齐召南六十三岁，是年十月齐召南自敷文书院山长位上辞职回天台，随即撰写了《自编年谱》。如果是齐中嶔撰写《齐侍郎年谱》，不至于只写到齐召南六十三岁(齐召南终年六十六)。齐召南的《自编年谱》应当是由齐中嶔手抄并保存了下来。我是先完成《齐召南年谱》初稿，之后去杭州抄录了《齐侍郎年谱》。由于《齐侍郎年谱》中所记录时间较为细致，颇有价值，故行文之中，将《齐侍郎年谱》内容亦依照时间顺序录入。

编写过程中，为了起到参照作用，适当编辑了一些背景资料，主要有一些重要学术人物传记，对于朝廷的重要著述活动，也择要录入。与齐召南交游密切的人物，从事著述、书院任教、题诗、题画等文化学术活动，也有选择地记录。对于有个人年谱的，一律使用谱主的年谱，对于没有年谱的，则直接使用其诗文集，从中辑出诗文标题。由于齐召南最后因其堂兄齐周华的文字狱牵连而殒命，文字狱是清朝时重要的反学术活动，作为一种参考，将主要文字狱也一并录入。通过这些相关内容，可以看出齐召南所处时代的学术文化背景。凡是与齐召南有关的人物，或者齐召南诗文集中提到的人物，尽可能查阅生平，并注明出处。对于无法查证的人物、事件，暂缺。对于齐召南诗文集中的诗文，凡是能够查证时间的，一律系于编年之下，对于那些时间、事件不详的，原则上不录入。

为了更好地理解齐召南，虽然已将《齐侍郎年谱》中主要内容依时间顺序列入了年谱，但较为分散，作为一个整体，特将《齐侍郎年谱》列入附录中。另外，为了方便了解齐召南本人的简历，又将其年谱做了简化，只录入齐召南本人的重要事迹，其他人物的活动，或一些背景资料都删去，缩减成《齐召南年谱简编》，也作为附录附在书后。

目 录

台州文献丛书总序 …………………………………………………… 1

导言 …………………………………………………………………… 1
齐召南年谱 …………………………………………………………… 1
    康熙四十二年（1703　癸未）一岁 ………………………………… 1
    康熙四十三年（1704　甲申）二岁 ………………………………… 3
    康熙四十四年（1705　乙酉）三岁 ………………………………… 3
    康熙四十五年（1706　丙戌）四岁 ………………………………… 3
    康熙四十六年（1707　丁亥）五岁 ………………………………… 3
    康熙四十七年（1708　戊子）六岁 ………………………………… 3
    康熙四十八年（1709　己丑）七岁 ………………………………… 4
    康熙四十九年（1710　庚寅）八岁 ………………………………… 4
    康 熙 五 十 年（1711　辛卯）九岁 ………………………………… 5
    康熙五十一年（1712　壬辰）十岁 ………………………………… 5
    康熙五十二年（1713　癸巳）十一岁 ……………………………… 5
    康熙五十三年（1714　甲午）十二岁 ……………………………… 5
    康熙五十四年（1715　乙未）十三岁 ……………………………… 6
    康熙五十五年（1716　丙申）十四岁 ……………………………… 6
    康熙五十六年（1717　丁酉）十五岁 ……………………………… 6
    康熙五十七年（1718　戊戌）十六岁 ……………………………… 6
    康熙五十八年（1719　己亥）十七岁 ……………………………… 7
    康熙五十九年（1720　庚子）十八岁 ……………………………… 7

康熙六十年（1721 辛丑）十九岁 …………………………………… 8
康熙六十一年（1722 壬寅）二十岁 …………………………………… 8
雍正元年（1723 癸卯）二十一岁 …………………………………… 9
雍正二年（1724 甲辰）二十二岁 …………………………………… 10
雍正三年（1725 乙巳）二十三岁 …………………………………… 12
雍正四年（1726 丙午）二十四岁 …………………………………… 12
雍正五年（1727 丁未）二十五岁 …………………………………… 14
雍正六年（1728 戊申）二十六岁 …………………………………… 15
雍正七年（1729 己酉）二十七岁 …………………………………… 16
雍正八年（1730 庚戌）二十八岁 …………………………………… 17
雍正九年（1731 辛亥）二十九岁 …………………………………… 19
雍正十年（1732 壬子）三十岁 …………………………………… 23
雍正十一年（1733 癸丑）三十一岁 …………………………………… 24
雍正十二年（1734 甲寅）三十二岁 …………………………………… 26
雍正十三年（1735 乙卯）三十三岁 …………………………………… 33
乾隆元年（1736 丙辰）三十四岁 …………………………………… 34
乾隆二年（1737 丁巳）三十五岁 …………………………………… 44
乾隆三年（1738 戊午）三十六岁 …………………………………… 49
乾隆四年（1739 己未）三十七岁 …………………………………… 61
乾隆五年（1740 庚申）三十八岁 …………………………………… 70
乾隆六年（1741 辛酉）三十九岁 …………………………………… 83
乾隆七年（1742 壬戌）四十岁 …………………………………… 89
乾隆八年（1743 癸亥）四十一岁 …………………………………… 94
乾隆九年（1744 甲子）四十二岁 …………………………………… 103
乾隆十年（1745 乙丑）四十三岁 …………………………………… 108
乾隆十一年（1746 丙寅）四十四岁 …………………………………… 112
乾隆十二年（1747 丁卯）四十五岁 …………………………………… 120
乾隆十三年（1748 戊辰）四十六岁 …………………………………… 130

乾隆十四年（1749　己巳）四十七岁	140
乾隆十五年（1750　庚午）四十八岁	149
乾隆十六年（1751　辛未）四十九岁	153
乾隆十七年（1752　壬申）五十岁	154
乾隆十八年（1753　癸酉）五十一岁	159
乾隆十九年（1754　甲戌）五十二岁	161
乾隆二十年（1755　乙亥）五十三岁	167
乾隆二十一年（1756　丙子）五十四岁	171
乾隆二十二年（1757　丁丑）五十五岁	181
乾隆二十三年（1758　戊寅）五十六岁	185
乾隆二十四年（1759　己卯）五十七岁	192
乾隆二十五年（1760　庚辰）五十八岁	196
乾隆二十六年（1761　辛巳）五十九岁	203
乾隆二十七年（1762　壬午）六十岁	212
乾隆二十八年（1763　癸未）六十一岁	219
乾隆二十九年（1764　甲申）六十二岁	221
乾隆三十年（1765　乙酉）六十三岁	221
乾隆三十一年（1766　丙戌）六十四岁	224
乾隆三十二年（1767　丁亥）六十五岁	227
乾隆三十三年（1768　戊子）六十六岁	231

附录一　齐侍郎年谱 … 233
附录二　齐召南年谱简编 … 242

后记 … 315

作者简介 … 317

康熙四十二年(1703 癸未)一岁

齐召南先世是汴之祥符人，南宋时侨寓杭州。自先祖齐盛中进士第、官宣义郎，始占籍天台。十世祖齐庄卿，在明洪武初授湖广房县知县。七世祖齐汪，是明正统丙辰(1436)进士，官至兵部车驾司郎中，于土木之变中殉难。曾祖父齐之仲，早卒。祖父齐化龙，以德义闻名于乡里。祖母徐氏。父亲齐肃，在地方上以文学著称。母亲张氏。自曾祖之下，都因为齐召南的地位而显贵。齐召南(生于康熙四十二年正月十一日，卒于乾隆三十三年五月廿三)，字次风，号琼台，晚年号息园。齐召南有兄弟六人，他排行第二(杭世骏《资政大夫礼部侍郎齐公墓志铭》)。

关于齐召南传记资料，还有袁枚《原任礼部侍郎齐公墓志铭》[1]，秦瀛《礼部侍郎天台齐公墓表》[2]，陈用光《齐召南传》[3]。李元度辑有《齐次风先生事略》[4]，钱林有《齐召南》[5]。

《清史稿》卷三百五有齐召南传：

> 齐召南，字次风，浙江天台人。幼而颖敏，乡里称神童。雍正十一年，命举博学鸿词，召南以副榜贡生被荐。乾隆元年，廷试二等，改庶吉士，散馆授检讨。八年，御试翰詹各官，擢中允，迁侍读。九年，以父丧去官。时

---

[1] 袁枚《小仓山房文集》卷二十五，《续修四库全书》第1432册，上海古籍出版社，2002年，P279-280。
[2] 秦瀛《小岘山人诗文集》卷五，《续修四库全书》第1464册，P231-232。
[3] 陈用光《太乙舟文集》卷三，《续修四库全书》第1493册，P294-297。
[4] 《国朝先正事略〈2〉》卷四十一，岳麓书社，2008年，P1200-1201。
[5] 《文献征存录》卷五，明文书局，1985年，P853-858。

方校刻经史,召南分撰《礼记》《汉书考证》,命即家撰进。服除,起原官。十二年,迁侍读学士。十三年,复试翰詹各官,以召南列首,擢内阁学士,命上书房行走,迁礼部侍郎。上于宁古塔得古镜,问召南,召南辨其款识,具陈原委。上顾左右曰:"是不愧博学鸿词矣!"上西苑射,发十九矢皆中的,顾尚书蒋溥及召南曰:"不可无诗!"召南进诗,上和以赐。十四年夏,召南散直堕马,触大石,颅几裂。上闻,遣蒙古医就视,赐以药。语皇子宏瞻:"汝师傅病如何?当频使存问!"幸木兰,使赐鹿脯十五束。及冬,入谢,上慰劳,召南因乞归,固请乃许。及行,赐纱、葛各二端。上南巡,屡迎驾,辄问病状,出御制诗命和。上尝询天台、雁宕两山景物,召南对未尝游览。上问:"名胜在乡里间,何以不往?"召南对:"山峻溪深,臣有老母,怵古人登高临深之诫,是以未敢往。"上深嘉之。既而以族人周华为书讪上,逮诣京师,吏议坐隐匿,当流,籍其家。上命夺职放归,还其产十三四。召南归,遂卒。

齐召南七世祖齐汪的传,在民国《台州府志》卷一百十二人物传十三中。另于《明史》卷一百六十七附在王佐的传中。

齐召南祖父的传,在民国《台州府志》卷一百十五人物传十六。

齐召南父齐霱的传,在民国《台州府志》卷一百二十四人物传二十五:

齐霱,化龙子,化龙名在孝友传。霱,字宗器,号省斋,诸生。受学于外舅张利璜,利璜称其雅量,似古人福泽,不可量。性恬淡,不爱荣利,日取马援戒兄子书及崔瑗座右铭以课子。论事多恕,有友谈史多讥贬,霱曰:某代某人可师,某事可法,何不言邪?坐客皆改容谢。乾隆初,有诏举贤良方正,舆论首推霱,县令再三造请,卒不就。临殁,遗命不作佛事,丧不用乐。祖尚,字孟润,号钧磻,亦诸生。母病,刲股以进。邑饥且疫,令讳言灾,适总督巡海,祖尚为书陈状,洋数千言,始获振复。率同志掩埋疫尸,走烈日中,臭腐熏蒸,不少避。乡里皆高其义。霱子,周南、召南、图南、世南、道南,自有传。

齐召南兄弟共六人,有一姊妹。

兄弟六人是齐周南、齐召南、齐图南、齐世南、齐道南、齐指南。一姊妹无名。其中,齐周南、齐图南、齐世南三人传,在民国《台州府志》卷一百二十人物传二十一中。三兄弟传中,附有从弟齐周鬻,及齐图南的儿子齐式赞、齐式诜,齐世南的儿子齐炎、齐式焉,齐周南的孙子齐锄经等传。

是年,齐召南的堂兄齐周华六岁。杭世骏八岁。

康熙四十三年(1704 甲申)二岁

是年,阎若璩、颜元、唐甄卒。汪沆、王会汾生。

康熙四十四年(1705 乙酉)三岁

正月,《古文渊鉴》成,颁赐廷臣,及于学宫。《古文渊鉴》由徐乾学主持编纂。

是年,全祖望生。李颙卒。

康熙四十五年(1706 丙戌)四岁

康熙四十六年(1707 丁亥)五岁

沈德潜年三十五,与张景崧、徐虁、陈睿思、张锡祚结城南诗社①。

是年,汪师韩生,查升卒。

康熙四十七年(1708 戊子)六岁

春,沈德潜游邓尉、铜井、西碛、渔洋山等,有《游渔洋山记》②。

六月,《清文鉴》成。

齐召南幼儿聪敏,六岁时启蒙,就能够对诗③。

齐召南幼时在方广寺读书。其弟子秦瀛有诗云:

乞身同贺监,被逮复江关。西寺才成狱,南冠已放还。感恩余白发,

---

① 《沈归愚自订年谱》,《北京图书馆珍本年谱丛刊》,北京图书馆出版社,1999年,第91册。
② 同上。
③ 杭世骏《道古堂文集》卷四十一,《续修四库全书》第1426册,P602-607。

埋骨有青山。长逝公无恨,诗名天地间。天台读书处,带草满僧寮(先生少读书天台方广寺)。弟子云间陆,同余赋大招。魂归石桥雪,梦渡浙江潮。共有羊昙泪,音尘竟寂寥。①

陆古渔,即陆梦熊②:陆梦熊,字莹若,号古渔,钱塘恩贡,官西安训导。《府志》:梦熊,绩学博闻,敦崇古处,中年绝意仕进,而致力于古文。著有《黄鹤山农集》,苍莽雄拔,论者以为得昌黎、眉山两家笔意。少好为诗,与邱永、余集为诗侣,又与胡涛辈结瓣香吟社。

张鉴称齐召南少时"因入天台山读书十年,遂膺博学鸿词之荐"③。

天台方广寺有上方广寺和下方广寺。"旧有石桥寺,传系五百应真之境……上方广寺在石桥上流,其下方广寺在石梁之下,可以仰望飞瀑。又古传有五百应真居方广寺。"④根据秦瀛之"弟子云间陆,同余赋大招。魂归石桥雪,梦渡浙江潮"句,可知当时齐召南就读的学校在石桥处的上方广寺。上方广寺离天台稍近,但也有三十多里,齐召南必须住在寺院才行。

是年,钱载生,孙岳颁、潘耒卒。

康熙四十八年(1709 己丑)七岁

是年,御定《四朝诗》成。

是年,赵一清生,朱彝尊卒。

康熙四十九年(1710 庚寅)八岁

刊刻《渊鉴类函》四十四部。

齐周华十三岁。佚名《赠齐巨山序》:总角时,性英敏,不可测识,文亦深刻离奇⑤。

---

① 秦瀛《小岘山人诗集》卷二,《续修四库全书》第1464册,P527下。
② 潘衍桐《两浙辅轩续录》卷十三,《续修四库全书》第1685册,P331下。
③ 张鉴《冬青馆集》乙集卷五《宝纶堂诗钞序》,《续修四库全书》第1492册,P147。
④ 张联元《天台山全志》卷六,《续修四库全书》第723册,P487。
⑤ 《名山藏副本》附录年谱,上海古籍出版社,1987年。

康熙五十年(1711　辛卯)九岁

九岁时,就能够背诵五经,乡里称之为神童①。

戴名世《南山集》案发。

是年,刘纶生,张玉书、王士禛卒。

康熙五十一年(1712　壬辰)十岁

御定《全金诗》成(《四库全书总目提要》卷一百九十集部四十三)。

钦定《历代纪事年表》成(《四库全书总目提要》卷五十史部六)。

是年,《佩文韵府》成(《四库全书总目提要》卷一百三十六子部四十六)。

齐周华十五岁,秋游天台,成《台岳游记》,见白岩寺条自注。按:此《记》原有其从弟召南评语,今本无②。

是年,万光泰、裘曰修生。

康熙五十二年(1713　癸巳)十一岁

是年,《朱子全书》成(《四库全书总目提要》卷九十四子部四)。

是年,毛奇龄卒。

康熙五十三年(1714　甲午)十二岁

是年,父亲齐肃带着齐召南参加郡试。

在郡城临海时,登巾子山,吟五言诗:"江水连天白,人烟满地浮。巾山山上眺,一览小东瓯。"③

是年,二十三岁的厉鹗受聘于汪舍亭家,汪浦、汪沆受学于厉鹗。汪沆撰《樊榭山房文集序》云:康熙甲午至戊戌,先生授经予家听雨楼,兄浦偕沆朝夕承提命④。

是年,于敏中生,胡渭卒。

---

① 杭世骏《道古堂文集》卷四十一,《续修四库全书》第1426册,P602-607。
② 《名山藏副本》附录年谱。
③ 杭世骏《道古堂文集》卷四十一,《续修四库全书》第1426册,P602-607。
④ 朱文藻《厉樊榭先生年谱》,《北京图书馆藏珍本年谱丛刊》,第94册。

康熙五十四年(1715 乙未)十三岁

是年三月,御纂《周易折中》成(《四库全书总目提要》卷六经部六)。

沈德潜馆于广南籍方冀朔家,还家。沈德潜于是年批选唐诗,成《唐诗别裁》①。

齐周华年十八岁,成诸生②。

是年,王原祁、蒲松龄卒。

康熙五十五年(1716 丙申)十四岁

是年三月,御定《康熙字典》成(《四库全书总目提要》卷四十一 经部四十一)。

御定《韵府拾遗》成(《四库全书总目提要》卷一百三十六子部四十六)。

沈德潜刻诗稿《竹啸轩诗钞》,又刻《归愚四书文》③。

是年,袁枚生。

康熙五十六年(1717 丁酉)十五岁

十月,沈德潜开始选《古诗源》,于五十八年二月定稿④。

是年,卢文弨生。

康熙五十七年(1718 戊戌)十六岁

是年,被选拔入天台县学,充博士弟子⑤。

受知于督学何世璂⑥。

何世璂(1666—1729),字澹庵,新城人。康熙己丑进士,官检讨,处翰苑十余年,无失言。雍正元年,出典江西乡试,视学两浙。升刑部右侍郎、吏部右侍郎。察吏安民,实心行政,不辞劳瘁,不避嫌怨。年六十四,卒于官,谥曰"端简"⑦。

---

① 《沈归愚自订年谱》,《北京图书馆藏珍本年谱丛刊》第91册。
② 《名山藏副本》附录年谱。
③ 同上。
④ 同上。
⑤ 杭世骏《道古堂文集》卷四十一,《续修四库全书》第1426册,P602-607。
⑥ 袁枚《小仓山房文集》卷二十五,《续修四库全书》第1432册,P279-280。
⑦ 《山东通志》卷二十八之四,《四库全书》第540册,上海古籍出版社,1987年,P874。

沈德潜与杜诏同游惠山。六月,沈德潜受河北柏乡人魏荔彤之邀,课其子①。陈兆仑十九岁,受知于大理寺卿汪荇洲藻,补钱塘博士弟子员②。

是年,王翚卒,李光地卒,孔尚任卒。

康熙五十八年(1719 己亥)十七岁

二月,学士蒋廷锡表进《皇舆全览图》,颁赐廷臣。

康熙间,命制《皇舆全览图》,以天度定准望,一度当二百里,遣使如奉天,循行混同鸭绿二江,至朝鲜分界处,测绘为图。以鸭绿、图门二江间未详晰,五十年,命乌喇总管穆克登偕按事部员复往详察。国宗弟国栋,亦以通历法直内廷。五十三年,命国栋等周历江以南诸行省,测北极高度及日景。五十八年,图成,为全图一,离合凡三十二帧,别为分省图,省各一帧。命蒋廷锡示群臣,谕曰:"朕费三十余年心力,始得告成。山脉水道,俱与《禹贡》合。尔以此与九卿详阅,如有不合处,九卿有知者,举出奏明。"乃镌以铜版,藏内府(《清史稿》卷二百八十三)。后来,齐召南撰写《水道提纲》时,充分利用了《皇舆全览图》。

是年,御定《骈字类编》成(《四库全书总目提要》卷一百三十六子部四十六)。《子史精华》成(《四库全书总目提要》卷一百三十六子部四十六)。

是年,庄存与生。

康熙五十九年(1720 庚子)十八岁

《齐侍郎年谱》:抚院朱观风取入敷文书院(朱文端公,高安人,官至文华殿大学士)。

朱文端公,即朱轼(1665—1736),于康熙五十六年至五十九年任浙江巡抚。其传见《清史稿》卷二百八十九:"朱轼,字若瞻,江西高安人。康熙三十二年,举乡试第一。三十三年,成进士,改庶吉士,散馆授湖北潜江知县。……四十八年,出督陕西学政。……五十二年,擢光禄少卿。历奉天府尹、通政使。五十六年,授浙江巡抚。五十七年,疏请修筑海塘。……五十八年,疏劾巡盐御史哈尔金索商人贿,上命尚书张廷枢、学士德音按治,论如律。五十九年,擢

---

① 《沈归愚自订年谱》《北京图书馆藏珍本年谱丛刊》,第91册。
② 陈玉绳《陈句山先生年谱》,《北京图书馆藏珍本年谱丛刊》,第97册。

左都御史。六十年,遭父丧,命在任守制,疏辞,上不许,请从军自效。"袁枚有《文华殿大学士朱文端公神道碑》①。

是年秋,厉鹗中举。全祖望撰墓碣云:李穆堂阁学主试事闽中,见其谢表而异之曰,是必诗人也,因录之②。

杭世骏始有志于史学,日课读史籍,率尽一卷。《诸史然疑·序》云:余年二十有五,始有志乎史学。贫无全史,且购且读,一日率尽一卷。人事胶扰,道涂奔走,祁寒盛暑,未尝一日辍也。风雨闭门,深居无俚,则又倍之,阅五年而始毕③。

沈德潜辞归魏氏馆,魏荔彤为沈德潜《万峰独立图》题词。五月,沈德潜馆于施伟士家④。

康熙六十年(1721　辛丑)十九岁

杭世骏与孙灏、梁启心、吴嘉丙、严在昌、任应烈、吴景、梁诗正、陆秩、徐鲲等人,同游方楘如之门⑤。

魏荔彤注《庄子》,要沈德潜逐篇评语。沈德潜自己又有《读庄子》寄给魏荔彤,二人交流读庄心得。十二月,沈德潜刻时文成稿⑥。

是年,梅文鼎卒。

康熙六十一年(1722　壬寅)二十岁

是年三月,杭世俊与姚瑞、吴国锷、吴景、任应烈、陈兆仑、梁诗正、金甡等十八人相序以齿,结社于西湖藕花居,即月课诗社,袁其文为《质韦即》。其后诸人相继取科第,跻位通显,亦一时盛事也⑦。又见金甡《静廉斋诗集·七十初度述怀》卷十三,二十首第十七首自注⑧。

---

① 袁枚《小仓山房集》卷二,《续修四库全书》第1431册,P726-727。
② 朱文藻《厉樊榭先生年谱》,《北京图书馆藏珍本年谱丛刊》第94册。
③ 杭世骏《道古堂集外文》卷一《诸史然疑序》,《续修四库全书》第1426册,P235上。
④ 《沈归愚自订年谱》,《北京图书馆藏珍本年谱丛刊》第91册。
⑤ 陈婉婷《杭世俊年谱》,台湾中山大学硕士论文,2007年。
⑥ 《沈归愚自订年谱》,《北京图书馆藏珍本年谱丛刊》第91册。
⑦ 陈玉绳《陈句山年谱》,《北京图书馆藏珍本年谱丛刊》第97册。
⑧ 金甡《静廉斋诗集》卷十三《七十初度述怀》,《续修四库全书》第1440册,P542上。

是年八月,有《琼台赋》。赋前序①:

> 天台为大江之南名山之最,奇胜有数十处,其尤胜者,琼台也。《山海经》有"天台山,次会稽后"。"台"与"臺"音相近,乌知"天台"非即"天臺"耶?又乌知天台不因琼台得名耶?孙兴公作赋时,榛莽出劈,所指名不过一二。然于是地目为仙都,盖三致意焉。既言霞标,即及瀑布,即桐柏福圣观前之瀑水也。过灵溪而一濯,灵溪即百丈潭之下流也。双阙云竦以夹路,琼台中天而悬居。工于立言,丹青不及伯乐,一过冀北,而马群逐空,兴公之谓也。明徐大章、王季重《甲乙台山》俱目此为弁冕。国朝潘稼堂亦谓海内名胜邈焉寡俦,谅哉!非夫身历其地,亦不知化工之神至于是也。历代名贤文士咏歌记述备矣,惟赋无有,余不揣而为之。

此赋后齐召南裔孙齐毓川案,对齐召南写作《琼台赋》的原委作了说明:"公琼台之游,在康熙壬寅八月,时二十年。赋成,乡先达某见之,诧其雄伟光怪之气,令人如入帝所,见群神奇形诡状、不可方物,决其为长卿、子云后身。又有秀水朱太史彝尊胥盛学博禾,为吾台校官,承府檄监造清圣祠,见是作,目以奇才。洎公归田,后掌教敷文,时有为盛作《稼村膏馥集》序,道及之序,已梓前集。"

是年十二月,开始纂修《圣祖实录》(《圣祖仁皇帝实录序》)。

《千叟宴诗》成(《四库全书总目提要》卷一百九十三集部四十三)。

沈德潜刻诗稿成,刻古文稿。为魏荔彤所注《老子》作评语②。

是年,王鸣盛生。

雍正元年(1723 癸卯)二十一岁

金坛王汝骧来访,沈德潜作《长歌》相赠③。

沈廷芳归还查慎行的《馀波词》,将刊行。沈廷芳有《查初白先生〈馀波词〉底

---

① 齐召南《宝纶堂续集》卷二,《清代诗文集汇编》第300册,上海古籍出版社,2010年,P374-376。
② 《沈归愚自订年谱》,《北京图书馆藏珍本年谱丛刊》第91册。
③ 同上。

本向留余笥,顷将付刊,因以奉归,蒙赋诗见谢,敬酬一律》①。查嗣瑮为沈廷芳诗稿题词,沈廷芳有《查查浦先生枉顾盥蒙斋索观吟稿,题句卷端,赋此酬谢》②。

是年,王宏绪卒。

雍正二年(1724 甲辰)二十二岁

是年三月,与兄齐周南游琼台。

《琼台诗集》卷首齐周南序③:"甲辰三月,曾与舍弟游而乐之,谓吾乡山水即甲宇内,其最瑰伟神秀可方蓬莱、阆苑,无若琼台。赤城瀑布特近观耳,造物者所为殚精蓄智、营造作藏于深邃险奥之中,以宅飞仙而表名胜者,其在兹乎!"

《齐侍郎年谱》:补行癸卯年拔贡,学院何考拔充贡(何端简公,山东新城人,历官直隶总督、礼部尚书)。

雍正元年,新皇帝登基,依照惯例开恩科,于四月举行乡试,此次乡试中举者一百四十一人中,日后与齐召南有交往的有陆宗楷、金甡等。雍正二年,补行癸卯科,于二月乡试,中举者一百一十七人(《浙江通志》卷一百四十四),其中杭世骏、陈兆仑、汪由敦,日后与齐召南交游甚密。齐召南没有参加此两次乡试,而是以生员资格参与考选,以拔贡保送入京。显然,是次拔贡,有雍正元年、二年两次,齐召南于雍正二年被选拔上的。

关于齐召南到底是哪一年的拔贡,多种资料记载不一。《宝纶堂文钞·易学资始序》卷五有:"龙泉连廷山先生,余拔贡同年友也。"④季步瑶《晚清龙泉举人连正钊传记》:"雍正元年(1723),高祖连声献,科选拔贡生,廷试第二。著述宏富,有《易学资始》《四书讲义》《广居斋文集》行世。"⑤此处明确说连声献是雍正元年的拔贡。而《处州府志》卷二十一载:"连声献,字廷玉,龙泉人。家贫力学,博古通经。雍正己酉(即雍正七年,1729)拔贡,与齐召南同舟北上,为莫逆交。后授象山。论著有《易学资始》,召南为之序。"《处州府志》的记载,与齐召南的《敕封征仕郎翰林院检讨显考省斋府君行述》记载有误差,齐召南记载是雍正元年的拔贡,或是《处州府志》中的记载有误。另外,李斗的说

---

① 沈廷芳《隐拙斋集》卷三,《四库存目补编》第10册,齐鲁书社,2001年,P200下。
② 同上,P200下。
③ 齐召南《琼台诗集》,临海博物馆藏抄本。
④ 齐召南《宝纶堂文钞》卷五《易学资始序》,《续修四库全书》第1428册,P528下。
⑤ 《龙泉文史资料》第五辑,(龙泉)文史资料工作委员会编印,1986年,P161-163。

法,时间上也有误。李斗《扬州画舫录·冈东录》卷十四:"齐召南,字次风,号琼台,晚号思园,天台人。幼称神童,年二十三拔贡。"①按照李斗的说法,齐召南是雍正三年的拔贡。又李元度《天岳山馆文钞·书吴妙应事》卷十八:连廷山,浙之龙泉人,雍正癸卯拔贡,官象山教谕。所居在匡山东地,故多仙迹,廷山自幼好读《易》②。李元度、季步瑶定为雍正癸卯(1723)的说法是对的。

何世璂(1666—1729),山东新城人。何世璂提督浙江学政,是在雍正元年、二年间。俞正燮敬慕他的品行,为其纂写《何端简公年谱》(北京图书馆藏珍本年谱丛刊,第89册)。

是年入京,入太学。

齐召南在其诗文集中,多次提到此事。此次入京,住天坛北廊,同住的有会稽周徐彩等。参见《宝纶堂文钞·周舫轩文集序》③:余虽未识舫轩,而识其尊人几山先生,犹忆雍正甲辰以选贡入都,先生待礼闱试,同寓天坛北廊,晨夕快闻其议论,且得观其述作。

几山先生,即会稽人周徐彩(1677—1728),字粹存,康熙庚子举人,著有《名山藏诗稿》《越谚》等。其子周绍鋗,诸生,乾隆丙辰举博学鸿词,以丁忧不及试,旋卒,著述有《舫轩诗文选》。周徐彩的墓表见《国朝耆献类征初编》卷四三二。周徐彩及其子周绍鋗的传,见清李亨特《绍兴府志》卷五十四。周徐彩之墓表,又见李绂《穆堂初稿·乡贡进士周君墓表》卷二十八。

是年,杭世骏浙江乡试中式(《清史列传·文苑传》卷七十一)。

陈兆仑于三月补行癸卯正科乡试,中式第四十六名举人④。

是年,浙江中进士共38人(《浙江通志》卷一百四十二),其中汪由敦、周长发、诸锦与齐召南有交往。

沈德潜受司马而逊之邀,至其家授徒。至雍正六年,沈德潜一直随温尔巡迁徙,于温氏家座馆⑤。

周长发为同年徐廷槐画题诗,有《题徐笠山〈笠山图〉》⑥。徐廷槐之《笠山

---

① 李斗《扬州画舫录》卷十四《冈东录》,《续修四库全书》第733册,P739上。
② 李元度《天岳山馆文钞》卷十八《书吴妙应事》,《续修四库全书》第1549册,P288上。
③ 齐召南《宝纶堂文钞》卷五《周舫轩文集序》,《续修四库全书》第1428册,P534-535。
④ 《陈句山先生年谱》,《北京图书馆藏珍本年谱丛刊》第97册。
⑤ 《沈归愚自订年谱》,《北京图书馆藏珍本年谱丛刊》第91册。
⑥ 周长发《赐书堂诗钞》卷一,《四库存目丛书》第274册,齐鲁书社,1997年,P699下。

图》,是其早年画作,庚戌年徐廷槐进士及第,出示此画,由周长发题诗,由全祖望作记。全祖望有《笠山图记》(《鲒埼亭集外编》卷二十二,清嘉庆十六年刻本)述其原委。

是年,全祖望游武林,与杭世骏、厉鹗、龚鉴、梁诗正、陈兆仑、赵昱、赵信、姚世钰、王豫等结交,讨论经史,证明掌故。诸人尊酒邮筒,时相往复①。

是年,戴震生。

雍正三年(1725　乙巳)二十三岁

十月十七日,汪景祺文字狱发。

是年,二十六岁的陈兆仑在家紫竹山房授徒,从游者有周天度、沈廆、沈范、李情等,皆一时能文之士。先生于讲贯之暇,裒集新旧所作,编辑付梓,世所传句山一刻是也②。

年末,沈德潜《古诗源》刻成。开始选明诗③。

是年,张伯行卒。

雍正四年(1726　丙午)二十四岁

二月,沈德潜受元和县令江炜之邀,与修《元和县志》④。

九月二十六日,查嗣庭文字狱发。

十月十二日有《唐宋八大家文论》⑤:

或问于余曰:吾子言古文,独主八家,何也? 曰:文辞,惟其达而已。东汉以后,句雕字琢,日趋富丽,而辞愈不达。若《昭明文选》所录魏晋宋齐之文,可谓达乎? 亦难言矣。圣人六经,其为经纬万古者,何也? 圣人之道(案:有脱句),而浩然之气,又足以达其所言刚健中正、纯粹以精者,其惟孟子乎? 下此则优于道者,或绌于文,非其文绌也。有德者之言,质

---

① 董秉纯《全谢山年谱》,《北京图书馆藏珍本年谱丛刊》,第97册。
② 《陈句山先生年谱》,《北京图书馆藏珍本年谱丛刊》第97册。
③ 《沈归愚自订年谱》,《北京图书馆藏珍本年谱丛刊》第91册。
④ 同上。
⑤ 齐召南《宝纶堂续集》卷六,《清代诗文集汇编》第300册,P424-425。

实深厚，使人不厌其旨，而无所用其奇，周程张朱是也。其他皆文而已矣。庄周之放，屈原之悲，贾谊之英锐，司马迁之雄，董仲舒之平正，刘向之淹雅，班固之整齐，于道或背而驰，或得其梗概。然千古以为文词之极则者，惟其意能无不达也，曷若六朝句雕字琢者为哉！彼其得诸心而措诸手也，亦自有不可磨灭之气，高矗霄汉，深入无垠，只字单词，而不见其不足；长篇累牍，而不见其或穷；以视六朝，则彼叠石之峰，引渠之沼，盆中之花卉。而此则峙为岱华，流为江河，树为离奇轮囷，千寻百尺之名材也。唐宋八家，何以异于是乎？予主八家，主其达而已矣。或曰：然则八家文皆同欤？曰：否！昌黎为文，学尚雅颂，而奇气得之孟子，故光焰声势，鞭雷电而走，日星正变，屈伸不名一体，文中之圣也。柳与韩并驱，虽不相及，然幽奇森秀，自辟一境。于人迹所不到之区，其意深以远，其辞清以腴，盖在左国遗音也。千山夜月，孤鹤唳天，柳州似焉。学韩而自成一家者，欧阳子也。以风以雅，时而雍容揖逊于庙堂；时而丝竹管玄于岩谷。祭叔雅歌投壶，武侯纶巾羽扇，叔子绶带轻裘，而折冲千里，不动颜色，是其名公卿之文乎！曾、王、三苏，并出庐陵门下，而曾、王与三苏不齐，即曾与王亦不同。南丰，儒者之文也，醇正峻洁，不为俊快惊人之谈。而气则浑厚，神则秀折，事则委曲周详，厩里琴书，余风可想。临川，则刚劲出之，气坚于金石，而神栗于冰霜，陡直刻深，法家之文也。律以经学，曾、王较眉山为优，眉山所学，杂出于子史，故总不外乎机变。而父子、兄弟又各开一面。老苏其猛将乎！偏师直捣，无不摧之坚城。虽长平坑及无辜，西城成于矫制，而勇冠三军，气功不可没也。大苏则不然，贲育且为苏张，为良平，且为信越，身不一手，口非一舌，大或挟山超海，细或凿空镂尘。目之曰"圣"则非，而目之曰"人"，自庄周以外无是人也，是为文中飞仙乎？小苏寓卓荦于纤徐，藏奇英于浑浩，其言理较韩、欧则尽疏，而较其父兄则已密矣。其持论较父兄则稍拘，而较曾、王则已纵矣。是其为揣摩成熟之辨士乎！此八家不同之大略也。若夫意之所致，气以运之，驶然如帆饱风，沛然如水出峡，则八家如一家也。孔子曰：辞达而已矣。夫达则孰有过于八家也哉。近世为古文者，不深维其实，而艳于时代之最先，谓八家不足学也。无宁六代，其稍高者，知六代实远不及八家也。于是更自位置于左、马、公、谷之俦，而考其所为句，盗字攘裂，补以成文，其实远不及六代,无论八家也。吁!是乃所谓左、马、公、谷也欤!是乃所谓辞之达也欤!

是年,三十岁的侯嘉繙入京,著《夷门集》及《东山集》①。
是年,《古今图书集成》成。
是年发生了著名的钱名世赠诗案。

雍正五年(1727 丁未)二十五岁

是年有《明文快序》②:

余友胡恭士,快士也,手辑《明文快》一编,示余,余阅其文,皆正希大士陶庵卧子诸君子文也,意颇以为疑。有明一代文体四变,譬诸唐诗,仁、宣、英、景以前,形质粗具,武德、贞观也;宪、孝、武世,炳炳烺烺,始若开元、天宝;降而穆、神,则元和、长庆矣;又降而熹、怀,能异于开成以至于天佑者几希。吾子舍其盛而取其衰,舍其大雅肃穆之章,而取发扬蹈厉雄杰诡激不可一世之气!呜呼!快胡子曰:不然,就文论文,惟其快而已矣。子不尝历观古作者乎?马、班、陈、范之书孰快?则必曰《史记》矣。夫司马氏之作《史记》也,奇怪不经之事半焉,固班氏以下,所訾为昧抉择者也,而史氏独快千古,亦卒以此。……吾于是编也,卧游当江陵船则快,驰骋当渥洼马则快,击断当鱼肠剑则快,裁截当并州剪则快,如病头风以当陈琳檄文则快,如解秽闷以当三郎羯鼓则快,如击唾壶以当魏武四言如下,浊醪以当《汉书》两部,则无之不快也。快哉!快哉!斯亦宋玉《兰台》之披襟,子瞻黄州之登眺也哉!且吾子必以诗论文,见文左矣。《十九首》以迄唐初,作者如林,而俯仰磬折,大致要不甚异。至李、杜出,面貌始尽变古人。然后世论诗,更无有快于二家右者,岂不以发扬蹈厉雄杰诡激为能,高出乎汉魏六朝也耶。如吾子所云,比武德、贞观为唐之盛,而开元、天宝,其中晚也,曾是以为快乎!余闻是言,惊叹胡子之快于辩也。序引

---

① 《夷门先生年谱》,临海市博物馆藏抄本。
② 齐召南《宝纶堂续集》卷十一,《清代诗文集汇编》第300册,P478-479。

之役,不得以无快笔辞,因次其辞,为《明快文序》。时雍正丁未冬至,书于曹源书屋。

《明文快》,乃齐召南友胡作肃辑。

胡作肃,字恭士,号卓亭,天台人。雍正七年拔贡生,官两淮盐大使,历署河垛、东台诸场。乾隆二年,授通州石港,绝苞苴、清积弊,捐俸修文庙,并置春秋社田,朔望集诸生,课以文艺。八年,水溢,禾稼淹没,民不聊生,作肃详请赈济。明年秋,稼未登,作肃发场中义仓所贮米贷之。十二年,调补淮北中正场,遭母丧,服阙,以父老遂不出。作肃才思清逸,与齐召南同里,而诗名不为所掩,尤工长短句。在扬州日,每自度为新声,付雷儿歌之,兴发或自执铁板歌数阕,风致不减汤玉茗。尝奉檄运饷至滇南,携弟作霖同往,凡所过都会、山川、名迹,日于马上识其景,夜则蓻烛分韵赋之。归田后,辟秋水阁,贮书万卷,引词人骚客觞咏其中,或泼墨作画。请求诗文者,户限为穿。为人不设城府,交友笃气谊,遇姻戚艰危,辄侻助不少悋。著有《种香诗草》《秋水阁集》。又葺有《明文快》《唐诗解》①。

胡作肃乃齐召南至交,两人交往密切,《宝纶堂诗钞》卷一中有《草堂咏物诗,次陈咫亭、胡恭士唱和韵》,乃与胡作肃之间的唱酬。

是年,查慎行因为弟查嗣庭文字狱被逮,世宗知其端谨,特许其归里。为此,沈廷芳有《喜初白先生出狱》二首、《送初白先生归里次留别韵》二首②。

是年,查慎行卒。

雍正六年(1728 戊申)二十六岁

春,厉鹗为杭世骏《题大宗吹书堂图》,赋七言诗一首③。

十月初九,吕留良文字狱案发。

吕留良(1629—1683),字用晦,号晚村,浙江石门县人。著有《吕用晦文集》等,文中有夷夏之防的思想。其思想影响到曾静、张熙等,引发文字狱④。

---

① 《民国台州府志》卷一百十九,上海游民习勤所,1936年,P13。
② 沈廷芳《隐拙斋集》卷三,《四库存目补编》第10册,P203。
③ 厉鹗《樊榭山房集》卷五,《近代中国史料丛刊续编》第六十一辑,台湾文海出版社,1966年。1974年,P191-192。
④ 《宫中档雍正朝奏折》第十五辑,《清代文字狱档》第九辑,上海书店,1986年。

此后,齐召南堂兄齐周华文字狱案,就是由吕留良案引发,详见后文。

是年,杭世骏跋《袈裟集》,谓其书实"释门之道统图"①。

侯嘉繙在京,著有《锦堂集》《讨春集》《拾瑶集》②。

是年,钱大昕生。

雍正七年(1729 己酉)二十七岁

《齐侍郎年谱》:是年秋,齐召南己酉科浙江乡试中副榜第八名(主考阁学任、编修房考进士王)。

阮葵生《茶余客话》卷二:"己酉,浙江乡试主考为任香谷、王次山两先生,得人最盛。然名重当时者二人,俱中副车,胡稚威天游、齐次风召南也。"③

是年浙江乡试中举者共一百一十八人(《浙江通志》卷一百四十四),其中张湄、商盘、张映斗、董邦达与齐召南交游甚密。胡天游、齐召南此次乡试中副榜。

是年浙江乡试考官为溧阳任兰枝、常熟王峻。王峻有《浙江乡试录后序》④:"钦惟我皇上秉道绥猷,执中建极,牖民训俗,兴贤育才,文教覃敷,仁风翔洽。兹雍正七年秋乡试,届期各省考试官,先后掣签,恭请钦定。惟浙江实人文重地,复蒙皇上训诲周详,士风不变,加恩乐育,鼓舞日新。特简大僚,以重其事,臣任兰枝奉命为正主考,大学士以所掣名签上请,臣峻蒙恩,为之副手。"

王峻此序详述此次乡试过程。任兰枝于雍正五年至雍正九年为内阁学士兼礼部侍郎,雍正七年外派为浙江乡试正考官。王峻于雍正二年至乾隆五年间是翰林院编修,雍正七年外派为浙江乡试副考官⑤。

是年有《题座主溧阳公奉使安南画册》六首⑥。

溧阳公,即任兰枝(1677—1746),字香谷,一字随斋,江苏溧阳人,清朝官

---

① 杭世骏《道古堂文集》卷二十七《袈裟集跋》,《续修四库全书》1426册,P480上。
② 《夷门先生年谱》,临海博物馆藏抄本。
③ 阮葵生《茶余客话》卷二,《丛书集成初编》第2826册,商务印书馆,1935年,P4下。
④ 王峻《艮斋文集》卷一《浙江乡试录后序》,《四库全书存目丛书》第274册,齐鲁书社,1997年,P315-316。
⑤ 《世宗实录》卷八十三,中华书局1985年影印本,第8册,P110下。
⑥ 齐召南《宝纶堂诗钞》卷四,《续修四库全书》第1428册,P617-618。

吏。康熙五十二年一甲二名进士,授编修。雍正元年,命直南书房,累迁内阁学士。五年,与安南定界,偕左副都御史杭奕禄赍诏宣谕,语详杭奕禄传。使还,迁兵部侍郎。命如江西按南昌总兵陈玉章侵饷,调吏部。高宗即位,命充《世宗实录》总裁,擢礼部尚书,历户、兵、工部,复调礼部。十年,以老致仕。十一年,卒(《清史稿》卷二百九十)。任兰枝于乾隆六年出使安南,乾隆七年出任浙江乡试考官,算是齐召南的老师,故齐召南称任兰枝为座主。

十月三日,有《高明寺贝叶经记》①:

> 己酉冬,偕陈怼亭游高明寺,得观所谓贝叶经者,淡黄色,肤理细润而坚致,长六寸许,绳贯其末,凡五十余页,皆番书,不可识。寺僧盛以檀匣,袭以锦囊;客请观,则盥熏丹拜而后出之,予于是喟然而叹。寺僧曰:此来自天竺,佛所手书,我智者大师所宝藏而贻后人者也。

陈兆仑于雍正三年、四年授徒于家,名弟子有周天度、沈廑、沈范、李情等,皆一时能文之士。此间,陈兆仑将自己早期新旧文字裒集付梓。雍正五年至七年,于同里徐氏授徒,从游者甚众②。

沈廷芳为文昭《寒斋读书图》题词,此图是禹之鼎为文昭画。沈廷芳有《题紫幢王孙〈寒斋读书图〉(禹之鼎画)》三首③。

是年,侯嘉繙著有《寻鉴集》《半船集》④。

雍正八年(1730　庚戌)二十八岁

是年正月,有《凤凰来仪赋》⑤。赋前序:

> 自古帝王致治,必或瑞应于天,德盛者瑞龙,化洽者应凫,天人感通,捷于影响。臣观书契以后,得统之正大,奕叶之显承,享祚之悠长,幅员之广远,民物之康乐,海宇之升平,则未有如我圣朝者也。雍正七年,岁在己

---

① 《天台齐袁两先生游记》卷上,宣统二年天台袁之球铅印本。
② 陈兆仑《紫竹山房诗文集》卷首年谱,《四库未收书辑刊》第9辑25册,北京出版社,1998年。
③ 沈廷芳《隐拙斋集》卷三,《四库存目补编》第10册,P205上。
④ 《夷门先生年谱》,临海博物馆藏抄本。
⑤ 齐召南《宝纶堂续集》卷四,《清代诗文集汇编》第300册,P406-408。

酉十一月，凤凰集于遵化县之天台山。八年，岁在庚戌正月，集于房山县之石梯山峰。来仪上瑞，复见于今，盛矣！夫臣召南，草茅鄙儒，乌足仰名帝德之荡荡，然被化至深，不能以嘿，譬诸葵藿向阳，亦自信其心，造为是赋。词义粗浅，不敢以献也，传诵乎里间童叟，窃亦附于古谚之列。

据此赋后齐召南裔孙齐毓川案语："此题曾经高宗纯皇帝御赋于雍正八年，并《九符颂》呈上。世宗宪皇帝刊入《乐善堂全集》中。"齐毓川所说的雍正帝的《凤凰来仪赋》，收录在《乐善堂全集》卷十一中。齐召南的此赋，是否在雍正帝的影响下写作，尚不清楚。雍正朝凤凰现身有两次，详情载于《世宗实录》卷九十①：（雍正八年）署直隶总督唐执玉疏报，正月二十日，凤凰见于房山县石梯沟山峰。得上□日，朕素不言祥瑞，屡降谕，上□日甚明。上年，据散秩大臣尚崇廙奏称，天台山民李万良等呈报，十一月十三日黎明，见山中有一神鸟，高五六尺，毛羽如锦，五色俱备，所立处，群鸟环绕，北向飞鸣等语。朕以边地居民所见，事属渺茫，将所奏发还，未曾宣示廷臣。昨据总理石道事务散秩大臣常明、侍郎宗室普泰奏称，石工监督司官田周呈报，正月二十日，在房山县石梯沟山中，见瑞凤集于峰顶，五色俱备，文采灿然。工匠樵牧居民人等，约千有余人，莫不共见。又据总兵官管承泽及顺天府府尹孙嘉淦等所奏，亦皆相同。朕亦俱未宣示廷臣，可以知朕心矣。今据署总督唐执玉缮本具奏，朕思古称凤鸟，乃王者之嘉祥，朕抚躬自问，功德凉薄，不足以致凤仪之上瑞。此事犹疑而未信也。

春，周长发因不知吏治，由广昌县令转任乐清教谕，周长发有《赴乐清学博辱荷吾宗耆彦送别走笔纪之》②。周长发为王鹤龄之诗集题词，有《王丈素堂出示〈竹中巢前后诗集〉，即书卷尾用东坡柳湖诗韵》③。王鹤龄时在永嘉训导任上。

是年，陈兆仑题陈谟《题家半野林亭画卷》，嘱为题句，杭世骏有《题陈谟〈半野园图〉及送官之全州》一首，梁鼒林亦作诗题之④。

---

① 《世宗实录》卷九十，中华书局1985年影印本，第8册，P216。
② 周长发《赐书堂诗钞》卷一，《四库存目丛书》第274册，P707上。
③ 同上，P708。
④ 陈兆仑《紫竹山房诗集》卷一，《四库未收书辑刊》第9辑25册，P486下。杭世骏《道古堂诗集》卷三，《续修四库全书》第1427册，P27下。

沈廷芳为鲍辛浦题词,有《〈双溪诗话图〉为鲍西冈明府题》①。

刘大櫆为沈廷芳诗集作序,沈廷芳以赋作答,有《刘耕南明经序余诗集,短章赋答》②。

是年,浙江进士共八十人(《浙江通志》卷一百四十二),其中有梁诗正、徐以烜等。

雍正九年(1731　辛亥)二十九岁

是年正月,堂兄齐周华有《吕晚村先生悖逆凶悍一案疏》,为吕留良辩护。《名山藏副本·吕晚村先生悖逆凶悍一案疏》③:

> 臣齐周华奉为遵旨议复,以抒独见,以广皇恩事。钦惟君臣之义,亘古为昭,书契之传,有目共睹。惟圣王不以一己之好恶为好恶,而公论必以天下之是非为是非。浙省吕留良,生于有明之季,延至我朝,著书立说,广播四方,其胸中胶于前代,敢妄为记撰。托桀犬以吠尧,夫尧不可吠,而不吠尧,恐无以成为桀之犬,故偏见甘效玩民,而世论共推义士。有以其书能阐发圣贤精蕴,尊为理学者有之,实未知其有日记之说匿于家也。所以浙省历任诸臣甫下车,辄表扬吕氏,以敦崇儒重道之风。即今总督李,皇上所称为公正刚直之大臣,亦曾赠匾致祭,况下此者乎!前者伪朱三太子一念和尚之事,明明败露,羽党株连,赤族之祸,万无可逃,而圣祖仁皇帝寝息不究,使其一门得报首领于光天化日之下。则吕留良者,固我圣祖之所赦宥者也。今因逆贼曾静,波及吕留良一门。夫吕留良所大不足于人世者,谓其子孙既受我朝荣恩,身叨仕籍,冥中亦宜绝口不言,自靖亡国之极,如其生也,更必勉其子孙素位而行,竭心尽力,以仰报朝廷覆载之鸿恩。即吕留良悍顽莫回,身殁之后,子孙亦当毁板焚书,以灭其迹。乃吕留良自明社已墟之后,日怀幸灾乐祸之心,讪詈之词无所不至。其子孙又不思益衍之不及,反若扬厉之不宏。《书》所云"自作孽,不可逭"者。使处它朝,吕氏其无遗类矣。幸叨日月之光华,不以秽土而不照。虽肆为诋

---

① 沈廷芳《隐拙斋集》卷三,《四库存目补编》第10册,P205-206。
② 同上,P207上。
③ 《名山藏副本》,P323-326。

毁，其于我朝列圣之积德累仁，初何毫末之损乎？查逆贼曾静，生于今，长于今，既非泯帝之故黎，复非仪宾之末裔，践土食毛，就享太平之福，乃顿起无良，谋为不轨，及事败祸临，将罪尽嫁吕留良。夫留良，以先朝遗氓，华夷之辨，托诗书以见志，固属鄙陋之私，实未尝教曾静以叛逆也。吕留良产于浙，浙之信徒者，宜视楚人犹深；而浙之人，皆知天经地义之所在，尊君亲上之极诚，未尝有向陕西总督投以叛逆之书也。今逆贼曾静，嫁祸吕留良，供云误读吕书所致，是何异于刺人而杀之，曰"非我也，兵也。"兵古固杀人之器，遇志士仁人，则杀身以成仁，遇贼子乱臣，则篡弑以流祸，顾视操兵者何如耳。吕留良之书，即为利刃，安可为乱臣贼子作替身乎？伏读上谕，日以改过望天下之人，故宽曾静于法外。臣吕留良、吕葆中逝世已久，即有归仁说作于冥冥中，臣已不得而见。第其子孙以祖父余孽，一旦罹于狱中，其悔过迁善，趋于自新之路，必有较曾静为激切者。夫曾静以现在叛逆之徒，尚邀赦宥之典，岂吕留良以死后之空言，早为圣祖所赦宥者，独不可贷其一门之罪乎？且上谕云："吕留良曾蒙皇考赦宥之旨，朕自遵旨曲宥其辜。"臣捧读至此，早知皇上以大孝大仁，隐开汤网不周之路。而内外大小臣工议将吕留良、吕葆中剉尸枭示，伊子吕毅中等立决，所著书籍，尽行追毁等语奏请，固属国法之所不免，臣子之常情。而皇上乃云："朕慎重刑罚，凡诛奸锄叛，必合乎人心之大公，以昭与众弃之至义。恐天下之人，尚有谓吕留良罪不至于极典者。至其所著书籍，假使毁弃不尽，则事属空文；尚毁弃尽灭，则将来未见其书者，转疑伊之著述实能阐发圣贤精蕴，而惜其不可复得也。即大逆不道之语，伏思我圣祖皇帝，圣德神功际天蟠地，天下万世，如日月之昭明宇宙，岂吕留良之犬吠枭鸣所能污蔽万一乎？似可不必诛毁"等语。大哉皇言！睿智宽仁，超越千古，可谓无微不烛，无物不容者矣。伏睹皇上好生之德，实出至诚。现逆贼曾静，已获生还。请照本案恩例，令吕毅中等各具改过自新结状一道，尽行释放归里。臣愿为皇上多方化道，使之改过自新，不蹈前辙，俱得重为圣世之良民。其已死之吕留良、吕本中，念圣祖在日早已赦宥，而皇上又如此慎重刑罚，再四矜怜，竟请免议，俾枯骨长被皇仁。其讲义、文集、诗集诸书，宇内久已印行，天下自有公论，诚如乾断，免其焚毁。至《日记》之言，怪诞诪张，易惑无知之闻听，速令烧毁，为千百世以后人心风俗之防。

请将从前浙省各臣因吕留良案内降革者，均恳开复。其同恶相济之严鸿逵、沈在宽、房明畴等，罪大恶极，无可解免，但仰赖鸿慈，广为覆载，一视同仁可也。至年前檄讨吕留良之诸葛际盛，系无耻之小人，乘机希宠，名器几为之污，本应正法，但刑措之日姑为从宽，着闽抚严加戒饬，以维世风。至若逆贼曾静，始附吕留良以沽名，继陷吕留良以卸祸，欺死者之莫辨，倚笔舌以逃生，殄绝良心，不齿人类，幸蒙皇上如天之仁，臣亦不必再议。第彼供词数万余言，引古证今，无不淹博，而独不识一李自成，臣之所不解也。兹奉圣旨，独抒己见如此。是否允协，伏乞皇上睿鉴施行，臣无任恳笃屏营之至。谨疏。

齐周华是齐召南的堂兄，年长齐召南六岁，是年齐周华三十四岁。

吕留良(1629—1683)是浙江崇德人(今桐乡市崇福镇)。清兵入关之时，吕留良只有十六岁，在吕留良五十五年的人生中，他在清朝生活了四十年，入清之后，他积极参与抗清，留下多部著作，其中以《吕晚村文集》著名，文集中有反清言论。湖南人曾静(1679—1735)受其反清思想影响，参与反清活动。曾静于雍正六年(1729)被捕，供认受到吕留良反清思想的影响。此时，吕留良已离世四十七年了。其尸骸、著作被毁，子孙、族人被诛杀，或流放者甚众。齐周华此奏疏，是在曾静案发的第四年写的，也就是雍正九年。写成之后，先交由天台训导王元洲，王元洲看后，劝阻齐周华。齐周华不为所动，亲到京城刑部为吕留良申辩，结果被押回浙江下狱。齐周华在狱中待了五年，受尽折磨，直到乾隆登基，他才被赦免[1]。

是年二月，有《天台山八景卧游图记》[2]：

> 天台以山水名天下，其为怪伟奇秀之观甚好，游者不能遍，而艳称赤城栖霞、桃源春晓、双涧观澜、石梁瀑布、琼台夜月、寒岩夕照、华顶归云、断桥积雪，标举大致……台之景固不止于八，其尚伏而未出者必多也。辛亥春，汪雨亭作尺幅八景图，属余各为小记一则，序次依夫图之先后。观

---

[1] 《清代文字狱档》第九辑《曾静遣徒张倬投书案》，上海书店，1986年，P865-871。
[2] 《天台齐袁两先生游记》卷上。

者展图,可以当卧游矣。至于地名古迹大略,余记及之。

是年,有《春秋诸国爵姓考序》①:

学者读古人书,则岂不难乎哉?孔子曰:"书不尽言,言不尽意",性道无异,古今人可反求诸身者而致之,勿致行之,勿力自弃乎?天之与我以可圣可贤之资,虽书能言,其意蔑如也,况于地名事迹之末欤?能得其本,则其余虽略焉,可也。不得其本,虽训诂至博且详于经,固茫如也。然或者猎其大意,以空虚之腹,高自位置于诸葛武侯之诸书。偶质以经,则曰吾不为章句学,可乎哉?《春秋》,六经之权衡也。今学者亦曰六经之权衡也,然其于三传不读,于胡传有节取其时义所必疑之题读之,如问某事云何?某国云何?漫然不能应。所谓通儒者守约,盖在此。雍正辛亥,舍弟得元括苍郑氏镇孙所为《历代史谱》,因取《春秋列国爵姓图》,属予订正。予于《春秋》固懵如,然即图以考,如以"郏"为公爵,以"胡"为妫姓,"鄶瞒"为偃姓,"偪阳"为姬姓,以"唐"为伯爵,以"申谢邢"为无爵,"沈戎白狄"为无姓,"江权蓼六"为爵姓,具无皆失于考核。然则所谓十二国外,具爵姓之国三十四,有姓无爵之国十七,有爵无姓者如之,爵姓俱无者三十三,而附庸之国九,岂确论哉?予别为图,以姓区别如左,或者可为童蒙之便览云。虽然,疏漏如予,虽兀兀穷年,故所谓本末两无所得者也。书于首,以志自愧,且冀少自勉学焉。

从序言可知,齐召南编撰《春秋列国爵姓图》,是作为阅读《左传》之入门书,有工具书的价值,然该书不传。《春秋列国爵姓图》成书时间不详,由于齐召南始编于是年,故系于此。在齐召南前后,有两种类似著作,一是陈鹏的《春秋国都爵姓考》一卷,今收录在《丛书集成》初编中。陈鹏,字扶南,江苏新阳人,雍正己酉举人,四川苍溪县知县(刘锦藻《清续文献通考》卷二百五十八,经籍考二)。虽然陈鹏事迹不详,但根据陈鹏中举于雍正己酉(1729)的时间推断,陈鹏与齐召南年龄相仿,两人编纂同名的书,在时间上应相去不远。另有

---

① 齐召南《宝纶堂续集》卷十,《清代诗文集汇编》第 300 册,P464。

顾栋高(1679—1759)的《春秋列国爵姓及存灭表》,顾栋高是研究《春秋》之名家,他的著作对后世影响较大。顾栋高是无锡人,比齐召南年长25岁。从两人履历来看,两人未同朝为官,但应相知。乾隆二十二年乾隆帝南巡至无锡时,当时齐召南、顾栋高等都在此迎驾,两人有机会见面。

是年春,浙抚程元章延聘杭世俊、厉鹗、张燿等与修《浙江省志》。按《浙江省志》纂修职名:总裁为李卫,浙辅程元章,总修为编修傅王露,分修有杭世俊、方茇如、诸锦、周长法、厉鹗、沈德潜、汪沆、符之恒等人。其中有多人日后与齐召南有交往①。是年,《西湖志》亦开修。总裁李卫,浙辅程元章,总修为编修傅王露,分修有苏滋恢、厉鹗、沈德潜、吴焯、杭世俊、汪沆、赵一清等②。

陈兆仑于闽任知县,深得郝玉麟、赵国麟、戴瀚的重用,任鳌峰书院山长,兼领志局③。

沈廷芳为张栋的《石公山画卷》题词,有《题张鸿勋〈石公山画卷〉》④。

雍正十年(1732 壬子)三十岁

夏,齐周华作《痴话》⑤:

> ……及至臬司对簿,吏讽以痴自承,可以免难。予却坚不认痴,带索而返。三痴怫然曰:"若夙以痴自负,今反坚不承认,何也?"予曰:"认痴,则不痴;亦不认痴,此予之真痴也。"

是年,吕留良案结。

此案是雍正时波及最大的一起文字狱,涉案人很多,其中就包括齐召南的堂兄齐周华。吕留良案发之后,齐周华于雍正八年时为吕氏后人上了一个奏章,即《救吕晚村先生悖逆凶悍一案疏》,结果自己被打入监狱。由于齐周华属于逆党,其著作多不传,清末孙静庵特地寻找到了齐周华的这份奏章,收录在

---

① 陈婉婷《杭世俊年谱》雍正九年。
② 同上。
③ 《陈句山先生年谱》,《北京图书馆藏珍本年谱丛刊》第97册。
④ 沈廷芳《隐拙斋集》卷四,《四库存目补编》第10册,P207下。
⑤ 《名山藏副本》,P280。

《栖霞阁野乘·齐周华救吕晚村疏》(卷上)中,但奏章不全。

是年,杭世骏以举人充福建同考官,陈兆仑做七律《闻同年行堇浦世骏就聘闽闱诗以志喜》二章道贺,杭次韵和之①。偕友沈同入闽,途中为沈父作《墓志铭》②。杭世骏于福建任考官期间,作有《榕城诗话》三卷(《榕城诗话》卷首)。冬月,杭世骏于道古堂,题自画《山水花卉册》"闽陈香初、竹逸、郑兰子,皆许生青衣,能诗"一帧③。是月亦书有《全韵梅花诗》未定稿(《壮陶阁书画录》卷十八)。是年,杭世骏序张参议《春晖堂诗钞》(本集卷九《张参议春晖堂诗钞序》)④。

沈廷芳为张湄《柳渔图》题词,有《题张璐洲舍人〈柳渔图〉》⑤。陈万策赠书扇给沈廷芳,沈廷芳有诗《夏日过陈谦季先生寓斋,话及典试湖南时事,因以上谷感旧之作书扇见赠,次韵呈谢》⑥。沈廷芳为李重华《使蜀集》题词,有《题李玉洲先生〈使蜀集〉后集杜》四首⑦。

是年,蒋廷锡卒。

雍正十一年(1733 癸丑)三十一岁

杭世骏回钱塘后,于南屏开设"南屏诗社",有金志章、丁敬、周京、厉鹗、吴震、戴廷熺、郑江、林元、梁同书、释明中、释篆玉等人相继入社⑧。

五月,《大清会典》成(《世宗实录》卷一百三十一)。

是年八月,与三弟齐图南(培风)同游桐柏山,有《游桐柏山观新作道宫诗以代记(雍正癸丑仲秋)》⑨。又有《携弟培风游新建桐柏观于百丈奥,午饭登山,大雨如注,后赋一百三十韵记之。时癸丑仲秋也》⑩。

《游桐柏山观新作道宫诗以代记(雍正癸丑仲秋)》诗⑪:

---

① 陈玉绳《陈句山年谱》,《北京图书馆藏珍本年谱丛刊》第97册。
② 杭世骏《道古堂文集》,卷四十四,《续修四库全书》第1426册,P633。
③ 杭世骏《道古堂集外文》《题自画山水花卉册》,《续修四库全书》第1427册,P245。
④ 陈婉婷《杭世骏年谱》雍正十年。
⑤ 沈廷芳《隐拙斋集》卷四,《四库存目补编》第10册,P210上。
⑥ 同上,P210。
⑦ 同上,P211上。
⑧ 陈婉婷《杭世骏年谱》雍正十一年。
⑨ 齐召南《宝纶堂诗钞》卷一,《续修四库全书》第1428册,P593-594。
⑩ 齐召南《琼台诗集》卷上,临海博物馆藏抄本,P10-11。
⑪ 齐召南《宝纶堂诗钞》卷一,《续修四库全书》第1428册,P593-594。

秋作桐柏游，聊亦豁胸次。携弟晓出门，列岫晴空媚。西郊及西成，长幼勤穑事。凭凭打谷声，捋捋刈禾意。田叟指朝霞，夜趁雨未至。壮者操短镰，老妇手长帚。唤儿守车箱，听客执斗概。簸荡背风扬，分布迎阳晒。牵犊啮断秸，驱鸡啄遗穗。野赛我草冠，藉茅拜表畷。幸值年谷丰，艰辛却容裔。平畴转山麓，略彴跨水澨。伊昔郑尹贤，千载人歌思。陂塘映乌桕，篱落窥绿稼。橘柚与枣梨，丹黄烂彩剧。赤城渐迢遥，碧嶂横空碍。十里到其下，瀑布落天际。三井窟蛟龙，千仞涎鳌坠。影摇白日寒，沫溅穹石沸。震耳轰辚辀，泼面眩滂濞。将无银河翻，恐是雷车掣。飞雪春不消，悬冰夏犹滞。崖危快奔腾，树怪助声势。之而爪甲奋，欲攫神魂悸。仄寻赤乌观，还觅元嘉寺。拍掌空有岩，飞白已无字。数家临水口，结构枕屏翠。客从涧上来，犬向云中吠。芳兰茁竹根，鸣鹿逐羊队。杳然尘虑忘，不与人境类。有媪前致词，一饭剧容易。香粒炊雕胡，玉糁下盐豉。为忆王山阴，当日尝此未？腹果起登山，肤寸惊岚气。宛转历崎岖，岌峨怵峭厉。壁削螺纹缠，岸欹鸟道避。九折何逶迤，一折汗先喘。层峦黑于墨，苔藓幻古卉。仰观工运夫，迟迟移荟蔚。一石千人扶，一木百人曳。任负各随力，低昂轩且轾。绕树万蚁行，上墙百足跂。督率烦有司，止齐听次第。许邪并发声，谽谺应巨礧。前者见踵趾，后人平肩背。断续陟重霄，稀微梯米细。道傍堆盘陀，磝砠荡荒秽。斧凿仗五丁，来往容并骑。囷轮苍鬐奴，张盖同邮递。弟告足力疲，予亦欣坐憩。自谓所历高，安知更不啻。逾时始及巅，灵境丰瑰异。俟见云潭潭，丰隆召屏翳。洗我衣上尘，敝我脚底屣。天阙复层城，仙宫在平地。迷茫烟雨中，栋宇益清閟。炜炜紫金屋，莹莹白玉砌。闾阎巍闶阆，洞户敞幽邃。瓦净碧琉璃，梁焕红玫瑰。缭垣象紫微，楼居接上帝。悬圃即眼前，蓬莱非海外。峥嵘蜃气喷，合沓鱼鳞萃。

是诗反映的是齐召南与其弟一同游览天台桐柏观时途中及桐柏观的情况。齐召南兄弟所游的桐柏山馆，建于三国时期，当时葛玄到天台桐柏山上炼丹，筑法轮院。唐景云二年（711），睿宗皇帝下诏，在法轮院的废墟之上建桐柏观。桐柏观号称为道教南宗第一，是中国道教南宗祖庭，位于天台西北二十里的桐柏山山巅。桐柏观在历史上多次重修，这次重修始于雍正九年（1731），至雍正十二年(1734)结束。齐召南还有《桐柏山夷齐二石像歌》。齐召南正是在桐柏观即将修竣之际,与弟一同游览。

又《携弟培风游新建桐柏观于百丈奥,午饭登山,大雨如注,后赋一百三十韵记之。时癸丑仲秋也》诗:十有一年秋八月二十四,予为桐柏游,壮观豁胸次,清晓登小楼,列岫当窗媚……

齐图南,字培风,号鲲池,岁贡生。才思清逸,诗文兼擅古今体,教学自给,尝辑《尚书通解》《毛诗合参》等。汇编二十一史,以授诸生。乾隆十六年,高宗南巡,学使雷鋐选知名士迎銮,试《大观台赋》,擢图南第一,召试行在。赏彩缎、荷囊。卒,年八十。著有《唐书要览》四卷、《野见集》十六卷、《皆梦斋杂著》一卷、《木屑录》一卷,尤喜集句,有《集杜诗钞》①。

是年,侯嘉繙的《寻鉴集》《半船集》付梓,齐召南为序②。齐召南诗文集未载此序文。

沈廷芳向张宗苍索画《西溪草堂图》,作诗答谢,有《赠张墨岑上舍〈西溪草堂图〉》,并为张宗苍之诗集题词,有《题墨岑诗册》③。同时有刘大櫆的《西溪草堂图为沈侍御椒园题》(《海峰诗集》古体诗四,清刻本)、周长发的《题同年沈椒园编修西溪草堂图》④。

吴茂育《求志编》案发。

是年,李塨卒。

雍正十二年(1734 甲寅)三十二岁

齐召南于雍正二年至雍正十二年间的诗,由其兄齐周南编次,即《琼台诗集》。集前有多人序。

五月初五,齐召南有《琼台诗集自序》⑤:

或请余谈诗,予答曰:谈何容易!或曰:吾子作诗,亦易矣,顾谈之难乎?予答曰:匪谈之难,作诗实难;匪作诗之难,作诗而可谓之诗也实难。予所作

---

① 《台州府志》卷一百二十,P2。
② 《夷门先生年谱》,临海博物馆藏抄本。
③ 沈廷芳《隐拙斋集》卷四,《四库存目补编》第10册,P212。
④ 周长发《赐书堂诗钞》卷二,《四库存目丛书》第274册,P726下。
⑤ 齐召南《琼台诗集》卷首,临海博物馆藏抄本。

者鄙语云尔，口号云尔，若云诗也，谈何容易！予自束发受书，即知诵古人之诗，而心好之，至今二十余年矣。兴会所至，未尝不随手而成，然求毛发得古人仿佛者，无有也，以是知诗之难也。风雅、楚骚尚矣，五言莫盛于汉魏，律体莫工于有唐，七古莫雄于太白、少陵、昌黎。诸君子谈诗者，孰不谓然。予谓汉魏而后佳制亦多，有唐以降，鸿文代出，如必绳以一概，则三百篇之外，其皆不可传诵。而效仿法者乎，风气各随其时者也，文采各言其志者也，音韵节奏各见其才者也。且以少陵之跨越百代，而其论诗乃曰不薄今人爱古人，未尝不博收广取。而后世好为名高之士，开口辩论，目空作者，尊苏、李、曹、刘，即薄颜、谢为骈俪，宗开元、天宝，即笑大历而下为卑靡。谈诗固至易也欤？问者唯唯而去。适家兄首风取余箧中自甲辰至今岁拙稿，编次既成，即记是语于首简，以志予惭。时雍正十二年天中节，齐召南自书于曹源书屋。

五月初五，齐周南有《琼台诗集序》①：

舍弟一干拙人也，无他才技，亦无他嗜好，好读书为古文辞，而于诗尤甚。癸卯以前所作，弟图南培风赏手为记录；甲辰至今，诗日益多，稿散书笼中久，长夏无事，予取编之。凡庆挽往来酬应之作，概逸焉，共得古风、近体五百余首，名《琼台集》。琼台，即孙兴公所谓"双阙云竦以夹路，琼台中天而悬居"者也。甲辰三月，曾与舍弟游而乐之，谓吾乡山水即甲宇内，其最瑰伟神秀，可方蓬莱、阆苑，无若琼台赤城瀑布。特近观耳，造物者所为，殚精蓄智，营造作藏于深邃险奥之中，以宅飞仙而表名胜者，其在兹乎！舍弟即著赋一篇，因并以自颜其稿，非敢曰诗如其山，从所乐也。雍正十二年天中节，兄周南书于曹源书屋。

九月四日，杨绳武有《琼台诗集序》②。

台州有二才子，曰侯子元经，曰齐子次风。元经从横排奡，不可羁泄。

---

① 齐召南《琼台诗集》卷首，临海博物馆藏抄本。
② 同上。

次风精排夐炼缜密,却有根底。元经前岁来书院,余知之最深。次风今岁始得见,恨相知晚也。次风初示余《桐柏宫赋》三首、经论五通,登灵光景福之堂,参夹漈、鄱阳之席。其论《史》《汉》异同及唐宋八家书,尤非好学深思心知其意不能道也。诗数十首,光艳逼人。后复出其甲辰以来十年诗示余,凡六百余首,号《琼台集》,洋洋乎大观已。次风之诗,原原本本,酝酿甚厚,工力甚深,如精金在镕,百炼而出;有如千钧之弩,持满而发,时而威风振采,照耀五色;时而天马脱羁,瞬息千里;时而穿心刲目,驰精锐于雷霆;时而凿空镂尘,净聪明于冰雪;时而斑斓剥蚀,摩挲于断碑古鼎之间;时而清丽绵芊,俯仰于碧树红泉之下。盖其取不一格,美必兼收……雍正甲寅重九前四日,皋里杨绳武书于敷文书院。

杭世骏于是年夏编次己文,成《道古堂文集》初稿①。

是年九月,沈伦《大樵山人诗集》案结②。

九月,浙江荐举博学鸿词,试帖为《河清海晏颂谨序》《万宝告成赋》《三通论》。厉鹗的《樊榭山房集·轶事》附录四,记当时试事③。

雍正甲寅、乙卯,浙江总督程元章三次省试,荐举博学鸿词十人:严遂成、厉鹗、周玉章、杭世骏、沈炳谦、齐召南、张懋建、周长发、汪沆、周琰。正试题《河清海晏颂》《万宝告成赋》、杜氏《通典》、郑氏《通志》、马氏《通考总论》、《赋得冲融和气洽》。补试题《玉烛醴泉颂》《鹏奋天池赋》《九法五政论》、《赋得禾比君子》。续试题《景陵瑞芝赋》、《春雪诗》、《两浙通志序》、《评二十一史》。此次应试时间,自雍正十二年至十三年。应试缘由,是雍正十一年四月,上谕举博学鸿词科。"特谕内外大臣,荐举博学鸿词。今臣等议奏举行事宜,应令在京三品以上满汉大臣,在外督抚会同学政,悉心采访,遴选考验。于在京郎中以下,在外同知以下等官,并致仕在籍,因公降调,及进士举贡生监布衣等项人员,择其品行端醇、文才优赡、足称博学鸿词之选者,不拘人数,秉公荐举。"④

---

① 陈婉婷《杭世骏年谱》雍正十二年,台湾中山大学硕士论文,2007年。
② 《世宗宪皇帝朱批谕旨》卷二百六之四,《四库全书》第425册,P570上。
③ 厉鹗《樊榭山房集》附录四《轶事》,《近代中国史料丛刊续编》第六十一辑,P1380-1381。
④ 《世宗实录》卷一百三十二《雍正十一年》,中华书局影印本第8册,1985年,P712下。

齐召南试帖《河清海晏颂谨序》①：

臣闻美盛德之形容曰颂，自有书契可纪以来，累洽重熙升平之治，总未有盛于我朝者也。钦惟我皇上聪明睿智，文武圣神，序三辰而调五行，溥九垓而烛八表。太和翔洽，下际上蟠，瑞应之符，神人协赞。硇硇即即，杂沓总至，河伯海王，歆我秩祀，经天络地，祗承率职，以凑嘉祥。黄流澄光，若镜者数百里，上特遣官致祭，事付史官。近复自刷引河，实维神力。环海晏如，微波不扬，旸谷岛峒，建师作牧。贾舶扬舻亿万里，不异平地。楼船横海之军，青雀黄龙，五牙海鳅之舰，设而不用。外则候月占风，纳节举历代鞮译，所弗及者，莫不持明珠宝贝，向阙廷觓角享王，大者特来，小者附至，声教覃敷，盖若斯之隆也。粤稽唐虞，平成永赖，九叙维歌。然其咨俾乂幸，而奏绩安澜，虽九川涤源，大河石水，斗泥不闻，其流克涤，成周怀柔，河称龠矣。而淮海徐奄，尚多梗化，南又不逾衡山。白雉贡自越裳，即云绝域，幅员亦少狭焉，犹且纪歌，颂垂将来，矧清晏如我朝，其可无颂声，以形容圣天子，穆穆之盛德。臣诚不自揆，敬拜手稽首，仿古而作颂曰：维清缉熙，皇笃其祜，荡荡巍巍，丕冒下土。璧合珠联，营室攸聚。载歌南薰，以跻东户。皞皞太平，登三咸五嘉，休叶应神灵，锡与彼河，洋洋厥色，维黄自星宿海，东趋混茫，挟泥与沙，迁徙靡常。既道于夏，旋圮于商，堤之宫之，白马宣房。今也混混，如彼淮江，百谷之王，是曰海若。岛屿出没，恃以寥廓，如星斯列，如绣斯错，风飚驾涛，或鲸或鳄，或横不来，或循怙恶。今底扶桑，我疆我索，伊河之清，永奠北条，旁润稼穑，勿佚以骄。维皇。敷文云：汉为昭德，水象之仰鉴九霄，自古太史，荣光告尧，斑斑马图，其出匪遥。海既晏矣，民乐作息，蜑户鲛人，桑麻嶷嶷。郡台县舟龙伯之国，至于日域，顺帝之则，捩舵旋针，洋踰白黑，来格祁祁。拱兹宸极，于赫至德，高极于天，深浃于渊，与坤俱方，与干俱圆，上下充塞，和气盎然。汪濊滂沛，河海则焉。是清是晏，皇德攸宣，皇绵宝历，于万斯年。

---

① 齐召南《宝纶堂文钞》卷七，《续修四库全书》第1428册，P556-557。

齐召南试帖《万宝告成赋》①：

　　德惟善政，治首授时，维稼穑之足实，匪珠贝之为奇。是以九扈董乎少昊，八蜡设乎伊耆。丰年穰穰，歌汤孙于《商颂》，载获济济，乐田畯以豳诗。虽曰岁事，实本人和，阴阳乃符，刑德生长，爰顺作讹。天自降康，应昌期而盈宁有庆；地不爱宝，答圣主而饶裕滋多。千仓万箱，篇可续夫南山之旬；一稃六穟，瑞或蔚北里之禾尔。其凉风初至，湿露乍鲜，离离蔽野，毯毯连阡。光惟玉烛，序是金天。裒灿灿之黄金，地皆金地；而含垂垂之白玉，田尽玉田。满沟满车，还胜满籝之值；为酒为醴，不矜为币之权。土鼓喧鸣，四方同看报社；霜镰竞试，千耦共话逢年。盖惟沃以膏雨，飘以和风，运当履泰，祥兆恒丰。调燮有常，积致诚为感召；精勤无逸，与大造相流通。黍稷馨香，昭秉耒之孝飨；簋簋普淖，告献种之成功。凡埴壤坟，只运洪钧于方寸，而秬秠穈芑，遂溥美利于寰中。爰厥土物粒，我蒸民既果果，其高积亦陈陈以相因，食九人食八人，上次下农，总获三倍之贾。宜五种，宜三种，高低平地，曾无一室之贫。蔀屋则村村大夏，花封则日日长春……

据《宝纶堂续集》卷三《万宝告成赋》之齐毓川案："此赋与《河清海晏颂》《三通论》同为雍正十二年浙江荐举博学鸿词试帖。时主试者总督程公元章、学使帅公念祖，得此卷，皆诧为奇才，叹赏不置，遂列名第六。"

齐召南试帖《杜氏〈通典〉、马氏〈通考〉、郑氏〈通志〉总论》②：

　　著一书而足以包括天地，经纬事物，贯串古今上下数千年，确乎有用之书，以传之不朽，自非博雅通人，乌能为是乎！六经尚已。司马子长《史记》，起自皇帝，迄元狩获麟。纪传外，条为八书，以识其大。《平准》《封禅》，事系亲睹。《天官》《律》《历》，职所典司，皆洋洋大备。至《礼》《乐》，略采诸子，尚多憾焉。《汉书》十志《天文》《五行》《地理》《律历》《礼乐》《食

---

① 齐召南《宝纶堂续集》卷三，《清代诗文集汇编》第300册，P389-390。
② 同上，卷六，P423-424。

货》《沟洫》《刑法》《艺文》,皆能补马史所略。彬彬乎质有其文,盖三通之规模实立于是,唐贞元中,宰相杜佑,本明皇时《六典》,广分门类,撰成《通典》。及宋之南,郑樵本历史书志,并古人所未及者,条其要略,卷帙媲于《通典》。其后,马端临又著《文献通考》。于是,三通鼎立以并行。夫以三子之学博才长,后人原无所容其轩轾,顾就书论书,则夹漈之博洽,似过于二公……

十月二十四日,续修《皇清文颖》成(《四库全书总目提要》卷一百九十集部四十三)。

是年十月,三十五岁的陈兆仑在知县任上,同时主持鳌峰书院山长,兼领志局。陈兆仑于雍正八年中进士,即外放福建任知县,十月上任。雍正九年,同时兼管鳌峰书院、志局事宜,至雍正十二年①。

十一月二十七日,慈溪郑性来访,夜宿齐召南家。

郑性赠诗云:"山访天台人次风,人山两慰古稀翁。能教老眼青无比,倍觉生朝兴不穷。年少马班雄瞻等,封遗衡霍峻麗同。明朝飞返家乡去,夸向儿曹醉百通。"廿八日召南赠诗云:"寒冬幽巷自清清,忽听枝头求友声。门入锦函云客至,葭飞玉管信阳生。乔松体格高逾直,仙崔丰标老更轻。识而便应频下拜,久推经袖是康成。"②郑性此次游天台,自十一月十六日开始,至十一月三十日结束。

郑性游完天台后,齐召南有诗写给郑性。诗序云:"慈水郑义门性来访,郑自称五岳游人,于海内名山已十游七八,将自台温南历武夷以还旧隐。"③诗云:"游名山川亦有数,采真济胜擅全具。五岳游人真快哉!行年七十犹童孺。手携竹杖铭南雷,晋楚齐秦递流寓(义门,禹梅公子,其杖即黄黎洲遗物,既贡成均,当选,辞不赴)。有志重编《山海经》,无心更研《京都赋》。胸罗万卷轻一官,高怀肯为浮名慕。西从岷嶓到峨嵋,南抵琼崖北句注。洞天福地古虽称,荒僻幽奇人罕悟。鸟道虚盘猿狖宫,神工不劈云烟路。雪嶂光摇朱夏寒,水帘珠洒青霄雨。虎豹何曾当道横,村氓亦鲜留宾住。攀萝扪葛踏欹嵜,似校虫鱼披竹素。

---

① 《陈句山先生年谱》,《北京图书馆藏珍本年谱丛刊》第97册。
② 郑性《南溪偶刊·七十台游日记》,《四库未收书辑刊》第8辑第27册,P633-634。
③ 齐召南《宝纶堂诗钞》卷二,《续修四库全书》第1428册,P598。

先贤题刻佛老踪,往往争新已成故。堪嗤俗客心如鹜,踏险奔趋罔回顾。蝇头细利眯双瞳,好景当前隔重雾。郑君好游同好古,满腹山川分四库。岳镇海渎每经游,记序歌讴随兴作。四明本与天台邻,天台久怅来何暮。谈天就我指乌兔,廿年处处周芒屦。尚平早毕婚嫁期,谢客宁愁民吏怖。一瓢一笠挈一僮,但逢水乐听韶濩。太初宦辙似未环,不止荔支缺诗句。今向霞标拜葛翁,求仙非为烧丹误。青精有饭饱啖之,将遍瓯闽览悬圃。与君共散庭前步,茅屋看山几回互。沽来新醳晃金波,三更月上扶疏树。扁舟何日访慈湖,卧游尽得琴中趣。"

郑性(1665—1743),字义门,号南溪,慈溪人,著名藏书家,一生未出仕,师事黄宗羲。好游历,五岳之中,只有衡山未到。根据齐召南诗句"行年七十犹童孺,手携竹杖铭南雷"可知,郑性这时七十岁,这是他最后一次远游,途径天台,与比自己小三十九岁的齐召南相遇。郑性与齐召南之堂兄齐周华的交往更多,大约两人都是旅游家的缘故,郑性有《赠汪雨亭（时偕巨山来）》等(《南溪寱歌》卷下)。郑性游天台之后,汪霖、齐周华曾一同到慈溪拜会郑性。郑性有诗"天台山有两人来,不是刘晨阮肇哉。一任桃花源洞返,我来访着亦寻回。"(《南溪偶刊》卷下)从此诗看,汪霖、齐周华拜访郑性,应当在乾隆二年,因为郑性于雍正十二年游天台时,齐周华尚在天台县监狱中。乾隆元年,齐周华被赦,二年夏,齐周华出游普陀、四明、甬上,一路拜会过多人①。此篇游记中虽然没有提到郑性,但此次出游认识郑性的可能性最大。之后郑性、齐周华之间有书信交往。乾隆四年秋,齐周华去慈溪拜会郑性,郑性请齐周华作其孙的老师。冬季,齐周华给郑性回了一封信,这就是《答郑义门（性）先生书》。乾隆五年,齐周华馆于半浦二老堂郑性家,郑性有《和巨山易安斋课业次韵》,是写给齐周华的②。郑性还为齐周华的画题诗,如《题名山藏图》诗③。齐周华的《名山藏副本》,亦由郑性刊刻。

冬,杭世骏邀沈廷芳过书堂,沈廷芳有《题〈松吹书堂图〉七绝四首赠》④。

查嗣瑮卒,沈廷芳写诗纪念,有《查浦先生挽词》三首⑤。

---

① 《名山藏副本·游南普陀山记》,P152-154;又见《齐周华年谱》。
② 郑性《南溪偶刊》卷下,《四库未收书辑刊》第8辑27册,P574。
③ 同上,P573。
④ 沈廷芳《隐拙斋集》卷四,《四库存目补编》第10册,P214-215。
⑤ 同上,P214上。

沈德潜于雍正十年受海公聘请,与修通鉴,于是年八月成。《明史别裁》亦于是年成①。

是年,高其佩卒。

雍正十三年(1735 乙卯)三十三岁

《齐侍郎年谱》:乙卯,领咨入都。

齐召南此次入都,是在春季。其兄齐周南送至杭州。到杭州后,齐周南返天台,齐召南有《发武林别家兄》②:"欲说又无语,将离各自看。晓云千嶂湿,春雨一帆寒。远送承兄爱,扬名怯弟难。高堂如见问,眼认是平安。辞家浑不觉,此日始关心。徒手游京国,扁舟出武林。何曾穿铁砚,且拟碎瑶琴。念我高冈陟,时须寄好音。"齐召南此次入都,沿途写了许多诗,收录在《宝纶堂诗钞》卷二中,如《新昌道中》《会墅岭上望沃洲山》《剡溪舟中晓望》《越城怀古》《山阴》《禹陵》《游开岩寺》《绕门山》《游普门寺之明日游宝兴寺》《憩吴山丁仙亭喜其岩石奇幻》《岳王墓》、《怜忠祠》二首、《花神庙像设甚工戏题》《观音山呈闵廉风、团冠霞、王梅泞、汪槐塘诸同游》《守闸》《滕县朱姬庄堤上望湖》。

入都途中,过江都,闵华、王藻、齐召南、汪沆等,有红桥秋禊事。

汪沆有《红桥秋禊词,同闵莲峰、王载扬、齐次风作》纪其事③。

是年,汪沆津门寄诗,怀念齐召南、杭世骏诸友人,齐召南等有诗作答,齐召南诗《答汪五槐塘(沆)津门见寄次韵兼怀诸友》④:

> 一春消息阻津门,每向东风望紫暾。长自来年劳寸简,何当对席理清尊。名山枉负青鞋约,异域犹迷黑水源(时纂云南志书)。应是故人深念我,醒狂多恐忤平恩。吴山顾曲记当年,才落春灯未禁烟。细雨溟蒙留客夜,微风料峭养花天。清歌共判尊前醉,高会谁知梦里缘。今日浮萍湖海阔,如君还近潞河船(乙卯正月,会同举诸公于槐塘宅,共十一人。今则厉二樊榭、沈六幼牧、周大青瑶、张大介石俱还浙。严大崧占尚读礼未出。周五石帆得官后即以艰归

---

① 《沈归愚自订年谱》,《北京图书馆藏珍本年谱丛刊》第91册。
② 齐召南《宝纶堂诗钞》卷二,《续修四库全书》第1428册,P604下。
③ 汪沆《槐塘诗稿》卷三,《清代诗文集汇编》第301册,P323。
④ 齐召南《宝纶堂诗钞》卷三,《续修四库全书》第1428册,P612。

家。每与董浦、星斋晤,言不胜今昔聚散之感)。槛外微茫列玉簪,平山堂上望江南。诸公不厌壶觞数,豪兴偏矜笔墨酣。花满春堤移画鹢,草枯秋冢问金蚕。奚囊多少闲诗句,惭愧重游尚未堪(曩与槐塘客江都,冈八廉风、团二冠霞、杨大榆亭、王大梅汧时时游眺联吟,致足乐也)。

此事在杭世骏的《词科余话》卷三中,有更加详细的记载。此次和汪沆诗,杭世骏只收录胡天游、周大枢、齐召南之诗。杭世骏所收录的齐召南诗,与齐召南《宝纶堂诗钞》中所录有些不同,应该是齐召南后来对自己的诗做过改动。

汪沆的诗,即《钱唐汪沆罢后,馆于津门,有感怀寄余及星斋、次风诗》四律①。

十二月二十七日,张廷玉奏明《明史》纂修完成(《高宗实录》卷九)。

是年,任兰枝任五朝国史副总裁。

沈廷芳有《题视环翠表丈〈观棋图〉》②。

周长发为王鹤龄的《出岭图》题诗,有《题王素堂〈出岭图〉和家一山先生长句原韵》③。

乾隆元年(1736 丙辰)三十四岁

是年正月,汪绂《礼记章句》《或问》完成(汪绂《双池文集》卷五《礼记章句序》)。

是年齐召南被选博学鸿词。

雍正十二年四月八日诏举博学鸿词科,到乾隆元年秋,朝廷内外臣共荐举了二百六十一人。对这次盛举,杭世骏《词科掌录》卷首《举目》有详细记录④:"浙江总督管巡抚事、兵部右侍郎兼都察院右副都御史程元章举十八人:原任山西临县知县严遂成,浙江乌程人,雍正甲辰进士,丁忧;康熙庚子举人厉鹗,浙江钱塘人;贡生周玉章,浙江仁和人;雍正甲辰举人杭世骏,浙江仁和人;贡生沈炳谦,浙江归安人;雍正乙卯副榜贡生齐召南,浙江天台人;雍正乙卯举人张懋建,浙江镇海人;浙江乐清县教谕周长发,浙江会稽人,雍正甲辰进士,原

---

① 杭世骏《词科余话》卷三,《四库未收书辑刊》第1辑19册,P681上。
② 沈廷芳《隐拙斋集》卷五,《四库存目补编》第10册,P216上。
③ 周长发《赐书堂诗钞》卷二,《四库存目丛书》第274册,P715上。
④ 杭世骏《词科掌录·举目》卷首,《四库未收书辑刊》第1辑19册,P455-464。

任翰林院庶吉士;生员汪沆,浙江钱塘人;生员周琰,浙江萧山人;生员周大枢,浙江山阴人;生员万光泰,浙江秀水人;生员陈士璠,浙江钱塘人;雍正乙卯拔贡生邵昂霄,浙江余姚人;拔贡生程川,浙江钱塘人;生员孙诒年,浙江归安人;雍正甲辰副榜贡生李宗潮,浙江秀水人;雍正壬子副榜贡生钱载,浙江秀水人。"杭世骏是年四十一岁。

另据杭世骏《词科余话》卷一①记:甲寅冬,余与厉太鸿同被征,星斋以进士学习闽省,亦列荐牍,濡滞未至。时鄞县全绍衣祖望尚留京师,除夕梦余及太鸿两人抵京,欢然道故,有诗纪其事。予自乙卯除夕辞家,以丙辰正月晦抵都。时被征之士麇集京师,故人吴江迮云龙,钱塘桑调元、符曾皆有次韵诗。与予同荐者十一人,星斋亦自闽至,公燕于汪西灏小眠斋,征歌选胜,极一时之盛。

袁枚(1716—1797)是年二十一岁,属于晚辈,他在《小仓山房文集》卷十四的《胡稚威哀词》中云②:呼车行,称余前辈齐次风、商宝意、杭堇浦、王次山诸先生,而劝之来交。《小仓山房文集》卷二十五《原任礼部侍郎齐公墓志铭》③:"乾隆元年初,余与齐公次风同试博学鸿词于保和殿,一时士论佥以为实学推公。及榜发,钦取十五人,公果与选。余虽报罢,而公念同征之谊最殷。后三年,余亦入翰林作后进,常与公唱和。"

《词林典故》卷四对此次御试有记载,上谕:天气渐寒,着于保和殿内考试。九月二十六、二十八二日,御试保和殿,赐宴。钦命第一场题:《五六天地之中合赋(以敬授民时圣人所先为韵)》,《赋得山鸡舞镜》,诗七言排律十二韵得"山"字,《黄钟为万事根本论》。

齐召南的《宝纶堂文钞》卷一中,收入《五六天地之中合赋》《黄钟为万事根本论》。在张廷玉主持编辑的《皇清文颖》卷八、卷九中,收录入选者张廷璐、刘纶、于振、周长发、汪士锽、齐召南六人的《黄钟为万事根本论》。《皇清文颖》卷四十九中,收录刘纶、于振、杭世骏、刘藻、汪士锽、齐召南的《五六天地之中合赋》。《皇清文颖》卷六中,收录入选者刘纶、于振、汪士锽、杭世骏、沈廷芳、齐召南的《赋得山鸡舞镜》。

---

① 杭世骏《词科余话》卷一,《四库未收书辑刊》第1辑19册,P656上。
② 袁枚《小仓山房文集》卷十四,《续修四库全书》第1432册,P143上。
③ 同上,卷二十五,P279下。

齐召南的《赋得山鸡舞镜》诗①：

虞罗远致珍禽集，羁客难窥舞态娴。明镜巧悬光照灼，丽容惊睹锦斑斓。似临曲涧澄空翠，却忘雕笼认故山。文耀彩鸾欢并鬻，冷嫌独鹤兴偏悭。凝眸顾步轩仍轾，妩貌舒衿往复还。节应桑林呈合变，工同榆曲度悠闲。铜台晓日翔觚爵，洛浦凌波响佩环。啸侣命俦猜孰是，分躯共景绘应艰。闺人祃服休垂手，座客华裾笑解颜。共讶回风生羽翮，早传奇采动江关。形图月殿清虚界，影入银河碧落间。好趁宾鸿来圣代，高攀仪凤出尘寰。

齐召南的《五六天地之中合赋》②：

寻图书之秘奥，知律历之相因，有生成之中数，为阴阳之适均，阳为奇兮，自一而递于九；阴为耦兮，自二以浃乎旬。奇则三与七，俱同列以进，耦则四与八，亦联翩以陈。惟中数之得位，见作合之相亲。天以五兮，分一阴一阳于十日；地以六兮，布一刚一柔于十二辰。干支合而成岁纪，气味合而普化神。溯降衷于上帝，遍受中于兆民。图则五连六，于坤而奠于北；书则五友六，于乾而趋乎寅。揭中宫之土德，开子半之阳春。虽自然之法象，待推衍于圣人。步始大挠，算由隶首。验摄提于丑未，纪困敦于甲戌。测弦望于羲娥，察缩盈于星宿。有中法之可稽，参五六以考究。六以当期岁之寒暄，五以辨月行之宵昼。爻以六纪，周流三十六宫；日以五迁，顺布七十二候。积八百一分，即得章数之元；历二十四位，仍起牵牛之旧。浑仪则赤交黄会，东角西娄；土圭则夏短冬长，子复午姤。五加六，则十一握终始之根；六除五，则太乙包行生之富。五其六，可符共毂之旋；六其五，亦合一舍之守。现端倪于穹壤，推开辟于宇宙。虽三统之循环，总一元之相授。得中而举正靡差，有合而对时始茂。若夫量盈虚于辟卦，别清浊于神弦。声维五兮，象夫五行之生克；律维六兮，助以六间而具全。即有变徵变宫，二少原无殊号；虽列编钟编磬，堵肆第曰在悬。五生六，则

---

① 《皇清文颖》卷九十五，《四库全书》，第 1450 册，P353 - 355。
② 齐召南《宝纶堂文钞》卷一，《续修四库全书》第 1428 册，P477 - 478。

十二之笛以制;六正五,则六十之律以传。凤鸟喈喈,而雌雄叶应;华鲸鞺鞳,而宫羽昭宣。然而五声上宫,惟宫居天五之中位;六律尚黄,惟黄为地六之中权。拱至尊于含少,肇滋育于幽泉。在木角金商之上,开未林寅太之先。中处之数,积阳为九九八十一;合德之数,至亥实十七万七千。任方田与粟米,极勾股以测弦。乘除于河图而有准,加减于洛书而靡愆。于黄钟之宫也,见天地之合焉。原夫唱始施生,无细无巨。五参天以为规,六两地以执矩。日负阴而抱阳,聿成男而成女。俱太极之孳萌,共无妄之物与。臓府具而汤液宣,情性凝而彝伦叙。信为本,而仁义礼智不虚;思作睿,而视听貌言咸举。悟妙合之有原,识致中之居所。天地交矣,大君则之,黄实克乎五色,土兼旺于四时。臣民事物,同心以为役;前后左右,普照以无私。盖天数至五,而生之功已就;地数至六,而成之量方滋。合生成于裁成辅相,参易简于覆载高卑。维圣宪天,维天启圣,握珠囊,朗金镜。乐如天以同和,礼法地以合敬。执厥中而六府修,建皇极而五福并。敷五典而帝载熙,驭六辔而官方正。平六符于泰阶,抚五辰于斗柄。调玉烛于辰居,考葭灰于月令。启包符以焕八荒,在玑衡以齐七政。赫文明于离照,溥恩膏于巽命。信合撰于清宁,与勋华而比盛。方亿万以斯年,赓一人之有庆。

齐召南的《黄钟为万事根本论》[①]:

言道者必溯太极,言数者必溯黄钟,此非有精粗神迹之判也。太极者,黄钟之至理;黄钟者,太极之元气。始生万物,位居中央,于声为宫,于行为土,于辰为子,于卦为复,于统为天,于时为日南至,气之母而声之君也。是以举天下千变万化之器与数,莫不由之以生,即谓万事之太极也可。旨哉!黄钟为万事根本之说也。试论之。黄帝制律以象凤鸣,首曰黄钟。其长九寸,其数九九,从而递相损益,以极于应钟而十二律备。黄钟正则十二律皆正,而天下之声无不正。大乐所以同和天地,感格幽明,类致百物,移易天下之风俗,而鼓舞至神者,黄钟之为也。然则谓十二律为乐之根本,而黄钟为十一律之根本,此亦善于言黄钟者矣!虽然,乌足

---

① 齐召南《宝纶堂文钞》卷一,《续修四库全书》第1428册,P478-479。

以尽黄钟哉！今夫天下事之大端有五：备数、审度、嘉量、权衡与和声并重者也。而是四者，则无一不本于黄钟。数之纪于一，协于十，长于百，大于千，衍于万也，本起于黄钟积三之数。度之别于分，忖于寸，蒦于尺，张于丈，信于引也，本起于黄钟积黍之龠。权之始于铢，两于两，明于斤，均于钧，终于石也，本起于黄钟积黍之重。《书》曰："同律度量衡"，冠律于度量衡之上，凡以是也。至于布蓍而挂扐，卦爻应焉；尚象而规矩，准绳应焉；演为历算，而春夏秋冬之节气、章蔀纪元之积分应焉。推而族姓，始于吹律，军声辨于执钥，星土准于旋宫，天下无有一事不本于黄钟也者。又奚啻括羲和、廷尉、鸿胪、司农之所掌已哉？以其为施种之初也，故曰钟；以其为五色之尊也，故曰黄。阴阳合德，气钟于子，以化生万物，故由孳萌而纽牙，而引达，而冒茆，而振美，而已盛者。生气之通，自《乾》初九以至上九也，其由咢布而昧薆，而申坚，而留孰，而毕入，而该阂者。生气之复，自《坤》初六以至上六也，变化不穷，以黄钟为枢纽，如木之始于根而布于叶，以畅于枝，如水之始于本而流为川，以放于海。班《志》所谓"究极中和，为万物元"，又谓"太极、元气、函三为一"，洵善于言黄钟者欤！抑又有说有天地之黄钟，有人心之黄钟。天地之黄钟，月令是也，故孔子赞《易》曰"天地之大德曰生"，而于《复》则曰"见天地之心也"。人心之黄钟，喜怒哀乐之未发是也。故《中庸》以中为天下之大本也，处两大之中者为人，宰四海之中者为君。君之所以理万机而康万国者，岂有他哉，心而已；君所以宅心者，岂有他哉，中而已！致中以致和，而天地协应，兆民阜成，百昌茂遂，将所谓黄钟者，不在区区之器数，而在道法矣！《书》曰"皇建其有极"，此即万事根本之说也欤！

钦命第二场题是经论和史论，齐召南当时的答题，亦收录在《宝纶堂文钞》卷一中。

此外，齐召南还有《经解》①《史论》②。

此次二百多人参加博学鸿词科，朝廷仅录取十五人，③引见考取者刘纶等

---

① 齐召南《宝纶堂文钞》卷一，《续修四库全书》第1428册，P479-482。
② 同上，P482-485。
③ 《高宗实录》卷二十八，中华书局影印本第9册，1985年，P599。

十五员。刘纶、潘安礼、诸锦、于振、杭世骏俱授翰林院编修。陈兆仑、刘玉麟、夏之蓉、周长发、程恂俱授翰林院检讨。杨度汪、沈廷芳、汪士锽、陈士璠、齐召南俱选为翰林院庶吉士。

十月初五,吏部引见养心殿,授翰林院庶吉士。赐御制《日知荟说》一部。

此次引见,诸锦有《乾隆丙辰十月初五日,以博学宏词科刘纶等一十五人引见授职,有差钦赐〈日知荟说〉各壹帙,臣锦恭纪》诗纪其事①:"鸡鹊占音喜,瞳眬识圣颜。养心原至正,稽古得跻攀。侍从均华选,群公列宿班。卿云凝不散,宸藻到人间(是日殿中引见之时,双鹊噪殿脊良久)。谟训追《虞典》,君师集圣躬。和羹三鼎鼐,掌制两夔龙。孝友推张仲,卷阿矢召公。重熙兼累洽,三复简编中(西林、桐城、高安三相国,傅、邵两掌院,均有跋。重熙累洽,祭酒杨公跋语)。"

沈廷芳亦有《十月五日,养心殿引见,授翰林院庶吉士,赐圣制〈日知荟说〉全帙,恭纪》诗②。

齐召南高中之后,胡天游有《赠次风太史同年擢制科》诗以贺③:

陆机蚤年未入洛,《文赋》已传向来作。高才难见跨世度,奇绝曾惊极腾踔。忆昔己酉开院初,同岁几辈多雅儒。朱云小生安足道,荀况宿师亦避衢。中闲迈出谁最数,齐侯玉骨青天举。小玑碎璧采满车,清光夺却明月珠。峄阳霜根孤百尺,东海秀色晴空铺。亡书已得张安世,名士岂知刘子初。龙簴兽枂出伟怪,昆刀火毳陈中都。昨者承诏到京县,衮衮邹枚尽庐殿。我友杭(大宗)陈(星斋)特雄放,淋漓把笔同酣战。蔡邕崔骃笑轻薄,独许典引追封禅。羽林虎贲争动色,帝凭玉几颐屡领。骐骥飞鞚不踏地,万里飒飒催风电。我初闻声到梦寐,十载往往迟相见。尚书座上烛花白,城头皑皑迷积霰。意热梧尽语不尽,握手一笑欣缪恋。翰林官贫俸虽薄,月钱尚得买沈宴。储材将相须即取,功业会与身力健。我生寒寒孤且直,方朔岂解书自荐。平时积契徒复许,黑头正苦公孙贱。对君磊落意更激,何时共扬好颜色。歌成欲醉转寥廓,夷门侯生同叹息(时侯元经在座)。

---

① 诸锦《绛跗阁诗稿》卷五,《四库存目丛书》第274册,P609下。
② 沈廷芳《隐拙斋集》卷六,《四库存目补编》第10册,P228。
③ 胡天游《石笥山房诗集》卷四,《续修四库全书》第1425册,P500。

胡天游在此诗中，除了祝贺齐召南外，还提及了杭世骏、陈兆仑。在诗的结尾，胡天游对自己落选表示遗憾。胡天游写此诗时，另一位台州高才，齐召南的至交侯嘉璠亦在坐。

六月十六日，高宗命开馆纂修《三礼义疏》(《高宗实录》卷二一，乾隆元年六月)。

六月二十三日，高宗命修《大清通礼》(《高宗实录》卷二一，乾隆元年六月)。

十月初八日，齐召南充《大清一统志》纂修官。

清朝前后有三次编修《一统志》，即康熙《大清一统志》、乾隆《大清一统志》和嘉庆《重修一统志》。康熙《大清一统志》自康熙二十五年至乾隆五年初稿完成，齐召南参加的就是康熙《大清一统志》的编修。其中，河南、山东、江苏、安徽、福建、云南六省皆为齐召南编辑，外藩、属国亦由齐召南创稿。时《一统志》馆设在任兰枝家中，与修人员齐召南、胡天游、方超然借住在任兰枝家，张湄、张映辰、胡定(1709—1787)、夏之蓉、邓时敏五人则辰入酉出。齐召南有诗云①：

簪裾日日集龙门(馆开任宗伯师邸第中，即绿云书屋也。张柳渔湄、张星指映辰、胡静园定三，前辈夏醴谷之蓉，及逊可五人，并辰入酉出)，书局纱窗映紫暾。上下千年图史汇，乾坤一统圣朝尊。东迎沧海原无岸，西极黄河更有源(时正修山东及陕西沿边书。元人测河源，但知星宿海耳，不知星宿海西行三百里自有河源，至星宿海则益大矣)。随分班行容懒散，墨丸笔札总君恩。短翮还随鸾凤翔，绿云阴幕聚堂碧，苔阶雨后旋旋碧，竹径风中细细香。岂有雄才追老辈(《一统志》旧本系昆山徐健庵司寇、长洲韩慕庐宗伯编辑，其书考据精核，一洗前明志书之陋)，时劳清俸给官仓。新秋却盼平安信，蜀道台山一样长。劳劳送客是今年，祖帐卢沟对晓烟；马踏碧鸡滇海月，帆移罗带粤江天(柳渔前辈典试云南，静园前辈典试广西)；白云怅望归何晚(醴谷同年奔丧旋里)，黄鹤登临醉自便(星指前辈典试湖南)。留得两人供笔砚，怀人时检路程编(诸公奉使，每于志馆觅邮程记)。

胡天游、方超然、齐召南同居任兰枝家，见《题严陵归舫送方大苏台》中齐

---

① 齐召南《宝纶堂诗钞》卷三，《续修四库全书》第1428册，P609上。

召南自注云①:"任师爱士,就绿云书屋文会无虚日。余以代修《一统志》,久馆其家,同下榻者胡穉威及君。"方超然,同馆修撰人员在绿云书屋常有唱酬,如任兰枝之子《绿云书屋丁香盛,同人小集花下,胡穉威有诗,即次其韵》②,即纪其事。胡天游在任兰枝家,一住就是十年,自丙辰至丙寅,任兰枝致仕后,胡天游才自己租房住(胡元琢《胡天游年谱》乾隆十一年)。其他还有一些人不定时参与《一统志》编修,有陶正靖、张映斗、张湄、张映辰、胡定、万松龄、孙灏、任应烈等。

十月二十五日,诸进士初到翰林院上任。齐召南诗不传,陈兆仑有诗。

时陈兆仑有《十月二十五日,踏雪赴翰林院任,有口占示诸同年诗》③:"银沙抱屋木天称,谬与翘材愧不胜。行处曲环三尺水,坐来清过一条冰。新知玉树欣同照,旧梦仙洲记再登(故事,新进士引习礼仪,在翰林衙门瀛洲亭,别来凡六岁矣)。何似寓公炎海路,五年不见六花腾。"

是年有《胡忠简公遗集序》④:

> 庐陵胡忠简公,以枢密院编修官抗疏请斩秦桧等三人,谪监广州盐仓,寻编管新州吉阳,流离转徙、濒于死者,殆二十余年。桧死,公始得自便。孝宗时,稍复用,以资政殿学士致仕。至今童儿孺子皆知诵其疏,而重其为人。公生平大节,实不专以此一疏也。孝宗时,请都建康,金人求成,公力言不可遣使。金将以地及人来降,公请徙之内地,以绝后患。灾异求言,公直陈阙失,言人所不敢言,至论"和成有十可吊,不成有十可贺",说尤剀切。而后世知诵其疏者或寡,岂不以持论于高宗、秦桧之日、犯雷霆而撄龙鳞为尤难乎哉?……公所著《澹庵集》凡一百卷,后稍散佚,公孙侍御史哀其遗文,共如干卷,刊以行世,属余为序。公之气节、文章,所谓磊落轩天地者,人人所共知,可不复道也。

胡忠简公即南宋政治家、文学家胡铨(1102—1180),字邦衡,号澹庵,庐陵人,反对秦桧的投降政策。胡铨有《澹庵文集》,有散佚。至清朝,其裔孙再次

---

① 齐召南《宝纶堂诗钞》卷六,《续修四库全书》第1428册,P646下。
② 任端书《南屏山人集》卷七,《续修四库全书》1441册,P370-371。
③ 陈兆仑《紫竹山房诗集》卷二,《四库未收书辑刊》第9辑25册,P487下。
④ 齐召南《宝纶堂文钞》卷三,《续修四库全书》1428册,P505-506。

搜集成《胡忠简公集》，邀齐召南作序。莫友芝《邵亭知见传本书目》卷一十三载：《澹庵文集》六卷，宋胡铨撰。乾隆廿二年，裔孙沄等刊《胡忠简公集》二十二卷，《补遗》三卷，《附录》三卷。道光己酉，裔孙文恩刊三十二卷。

是年，为杭世骏的《续方言》撰写《续方言序》①：

> 杨子云，采集先代绝言、异国殊辞为《方言》十五卷，示张伯松，伯松曰：垂日月不刊之文也！余友杭堇浦采集注疏，旁及群书，为《续方言》四卷，余评之如伯松，堇浦骇为过当。余曰不然，自书契既作，所谓垂日月不刊者，孰有过于圣人之经哉！《续方言》所载，皆三代时及汉以前语，士读经者，必知其说而后可通其义，是广卜子《尔雅》，补许慎《说文》也，殆附日月以不刊者耶？子云：《方言》虽亦古輶轩之所有事，然惟一二附于经者，解经家必用之；非是类也，士固可束而不观，较诸太元，其为覆瓿一耳。伯松赞以"不刊"，不亦谀乎！今夫圣人之经则，亦有所谓《方言》者矣。《书》有商盘、周诰，《诗》有十五国风，《礼》则名物器数，代各不同。《春秋》则名从主人，《传》自为说。然昆命、元龟、六日、不詹、终葵、掉磬之解，伊缓、矢台之称，后世不得以方言目之，何也？圣人之经日月也。日月千古不变，其躔次随时改移者，虽变犹不变也。后世分至、日躔不同《尧典》，而《尧典》之文不刊；昏旦、中星不同《月令》，而《月令》之文不刊。日无频食，闰不必在岁末，而春秋频食，闰月之文不刊，故凡附于经者，皆不刊也。堇浦以澹雅之材，沈郁之志锐精于经，以其余闲，把三寸弱毫，群分类聚，使学者不待翻阅而坐得汉以前谣俗、语言之异，勤矣哉！

从长远来看，齐召南对杭世骏的《续方言》成就的评价是合适的，杭世骏开启了对《续方言》研究的先河，此后有程际盛的《续方言补》、徐乃昌（1868—1936）的《续方言又补》、程先甲（1871—1932）的《广续方言》、张慎仪（1846—1921）的《续方言新校补》。这些著作中，以杭世骏的《续方言》成就最高。同时，胡天游亦有《续方言序》②。

---

① 齐召南《宝纶堂文钞》卷三，《续修四库全书》第 1428 册，P506-507。
② 胡天游《石笥山房集》卷二，《续修四库全书》1425 册，P364 上。

是年，胡天游有《题齐次风瑞竹图》①。

最早为齐召南之《瑞竹图》题诗的是胡天游。雍正十二年，杭世骏的《词科余话》卷一述及此事："天台齐次风读书之室，生竹一茎两歧，枝节相对。是年甲寅，次风适应大科之征，山阴胡天游为赋《瑞竹诗》。"张湄为齐召南的《瑞竹图》题诗，有《题〈瑞竹图〉为同年齐次风庶常序》②："次风家天台，甲寅之岁，两尊人寿六十，庭下新竹一本两歧，骈枝丽叶，颇程灵异。好事者为绘图以赠。未几，次风应鸿词科选入翰林。竹之为瑞，诚昭昭也。过雨莎堦清荫浓，电斑簇簇翠成茸。双头蜿蜒腾霄去，何减刘家兄弟龙。"

张湄还有《次风检讨索题其尊甫竹林纳凉小照》③。夏之蓉有《瑞竹为齐息园同年作》《题竹林纳凉图》④。翟灏有《岁甲寅，天台齐次风翰林读书之室，生竹一茎两歧，枝枝相对，节节相当。是年，堂上两尊人六十齐寿，而翰林适应大科之征，山阴胡穉威倡为祥竹诗，属予和韵》⑤。任端书有《瑞竹为齐次风前辈赋》⑥。张映斗有《齐省斋年伯竹林纳凉图》⑦。沈廷芳《瑞竹诗为齐次风同年赋》⑧。汪沆亦有《瑞竹歌为齐次风赋》⑨。周大枢有《瑞竹诗为齐太史次风作》⑩。

是年作《丰年赋》⑪：

皇帝德懋重华，功高复旦，抚五辰以凝庶绩，齐七政以敕时机。阴阳和而风雨时，礼乐备而星云烂。敷天率海，丹穴空桐，扶桑蒙泛之人，反踵岐舌；雕题纹身之国，跂行蠕动。翾飞啄息之类，莫不沐浴。涵濡于湛恩汪濊，闿泽覃敷侯其祎，而伊邈古以来所未有也！太和之气，上翔太清，下蟠太宁，中洽群生。烟烟煴煴，冯冯翼翼，玉烛炳耀，作讹式序。三时不害，百谷用成。于御极元年，即获大有年之庆，内而畿甸，外及要绥，千箱

---

① 胡天游《石笥山房诗集》卷七，《续修四库全书》第1425册，P536下。
② 张湄《柳渔诗钞》卷四，《四库存目丛书》276册，P636下。
③ 同上，P641下。
④ 夏之蓉《半舫斋编年诗》卷四，《四库未收书辑刊》第9辑25册，P674下。
⑤ 翟灏《无不宜斋未定稿》卷一，《续修四库全书》第1441册，P270下。
⑥ 任端书《南屏山人集》卷八，《续修四库全书》第1441册，P379-380。
⑦ 张映斗《秋水斋诗》卷十一，《四库存目丛书》276册，P790上。
⑧ 沈廷芳《隐拙斋集》卷八，《四库存目补编》第10册，P243下。
⑨ 汪沆《槐塘诗稿》卷三，《清代诗文集汇编》第301册，P324。
⑩ 周大枢《存吾春轩集》卷四，《清代诗文集汇编》第289册，P524上。
⑪ 齐召南《宝纶堂续集》卷三，《清代诗文集汇编》第300册，P387-389。

万仓,充盈流衍,遗秉滞穗,符合雅诗,盛哉烁乎！实惟我皇上,瞻云问夜,念切民依,《无逸》作所,《豳风》在御,深知稼穑艰难,遍赐闾阎乐利,农功是重,明德维馨,斯人神悦豫,而致丰登之上瑞也！然则朱草紫脱,华苹蓂荚,宾连灵芝,不足以为异;朱雁赤乌,苍麟白虎,素雉神爵,不足以为祥。惟兹时和年丰,群黎从欲,型仁讲让,一道同风。华祝衢谣,鼓舞圣世,河清海晏。日月光华,有露皆甘,无泉不醴。我国家升平之悠远之禔福,是在乎此！乃者辟虞门,吁夏俊;招贤良之彦,开制举之科,集多士亲试于廷。授简小臣,造《丰年之赋》,不揣固陋,仅拜手稽首,而献赋……

周长发为汪沆的《花坞卜居图》题诗,有《题汪西灏君〈花坞卜居图〉送归武林》①。周大枢有《为汪西颢沆题花坞卜居图》②。

齐周华三十九岁。乾隆帝命刑部将齐周华定"永远枷号""永远监禁""永远墩门"三案卷宗,进呈钦定,始遇赦旋里,在狱先后达五年。出狱后,知曾静、张熙已受极刑,吕氏子孙戍边未还③。

是年,王鸿绪卒。朱轼卒。

乾隆二年(1737　丁巳)三十五岁

二月一日,杭世骏为赵殿成作《王右丞诗注序》④。是春,符曾南归省墓,渡钱塘三日,周览景物,息鞅旧里,周贫问疾,百金随手散尽。归京,手一编请为序⑤。

陈兆仑于三月充会试同考官,分校《礼记》卷,又兼校别经卷。五月,充世宗宪皇帝实录馆纂修官,兼三朝实录馆校对官⑥。

《齐侍郎年谱》:三月某日,奉命誊试卷。五月十一日钦赏端砚一方,笔三匣,墨六笏,广纱一联,葛纱二匹,御制喜雪诗墨刻一纸。

由于此次赐端砚,齐召南就将自己的书斋命名为"赐砚堂"。此次齐召南

---

① 周长发《赐书堂诗钞》卷二,《四库存目丛书》第274册,P716-717。
② 周大枢《存吾春轩集》卷三,《清代诗文集汇编》第289册,P511上。
③ 《名山藏副本》附录年谱。
④ 杭世骏《道古堂文集》卷八,《续修四库全书》第1426册,P279-280。
⑤ 符曾《春凫小稿》卷十三《符药林雪泥记游稿序》,《清代诗文集汇编》第264册。
⑥ 《陈句山先生年谱》,《北京图书馆藏珍本年谱丛刊》第97册。

受赐砚台,胡天游写有《赐砚歌为齐次风太史赋》,以示祝贺①:"砚形如珪复如月,古铜老工烁晓发。银刀轻割石体圆,细骨凉抟紫云滑。元髹沉沉守伏螭,镜面开匣生明姿。仲将之墨若点漆,顷然有渒含凄凄。池中乍骇蝌蚪动,潭底或见蛟龙移。翰林主人东海客,蚕磨苍崖秃巨笔。《甘泉赋》罢日未西,金英玉蕤纷狼藉。元璧一片横庚庚,诏书传赐随墨卿。殿前再拜自携出,归来照座寒琼明。主人才清心似水,著书贪隐乌皮几。凹臼他年笑古人,结邻优恐从兹始。君不见,经岁笺鱼还注虫,定非磊落兼豪雄。国家尚有大典礼,试将镂牒随东封。长卿词赋本盖世,况作雅颂当升中。不比倚阑百花发,唤捧纤指酣春风。"

同时沈廷芳有《五月十一日,蒙赐御书圣制得雪诗一幡、端砚一方、墨八笏、笔十床、纱葛四匹恭纪》《散馆后引见,特授编修感恩恭纪》②纪其事。

齐召南于四月九日独游陶然亭,齐召南诗集不传。胡天游有和诗《和琼台学士四月九日独游陶然亭》,又有《瓶子芍药和琼台》二首③。

《齐侍郎年谱》:五月十七日,庶吉士试,散馆于一统志馆。五月二十七日,引见于养心殿,授翰林院检讨。三月初一日,到翰林院上任。是日,拜领封祖父母、父母敕命(三月初六日恩诏也),赠祖齐化龙文林郎、翰林院庶吉士,赠祖母徐氏太孺人;敕封父齐矗文林郎翰林院庶吉士,封母张氏太孺人。

七月,清廷补试博学鸿词,录取万松龄等四人。

大学士张廷玉、尚书孙嘉淦,以考取博学鸿词优卷进呈,并带领引见。考取一等之万松龄,授翰林院检讨。二等之朱荃、洪世泽,授翰林院庶吉士。张汉授为翰林院检讨④。

万松龄为此邀请胡天游、杭世骏、沈廷芳、王会汾、齐召南吃汤饼,周长发有诗《万星钟检讨五十始举丈夫子,招胡云持、杭堇浦、沈椒园、齐次风、王荪服作汤饼会,即席以海中仙果子生迟为韵,分赋得"中"字》⑤述其事。

《齐侍郎年谱》:十月,赐《春秋日讲》一部。十二月十九日,敕封父文林郎

---

① 胡天游《石笥山房诗集》卷四,《续修四库全书》第1425册,P500下。
② 沈廷芳《隐拙斋集》卷六四,《四库存目补编》第10册,P229-230。
③ 胡天游《石笥山房诗集》卷七,《续修四库全书》第1425册,P536上。
④ 《高宗实录》卷四七乾隆二年,第9册,P806上。
⑤ 周长发《赐书堂诗钞》卷二,《四库存目丛书》第274册,P725-726。

齐薰翰林院检讨,母张氏太孺人,妻张氏孺人。

是年有《制科齿录后序(代)》①。

> 制举之行,始于汉,亦莫重于汉;而以名其科,则始于唐。举志称天子自诏者曰制举,所以待非常之才是也。顾唐时制举,其名随时更易,所谓博学鸿词者,开元中常举之,特与贤良方正、直言敢谏、博通文典、辞藻宏丽、才识兼茂诸目俱称制科。宋世犹沿其法,而专以博学宏词名科,则自绍兴中始,得人之盛,前史班班可稽。我朝文教昌明,超越前古。康熙己未岁,圣祖仁皇帝特开是科,擢五十人入翰林,时称极盛。又五十余年,世宗宪皇帝复诏中外大臣,悉心搜访,荐于朝廷。及我皇上御极,多士云集阙下,乃以乾隆丙辰试于保和殿中,拔十五人。明年续试,其后至者又拔四人,盖旷世之盛典,非复唐宋时间岁一举、士子先期投牒、有司临时奏名者可同日而语也。某学殖奔陋,幸获厕名。尝考前代有科名记《讳行录》《同岁名》诸书,即今春秋二试所集《齿录》也。略仿其例,首登诏旨,次录试题及甲乙等第,后列同籍诸君之姓氏、里居、世系、举主而详书之,合为一集,名曰《制科同年齿录》。夫科目之重,重以人也。汉自亳董对策以还,贤良多矣。其可并亳董者,曾不过数人。唐、宋中制科者,尤不可胜数,惟张九龄、韩休、杨绾、颜真卿、陆贽、杜黄裳、裴度、李绛、白居易、柳公绰、富弼、张方平、苏轼、苏辙、吕祖谦、周必大、王应麟等,至今赫赫在人耳目。即已未一科,有睢州之品行端醇(汤斌),毛、朱之学问渊洽(毛奇龄、朱彝尊),陈潘诸公之才藻炳焕(陈维崧潘耒),实堪追配古人,故足重也。预是科者,其可不思自树不朽,以上答知遇乎哉!录成敬识数言于后。

沈廷芳亦有《词科同年录后序》②。

同年者即张汉、诸锦、潘安礼、万松龄、汪士锽、于振、陈士璠、杭世骏、夏之蓉、陈兆仑、刘玉麟、朱荃、杨度汪、齐召南、洪世泽、刘纶、沈廷芳。此次同年聚会,周长发回了山阴,程恂回休宁。

---

① 齐召南《宝纶堂文钞》卷三,《续修四库全书》第1428册,P507-508。
② 沈廷芳《隐拙斋集》卷三十七,《四库存目补编》第10册,P486-487。

齐召南授检讨。这时有答杨学士问（杨问："参合陂即今大同之天城否？统万在河套内今何地？""狼居胥山在今何地？浚稽山今属何部落？天山今出口甚近，即此天山，抑别有天山耶？""哈密是伊吾卢地，前汉何名？汉敦煌今何地？玉门、阳关何在？""疏勒诸国今为回回所居否？"）。杨椿（1676—1754），字先农，江苏武进人，康熙五十七年进士，选翰林院庶吉士。雍正间，充《明史》《一统志》《国史》三馆纂修官。对照齐召南与杨椿的仕途，齐召南在乾隆元年中博学鸿词科后，随即充康熙《大清一统志》纂修，时杨椿也与修《一统志》，在乾隆二年六十二岁时致仕。依此推测，杨椿应当是在《一统志》馆纂修期间询问齐召南一些问题的。杨椿致仕二年后复出，与修《明鉴纲目》，再次与齐召南同事。《续修四库全书》1423册中，收录杨椿《孟邻堂文钞》，其中卷九有杨椿与齐召南讨论《周礼》等十四封书信。杨椿写给齐召南的书信有：《与齐次风论〈周礼〉书（帝天之称）》《与齐次风论〈周礼〉书（圜丘祭天 夏至祭地）》《与齐次风论〈周礼〉书（考妣异庙）》《与齐次风论〈周礼〉书（乐舞）》《与齐次风论〈周礼〉书（养老）》《与齐次风论〈周礼〉书（教民 兴贤）》《与齐次风论〈周礼〉书（畿服封国 九州岛）》《与齐次风论〈周礼〉书（田制）》《与齐次风论〈周礼〉书（军制）》《与齐次风论〈周礼〉书（刑法）》《与齐次风论〈周礼〉书（盟诅）》《与齐次风论〈周礼〉书（鸟兽）》《与齐次风论明堂书》《与齐次风论越绋书》。杨椿《周礼考后序（二）》："天台齐次风先生，熟精三礼，余以臆见质之，辄相契。顷作《周礼考序》，就正先生，先生曰，是也孔孟之言，无不与周公吻合。"（《孟邻堂文钞》卷五）杨椿《与蒋东委（蒋汾功）书》（《孟邻堂文钞》卷十三）："自与兄别六载于兹，椿心有欲做文字，文之甘苦，亦比前略知。而史事羁身，未能稍暇，间有所作，见之者非恶而忌，即鄙而笑耳。天台齐次风，学博识高，人亦正直，与椿相契，昨外艰回籍。今则英俊虽多，竟莫敢与语者。"从文中可知杨椿对齐召南的学问非常认可。

是年，撰《秋霖赋》①，序云：

> 乾隆丙辰冬，余被征诣长安，迨明年夏尽，赍留且久，慨然思归。值凉风散秋，淫潦洪集，意不自得。乃假司马长卿董生缀述为赋：若夫庄周造

---

① 齐召南《宝纶堂续集》卷一，《清代诗文集汇编》第300册，P366-368。

论,展跖同时于仲尼;伯益著书,桂林系郡于山海,寓言十九,设喻无方,故笻竹枯树之体、黄初元鼎之年、陆云高凤之名、石马鸳鸯之事,不以后先相限次,辨一锷于千剑,将发诸箱筥以示王公子云尔。

在胡天游的《石笥山房文集》卷一①中,同样收录有《秋霖赋》。另外,在杭世骏的《词科余话》卷四中,也全文收录有胡天游的《山阴胡天游〈秋霖赋〉并序》。杭世骏收录的《秋霖赋》与胡天游文集中的《秋霖赋》较为一致,有少量差异。但齐召南的《宝纶堂续集》中的《秋霖赋》,比胡天游、杭世骏收录的《秋霖赋》少了最后一个段落,约少130多字。

郑燮《潍县暑中寄胡天游》②中云:"辽沈为我朝龙兴之地,山川雄浩,实生异人,以子之旷代奇才,将所经所历者发而为诗歌,写而为文章,我知异日必有胜过《秋霖赋》《孝女李三行》之绝作出现。"另外,郑燮《赠胡天游弟》诗③:"昨读《秋霖赋》,触手生妙理。"从郑燮与胡天游的书信往来,可以说明《秋林赋》是胡的作品。

袁枚非常重视胡天游、蒋士铨二家,从袁枚行文看,《秋霖赋》是胡天游的作品④。

综合杭世骏、郑燮、袁枚等人的资料,可以肯定《秋霖赋》是胡天游的作品,而非齐召南所作。《宝纶堂续集》收录《秋霖赋》一篇,显然是齐召南裔孙齐毓川之失误,特此说明。

是年,杭世骏为郑江《诗钞》作序⑤。

沈廷芳为商书(嵊县诸生,商盘之弟)《剡溪秋泛图》题词,有《题商紫芝秀才〈剡溪秋泛图〉》⑥。沈廷芳为谢济世《军中读易图》题词,有《题前辈谢梅庄〈军中读易图〉》⑦。

齐周华四十岁,夏游普陀、四明,过甬上,访蒋季眉(栻之),索题《半山学步

---

① 胡天游《石笥山房文集》卷一,《续修四库全书》第1425册,P328-330。
② 郑燮《郑板桥文集》,四川美术出版社,2005年,P107。
③ 郑燮《郑板桥诗文书画》,中国言实出版社,2006年,P290。
④ 袁枚《袁枚文选》,作家出版社,1997年,P168。
⑤ 《杭世骏年谱》。
⑥ 沈廷芳《隐拙斋集》卷七,《四库存目补编》第10册,P231下。
⑦ 同上,P232上。

序》。作《游南海普陀山记》①。

乾隆三年(1738　戊午)三十六岁

元旦赐宴。此事齐召南无诗,沈廷芳有《乾隆三年元日赐宴太和殿(戊午)》②述其事:

舜日重光焕,尧蓂一叶舒。三年臻化理,六合会车书。冠剑趋仙仗,共球集玉除。退朝逢日午,赐酺启筵初(时朝罢方宴)。法酝尊浮蚁,珍盘席有鱼。蒱桃呈玛瑙,粔籹灿瑛琚。侍食依香案,看花绕石渠。九问春浩荡,淑景满皇居。

张鹏翀亦有《戊午元旦赐宴恭纪(同梁溪学士作)》③纪其事。

正月,高宗颁谕,命举行经筵讲学④。

至于轮进经史札子之缘起,《御览经史讲义》⑤卷首奏议云:"总理事务和硕庄亲王臣允禄等谨奏,为遵旨议奏事,给事中毕谊奏请,令史臣取经史诸书及古来奏议,日派二人,各写数幅进呈等因一折,奉旨:朕在潜邸,六经诸史皆常诵习。自承大统,敕毖万机,少有余闲,未尝不稽经读礼。今祥练既逾,毕谊所奏,令诸臣日缮经史奏议,理得施行,在朕广挹群言,可以因事监观,随时触发;而览诸臣所进,亦可考验其学识,或召见讲论,则性资心术并因此可觇。"

又《高宗实录》卷三十九⑥:"总理事务王大臣,遵旨议奏,翰詹科道日缮经史奏疏进呈,酌定规则。得旨:依议。每日缮进书折,朕披阅后,交南书房收存,其或召见讲论。朕所降旨,令本人于次日缮写呈览,亦交南书房收存。将来行之日久,不特集思广益,亦可荟萃成书,以资观览。"

大臣依值班次序,日进经史札子,自乾隆二年开始,至乾隆十四年,编辑成《御览经史讲义》,共三十一卷七百十六篇。齐召南《宝纶堂文钞》卷二,共保存

---

① 《名山藏副本》附录年谱。
② 沈廷芳《隐拙斋集》卷七,《四库存目补编》第10册,P233上。
③ 张鹏翀《南华诗钞》卷十四,《四库未收书辑刊》第9辑25册,P193上。
④ 《高宗实录》卷六十,第10册,P3-4。
⑤ 《御览经史讲义》,《四库全书》第722册,P125。
⑥ 《高宗实录》卷三十九,第9册,P702-703。

有十篇札子,这十篇涉及十个问题,分别是:一、《尚书·周官》:"若昔大猷,制治于未乱,保帮于未危"。二、《唐书·玄龄传》:"太宗尝问:'创业守文孰难?'元龄曰:'创业难。'魏徵曰:'守文则难。'太宗曰:'创业之不易,既往矣;守文之难,方与公等共之。'"三、《汉书·儒林传》:"武帝初,使使迎申公,至,问治乱之事。申公曰:'为治者,不在多言,顾力行何如耳!'"四、《汉书·文帝纪》:"尝欲作露台,召匠计之,直百金。上曰:百金,中人十家之产也。吾奉先帝宫室,尝恐羞之,何以台为?"五、《尚书·皋陶谟》:天工人其代之。孔安国曰:言人代天理官,不可以天官私非其才。六、《诗大雅》:"有冯有翼,有孝有德,以引以翼。岂弟君子,四方为则"。七、《通鉴纲目》:汉宣帝地节三年,赐胶东相王成爵关内侯。八、《诗·周颂》:"天作高山,太王荒之。彼作矣,文王康之。"朱子曰:"此祭太王之诗,言天作岐山而太王始治之,太王既作而文王又安之。"九、《大学》:"致知在格物。"朱子曰:"格,致也,物,犹事也。穷至事物之理,欲其极无不到也。"十、"上天下泽,履。君子以辨上下定民志。"

是年二月,有《轮进经史札子(一)》①,该札子讨论《周书·周官》第二十二的"若昔大猷,制治于未乱,保邦于未危。"

《尚书·周官》"若昔大猷,制治于未乱,保邦于未危。"孔颖达曰:"标此二句于前,以示立官之意。"札子云:"臣谨案,操舟楫以济川,不可以无风而操敝漏之舟楫,乘轮辕以致远,不可以坦道而乘朽折之轮辕。古帝王守成致治,无他异能奇术也,惟此治不忘乱,安不忘危之深心。自足登斯世,于久安长治,故常于极盛之日,朝野无事,坐享升平,而君臣相戒动色,仰畏天命,俯验人心。前念祖宗创业艰难,后思子孙黎民,承亲贤乐,利于奕禩,惟恐德有未洽,化有未孚,民隐有未闻,俊义有未举。深谋远虑,又常以为祸患每起于细微而变,或乘于所忽,必先清心寡欲以端治源。屏声色,省游观,远邪人,亲正士。左右匡弼守道之臣,日侍于侧,忠言谠论,日闻于耳。往代书史兴亡得失,可法可戒之事,日接于目,而怵于心。察吏安民,维风整俗,积储备荒,以及恤刑讲武,一切当行之务,日筹于心,而见为实事。至盈也,持以谦抑;至泰也,保以忧勤……"

中春,齐召南有《圣主躬耕耤田恭纪四首》②。

---

① 齐召南《宝纶堂文钞》卷二,《续修四库全书》第1428册,P485-486。
② 《皇清文颖》卷八十三,《四库全书》第1450册,P693。

祈年祈谷总躬亲，宵旰勤劳念下民。乃择元辰当吉亥，日咨羲仲掌中春。油云自幂斋宫地，丝雨全销辇路尘。知是大田深望幸，杏花开处倍鲜新。青坛岳立绛霄边，禋祀先农郁祼虡。华盖影笼芳甸雾，彩旗香拂御炉烟。耕开陇色移周耜，唱彻禾词叶舜弦。率土臣工钦率作，屡丰应觐万斯年。台观丹稺列东菑，次第公卿及甸师。土脉自看田上上，恩光真与日迟迟。种从御廪青箱播，祥卜环邱玉粒垂。父老从容瞻睟穆，天颜有喜兆人知。鸾声和度周原远，龙角明占晓色初。搜粟行分都尉节，教田新辑议郎书。要令郡国千春乐，不止司徒九岁储。烟火相望万余里，于今随处满篝车。

《皇清文颖》卷五十八录有闻棠的《圣主躬耕耤田诗》，诗前序文，对此次乾隆帝的躬耕耤田作了简述："乾隆三年中春之吉，皇上巡行东郊，率群后躬耤千亩，重民事也。列辟卿士，咸仰勤政务本之至意，作为诗歌，吟咏德化。臣辞语浅薄，不足以美盛德之形容，顾侍从之臣，职以文辞自效，讵敢阙如。敬拜手稽首，颂诗十章，以附歌衢击壤之末。"

同名诗的收录情况，有吴应枚（卷六十五），张廷玉（卷六十九），熊晖吉（卷七十），卷八十二收录有史贻直、陈德华、梁诗正、吴应棻、许希孔、邹升恒、于振、金相、嵇璜、张若霭的文章，卷八十三收录有徐以烜、阮学浩、沈慰祖、吴华孙、宋楠、程钟彦、冯元钦、曹秀先、张映斗、陆嘉颖、刘纶、朱荃、洪世泽、王会汾的文章。卷九十四收录有敷文、孙灏、郭肇鐄的文章。卷九十六有陈大受、梁文山、陈兆仑、汪士锽、王锡璋的文章。卷一百收录有徐本、尹继善的文章。

是年三月，有《圣主临雍礼成恭纪》四首①：

显谟承烈际重熙，圣主端居讲艺时。礼乐百年光旧典，文明千载启昌期。心源自与唐虞接，道脉遥从洙泗垂。视学季春依《月令》，于论钟鼓谱歌诗。虎闱灯烛集儒官，声报灵鼍夜色寒。博士四门齐鼓箧，诸生六馆尽弹冠。浓瀼露待沾槐市，纥缦云先护杏坛。漏刻渐催天半曙，分班鹄立候

---

① 《皇清文颖》卷八十四，《四库全书》第1450册，P701-702。

鸣鸾。太平天子莅芹宫,夹道旌旗映日红。正是芳时逢谷雨,共欣清跸引薰风。典文稽古三雍备,家法尊师六拜崇。不尽高山瞻仰意,精禋直自比升中。彝伦堂绕玉炉烟,论说司成赐坐毡。占得飞龙乾五位,肆来鸣鹿雅三篇。宾兴更展春官额,俊造同分太府钱。率海誉髦观盛德,恩波还胜永平年。

在《皇清文颖》卷八十四中,除了齐召南这篇外,题名相同的还有蒋溥、于振、林令旭、徐以烜、阮学浩、张若霭、任端书的文章。在卷六十四中,有张湄的《圣主临雍礼成恭纪》,在卷七十中,有梁诗正的《圣主临雍礼成恭纪》八首。卷九十四有刘藻、何其睿、王会汾、汪士锽、观保的《圣主临雍礼成恭纪》,卷一百有徐本、尹继善《圣主临雍礼成恭纪》。

临雍礼,是皇帝的例行公事,关于此次的临雍礼,大学士张廷玉有《临雍礼成颂》①,有序述其原委。

此次临雍礼,乾隆帝有《命嗣皇帝临雍讲学礼成书事》②。

《齐侍郎年谱》:是年四月,齐召南在京察中为一等,加一级。七月初八日,引见于圆明园勤政殿,奉旨准其一等加一级。是月,赐《药膳堂集》一部。

七月十五,齐召南等在沈廷芳拙隐斋举行同年聚会。

事见沈廷芳《七月望日,招万星钟、汪钧宣、杭大宗、陈星斋、齐次风、刘眘函诸同年集隐拙斋赋秋禊诗》③:"栖迟玉桂国,鹍蟀倏屡更。西斋今日间,况当秋宇清。且复修禊事,招我良友生。轩车隘曲巷,酒觚纵奇兵。非必泉与石,爽气广四楹。夕卉耀庭阶,凉蟾入帘旌。宴酣既以适,逍遥乐无营。即物事休畅,顺时多撄宁。五君各远道(时于鹤泉典试江西,周兰坡、程燕侯、夏醴谷各家居,杨若千赴德兴宰),七贤能合并(张月查、诸襄七、潘立夫、陈鲁斋、刘麟兆、朱子年、洪叔时以事不至)。人生聚散多,握手弥欢情。主醉客尚豪,洗盏还同倾。"

据沈廷芳自注,同年中,有张月查、诸襄七、潘立夫、陈鲁斋、刘麟兆、朱子年、洪叔时共七人因事不能到场。

---

① 《皇清文颖》卷三十六,《四库全书》第1450册,P98-100。
② 《御制诗集余集》卷十七,《四库全书》第1311册,P766下。
③ 沈廷芳《隐拙斋集》卷七四,《四库存目补编》第10册,P237上。

十月有《轮进经史札子(二)》①,阐述《新唐书》卷九十六房杜传中,唐太宗与房玄龄之间关于创业与守文孰难的讨论:

《唐书》房玄龄传,太宗尝问:"创业、守文孰难?"玄龄曰:"创业难。"魏徵曰:"守文则难"。太宗曰:"创业之不易,既往矣,守文之难,方与公等共之。"臣谨案《论语》"一言可以兴邦",惟在知为君之难,若太宗可谓知为君之难者矣。知创业难,故能奋武功以奠区宇;知守文难,故能行仁义以登太平。史赞曰:除隋之乱,并迹汤武,致治之美,庶几成康,功德兼隆,为自汉以来所未有,岂溢美乎哉? 夫以创业与守文较,创业之难奚啻百倍? 即魏徵前此上疏亦曰:"守之则易,得之则难。今既得其所难,岂不能保其所易?"是固谓创业难于守文矣。至此则又矫房玄龄之说,乃谓"守文"实难,何耶? 人君承上天以御兆人,不论创守殊时,其所为致治、致乱之本,系乎一心之敬肆而已,敬则慎,慎则勤,是治所由基也;肆则骄,骄则惰,是乱所由伏也。创业之时,必深监乎前代之所以失,力矫其弊,而犹恐勿胜;虽欲稍肆,以骄且惰,势固有所不得。守文之时,民物滋丰,边鄙无事,朝野内外,翕然歌诵升平,称诩盛德,大臣以观望意指、从容将顺为奉公,庶僚以积久迁除、因循避法为率职,堂陛之体日益严,闾阎之情日益隔。虽英主力持敬德之训,时守保泰之箴,犹虑夫稍稍自满之即流于骄;稍稍自安之即流于惰也! 是以书传所载君臣警戒之语,每详于"守文"之日,舜致风动歌敕命;禹奏平成惜寸阴;成汤表正,日新铭盘;武丁中兴,从绳命说;武王戎衣大定,拜受丹书;成王礼乐昭明,训陈《无逸》,皆此物此志也。即如太宗,其能屈己从谏,任贤远佞,勤政爱人,以致贞观之治。政要史书,班班具载。至于断狱二十九,几致刑措;米斗三钱,薄海踰岭,夜户不闭,行旅万里不赍粮,岂有他哉? ……

关于轮进经史札子,在《宝纶堂文钞》卷二中保存了十篇。这十篇是依照时间顺序编排的,自乾隆二年至乾隆十二年。

是年十二月初八,于振、张汉、潘安礼、汪士锽、杭世骏、陈兆仑、刘藻、齐召

---

① 齐召南《宝纶堂文钞》卷二,《续修四库全书》第 1428 册,P486-487。

南、刘纶，在沈廷芳寓所聚会。

沈廷芳有《腊八日，雪中鹤泉招同月槎、立夫、钧宣、大宗、星斋、麟兆、次风、眷函，集寓斋用前韵》①："今朝秖合倾蕉叶，喜见凤城三度雪，年丰万户预欢虞，忧国先纾到粮绝。词馆诸公兴复高，清涟一老简还折。入门即倒暖寒杯，久坐旋看斜照灭。勿问空庭鴻竹声，饮逢文字无牵掣。西江使者持衡归，示我诗篇频眼缬（鹤泉典试江西，得诗六百首）。于公门内皆琼枝，小阮大儿霏玉屑（令侄敦殷、令子镜川具示新诗）。清吟雅酌多飞扬，敲石拃沙感飘瞥。回首前尘二十年，汝南故事犹堪说（康熙己亥雪后，先师查浦侍讲招集龙头阁，席中同用聚星堂韵作诗，余诗最为翁所赏。今恰廿年，翁殁亦六年矣。查氏望出汝南，故借用坡语）。力田力学两蹉跎，对酒真惭错铸铁。"

十二月，有《志馆修外藩属国书呈同馆诸公得占字》②：

秘阁连瑶殿，明廊敞画檐。架余青简积，阶迥绿苔粘。人直随珠履，分曹启印奁。但欣风习习，那苦日炎炎。图审山河派，书翻甲乙签。我朝天广大，纪载日精严。绝域春秋贡，遐荒雨露沾。尧封过朔易，禹甸跨东渐。使遍寰中步，星周海外占。九垓罗斗极，万里出滇黔。直视黄河浚，平看黑水潜。缇人犹版籍，龙漠也闾阎。重译言才晓，奇珍古岂瞻。寻常来白雉，迢递进文鹣。树产千年网，盘雕五色盐。荼云神马骏，切玉宝刀铦。汉志词多阙，唐家地未兼。搜罗弥岁月，探讨总洪纤。伯益经堪续，甘英记待添。才惭通十道，字敢抵三缣。铁勒遥遥直，葱山处处尖。殊方开驿路，盛烈想韬钤。封豕都除扫，长鲸摠就歼。梯航归赞贶，障塞理农镰。政治通熙皥，黎元乐养恬。胪陈防挂漏，疆界辨疑嫌。砚拂松花滑，瓜尝蜜样甜。细挥银管笔，高揭水精帘。洛下尊裴秀，安西说杜暹（总裁阿侍郎新自外藩奉使还朝，是日适至馆）。乘槎津屡问，聚米意何谦。诏语频催进，光阴漫久淹。诸公休便息，归骑趁凉蟾（《外藩书》从前徐昆山、韩长洲二本俱未及撰述。后吾师王艮斋侍御创稿，又以艰归。至是，志书次第告成，惟此书阙如，总裁始以见属也）。

---

① 沈廷芳《隐拙斋集》卷八，《四库存目补编》第10册，P241。
② 齐召南《宝纶堂诗钞》卷三，《续修四库全书》第1428册，P609。

康熙《大清一统志》中的外藩部分,是由齐召南负责的,这首诗有齐召南的一段文字说明,"总裁阿侍郎新自外藩奉使还朝,是日适至馆"。阿侍郎,就是阿克敦。查《高宗实录》卷八十三中有①:"准噶尔台吉噶尔丹策零,遣哈柳等随侍郎阿克敦等至京进表。"阿克敦出使外藩回朝,是在乾隆三年十二月二十日,阿克敦到朝廷禀报应当是在他回朝之后一二日的事情,面见皇帝之后,阿克敦到馆向齐召南询问《外藩志》的撰写情况,于是,齐召南就写了这首诗。在此诗的最后有齐召南的一段简短的解释,"《外藩书》从前徐昆山、韩长洲二本俱未及撰述,后吾师王艮斋侍御创稿,又以艰归。至是,志书次第告成,惟此书阙如,总裁始以见属也。"从齐召南的这段叙述,可知当时《大清一统志》中最难编纂的部分就是《外藩志》了,虽经多人之手,像齐召南的老师王峻也参与其事,都因为太难而作罢,这也说明了齐召南的学问水平在当时是很高的。

乾隆二年丁巳至乾隆三年戊午末,齐召南闲暇间阅读陶渊明的诗,有《和陶百咏》。

其诗序中提供了时间线索:《丁巳,和渊明〈杂诗〉十二首,答印香将军、霞轩世子之问,兼呈大贝勒丹益亭上公》《戊午腊日映雪,读陶潜诗有感,因和〈饮酒〉二十首,上弘双丰将军》②。

是年有《志馆口占呈邓逊可同年(时敏)》③:

簪裾日日集龙门(馆开任宗伯师邸第中,即绿云书屋也。张柳渔湄、张星指映辰、胡静园定三前辈,夏醴谷之蓉及逊可五人,并辰入酉出),书局纱窗映紫暾。上下千年图史汇,乾坤一统圣朝尊。东迎沧海原无岸,西极黄河更有源(时正修山东及陕西沿边书。元人测河源,但知星宿海耳,不知星宿海西行三百里自有河源,至星宿海则益大矣)。随分班行容懒散,墨丸笔札总君恩。短翮还随鸾凤翔,绿云阴幕聚星堂。苔阶雨后旋旋碧,竹径风中细细香。岂有雄才追老辈(《一统志》旧本系昆山徐健庵司寇、长洲韩慕庐宗伯编辑,其书考据精核,一洗前明志书之陋),时劳清俸给官仓。新秋却盼平安信,蜀道台山一样长。劳劳送客是今年,祖帐卢沟对晓烟。马踏碧鸡滇海月,帆移罗带粤江天(柳渔前辈

---

① 《高宗实录》卷八十三,第 10 册,P310。
② 齐召南《和陶百咏》,临海博物馆藏抄本。
③ 齐召南《宝纶堂诗钞》卷三,《续修四库全书》第 1428 册,P609 上。

典试云南,静园前辈典试广西)。白云怅望归何晚(醴谷同年奔丧旋里),黄鹤登临醉自便(星指前辈典试湖南)。留得两人供笔砚,怀人时检路程编(诸公奉使每于志馆觅邮程记)。

时同馆编修《一统志》的有齐召南、胡天游、张湄、张映辰、胡定、夏之蓉、邓时敏,志馆设在任兰枝家。从齐召南自注看,时张湄典试云南、胡定典试广西。张映辰典试湖南是在乾隆三年,夏之蓉母亲卒于乾隆二年十二月初十日,可知夏之蓉奔丧当在乾隆三年初①(《夏之蓉年谱》乾隆二年),据此可知齐召南此诗写于乾隆三年。

邓时敏(1710—1775),四川广安人,丙辰进士。胡定,字登贤,广东保昌人。雍正十一年进士,改庶吉士,授检讨。乾隆元年授检讨,充《大清一统志》纂修官。乾隆三年主试广西,并预修《八旗通谱》。乾隆五年任陕西道监察御史,协理山东道事。终年七十九。著有《双柏庐文集》②。

十二月十七日乙未,大学士嵇曾筠卒(《清史稿》卷三百十)。

是年,齐召南参与十三经注疏考证、二十一史考证的校勘。

沈廷芳《秋日直武英殿用陈恪勤公直庐偶成韵》③第九首自注云:时颁十三经注疏、二十一史、《旧唐书》,命在殿诸臣分校重刊。十三经注疏考证、二十一史考证最后于乾隆十一年十二月完成,乾隆十二年刊刻(《周易注疏考证》卷首、《史记考证》卷首)。此次校勘十三经注疏、二十一史是同一个领导班子,总裁是张照、李清植、王会汾、励宗万、陆宗楷、方苞。提调:陈浩、朱良裘、林蒲封。编校人员则是两个班子,参与十三经注疏校勘的共三十四人,为周学健、吕炽、林枝春、董邦达、齐召南、宋邦绥、观保、于敏中、德保、陆嘉颖、吴兆雯、张映斗、冯祁、李龙官、吴绂、张九镒、邵齐焘、朱佩莲、闻棠、杭世骏、万松龄、洪世泽、程恂、出科联、吴泰、蒋麟昌、李清芳、赵青藜、沈廷芳、曹秀先、唐进贤、李光型、王祖庚、卢明楷。参加二十一史编校的共二十八人,为沈德潜、裘曰修、董邦达、周长发、万承苍、周玉章、齐召南、韩彦曾、吴兆雯、柏谦、张映斗、潘乙震、何其睿、钱琦、李龙官、朱荃、叶酉、姚范、杭世骏、郭肇鐄、万松龄、沈廷芳、杨开

---

① 《检讨公年谱》,《北京图书馆藏珍本年谱丛刊》第96册。
② 《清史稿》卷三百六。
③ 沈廷芳《隐拙斋集》卷八,《四库存目补编》第10册,P240上。

鼎、金文淳、王文清、王祖庚、卢明楷、张永祚。除领导班子外,编校中有十人同时参与十三经注疏和二十一史考证,即董邦达、吴兆雯、张映斗、李龙官、杭世骏、万松龄、沈廷芳、王祖庚、卢明楷、齐召南①。

十三经注疏考证中,由齐召南、陈浩两人合作完成的有《尚书注疏考证》(乾隆四年完成)、《春秋左传注疏考证》《春秋公羊传注疏考证》《春秋谷梁传考证》(这三种都完成于乾隆八年)。《礼记注疏考证》则由齐召南独自完成于乾隆九年。在十三经注疏考证中,出力最多的就是齐召南,齐召南一人和与人合作完成考证的有五种。

在二十一史考证中,齐召南主持的有《汉书》《宋史》,齐召南参与的有《魏书》《北齐书》《隋书》《旧唐书》考证。可见,在二十一史考证中,齐召南出力也较多。

约于是年有《不竞不絿,不刚不柔,敷政优优》②"不竞不絿,不刚不柔,敷政优优"出自《诗经·商颂·长发》:

> 臣闻,舜为天子,允执厥中,以治天下,而禹继之。禹为天子,而治一如舜,而汤继之。夫汤功德大矣,商之子孙所以诗而颂之者,不恢张,崇德盛为形容,区区刚柔竟絿,何足尽圣人乎!既又反复其辞,而窃悟诗人盖不独善于美汤,夫且达乎!帝王所以为治之理,至于如此,其深也。古之帝王,将举天下之大,使听吾治,而得其理必操之也,有道而出之也,有本然后所施以善,所以以成。后世有国家者,为治之具未尝无也;然而其立政者不宏,其树业者不远,患在求治太急,而有争胜天下之意,则无序而不达;或弛于求理,而无鼓动振发之气,则因循失宜;或明作尚法,一持之强果,其不足以训方;或安其无余,一托之宽文,亦非所以驭物。夫惟知缓急之有适当,而宽猛剂其平以实乎!事少有不当其会,而循而行之,无怠乎久长,庶几功名昭宣,于理道为得所。何以明其然耶?……《易》曰:天地以顺动,故日月不过,而四时不忒;圣人以顺动,故刑罚清而民服;天地以顺为本,圣人因而法之,故进而用事,不疑于进;退而待时,不疑于"絿";未

---

① 《周易注疏考证》卷首,《四库全书》第 7 册,P287 - 293;《史记考证》卷首,《四库全书》第 243 册,P9 - 14。
② 齐召南《宝纶堂续集》卷六,《清代诗文集汇编》第 300 册,P419 - 421。

尝不毅决，而不得为之“刚”；未尝不优裕，而不得谓之“柔”。至论其要，惟在审所用心而已。《鬻子》《贾谊》书载：尧所以治天下者，曰战战栗栗、日慎一日。《书》曰：疑谋勿成，惟几惟康，惟动丕应。徯志皆用心之谓也。荀卿子曰：先事虑事谓接，接则事忧成。《管子》曰：形不成者，德不成；中不精者，心不治。形貌一身，尚失其正，而况实于政事之间乎！是故喜功尚法，不自谓“刚竞”也。“刚竞”已先乘之，苟安姑息，不自谓“柔絿”也，“柔絿”因以害之。臣闻之，困祝解，惟彼大心是生雄，惟彼雄心是生胜。《金匮》之铭曰：敬胜怠者吉，勿谓无伤，其后将长。夫“刚竞”之当抑与雄胜，同“柔絿”之奋与怠逸同。古人皆知其不可以得志于天下，故慎而戒之。又曰：善用道者终不竭，夫能审用其心而顺道以为之本。若纲在纲，有条不紊。若虞机张，往省括于度。何“竞”与“絿”、“柔”与“刚”而为患乎！汤之政载于册者，详矣。《商书》有之，王“德懋懋官、功懋懋赏，用人惟已，改过不吝，克宽克仁，显忠遂良”，是可以知其“不竞”且刚矣。又曰王不尔声色，不殖货贿，从善弗咈，检身若不及，亦可以知其“不絿”且柔矣。是以正四方式九围，启鸿祀于六百，昭大德于古今，下迨太戊、盘庚修之，足以复振。其所以从容无事而出之有余，诚非以礼制心，以义制事，亦无以渐积而致乎此焉。其诗又曰：圣敬日跻，昭格迟迟，上帝是祇。《孟子》曰：若汤则闻而知之，汤执中，盖深得其所以继禹者，宜为后世之人主表法云。

而在胡天游的《石笥山房集》卷一中也有《拟上经义奏“不竞不絿，不刚不柔，敷政优优”》①，与齐召南实为同一篇文章。《宝纶堂续集》由齐召南裔孙齐毓川所辑，他在《不竞不絿、不刚不柔、敷政优优》一文后有案语，说明这篇文章是齐召南所撰的缘由，《銮坡纪胜》云：“公（齐召南）有所作，上无不知。娄县张大司寇照（张照）经义所作，偶出公手。上览之，笑曰：此必齐召南。诘之，张不敢讳。其受殊盼若此。此亦敏公倩作之文，见公亲笔存稿，暨族叔秀三夫子录本中，为辑而登之。益感公所学之能济实用，而非徒以其词赡而文优也。”

① 胡天游《石笥山房集》卷一，《续修四库全书》第1425册，P348－351。

上面乾隆二年的《秋霖赋》，同时出现在胡天游、齐召南的文集中，已作考证。在这里，又有《不竞不絿、不刚不柔、敷政优优》一文，同时收录在胡天游、齐召南的文集中。按规定，乾隆年间的经筵讲席，参与人员必须是朝廷官员。胡天游在博学鸿词科中报罢，进士落第，是没有资格写轮进经史札子的，所以此篇文章的归属，确实是一个谜。胡天游以词赋著称当时，而齐召南以经史雄冠当代。齐召南有皇命在身，必须定期完成轮进经史札子，为皇帝提供咨询。当时齐召南、胡天游同在任兰枝家与修《一统志》，胡天游代拟或参与撰写，也有可能。张照于乾隆二年开始任经筵讲官，任务繁多，他偶尔请齐召南代笔写文章。齐召南、胡天游同居一处，好的文章，常常互相传抄，后世不知就里，编入各自的文集中。从齐毓川的考证看，联系齐召南、胡天游、张照三人的履历和当时的环境，该文应该是齐召南所作。

《宝纶堂文钞》卷二中，共收录齐召南轮进经史札子十篇，写于乾隆三年至乾隆十二年间，《不竞不絿、不刚不柔、敷政优优》不知写于何年。由于张照于乾隆二年开始任经筵讲官，故将这篇文章系于是年较为合适。

齐召南还有一篇《〈礼记·王制〉"大乐正论造士之秀以告于王，而升诸司马，曰进士"》，文集漏收，后被齐毓川收入《宝纶堂续集》卷六中。此编由贺长龄收录在《皇朝经世文编》卷十中。札子云：

> 三代育才之制，散见礼经，后世进士之名，昉诸此也。然考其序，则由太学而升，考其期，则通乡学计之，以九年大成为限。考其所业，则《诗》《书》《礼》《乐》为亟，所谓歌永其声、舞动其容，固不仅习其篇章已也。《书》始于点画形象，而极于疏通知远。《礼》始于洒扫应对，而要于恭俭庄敬，其习之也久，其由之也熟。是以筋骨强而血气和，知识开而精神聚，道明德立，足备国家任使，匪直以词翰之工而进之也。其论之也自大乐正，由其人教，即由其人举。情习而亲，夫岂无阿比之嫌？先王以为择贤而授诸权，不庸复疑其私，核实而征其素，不使摸索于不可知之域。体之以至公，而责之以至明。士于是乎服其教而壹其趋，此教之所由成也。升诸司马，孔氏引《周礼》释之是已。抑古之学者，文事武备，未尝不兼，故文王《世子篇》有春夏学干戈之文，则射御之事，自始生而志之，乡学而肄之，故文武惟其所用，公卿即为将帅。沿至两汉，此风未泯。刺史守令，多能以

武节著,保障一方,不烦征调,则犹先王之遗泽也。科举之学兴,士专于揣摩剿说,读经辄从删削,经义尤多假借,而实学微矣。其聪敏者,不过二三年,已能工文词、取科第,学欲速之敝,中于人心,而知类通达、强立不回之士盖少矣。文体代变,司教者与持衡者各拘所好,往往背驰,士乃靡所适从矣。文武之判,自六朝以后,渐不可复。国家之经费,由此日繁,而缓急或亡足恃,斯岂生才之不如古哉? 由教之失也。夫士不素养,犹不琢玉而求文采也。人才不素具而欲以兴道致治,犹为巨室而乏梁栋也。成材之道舍经术无由,治经之方惟实得为有用,故曰君子如欲化民成俗,其必由学,亦思所以致其实者而已矣。

为侯嘉缙之画题诗,有《题侯彝门嘉缙〈天姆秋眺画卷〉》①:

十年几度踏岧峣,半碧清看雾气销。沧海微茫萦雪练,天台咫尺竖霞标。秋深古寺纷黄叶,风急高空啸皂雕。鸟道千盘都饱历,披图犹认竹边桥。

同时,沈廷芳亦为临海侯嘉缙之画题诗,有《题侯元经明经〈天姆图〉,次胡稚威征士韵》②。

沈廷芳为嘉兴张庚的梅画题词,有《题张浦山征士画梅》③。沈廷芳为查嗣瑮《查浦诗钞》题词,有诗《查履旋七伦两上舍入都,下榻隐拙斋,出新刻先公〈查浦诗钞〉见贻,即用集中与竹垞先生夜话韵奉赠》二首述其事④。沈廷芳为诸锦《清晓卷书坐图》题词,有诗《题诸襄七前辈〈清晓卷书坐图〉》⑤。沈廷芳为汪沆《花坞卜居图》题诗,有《集襄阳句,题汪师李征士〈花坞卜居图〉》⑥。沈廷芳为桐城张筠(张廷玉之侄)《稻香图》题词,有《题张渭南舍人〈稻香图〉》⑦。

---

① 齐召南《宝纶堂诗钞》卷三,《续修四库全书》第1428册,P611上。
② 沈廷芳《隐拙斋集》卷八,《四库存目补编》第10册,P242。
③ 同上卷七,P234上。
④ 同上,P235上。
⑤ 同上,P235下。
⑥ 同上,P237上。
⑦ 同上卷八,P240-241。

乾隆四年(1739　己未)三十七岁

花朝日,邹升恒、金相、钱本诚、张鹏翀、胡天游、王会汾、齐召南聚承露堂赏花。

齐召南有《花朝值春分节,慎斋先生招同金琢章相、钱勉耘本诚、张南华鹏翀三前辈,胡云持天游、王济川会汾两同年及令弟晴川,礼部士随,集承露堂次南华韵》①:"半春橐笔走柬华,时典朝衣付酒家。折简忽烦前辈字,插瓶初见数枝花。谈深玉局翻仙谱,渴想金茎试露芽。应为主人吹律暖,玳帘开处燕飞斜。"

张鹏翀亦有《花朝慎斋学士招集承露堂分韵题画》②。齐召南此诗不知年份,据张鹏翀的诗系年在乾隆四年,可知这次聚会在乾隆四年春。

是年春,沈廷芳、万松龄、齐召南三人到黑窑厂看杏花。六日后,胡天游、周大枢、杭世骏、齐召南、汪沆、张栋、曹廷枢集杭世骏寓斋看丁香花。

到黑窑厂看杏花,齐召南诗无载,沈廷芳有《黑窑厂杏花歌同星斋次风作》③。

齐召南在《集杭堇浦寓斋看丁香花得十三覃韵》④自注有"椒园、葆青以前六日携酒城南看杏花"句,可知六日后,众人集杭世骏斋看丁香花。杭世骏自丁巳年居城南,每年都聚众赏丁香花(参见《道古堂全集》诗集卷八翰苑集《春日集饮丁香花下,胡三征君天游首倡四韵,诸公继作,余亦次韵》自注)。此次赏丁香花,亦是由杭世骏邀请。

此次赏花,杭世骏亦有《春日集饮丁香花下,胡三征君天游首倡四韵,诸公继作,余亦次韵》记其事⑤。陈兆仑有《春日集杭二堇浦寓斋,饮丁香花下,次胡三(天游)韵》⑥。

是年春,有《松吹书堂歌为杭堇浦赋》⑦。

松吹书堂,是杭世骏的读书堂,赵一清有《松吹书堂记》⑧:"堇浦先生度屋之东偏隙地数弓,筑而居之。既成,选妙手图之,合诸同好为诗歌以落之,丹膺

---

① 齐召南《宝纶堂诗钞》卷四,《续修四库全书》第1428册,P620。
② 《南华山房诗钞》卷十三,《四库未收书辑刊》第9辑25册,P182。
③ 沈廷芳《隐拙斋集》卷八,《四库存目补编》第10册,P244。
④ 齐召南《宝纶堂诗钞》卷二,《续修四库全书》第1428册,P606下。
⑤ 杭世骏《道古堂诗集》卷八,《续修四库全书》第1427册,P63-64。
⑥ 陈兆仑《紫竹山房诗集》卷二,《四库未收书辑刊》第9辑25册,P496下。
⑦ 齐召南《宝纶堂诗钞》卷三,《续修四库全书》第1428册,P612-613。
⑧ 赵一清《东潜文稿》卷上,《丛书集成续编》第130册,上海书店出版社,1994年,P1004上。

不施,丝竹不设。朋侪晨夕前于后喁,清籁徐响,琅然中节,默若有会,听若可乐,此松吹之所以名堂也。"

是年六月,兼充武英殿校勘经史,总裁官侍郎陈派校三传三史。

七月有《轮进经史札子(三)》①:

《汉书·儒林传》:武帝初,使使迎申公,至,问治乱之事,申公曰:为治者不在多言,顾力行何如耳。臣谨案:武帝承文景后,海内殷富,黎庶乐业,惟稽古典文之事犹多阙焉。嗣位之初,即慨然有意于唐虞三代之盛,崇尚儒术,而罢黜百家,将立明堂以宏制作,修礼乐以兴太平。首用安车蒲轮,束帛加璧,征聘申公,而问以治道。申公大儒,宜必有崇论闳议,上采往古,下览今世之宜,出于寻常计策所不及者,以当上心。今其言但曰:为治者不在多言,顾力行何如耳,言似至简、至质,于治道全无发明。然臣以为自古论治之切,举未有加于斯言,其于武帝,则尤切之切者也。尧、舜、禹、汤、文、武之治,《尚书》备矣。其致治,非后世之所能及;其言治,并非后世之所不能解。以兢兢业业,积为巍巍荡荡之隆,以亹亹翼翼,驯致赫赫明明之颂,岂所操有异术哉?能力行而已。后世英君谊辟勤求理道,何尝不慕效古人,而致治远不古若,无他,议论多而成功少,虚文胜而实事疏,精一危微,未尝去于口,天人性命,未尝绝于书,以词章视典谟,以故事引训诰,或言之而未行,或行之而不力耳。《说命》曰:非知之艰,行之惟艰。贤圣如武丁、傅说,犹以是相箴勉。故曰自古论治之切举,未有加于斯言者也。武帝雄才大略,超越前古,其识见之高,志趣之广,即孝文犹不能及。黄老之学,则曷若六经乎!百家之言,则曷若孔子乎!法度承秦之余,则曷若三代乎!然以孝文之治较于武帝,则躬修节俭,思安百姓,不过劝课农桑,减省租赋,而天下家给人足,贯朽于京师,粟腐于太仓矣。不闻榷及酒酤,利笼山海,朝置平准均输之官,野苦缗钱轺车之算也。躬修元默,务在宽厚,不过选任廷尉,罪疑惟轻,而化行天下。人耻告讦,至于囹圄空虚,断狱四百,有刑错之风矣。不闻文深周内之吏,进用于朝廷也;不闻绣衣直指

---

① 齐召南《宝纶堂文钞》卷二,《续修四库全书》第1428册,P487-489。

之使,击断于郡国也;不闻有见知故纵之条,有废格阻诽之狱。禁网日增,犹虑奸宄勿胜也。而以武帝之治,较之孝文,文教昌明,武功焯赫,授时改从夏正,斥地远过唐虞,立千万世之典章,绍七十二君之轨躅,孝文固似不如。然武方悬车万里,以甘心于天马,文且却骐骥于阙庭;武方务宫室苑囿,聚珠玉璘瑂琉璃玫瑰之观,文且身衣弋绨,帷帐无文绣,所幸慎夫人亦衣不曳地。武方游燕后庭,侈陈百戏,侏儒倡优,杂满左右,采诗夜诵,旁及歌谣。文且每朝延问郎署,从官止辇,听言如恐不及。邓通戏殿上,丞相得召而责之。赵谈骖乘,中郎将得叱而下之。然则力行与不力行之相去,顾不甚远乎?夫表章六经,尊师孔子,而效法三代,非徒述其语言、袭其仪文之谓也,固必身体力行,而实见于政事。其本在正心,其要在寡欲而已。汲黯有言:陛下内多欲,而外施仁义,奈何欲效唐、虞三代之治乎!此拔本塞源之论也。董仲舒有言:为人君者,正心以正朝廷,正朝廷以正百官,正百官以正万民,正万民以正四方。此端本澄源之论也。自古人君,固有有其志而无其才,有其才而无其时,虽欲致治,势每苦于不足。若武帝,则可谓兼有之矣。使其毅然力行,内省声色、游观之娱,旁无佞幸、方技之惑,外戢穷兵黩武、兴作祷祠之扰,守恭俭而退计臣,斥阿谀而任忠直,敦教化而宽威刑,用其好大喜功之心,以专于致治,虽以比隆于三代,不难也。尚何至于不如孝文乎!故曰:申公之言于武帝,尤切之切者也。

是札阐述《汉书·儒林传》卷八十八中汉武帝与申公之间关于"治乱之事"的讨论。

九月朔,杭世骏为汪沆《津门杂事诗》一书作序①。

十月十一日,奉旨修《明鉴纲目》,开馆充纂修官(总裁大学伯鄂汉、大学伯张派编神光熹三朝,后又派总校)。撰《明史纲目前纪》二卷,神、光、嘉三朝并出其手②。

是年八月七日,高宗诏谕,命修纂《明纪纲目》,谕曰:"编年纪事之体,昉自《春秋》。宋司马光汇前代诸史,为《资治通鉴》,年经月纬,事实详明。朱子因

---

① 《津门杂事诗》卷首,《天津图书馆孤本秘籍丛书 15 集部》,1999 年,P70 上。
② 徐世昌《清儒学案》卷六十八,知识产权出版社,2008 年,P1。

之,成《通鉴纲目》,书法谨严,得圣人褒贬是非之义。后人续修《宋元纲目》,上继紫阳,与正史纪传相为表里,便于检阅,洵不可少之书也。今武英殿刊刻《明史》,将次告竣。应仿朱子义例,编纂《明纪纲目》,传示来兹。"①

杨椿《孟邻堂文钞》卷二有《上明鉴纲目馆总裁书》。齐召南与修《明史纲目》一事,自己认为早在十一年前(1729)浙江乡试中举时就有预兆。当年乡试,齐召南到于谦庙游玩,因疲劳在庙的走廊上睡着了,于忠肃公托梦给齐召南,要他日后为于谦就易储一事辩护。没想到的是十一年后,齐召南真的与修《明史纲目》,所承担的任务正好与于谦有关。此事齐召南的弟子阮葵生、戚学标都有记载:"阮吾山司寇记息园齐侍郎每梦必应。乡举时,入于忠肃公庙,倦息廊下,恍惚间见若隶者持刺迕入,忠肃出位揖之,语良久,忠肃曰:易储一事,人议吾不谏,子他日第捡皇史宬中,便知吾心迹耳。言讫而寤。及戊辰入翰林修《明史纲目》,英景两朝实任纂录,乃请开皇史宬忠肃疏,具在,因著《易储十论》以白公之冤。"②

是年冬,《尚书注疏考证》完成,有《呈〈尚书注疏考证〉后序》③:

  臣召南谨言,孔子序《书》,断自唐尧,下讫襄王之世,历年一千七百三十有四,得典、谟、训、诰、誓、命百篇,古帝王继天立极、敷政宁人之大经大法,灿然具备,以传学者。火于秦,复出于汉。百篇中盖存者半,逸者半。伏生今文二十八篇,孔安国古文连伏生书共五十八篇是也。五十八篇之在汉世,又显者半,晦者半。古文上秘府,事寖不行。今文欧阳、大小夏侯三家并立博士是也。三家经文,又同者半,异者半。西京刘向合校,文字异者七百有余,脱字数十;东京蔡邕等考定,刻石大学是也。自汉及晋之东,古文复出,及齐、梁,缺简复完。然天下行古文者半,不行者半,古文但行江左,河北犹守郑康成《注》,至隋开皇始颁孔《传》于学宫是也。唐太宗诏孔颖达诸儒,撰《五经正义》,于是《尚书》之说,专用孔《传》,而郑《注》遂佚不行。说者谓注经家其出最后,其传最远。《尚书》有孔《传》,犹《易》有费,《诗》有毛,《春秋》有左,《礼》有小戴,不其然乎!顾自有《正义》以来,

---

① 《高宗实录》卷九十八《乾隆四年》第10册,中华书局,1985年,P486上。
② 戚学标《台州外书》,台州文献丛书,上海古籍出版社,2016年,P373。
③ 齐召南《宝纶堂文钞》卷三,《续修四库全书》第1428册,P497-498。

读书家又信者半，疑者半。颖达同时有马嘉运摭其疵，后时有王元感纠其谬，然疑《疏》不疑《传》也。至宋，疑《传》者半矣。刘敞、王安石、程子、苏轼考脱简，订句读，每以新意解经，然疑《传》不疑《经》也。至南宋，疑《经》者半矣。林之奇、吕祖谦依《序》酌《传》，犹不过略短从长；其酷信古文，恨不见百篇全经者，则有郑樵；其力辨古文，疑孔《传》一书皆伪者，则有吴棫。至元吴澄、明郝敬辈，直谓《尚书》真者半，伪者半。自伏生二十八篇以外，不可为经，当留者半，删者半。此则不可不辨者也。古文平易浅近，较二十八篇之浑浑、灏灏噩噩，诚绝不相类。如较伪《泰誓》白鱼赤乌之妄，伪百两篇《丰刑》《原命》之诬，其纯其驳，固天地悬隔也。且其文变蝌蚪为隶古，不无得失；其篇本《书序》以诠次，不无后先；其说采缀载籍条贯成章，不无增减迁就；其阅世自汉至晋，不列庠序，后进通儒、伏处岩穴者，或随时补苴缘饰其闲，遂令虞、夏、商、周之文如出一手。虽朱子亦尝疑之，而不能不奉为经者，其言道粹然，不诡于正，其言治厘然，足为后代准绳。……乾隆四年，奉敕校刊注疏《尚书》二十卷，臣学健、臣浩、臣泰、臣九镒、臣邦绥等，前后广搜善本对雠，是正讹补缺，加之句读，以付梓人。今年冬，臣召南奉敕，再加审定，辑为《考证》如干条附各卷末，其无可证，虽疑不敢辄改，志慎也。

《齐侍郎年谱》：十二月二十三日，钦赐《明史》一部。
是年有《纲目馆议》①：

纲目馆总裁官大学士伯臣鄂尔泰、臣张廷玉尚书、臣陈惠华等议，得《纲目》一书，垂宪万世。文虽归于简要，而一代之事实必详，体虽限于编年，而千古之名义必正。今奉敕纂修《明代纲目》，上接宋元，其条例一禀朱子，纲举目张，眉陈指列，无可疑者。惟是事异前代，不可但拘旧文，若非斟酌变通，必致纪载失实。如侍郎周学健奏称明祖之兴，与宋祖迥异：宋祖戡乱致治，皆在即位之后；明祖起兵濠梁，定鼎江东，平陈友谅，平张士诚，平方国珍，暨颁定官制，设科取士，详考律令诸政，皆在未即位以前。

---

① 齐召南《宝纶堂文钞》卷六，《续修四库全书》第1428册，P546－548。

而《续纲目》所修元顺帝,纪于明兴诸事,不核不白。今《明纪纲目》,既始自洪武元年,若于分注之下补叙前事,不特累幅难尽,且目之所载与纲不符,于编年之体未协;若竟略而不叙,则故明开国创垂之由缺然,不彰于后世,大非史氏详备之旨。而自洪武元年以后,一切政治之沿革、事迹之源流、臣工之黜陟,宜立纲陈目者,皆突出无根,亦大非《春秋》。先事以起例等语,臣等再三筹酌,此系开卷,首条最宜详审。若概略从前,既于本末不贯,若补叙烦冗,又与体裁不符,诚如周学健所奏"臣等所亟当议定,以便编纂成书者也"。但周学健奏中尚有未协之处,谨就臣等管见所及,为我皇上陈之……

乾隆帝对朱熹的《通鉴纲目》一书褒贬史事的现实意义很看重,在《明史》尚未刊刻完成之时,就组织《明史纲目》馆,准备编《明代纲目》一书,事见《高宗实录·乾隆四年》[①]:(八月)辛巳(七日),命编纂《明纪纲目》,谕曰:编年纪事之体,昉自《春秋》。宋司马光汇前代诸史,为《资治通鉴》……编纂《明纪纲目》,传示来兹。着开列满汉大臣职名,候朕酌派总裁官,董率其事,其慎简儒臣,以任分修,及开馆编辑事宜,大学士详议具奏。

是年有《南屏山人集序》[②]。

昔者孝标述序,先明六观,子显摛文,略陈三体,所以镜诠神理,甄藻形声,盖风诗接响于古今,而吟制或殊其得失。故知比兴间发,必合乎宫商,赋咏偶成,若芬乎蘅芷。非居才智海挹水,皆瑶擘手慧云,无花不绮,和以吐潘含龙;轹鲍凌江,称诗首于翰林,翘文栋于平原者也。念斋世兄有骨疑仙,通怀照雅,本彦升之家世,秀希邑之篇章;妙丽珠毫,贪雕玉楮。谢宣城发端工,䌽霞满澄江柳;吴兴属韵,高笋云飞龙首,况以山川路迥,卤北天长。征人则从此据鞍,才子则更须怀古。刘越石之清笳绝塞,骑马经过;王仲宣之灞岸长安,停车眺怅;星来巴蜀,州忍三刀;人忆齐梁,城登六代,固已卷堆杵轴,鹿溢縢箱,及夫红药朝看,铜池昼入,枝万年而风暖,

---

[①] 《高宗实录》卷九十八,乾隆四年,第10册,P486。
[②] 《南屏山人集》卷首,《续修四库全书》第1441册,P310。

钟长乐以春深,益盛环文,愈昌新体。鱼油龙灡,顾孝穆以何多;璇室璃台,拟子山而对蠹。结珊瑚之纲,惊洲上于千林,吐琅玕之花迷人间,于四照之使隐侯。项日争成满壁之书记室,今朝弥贵升堂之品齐梁。己未嘉平天台弟齐召南拜撰。

《南屏山人集》,是无锡任端书的作品,是集为乾隆刻本,集前有陈兆仑、胡天游、齐召南三人序。陈兆仑的序,写于雍正乙卯(1735),胡天游的序,未撰日期,齐召南的序写于是年,但不载于《宝纶堂文集》,见于《南屏山人集》卷首。任端书是乾隆二年进士,授编修。其父是任兰枝,于雍正七年(1729)任浙江乡试考官,算是齐召南的老师。是时胡天游、齐召南等就住在任兰枝家,与任端书交往密切,据《(嘉庆)无锡金匮县志·流寓(中)》卷三十记载:任端书"丁父艰归,遂不出,优游林下二十余年。山阴胡天游、天台齐召南极称之"。任兰枝卒于1748年,任端书丁父忧后不出仕。

是年有《为金慕斋同年德瑛题小清凉山房册子(山房在西园前)》①。

小清凉山房是金德瑛的居处,据金德瑛《小清凉山房图诗自序》②之序文:"山房在海淀槐树街,励文恭公休沐地也。鄙人退直,栖托其间,云壑烟峦,蔚然在望。考图经,西山一名小清凉,爰取为名。"据《清史稿》卷三百五:金德瑛(1701—1762),字汝白,浙江仁和人。乾隆元年进士,廷对初置第六,高宗亲擢第一,授修撰。官至礼部侍郎、左都御史。

是年,有《汉宣帝祀甘泉铜行镫歌,次邹学士、胡征君韵二首,意犹未尽,赋此以呈诸君》③。

铜行镫为汉代灯具,上有铭文。此灯被邹升恒于长安市上购得。邹升恒得意之余,叫各位同仁赋诗,时胡天游有两首诗,胡天游《汉杜陵五凤铜行镫盘歌》④:"铭云五凤二年,河东嗇夫山工友为甘泉上林宫造铜行镫,盘重五斤奇二两。邹学士长安阅市得之,要予作歌。"胡天游又有《后五凤铜行镫盘歌》⑤。沈

---

① 齐召南《宝纶堂诗钞》卷三,《续修四库全书》第1428册,P610-611。
② 金德瑛《诗存》卷一,《续修四库全书》第1440册,P357上。
③ 齐召南《宝纶堂诗钞》卷三,《续修四库全书》第1428册,P607-608。
④ 胡天游《石笥山房集》卷三,《续修四库全书》第1425册,P493。
⑤ 同上,1428册,P493。

廷芳亦有《汉铜行镫盘歌为邹泰和学士赋》①。张鹏翀亦有《甘泉宫铜行镫歌梁溪学士属赋》②。周大枢有《汉宣帝行灯铜盘歌(有引)》③。

是年有《孝眼先生歌》④。诗前序：

> 南昌熊迎龙，国初金声桓叛，居人争避出城。迎龙以父病留，侍一日，父为饿贼所执，将烹之，迎龙拥父颈求代。贼怒，以刀刺其左目，迎龙垂死犹不释手。一贼义之，父子俱获免。迎龙死两日复苏，左目亦旋能见物，自云梦中有乡先达吴公饮以杯茗，故瞳已坏复完也。乡人称为孝眼先生。孙晖吉，官至大理卿。

齐召南诗：

> 天有眼乎应曰有，请看孝眼熊先生。异事至今在人口，当时群盗殊纵横。狻猊磨牙虎摇吻，白昼入市持短兵。空城出避走村坞，病翁独留守门户。已令江革负母逃，世宁不去随阿父(先生侍父，其弟负母出避)。辛勤求菜供晨餐，归见霍霍刀光寒。彭修叱贼不顾死，惜无寸铁摧心肝。哭祈饿贼身愿代，叩头千百颅将碎。贼刀刺眼血淋漓，临危尚拥而翁背。从旁一贼怜潘综，掷刀却立为改容。手挥徒党出门去，翁翻哭子悲填胸。创深仆地呼不起，血渍衣衫黯深紫。属纩空余一目生，□□复活双瞳炯。梦中香茗贻先贤，居然秋水凝眶滑。细辨蝇头工笔札，士燮曾吞董奉丸，张元虚说金鎞刮。可知至性通神明，匹夫决烈鬼神惊。君不见唐时敬儒断指指复长，又不见宋时杨庆割乳乳复平，报施若道天无眼，请看孝眼熊先生。

此序当源自李振裕(1642—1709)之《孝眼先生传》。

---

① 沈廷芳《隐拙斋集》卷八，《四库存目补编》第 10 册，P244 上。
② 张鹏翀《南华山人诗钞》卷十二，《四库未收书辑刊》第 9 辑 25 册，P175 下。
③ 周大枢《存吾春轩集》卷五，《清代诗文集汇编》第 289 册，第 289 册。
④ 齐召南《宝纶堂诗钞》卷四，《续修四库全书》第 1428 册，P618。

当时，与熊晖吉同朝为官的多人有诗，陈兆仑有《书熊孝眼先生传后》①。杭世骏有《题江右熊孝眼先生传后》②。张鹏翀之《孝眼先生歌》③。刘纶有《书孝眼先生传后》④。赵青藜有《奉题江右熊孝眼先生高行》⑤。周大枢有《孝眼先生歌(有序)》⑥。齐召南此诗没有写作时间，但根据张鹏翀的诗写于乾隆四年，齐召南亦当写于此时，故系于此。

是年有《赵忠愍公墓祠》⑦。序云："赵譔，云南昆明人，以御史死崇祯甲申难，墓在悯忠寺侧，国初褒赠偶遗，今以傅侍御为訢，题请赐谥忠愍。乡人张检讨汉等捐金立祠。"诗云："赵公奋节事堂堂，碧化孤坟古寺旁。阙典百年书野史(事见赵吉士表忠录)，表忠今日焕天章。自看浩气翔霄汉，何必归魂盼点苍。梓里衣冠贤不乏，每于祠下荐蕉黄。"

同时张鹏翀有《赵忠愍公赐谥恭纪简寄傅侍御嘉谟(今为盛京少尹)》⑧。张汉亦有《拜赵忠愍公墓》⑨。汪师韩有《题赵忠愍公补谥录并序》⑩。刘大绅有《赵忠愍公小相题后》⑪。

江都马荣祖南归，齐召南次韵送之。马荣祖(1686—1761)，清乾隆间江都人，字力本，号石莲，室名石连堂。官知县。工古文词，善书法。刻印过自撰《力本文集》。此文集今收录在《四库未收书辑刊》第9辑26册。⑫

沈廷芳为马荣祖的画题诗，送马氏南归，有《题〈江山归钓图〉送马力本归江都》四首⑬。沈廷芳为常熟陈景云题画，有《〈清溪奉席图歌〉寄陈丈少章(丈今年七十，令子和叔以画索题)》⑭。沈廷芳有《寒夜校书，柬大宗、次风、星钟三同

---

① 陈兆仑《紫竹山房诗集》卷二，《四库未收书辑刊》第9辑25册，P493下。
② 杭世骏《道古堂诗集》卷六《续修四库全书》第1427册，P47上。
③ 张鹏翀《南华山人诗钞》卷十三《四库未收书辑刊》第9辑25册，P180下。
④ 朱羌尊等修、黄大承等纂《新昌县志》(九)，清同治十一年本，P3051.
⑤ 赵青藜《漱芳居诗钞》卷六，《清代诗文集汇编》第306册，P46-47。
⑥ 周大枢《存吾春轩集》卷五《清代诗文集汇编》第289册，P532。
⑦ 齐召南《宝纶堂诗钞》卷四，《续修四库全书》第1428册，P619-620。
⑧ 张鹏翀《南华山人诗钞》卷十三，《四库未收书辑刊》第9辑25册，P186下。
⑨ 张汉《留砚堂诗选》卷五，《丛书集成续编》第128册，上海书店出版社，1994年，P602下。
⑩ 汪师韩《上湖诗文编》卷二，《续修四库全书》第1430册，P328下。
⑪ 刘大绅《寄庵诗文钞》文钞续，卷一，《续修四库全书》第1473册，P476。
⑫ 瞿冕良编《中国古籍版刻辞典》，齐鲁书社，1999年，P96。
⑬ 沈廷芳《隐拙斋集》卷九，《四库存目补编》第10册，P247上。
⑭ 同上，P247-248。

年及诸同馆》①。

周长发为梅毂成的画题诗,有《题宣城梅循斋先生〈采葵图〉》②,同时,陈仪有《题梅循斋同年〈采葵图〉》③,钱陈群有《次韵题梅循斋前辈〈采葵图〉》④,沈起元有《题梅循斋〈采葵图〉》(补遗)》⑤。

齐周华成《重修海宁塔山童氏族谱后序》,桑调元为撰《名山藏副本序》,后案发,周华自承为假名代作,避牵累也⑥。

是年,年六十七岁的沈德潜进士及第⑦。

乾隆五年(1740　庚申)三十八岁

从乾隆元年至五年,齐召南住在绿云书屋。

《为程莘田学士题〈绿云借憩图〉(景伊)》序云⑧:"绿云书屋,海宁相国陈文简公第也,前巨桑,高十丈。王尚书俨斋取杜诗'桑柘绿如云'句,以颜其楣。予于乾隆丙辰(1736)为座主任公招编地志,馆是屋者五年。后又入于刘尚书喻旃。今莘田又作寓舍。披图,为慨然者久之。"诗云:"巨桑百尺疑海东,绿云阴射朝曦红;书屋三间桑树下,已觉阅人如走马。槐厅学士今髯苏,口吟诗句手作图,图成问我忆得无,我观图昼但长吁。我记年前曾憩此,任公招我谈书史。有时百币行树底,爱树思人情未已。为言当日初筑堂,相公丝竹罗两床。楣间题字墨尚香,竟看旧巷同青杨。吁嗟俯仰皆陈迹,弹指中间宅三易。刘尹树边仍叹息,定知谁主还谁客。程君借憩应矫首,一片绿云胜十亩。欢君日日饮美酒,神仙富贵两何有,不如仰屋著书传不朽。"

同时为程景伊《绿云借憩图》题词的有裘曰修(《题程莘田学士〈绿云借憩图〉》)⑨。又金德瑛有《题程莘田学士〈绿云借荫图〉》⑩。钱陈群亦有《题程莘

---

① 沈廷芳《隐拙斋集》卷九,《四库存目补编》第10册,P254上。
② 周长发《赐书堂诗钞》卷三,《四库存目丛书》第274册,P699下。
③ 陈仪《陈学士文集》卷十八,《四库未收书辑刊》第9辑17册,P522。
④ 钱陈群《香树斋诗文集》卷九,《四库未收书辑刊》第9辑18册,P243下。
⑤ 沈起元《敬亭诗文》卷八,《四库未收书辑刊》第8辑26册,P64下。
⑥ 《名山藏副本》附录年谱。
⑦ 《沈归愚自订年谱》,《北京图书馆藏珍本年谱丛刊》第91册。
⑧ 齐召南《宝纶堂诗钞》卷五,《续修四库全书》第1428册,P635上。
⑨ 裘曰修《裘文达公诗集》卷六,《续修四库全书》1441册,P217-218。
⑩ 金德瑛《诗存》卷二,《续修四库全书》第1440册,P379上。

田学士〈绿云借憩图〉》①。时任兰枝之子任端书也有《绿云书屋丁香盛开,同人小集花下,胡稚威有诗,即次其韵》②。

在绿云书屋期间,同住的有胡天游多人,在齐召南迁出绿云书屋时,胡天游有贺诗《再贻次风年丈》。

齐召南此次搬迁,杭世骏《词科余话》卷三③云:天台齐召南次风、山阴胡天游稚威同客溧阳宗伯所,投分最密。次风以家累自浙中至,稚威赠其移居诗。杭世骏将胡天游的贺诗和齐召南的答谢诗都录了下来,两人各自的诗集中均有载。胡天游的贺诗题为《二月次风太史迁寓,已赋五言长篇,念三载相对裒裒,其托缪恋之意,未能都忘,因杂叙畴昔凡两人语言所恒及者,重有是作,抒衷臆焉》④。

齐召南的答谢诗《云持惠诗,推奖过情,仆未敢当,所云立言不朽,则云持自道耳!次韵移赠》⑤:"天地重文章,啬畚乃本性。千古止数公,磊落遥相映。真宰握锤炉,烹炼出贫病。彩发雕矞奇,质过金石劲。同时或见轻,阅世转崇敬。园池易改移,始悟山水胜。繁星避皓月,五纬色独正。洪潦方喧阧,崖壑为不静。安知万里河,应候解坚凝。浩荡天流光,波澜海争盛。一事我足豪,生与胡侯并。示我所著书,四载读未竟。心为造物蠹,手共古人诤。神速走兔毫,纵横挥尘柄。万马嘶秋风,百卉叶春令。腾踔气有余,鲜新意无剩。回观诸子作,局促步泥泞。薜萝山鬼栖,芙蓉美人赠。弦因燥湿殊,管岂雌雄应。靡靡称元音,纷纷各自命。畴当鞭雷电,罡风扫途径。健可五岳摇,迷使重云更。高妙奏咸英,铿锵洗群听。君才真卓荦,际遇何蹭蹬。韩笔及杜诗,不朽早已定。况居会稽山,坐卧灵仙境。富足傲晋楚,贵岂羡赵孟。鹭鸠自笑鹏,夏虫终疑凌。磨崖刻我诗,久远焕贞莹。"

齐召南在任兰枝家,闲谈之中,常常提及浙江海潮。为此,未曾见过浙江海潮的任端书写有《听齐次风前辈说海潮》⑥。

是年二月,齐召南自居住四年的绿云书屋迁至半截巷,六月,再迁横街。

---

① 钱陈群《香树斋诗集》卷十五,《四库未收书辑刊》第9辑18册,P318-319。
② 任端书《南屏山人诗集》卷七,《四库未收书辑刊》第9辑29册,P606-607。
③ 杭世骏《词科余话》卷三,《四库未收书辑刊》第1辑19册,P687-688。
④ 胡天游《石笥山房诗集》卷二,《续修四库全书》第1425册,P477-478。
⑤ 齐召南《宝纶堂诗钞》卷三,《续修四库全书》第1428册,P615。
⑥ 任端书《南屏山人诗集》卷七,《四库未收书辑刊》第9辑29册,P608-609。

半截巷,是郑江旧寓。郑江有诗:"数椽老屋昔曾居,三径荒茅手自锄。卜宅得邻应待汝,离群失学独愁予。相与共勉千秋业,可许来翻一架书。或肯联镳过陋室,瓦盆浊酒为君储。"①此诗有郑江自注:"两公所居皆予旧寓。"周长发先居郑江旧寓,是年二月搬迁,但仍然在同一巷中。齐召南则迁入周长发旧寓,也是早先的郑江旧寓。由于齐召南、周长发同在一巷中,相去不远,故两人当时的交往最多。齐召南《移居唱酬集》的首诗就是周长发的,周长发在序言中写到:"余客秋入都,由马市迁居半截,五阅月矣。春二月由南徙北,仍在巷中,次风同年移居旧寓,余赠齐联句有'同谱人皆尊邃学,旧巢予幸得芳邻',盖纪实也。复用联中平韵得诗八章,以贻次风,即索依韵和之,并丐同人均惠佳集,则两人斗室俱觉生辉,此以廖寂中一快事(时乾隆五年庚申二月十有三日)。"

二月,周长发于自己的绿萝书屋,招齐召南等聚饮。

周长发有《二月二十五日,招胡云持、陈星斋、齐次风、刘眘函小饮绿萝书屋,分韵得"人"字》②。

是年三月,有《轮进经史札子(四)》③。

《汉书·文帝纪》:尝欲作露台,召匠计之,直百金,上曰:百金,中人十家之产也。吾奉先帝宫室,尝恐羞之,何以台为?颜师古曰:今新丰县南骊山之顶有露台乡,极为高显,犹有文帝所欲作之处。臣谨案:三代以下贤君,首文帝,露台一事,宜未足以尽文帝之大。然司马迁、班固皆一代良史,迁则附于纪中,固则缀为赞语。后世言主德恭俭者,必举以为盛节。臣窃疑之,夫文帝所欲作者,不过一露台,露台所直,又不过百金耳,非若瑶台、璇室、章华、虒祈之为宏伟壮丽也。汉兴,除秦之弊,与民休息,计自高帝使萧何营建未央、长乐,惠帝城筑长安其外,工作罕见。至于孝文,宫室苑囿无所增益,盖休役车卧鼙鼓之日久矣。帝又端务以德化民,以致海内殷富,兴于礼义,断狱四百,有成康之风。使及此时诏有司规胜地,以农隙余间缮治离宫、别馆,用大府贯朽之钱,出太仓红腐之粟,率其

---

① 齐召南《齐太史移居唱酬集》卷一《贺齐次风移居次周石帆韵》第六首,肇古斋本 P9。
② 周长发《赐书堂诗钞》卷三,《四库存目丛书》第 274 册,P730 上。
③ 齐召南《宝纶堂文钞》卷二,《续修四库全书》第 1428 册,P489-490。

醇厚之民,为太平游观之具,虽文王之作灵台,歌子来而成不日,不是过也。区区百金之露台,遂足为帝德之累乎哉!及臣读《武帝纪》及诸志传,而后知文帝为不可及也。武帝兴造制度,外拓边境,内侈游观,使吾邱寿王举籍阿城以南,盩厔以东,宜春以西,除以为上林苑。又以杨可告缗,上林财物充满,乃穿昆池,饰馆舍,营千门万户之宫,立通天神明之台,土木雕镂,穷工极巧。时非无直谏之臣,如东方朔者也,徒以地偿百姓,非夺其产;钱支水衡,非取其财,故毅然为之,不复计及劳费。然后世言治者,则不免以此为讥。其持论过甚者,乃或比于秦皇。《书》曰:"不矜细行,终累大德,"此之谓也。文帝所欲作者露台,露台所直百金耳,藉令果作,当时大臣如绛灌曲逆故安,名臣如贾谊、张释之、袁盎、贾山辈,亦必谓事无可议,而帝不待再计,默然中止。露台且不作,况有十百倍于露台者乎?百金且不忍,况有千万倍于百金者乎?为百姓计,则虽蠲除天下之租半、租全,曾不为小吝,为游观计,则虽以百金之露台,意欲作而不果,俭之至仁之至也。此其所以为汉太宗德莫盛焉者也。抑臣读师古注而有感焉,秦以后宫室、苑囿之盛,莫如武帝。司马相如、班固、张衡所赋,《三辅黄图》《西京杂记》所书,其为宏伟壮丽之观,至今犹可想见。然欲询其遗址,纵复巨如建章,高如井干,广大如海上三神山,皆已莫知其地。而所谓文帝欲作露台之处,当时并无营建,后世犹羡慕之曰:"此即新丰骊山之露台乡也,岂非恭俭之盛德,实有以垂于万古而不朽也哉!"

是年春,沈廷芳、邹升恒、郑江、周长发、张鹏翀、胡天游、齐召南在张鹏翀家观赏桃花、丁香花。

沈廷芳有《月夜看花歌,同泰和、玑尺、兰坡、南华诸前辈,稚威、次风两同年作》[1]。

孟夏,周长发招齐召南等聚饮。

周长发有诗《孟夏招集张南华侍讲、齐次风检讨、查易亭、朱师禹两上舍,饮绿萝书屋,席上咏黄柑,次南华韵》[2]。

---

[1] 沈廷芳《隐拙斋集》卷十,《四库存目补编》第10册,P258。
[2] 周长发《赐书堂诗钞》卷三,《四库存目丛书》第274册,P730-731。

六月，齐召南再次搬迁，自半截巷迁到横街。

此次搬迁的横街，则是阮学浩的旧寓。阮学浩有《赠次风同年移居横街叠前韵》八首，其第四首自注①："余以六月二日从横街移居贾家巷，越七日，先生迁余旧宅。"

齐召南有《叠韵誋棐园前辈》，序②："六月二日，阮棐园学浩、澄园学浚两前辈，自横街移居贾家巷，即陈星斋旧居也。余移居阮寓棐园，和前韵见赠，叠以奉答。"阮学浩此时虽然居京师，但人在山西乡试副考官任上。这次移居，胡天游也有《贺齐次风年丈再迁横街（六月初九日）》③。

张汉有《留砚堂诗选·阮棐园移居邻东》④："地想星斋就集贤（陈星斋旧居），德邻人喜接西偏。校书席与青藜共，对宇门看绿树连。鹏徙倏经六月息（六月移居），鹊巢取占次风光（旧宅为次风曾居，故以鸠居为戏）。一官传舍真如寄，求友嘤鸣岁几迁。"从此诗看，张汉亦居于此。齐召南此次搬迁横街，距离周长发居处仅数十步⑤。

移居时唱酬之诗，由齐召南裔孙齐渭辑为《齐召南移居唱酬集》，共三卷，收录周长发、齐召南等十五人的诗。其中第一、第二卷诗，是关于齐召南迁居半截巷的；第三卷诗，是关于齐召南自半截巷迁居横街阮学浩旧寓的诗。

是年夏，齐周南、齐召南、张畿千、周长发同访沈环。

周长发有《夏日偕齐首风、次风、张畿千至天坛，访同年沈皆山中书，即留午饭，以诗谢之》⑥。此次同访沈环，应当是在齐召南、周长发等搬家后不久的事。

沈环，字皆山，乾隆丙午举人。工书，入都为教习。会家难，忧愤而殁。病中赋《孤雁曲》七古，阅者伤之⑦。张畿千，无考。

七月，沈德潜《诗古文稿》刻成⑧。

秋，兄齐周南归天台。齐周南在京期间，帮助齐召南搬家。

---

① 齐召南《齐太史移居唱酬集》卷三，睪古斋，P6。
② 同上，P7。
③ 同上，P1。
④ 张汉《留砚堂诗选》卷五，《丛书集成续编》第128册，上海书店出版社，1994年，P606下。
⑤ 齐召南《齐太史移居唱酬集》卷三《六月九日自半截南巷移居横街叠前韵》，睪古斋本，P9。
⑥ 周长发《赐书堂诗钞》卷二，《四库存目丛书》第274册，P727。
⑦ 戴璐《吴兴诗话》卷十，《续修四库全书》第1705册，P234上。
⑧ 《沈归愚自订年谱》，《北京图书馆藏珍本年谱丛刊》第91册。

《移居唱酬集》卷三之《六月九日,自半截南巷移居横街,叠前韵》第四首①自注有"移居部署,一切皆家兄代理"。其长兄在齐召南搬家之后回天台,齐召南有诗《送家兄南旋》②:"乍喜联床共被眠,匆匆又上潞河船。心关故里黄花节,去趁秋风白雁天。别后好须长寄字,梦中还自话归田。高堂每饭怜游子,莫道官贫少俸钱。数月书斋坐敝茵,何曾衣惹九衢尘。因兄岳岳怀方意,愧我劳劳送客身。千里家山云淡荡,一囊诗句锦鲜新。别来诸弟勤相问,芳草池塘几度春。"

张湄有《送齐首风归天台》③。杭世骏有《送齐孝廉周南归天台》④。周大枢有《送齐首风周南归天台(次风检讨兄)》⑤。

《大清一统志》于是年修撰结束,齐召南参与其事,其中的盛京、河南、山东、江苏、安徽、福建、云南出自齐召南之手。外藩蒙古诸部也出自齐召南,齐召南有《一统志·外藩蒙古属国书总序》《外藩蒙古五十一旗序》。

《一统志·外藩蒙古属国书总序》⑥:

> 自我太祖、太宗肇兴东土,薄海内外,罔勿怀德畏威,喁喁向化。维蒙古诸部落,世雄长北邮,自有明二百余年,不能臣服。天兵所至,莫敢逆我颜行,察哈尔林丹应时殄灭,其余名王贵族,保鲜阜山,依饶乐水,建牙碛口,卓帐河阴,居近黑白之地,道接鸡鹿之塞,争先厥角来庭,愿置候尉,受冠带。东起嫩江、潢水之科尔沁,西至河套之鄂尔多斯,隶我版图,编设佐领,有大征伐,并荷戈擐甲以从。及世祖定鼎京师,混一区宇,差功锡爵,比内八旗。化瓯脱为屏藩,畴要荒以疆索。举前明防戍之九边,定为诸旗;朝贡之五路,通关设驿,卧鼓销烽万里,而遥鞭笞令,而臂指使之谧如也。圣祖仁皇帝,圣文神武,超迈百代。厄鲁特噶尔丹,恃其险远,豕突鸱张。喀尔喀为所侵,三汗七部数百万之众,度漠款塞,稽首来归,请自比于四十九旗之列宼,方据土剌,洮乌兰耽耽南牧。大驾亲次漠北,扫其穴而

---

① 齐召南《移居唱酬集》卷三,鞏古斋本,P4。
② 齐召南《宝纶堂诗钞》卷四,《续修四库全书》第1428册,P620下。
③ 张湄《柳渔诗钞》卷六,《四库存目丛书》第226册,P668下。
④ 杭世骏《道古堂文集》卷九,《续修四库全书》第1426册,P66下。
⑤ 周大枢《存吾春轩集》卷五,《清代诗文集汇编》第289册,P534下。
⑥ 齐召南《宝纶堂诗文钞》卷三,《续修四库全书》第1428册,P503-505。

犁其庭，饮马胪朐，铭功拖诺山。则阿尔泰、巴颜布龙、杭爱、兴安、肯特汗山、察汉以南，临瀚海水，则布育呼伦敖嫩楚库、鄂浑哈瑞瓮金、推河桑、稽萨里，北濒色楞格，西际轰呵图，旷荡无垠，并为内地。于是，哈密、土鲁番、西套、青海、拉藏、阿里诸部，或天方余俗，或鲜水羌豪，或婆罗门种人，或阿㮦达佛土昆弥翎侯、赞普叶护，后先闻风慕义，咸愿编置旗队，得视外藩。其外北过结骨、丁零、西暨波斯、天竺，历柏兴而通狼望，经悬度而越龙堆，跨藤桥而攀雪嶂，琛赍梯航，往来杂沓，驭鹿使犬之部，烛龙冰鼠之乡，衣鱼种羊，驱象驯狮之国，南瞻北斗，东岸西溟，纵横盖数万里，俱属理藩院统辖矣。至如朝鲜凤奉正朔，交趾世受册封，大海东南西三洋琉球、吕宋、苏禄诸国，岁时贡献，隶礼部主客之司，经翰林四译之馆者，尤不可以数计。乃使章亥步广轮，羲和测晷度，树界碑于黑龙之北，量河源于宿海之西，天山、葱岭不隔流沙，黑水、恒河如观指掌，威德之隆，幅员之广，自开辟以来所未有也。世宗善继善述，青海乌思肤功克奏，州承德于松漠，镇安西于玉门，事为万世无疆之计。我皇上至孝宏仁，缵承大业，太和翔洽，溥及埏垓。坐明堂以朝万国，时有逾十译而后通，为从古所未至者焉。传记艳称白雉、碧砮、西鹣、东鲽，何其陋也。盖前世言德莫高于尧舜，言威莫邕于汉唐。顾平在朔易，不过幽都，并营分州，未尽大漠，唐虞疆宇，实无以远越后王。汉夺阴山、塞高阙、列四郡，而扼两关，盛矣。幕庭既空，不见一骑，呼韩入觐，待以不臣，能地其地而不能人其人也。唐于突厥、回纥、奚霫、契丹、同罗、仆固，即部置州，盛矣。然本取羁縻，版籍不上户部，殪颉利于铁山而延陀据之，树思摩于榆塞而车鼻乘之，能人其人而不能地其地也。岂若绝域遐荒，并同侯甸，光天之下，至于海隅，苍生罔不率俾者哉！前世地志，于边外仅存大概，今则道里、山川、城邑、古迹，凿凿可稽。《外藩蒙古属国书》具如左。牧厂及八旗察哈尔，以地与五十一旗犬牙相错，亦类叙为一卷云。

《外藩蒙古五十一旗序》[①]：

[①] 齐召南《宝纶堂诗文钞》卷三，《续修四库全书》第1428册，P505-506。

五十一旗地，东接盛京、黑龙江，西邻厄鲁特，南并盛京、直隶、山西、陕西边城，北踰大漠，与喀尔喀接境，袤延万余里。周时猃狁、山戎居之。秦汉北边外，匈奴尽有其地。汉末，乌桓、鲜卑杂处其间。元魏时，蠕蠕及库莫奚为大。隋唐地属突厥，后入于回纥、延陀。辽金以来，建置城邑同内地。元之先曰蒙古，居西北极边，奄有天下，遂成一统。明初爱犹识理达腊遁归朔漠，遗种繁衍，诸部时拥众犯边，迄明世北陲不靖。本朝龙兴，蒙古科尔沁部率先归附，及灭察喀尔，诸部相继并降。于是正其疆界，悉遵约束，从征伐。世祖定鼎，锡爵得世及如古封建，每岁朝贡以时。其部落二十有五，为旗五十有一，设官制度，并同内八旗，置理藩院以统之。贡道分为五路：由山海关者，科尔沁、郭尔罗斯、杜尔伯特、札赖特四部，为旗十。由喜峰口者，阿禄科尔沁、札鲁特、土默特、喀喇沁、喀尔喀左翼、奈曼、敖汉、翁牛特八部，为旗十三。由独石口者，阿霸垓及阿霸哈纳尔左翼、蒿齐特、乌朱穆秦、巴林、克西克腾六部，为旗九。由张家口者，阿霸垓及阿霸哈纳尔右翼、苏尼特、四子部落、喀尔喀右翼、毛明安六部，为旗七。由杀虎口者，归化城土默特、吴喇忒、鄂尔多斯三部，为旗十二。其驿路惟山海关外各旗并黑龙江大路不置驿站。自喜峰口东北至札赖特千六百里，置驿十六。自古北口北至乌朱穆秦九百余里，置驿九。自独石口北至蒿齐忒九百里，置驿九。自张家口西北至四子部落五百余里，置驿五。自张家口西至归化城六百里，置驿六。自杀虎口西北至吴喇忒九百余里，置驿九。自归化城西至鄂尔多斯八百余里，置驿八。鄂尔多斯六旗，住牧河套，即秦汉河南朔方地，宋时为夏人所据者也。五十一旗疆界山川，具列如左。

这时有答郑江问"潞江即梁黑水，西洱河即此水否？""澜沧即《禹贡》黑水乎？""源流最远莫如大金沙江，今拉藏所谓雅鲁藏布江矣，可当《禹贡》黑水乎？""黑水不可考乎？""三危在敦煌非欤？""汉时大夏、乌孙、大宛今在何地？大宛是撒马而汗否？唐之波斯是汉偿支否？今策妄庭即金微府否？"

郑江(1682—1745)，字玑尺，号筠谷，浙江钱塘人。康熙五十七年进士，改庶吉士。充《明史》馆纂修官，历任考官，督学安徽，迁侍讲，进侍读，充《明史纲目》纂修官。后以足疾告归。齐召南的这几篇文章不能确定具体时间，据齐召南的解释,郑江参加过康熙《大清一统志》的撰写,任安徽督学,郑江回朝之后已是乾隆四年。随后,郑江先后任侍讲、侍读,参与《一统志》编撰。郑江有《春秋集义》《诗经训诂》《礼记集》《筠谷诗钞》《书带草堂诗钞》、文集等。曾主持敷文书院。但无法查证其具体任职时间,只能推测在乾隆五年之后。郑江就一些问题向齐召南提出询问,这几段文字是齐召南的答复,据此可以推测这些文字写于乾隆四年之后①。

是年有《郑筠谷前辈以足疾请假归浙》②:

> 谁于未老乞身闲,共羡清高不可扳。偶自下堂同乐正,便容抽笏卧香山。莼鲈况得秋风便,猿鹤知迎逸客还。祖席持觞先订约,他时来访白云关。
>
> 早闻经学踵康成,馆阁文章更有名。扶杖讵妨朝谒地,拜章求遂退闲情。廿年宦况惟书富,一曲湖光比鉴清。此去秋山红树外,篮舆游可倩门生。

翟灏亦有《郑筠谷侍读足疾假归诗以送之》③。周长发有《送侍读郑筠谷前辈假归钱塘,用杜工部赠郑虔博士韵》④。杭世骏有《郑侍读江足疾乞归,同乡后进携酒过饯,即席奉呈》⑤。厉鹗有《郑筠谷招饮书带草堂,同张南漪作》⑥。张湄有《送郑筠谷前辈归里》⑦。

是年有答阿侍郎问:"尝踰哈密北天山地名碑岭,积雪中见断碑,有唐贞观字,此何碑也?问土人皆不知,《西域志》亦阙如也。"⑧

答曰:"此唐侯君集平高昌纪功碑也。君集以贞观十三年拜河道大总管,伐高昌。十四年,降其王曲文泰。《唐书》言,君集刻石纪功而还,高昌尚在哈密西八百里,此则班师逾岭时所刻矣。"

---

① 杭世骏《道古堂文集》卷三八《续修四库全书》第1426册,P575-577。
② 齐召南《宝纶堂诗钞》卷二,《续修四库全书》第1428册,P606上。
③ 翟灏《无不宜斋未定稿》卷二,《续修四库全书》第1441册,P274。
④ 周长发《赐书堂诗钞》卷三,《四库存目丛书》第274册,P728下。
⑤ 杭世骏《道古堂文集》卷九,《续修四库全书》第1427册,P66-67。
⑥ 厉鹗《樊榭山房集·续集·诗甲》卷一,《近代中国史料丛刊续编》第六十一辑,1974年,P434。
⑦ 张湄《柳渔诗钞》卷六,《四库存目丛书》第276册,P669-670。
⑧ 齐召南《宝纶堂文钞》卷七,《续修四库全书》第1428册,P564下。

阿问:"据《元史》,都始穷河源在星宿海,然则自元以前,并无大昆仑者,神禹道河、积石,固近在河州耶?"①

答曰:"今河州西之积石,自后人名之,非禹所名也。大昆仑,即古积石,在塞外二千余里,其下即星宿海。汉时为羌地,唐初为吐谷浑地。段颎追羌,行四十余日,至河首积石山。侯君集随李靖平吐谷浑,追至星宿川,达柏海,北望积石山,观河源之所出。刘元鼎使吐蕃,访河源,得之于闷摩黎山,亦即大积石也。可知汉唐时已知河源,但自星宿以下曲折次第,则都实为详悉耳。"

齐召南这两段回复阿克敦的问询,尚不能确定是乾隆三年还是乾隆五年。根据阿克敦的履历,他多次率兵征讨西域,曾于乾隆三年出使西域。据《高宗实录·乾隆四年》载,十二月十二日,命工部左侍郎阿克敦充《一统志》馆副总裁,而《一统志》是在乾隆五年初完成的,据此推测,阿克敦询问齐召南的时间,也可能在乾隆五年,故将齐召南的回复系于此。

阿侍郎即阿克敦(1685—1756),字仲和,章佳氏,满洲正蓝旗人,康熙四十八年进士,康雍乾时重臣。著有《德荫堂集》。其传在《清史稿》卷三百零三中。

是年有《仙岩重修大忠祠碑》②:

> 天地予人以灵,予万物之性,使亘万古而不易者,曰纲常而已矣。其同于万物,随时变易,使人有苦乐寿夭,国有盛衰兴亡,亦若寒暑之有递嬗,草木之有荣枯。气运转移,虽天地亦不能以复挽,而忠臣义士,乃于国之既亡,冒险图存,蹈死如归,经百折不少挫,岂非当时人心所共指为逆天者耶! 然其生也一息存,其国虽亡不亡;不亡者,其寸心也。其死也,国虽亡,其寸心实不死;不死者,万古之人心也。天地不能自挽气运于一时,特生一二人,树君臣之准的,以留纲常之不易者于万古,如宋丞相信国文公其人也。临海东北百二十里滨海地曰仙岩,洞壑奇秀。德祐中,公自扬州浮海至此,纠合义旅,图兴复明。嘉靖时,里人叶炎、邓景、张拔等建祠祀公,配以杜公浒、张公和孙、胡公文可、吕公武,春秋享祀不懈,事具志乘。又有《大忠祠录》备载田亩、文移及碑记、诗歌。国初因海禁,迁居民,田散

---

① 齐召南《宝纶堂文钞》卷七,《续修四库全书》第1428册,P564-565。
② 同上,P570-571。

祠废，享祀始缺。乾隆五年，诸生叶玉林等重加修葺，今栋宇、神像、器物翼然焕然。学使雷公鋐及守令俱为守祠，道士再刻祠志，余门人传有光、奎光兄弟，请余为文，勒诸石。呜呼！为臣如公，虽荒陬僻壤，妇人、孺子、武夫、徒卒目不辨史传者，亦莫不熟闻姓名，如亲睹其忠烈，敬之慕之。其祠在海内，如庐陵、燕市、瓯江、闽岭所在多有，而仙岩为公所尝信宿，与义士杜张诸公诗篇激昂，遗迹赫赫，官吏、士民有不入庙知敬、闻风而兴起者哉！公丁宋季，所遭际何如其苦，所树立何如其难也，而公矢志不易，上与日月争光，下与河岳并寿。我朝重熙累洽，治越前古，敷天共庆，升平之盛，边海销烽卧鼓者，百余载矣。人生光天化日中，食德饮和，安常处顺，仕者勉为贤臣，为循吏，为正直，奉公为清勤尽职；处者以诗、书、礼、义，勉为善士，孝弟醇谨，勉为良民，型仁讲让，驯至俗美风淳，斯不亦时之甚乐而事之易易者欤！是祠也，振厉风教，合古法施于民之祀，所关于万古纲常者甚大。前后捐输，姓氏宜备载之，至迎享送神用乐，公自有《正气》一歌声满天地，道士可吹竹弹丝合其音节，以和神听感人心也。

齐召南还有《仙岩大忠祠录序》①：

滨海有山数百仞，岩石嵌崟，谺然成洞，径窦纡回往复，清泉澄泓。所见崖壁波立，云垂瑰伟，不可名状者，仙岩也。岩有宋文信公祠，以杜浒、张和孙、胡文可、吕武四义士配，即德祐中，公航海过此，宿和孙家，与诸人南浮瓯闽旧迹。公集中有诗二篇，后人建祠于此，题咏甚众。道士方一定惧其久且散佚无征也，于是有《大忠祠录》之刻。呜呼！岩洞奇秀，夙以仙名，意古时必有仙人炼丹飞升此地，而图志阙如，姓氏莫考。信公不过因艰虞颠沛，偶尔信宿，仙岩之名遂轰然于高天厚地，与祁山五丈原并耀青史，有耳目者，莫不见闻。然则乾坤正气，虽死不死，不又胜于饵药延年以求长生者之寿与名乎哉！前后题咏篇什，虽工拙不同，其本性情，感忠义，有关于纲常伦纪，而绝与流连景物者不同，其明证也。呜呼！吾台当宋南

---

① 齐召南《宝纶堂文钞》卷四，《续修四库全书》第1428册，P516。

渡，始以高宗金鳌之维舟，而终以丞相仙岩一泊，高宗智勇，远不及汉昭烈彰彰也。忠若信公，取义成仁，百折而志不少挫，蹈万死以如饴，成败利钝，非所逆睹，其武侯之后一人乎！山在临海县东北百二十里余，虽未游，尝集杜句寄题祠壁，因道士请书数语于简端。

又彭启丰有《仙岩洞大忠祠录序》①。钱维城有《仙岩大忠祠集序》②。雷鋐亦为序③。从序的内容看，齐召南的序，是应道士方一定之邀写的，而彭启丰、钱维城的序，则是应冯赓雪之要求写的，数人所序，实则是同一书。《仙岩洞大忠祠录》，是临海冯赓雪重辑。

冯赓雪，字瑶田，秦锡淳高弟子，以诗名于乡④。撰《仙岩大忠祠录》六卷，是书因叶琰残本而增益之。首图像，卷一传志，卷二公移疏、祭典，卷三记赋，余三卷诗。当时为此书作序的有齐召南、彭启丰、雷鋐、知府张逢尧、苏光弼、胡莘隆、县令王三鉴⑤。

喻长霖民国《台州府志》卷五十四祠祀略："文信国祠，在县东一百二十里仙岩百花洞，祀宋丞相文天祥。"

十一月二十七日，《大清一统志》告成。

是年十二月二十四日，有《十二月二十四日，进呈校勘六经，退直武英殿，用朱子钞二南诗韵，应杭堇浦同年索赋，兼呈同馆诸公（陈侍郎大受、张阁学照、陈詹事浩、周学士学建、吕学士炽、朱庶子良裘、熊侍讲晖吉、赵编修青藜、沈编修廷芳、唐检讨进贤、闻编修棠、吴检讨泰、万检讨松龄、于修撰敏中、王编修会汾、李编修龙官，并会所校六经注疏，则〈尚书〉〈毛诗〉〈仪礼〉〈礼记〉〈左传〉及〈尔雅〉也）》⑥：

　　一代周文迈夏商，石渠著作郁相望。灯分太乙三冬校，篇振尼山万古芳。捧进锦函星乍曙，退趋瑶殿日方长。诸公莫便论游息，天子看书坐未央。

---

① 彭启丰《芝庭诗文稿》卷三，《四库未收书辑刊》第9辑23册，P476下。
② 钱维城《钱文敏公全集》卷四，《续修四库全书》1442册，P677。
③ 《台州府志》卷七十《艺文略七》，P12。
④ 同上，卷一百二十《人物传》，P13。
⑤ 同上，卷七十《艺文略七》，P12。
⑥ 齐召南《宝纶堂诗钞》卷三，《续修四库全书》第1428册，P609-610。

同时,沈廷芳亦有诗《十二月二十四日,进呈校勘六经,退直武英殿,同大宗、次风,用朱子抄二南韵》①。杭世骏亦有《十二月二十四日,进呈校勘六经,退直武英殿,用朱子钞二南示平甫韵,同在馆诸公作》《齐检讨召南、李编修龙官再用前韵见赠奉简》②。

是年有《经史馆遇雪,呈堇浦、葆青、方来(吴跋)、仲常(于敏中。馆即怡亲王旧府也,园亭宏丽,并雍正年建造。雪中与诸公瀹茗校经,轩窗洞启,炉香馥郁,如坐瑶池蓬岛中)》③:

石渠开处屋渠渠,朱邸谁曾此曳裾。桐叶旧封天子弟,芸窗今校古人书。但看简向梁园积,真觉经传鲁殿余。春雪缤纷诸客集,可无丽句拟相如。

《齐侍郎年谱》:十二月二十六日,赐钦定《四书文》一部。
除夕有《除夕前一夜,斋宿起居注馆,燃蜡校书有述》④。

度岁犹多斗粟储,双清心迹称斋居。来分禄阁青藜火,细照琼函绿字书。泼水寒衾经雪后,如雷春爆定更初。何人此夕还开卷,积习平生笑未除。

周长发有《岁暮感怀同次风同年作》⑤。
沈廷芳为钱之青《桃花园图》题赋,有《〈桃花园图〉为钱恭李孝廉赋》⑥。沈廷芳在欣赏了李重华家藏玉书字帖后,赋诗《书玉版十三行帖后(玉洲先生家物)》⑦。沈廷芳为张照、马位之《西山纪游诗》题诗,有《题张泾南司寇、马思山员外〈西山纪游诗〉后》⑧。沈廷芳为查嗣瑮之《东还图》题诗,有《追题查浦先生

---

① 沈廷芳《隐拙斋集》卷十,《四库存目补编》第10册,P263上。
② 杭世骏《道古堂文集》卷八《翰苑集》,《续修四库全书》第1426册,P62-63。
③ 齐召南《宝纶堂诗钞》卷三,《续修四库全书》第1428册,P610上。
④ 同上。
⑤ 周长发《赐书堂诗钞》卷五,《四库存目丛书》第274册,P766-767。
⑥ 沈廷芳《隐拙斋集》卷十,《四库存目补编》第10册,P256。
⑦ 同上,P257。
⑧ 同上,P257-258。

〈东还图〉,次灵皋夫子韵》①。沈廷芳为田中义之《经历春令图》题诗,有《题田白岩〈经历春令图〉次刘六麐兆通政韵》②。

周长发为沈心之《孤石山房图》题诗,有《题沈松有〈孤石山房图〉,次勉之先生韵》③。

齐周华馆于半浦二老堂,与郑性同访罗嵓于其家(《名山藏副本》附录年谱)。

乾隆六年(1741 辛酉)三十九岁

是年正月二十四日,万经卒。

是年春,傅为詝、张鹏翀、胡天游、周长发、沈廷芳、王会汾、齐召南、张凤孙,由邹升恒招饮看红梅,周大枢有诗《邹慎斋学士招饮看红梅花,以"高疏明月下,细腻晚风前"为韵,得下字,同赋者傅少京兆岩溪、张编修南华、胡征士稚威、家检讨石帆、沈检讨椒园、王编修晋川、齐检讨次风、张上舍鸿勋》④。

是年春,李重华、周长发、张鹏翀、傅为詝、胡天游、周大枢、张栋、齐召南、王会汾、沈廷芳等人,于承露堂赏梅。春日承露堂看梅,事见沈廷芳诗《新春日泰和丈招同玉洲先生,兰坡、南华、嘉言诸前辈,穉威、爱穆、鸿勋、次风、苏服诸君集承露堂看梅(辛酉)》⑤。

《齐侍郎年谱》:是年三月,以《一统志》馆议叙列一等,奉旨加一级。四月,京察一等,奉旨改为二等。完成外藩书。

适上谒园陵,渡热河,上长白,挟是书以行。凡翠华所临,征书,朗若眉列。上大悦,曰:"齐召南之博学,一至于此乎!"⑥

是月,齐召南进圆明园进讲章。

有《三月十二日,圆明园进讲章,即景赋绝句》四章⑦:曙光初动禁门开,黄匣封章引进催。谒者临桥先借问,轮班经史阿谁来。风翻新柳絮漫漫,洒遍瑶阶鹄立看。三月重裘犹缩手,可知天上自高寒(辰刻大雪)。粉墙傍苑是谁家,

---

① 沈廷芳《隐拙斋集》卷十,《四库存目补编》第 10 册,P258 上。
② 同上,P259 下。
③ 周长发《赐书堂诗钞》卷二,《四库存目丛书》第 274 册,P723。
④ 周大枢《存吾春轩集》卷六,清代诗文集汇编》第 289 册,P538 下。
⑤ 沈廷芳《隐拙斋集》卷十一,《四库存目补编》第 10 册,P263。
⑥ 王棻《台学统》卷八十一,《续修四库全书》第 546 册,P488 下。
⑦ 齐召南《宝纶堂诗集》卷三,《续修四库全书》第 1428 册,P610 下。

白白红红万树斜。马上有人还控勒,迎风迎雪看春花。雪晴天气转冲融,行到城边日未中。回首宫云高五色,西山横展玉屏风。

是年四月,有《轮进经史札子(五)》,该札子阐述《尚书·皋尧谟》中"天工,人其代之"[①]:

《尚书·皋陶谟》:天工,人其代之。孔安国曰:言人代天理官,不可以天官私非其才。臣谨案:自古帝王代天理物,未有不奉若天道以为兢兢者也。惟天聪明,惟圣时宪,凡天之事皆君之事,特以事非一端,君不能独理,于是立百官以司其职,选众贤以举其官,简之升之,命之纠之,告戒之董正之,使人无旷官,官无旷事,以共收其功。如天之积三十日而成月,积三月而成时,积四时十有二月而成岁,夫然后可以于天无负。粤稽上古建云龙、火鸟之名,颛帝立重黎南北之正,莫不直以四时之吏、五行之佐目其群臣。此尧咨羲和,以熙庶绩;舜命二十二人,以亮"天工",所为谆谆致意者也。后世言天官者,自垣阶将相、左右丞辅以及中外布列,皆直以人官上目星辰。而史籍所传,如史官应柱史,郎官应列宿,尚书为天北斗,三公取象三台,亦皆实有其理,而不可诬。然则上古之世,水官修而神龙可扰,火官修而凤凰可致。极于五行顺序,万物遂长,人气和平,风雨时节,灾沴不作,休祥凝集,皆自然之验,必至之符,岂虚语乎哉!《周官》以阴阳归三公,以天地春、夏、秋、冬配六卿;《洪范》以岁、月、日分属之王及卿士、师尹。君者,代天总百工之成者也;臣者,代天分百工之事者也。臣之爵禄,虽诏于君,而位曰天位,职曰天职,禄曰天禄,明职位与禄皆设于上天,非君人者之所得私。故所用者,必皆其足以代之之人,所图者,必皆其有以代之之实。人非俊乂,虽亲近不以授官;人果贤才,虽疏远必以任职。心廓然而大公,事坦然可共信,无所容其偏见,无所用其爱憎,为官择人,不为人择官。惟器与名至严至慎,求无拂乎天之聪明而已。皋陶告禹曰:天工人代,而先以无旷庶官。旨哉言乎!夫庶官之旷,非官之不备其数也,亦非官之尽纵欲败度,置其职于不问也。惟是人非三德、六德之选,德非彰厥有常之吉,容身持禄,小大相师,以趋承唯诺为协恭,以引嫌避咎为

---

① 齐召南《宝纶堂文钞》卷二,《续修四库全书》第1428册,P490-491。

和衷。官有人而如无人,人在职而且废职,此《皋陶》之所为深戒者也。伊尹有言:任官惟贤才,左右惟其人。傅说有言:官不及私昵,惟其能;爵罔及恶德,惟其贤,即"无旷庶官"之说也。夫周公言:三宅三俊之克宅克俊。于有夏则曰:吁俊尊上帝。于成汤则曰:陟丕厘上帝之耿命。于文王、武王则曰:敬事上帝。即天工人代之说也夫。

是年八月三十日,朝廷下令销毁全渊撰《四书宗注录》书版①。
是年秋,齐召南兄长齐周南中举,娶陈氏②。
齐召南兄弟六人,齐周南为长兄。齐周南,字缀风,号河洲,天台人。乾隆六年举于乡,入都,与周长发、杭世骏、张鹏翀、胡天游辈唱酬,甚相得。三上春官,不第。大学士任兰枝素稔周南,会主中书试,欲为之地,周南引嫌,归。外舅张贞品宰湖北蕲水,挟与偕。值收漕廒舍吏缘为奸,周南为剔积弊,革陋规,贞品深器之。十六年,岁大祲,周南撰状介大宪请振,得俞旨,民赖以苏。选慈溪教谕,弟子执经请业者无虚晷。以老乞休,卒,年九十一。著有《春秋传质疑》五卷、《纲目质疑》四卷、《东野吟》《瑞竹堂稿》③。
是年晚秋,王懋竑著述《朱子年谱》成④。十月一日,王懋竑卒。
《齐侍郎年谱》:十月二十三日,颁赐《世宗宪皇帝上谕》十二本。
十月,有《轮进经史札子(六)》⑤:

《诗·大雅》有冯有翼,有孝有德,以引以翼。岂弟君子,四方为则。
臣谨案:自古言治,未有盛于虞周者也。虞廷赓歌,载在《尚书》,周室矢音,列于《大雅》,千百世下诵《诗》读《书》者,犹可想见当日君臣之遇。虽语有繁简,体有质文,辞有婉直,而丁宁往复以颂为规,当太平极盛之日,皆兢兢乎,有持盈保泰、久安长治之思。《诗》《书》所称,若合符节。《书》言敕命,《诗》言弥性,敬天之学同也。《书》言百工熙,庶事康,《诗》言四方为纲,四方为则,勤民之政同也。所异者,舜歌喜起责难股肱,皋陶赓明良

---

① 《高宗实录》卷一百四十九,第10册,P1148下。
② 齐召南《宝纶堂文钞》卷八,《续修四库全书》第1428册,P584上。
③ 《台州府志》卷一百二十,P2。
④ 王箴传《朱子年谱识语》,《朱子全书》第27册,上海古籍出版社,2002年,P725。
⑤ 齐召南《宝纶堂诗钞》卷二,《续修四库全书》第1428册,P491-492。

责难元首，君臣交相儆戒。《诗》则惟有召公、矢音之词耳！然即召公、矢音以论禹皋之意，已无不该。《卷阿》一歌所谓"如珪如璋，令闻令望"，非即元首之起与明乎！所谓"有冯有翼，有孝有德"，非即股肱之喜与良乎！冯翼孝德，即吉士吉人之选，亦即皋陶陈九德，所谓彰厥有常者也。或勋业在宗社，或谟谋赞升平，或饬纪敦伦，完备百行，或立身行道，仪型百僚，其人皆老成持重，正直刚方。有忠厚宽大之规，有难进易退之节；有耻其君不如尧舜之志；有疏附奔奏后先御侮之才；能引于前，引其君以当道志仁也；能翼于旁，翼其君以左右有民也。为上为德，则媚于天子，若孝子之事其亲；为下为民，则媚于庶人，若慈母之抚其子，此贤者之所能自必者也。有冯翼孝德，而不以为引为翼；多吉士吉人，而不之使不之命，此非贤者之所能自必者也。夫人材至难得也，非国家培养积久，当景运昌隆之会，天地亦珍惜之。不能以毕聚，然则畅岂弟之声，获纯嘏之应。惟有冯翼孝德，多吉士吉人之为功也。岂非舜所谓股肱喜而元首起者乎！然以引以翼者谁，君子也！使之命之者谁，君子也！惟君子能使有不虚，有多不虚多，然后纯嘏备于身，岂弟流于民。若鸣凤之集高冈，梧桐之熙朝阳，于以叶太平之上瑞，征治化之翔洽也。岂非皋陶所谓元首明而股肱良者乎？故曰：《诗》《书》所称，若合符节也，抑臣又有说焉。周自文王寿考作人，武王保有厥士，至成王时，周召作辅，太公为师，毕公君陈康叔史佚之伦，穆穆布列。乐正所教，司徒所兴，司马所论，罔非德行道艺之士，贤才众盛，千载一时。《诗》言"冯翼孝德"，时固确有其人。《诗》言"以引以翼"，成王亦实收其益，岂尚有吉士吉人隐伏岩穴、沈滞下僚、未及升庸者耶？就使偶有一二，其德其才，亦必不能与周召诸公并。而周公犹且吐哺握发，思以尽致天下之贤。《立政》一篇，拳拳于忄佥人、吉士之当辨；召公犹复以使吉士命吉人，孜孜为成王劝。古大臣之虚己求贤，忠心为国，其计虑之深且远，固如此乎哉！

是年十月，同年沈廷芳授山东道监察御史。

沈廷芳《十月二十三日，勤政殿引见，改授山东道监察御史恭纪》二首①。

---

① 沈廷芳《隐拙斋集》卷十一，《四库存目补编》第 10 册，P267 下。

是年,有《送张柳渔侍御巡察台湾》①:

绣衣衔诏向台湾,梓里先夸驷马还。旌节远分天半壁,神仙真住海三山。地邻龙伯帆樯集,辕列犀军鼓角闲。奋武揆文关坐镇,故推清望冠朝班。声名宁隔海波遥,边跨沧溟自我朝。岂有田横能抗汉,总看旸谷本归尧。狼烟久断金门镇,乌堠仍通铁线桥。使者采风应一笑,蛮歌处处叶箫韶(台人好歌竹丛林木中,男女讴吟应和不少歇)。曾作西南万里行(侍御年前典试云南),东南又挂片帆轻。针盘风信宜三月,水驿晴光报十更(海船以一昼夜对周为十更)。观海人居鳌背迥,筹边楼压凤山平。铜铃旧俗今冠带(台湾之名始于明季,在明初但知有鸡笼山而已。永乐时,郑和出海,招谕海上诸番鸡笼人,不肯附贡,和戏制铜铃,家贻一枚以辱之,盖比之于狗国也。番人反以为荣,其富户项下悬数铃,行则有声),氛祲知为霜气清。南临浪峤北鸡笼,千里人烟一径通(台地南北之长几二千里,而东控大山,西频海,不过五六十里)。停午稍开春雾白,烛天长见海涛红。高低山划诸番界,来去潮殊半线中(台地北自大小鸡笼,城南至马沙屿,连山不断,如鱼脊。山之西为郡地,其东生番杂居,以重岭为界也。半线地名,其北潮同瓯浙,其南潮同闽粤)。赋海木华元简略,凭君巨笔写鸿蒙。

张柳渔,即张湄(1696—?),字鹭洲,号南漪,又号柳渔,钱塘人,1741—1743 年担任台湾御史兼理学政,著作有《柳渔诗钞》。齐召南是诗,写于张湄出使之时。据张湄的《台海见闻录序》:"忆辛酉岁,余奉命持节台湾,自厦门东渡,长鬣四至,扬波触天,舵人面皆土色。余端坐舷次,频左右顾,伸纸濡笔,手未辍书,初不知吾舟之颠如箕也。居台二稔,汇所作诗,颜曰《瀛壖百咏》,凡乘槎之使,谬取为导海一针,余则弃为敝帚久矣。"②

周长发亦有《送张鹭洲侍御巡视台湾和齐次风韵》③。裘曰修亦有《寄送张鹭洲侍御巡视台湾》④。袁枚亦有《送张鹭洲御史巡台湾》⑤。

---

① 齐召南《宝纶堂诗钞》卷四,《续修四库全书》第 1428 册,P619-620。
② 张湄《台海见闻录》卷首序,《台湾文献史料丛刊》第七辑 121 册第 129 种,台湾大通书局,1987 年。
③ 周长发《赐书堂诗钞》卷三,《四库存目丛书》第 274 册,P729 上。
④ 裘曰修《裘文达公诗集》卷一,《续修四库全书》第 1441 册,P188 上。
⑤ 袁枚《小仓山房集》卷一,《续修四库全书》第 1432 册,P247 上。

是年有《成同知祀名宦录序》①。

　　汉元始中,诏祀百辟、卿士有益于民者,蜀以文翁,九江以召父应,此诏祀名宦所自昉也。后汉延熹中,诏密县、洛阳留卓茂、王涣祠庙,此诏核名宦所自昉也。夫以汉治近古,多良吏,其名登循吏者,前不过六人,后不过十二人而已。此六人、十二人,又不能并在诏祀之列。在诏祀之列,前不过二守,后不过二令,岂不严之又严乎哉?后世祀守令于郡县学,多至几筵不能容,何其滥也。顾郡祀守、县祀令,未闻有滥于郡县之佐也者,是固有说。守于郡,令于县,苟有志于民,惟其所为,佐则不然。后世祀典虽滥,其初奉祠也,犹当访舆人,采事实,引古谊,以附之。佐本不事事,人于何有?人之不思,祀于何有?然则论名宦于守令,不患不多,而特患其至于滥也。论名宦于其佐,不患其滥,而特患其至于无也。夫既已为佐矣,至百姓歌思过于守令,虔俎豆而肃春秋,非大贤乌能若是乎!宝应成公康保,为吾台郡丞,没而郡人祀于学,于今四十年矣,郡人言良吏必曰成公。公并时为郡为县者凡几人,虽士夫或不能举其姓,以是知成公之贤也。且以汉多良吏,其以郡丞名者,自河南黄霸、武都孔奋外无闻焉。霸佐太守议法,丞职固然,奋振扬威武,亦边郡长史职耳,至学校之务,二公皆未及,岂非限于势所不得为耶!吾台负山抱海,自宋及明为东南文献郡,鼎革时洊遭兵火,重以甲寅闽变,王师扼江凭城而守者逾年,儒士多流离徙业,有司者熟视恬如也。公后至,则叹曰:文献郡乃至尔耶!拔郡城中诸生秀者,日课之,人始向学。公尝摄太平、宁海、仙居三县,所以课士者,一如郡城。数年间,文风复振,宜乎吾台于公久而益思也。吾台名宦之祀,贤守自吴范平、晋王述、辛景、宋臧焘、阮长之而下几二十余人,所谓郡佐不过四人,唐郑司户虔、宋孔推官文仲、滕户曹膺、明李推官天秩是也。以郡佐得祀于学,可不谓贤欤!若成公以郡佐而宏文翁之化,其贤尤卓卓已。公孙进士源大辑《崇祀录》,以余台人也,请为之序。

―――――――――
① 齐召南《宝纶堂文钞》卷三,《续修四库全书》第1428册,P507-508。

沈廷芳为成康保撰写《台州同知成公康保墓表》①。其中提到："越四十余年，台士民祀于学。原大以状暨齐侍郎所为名宦录序求表墓。"可知沈廷芳的墓表写作在齐召南之后。

岁暮，厉鹗成《辽史拾遗》。《樊榭山房集》续集卷一诗甲《岁暮二咏》自注云："时注《辽史》成。"厉鹗与杭世骏相约，厉鹗著《辽史拾遗》，杭世骏著《金史补》，两书一并刊行②。

是年，全祖望成《〈困学纪闻〉三笺》③。

沈廷芳为翟灏的《郊居图》题诗，有《题翟大川上舍〈郊居图〉》二首④。沈廷芳为林在峨（林佶之子，许多书误称林在义）的《陶舫砚铭册》题诗，有《题林涪云上舍〈陶舫砚铭册〉》⑤。沈廷芳为吴可训的《赏雨茅屋图》题诗，有《题吴骥调上舍〈赏雨茅屋图〉》⑥。

周长发为邹升恒的画题诗，有《题邹眘斋先生〈携稚踏青图〉》⑦。同时任端书有《题邹泰和先生〈携稚踏青图〉》二首⑧、汪由敦有《题邹慎斋前辈〈携稚踏青图〉》⑨。

周长发为翁照的画题诗，有《题翁朗夫〈秋林觅句图〉》⑩。同时钱大昕有《题翁霁堂征君〈秋林觅句图〉》⑪，沈德潜有《题翁霁堂征君〈秋林觅句图〉》⑫，王昶有《题翁霁堂〈秋林觅句图〉》⑬。

是年，陈兆仑出任湖北乡试正考官，闻棠副之⑭。

乾隆七年（1742　壬戌）四十岁

是年二月十七日，（张鹏翀）进奏经史，蒙圣恩召对，温语移时，兼赐御书三

---

① 沈廷芳《隐拙斋集》卷四十六，《四库存目补编》第 10 册，P551。
② 杭世骏《道古堂诗集》卷十六，《续修四库全书》第 1427 册，P128 上。
③ 董秉纯《全谢山年谱》乾隆六年，北京图书馆珍本年谱丛刊，第 97 册。
④ 沈廷芳《隐拙斋集》卷十一，《四库存目补编》第 10 册，P263－265。
⑤ 同上，P265。
⑥ 同上，P266。
⑦ 周长发《赐书堂诗钞》卷二，《四库存目丛书》第 274 册，P724 上。
⑧ 任端书《南屏山人集》卷八，《四库未收书辑刊》第 9 辑 29 册，P621 上。
⑨ 汪由敦《松泉集》卷九，《四库全书》第 1328 册，P478 下。
⑩ 周长发《赐书堂诗钞》卷三，《四库存目丛书》第 274 册，P729。
⑪ 钱大昕《潜研堂集》卷三，《续修四库全书》第 1439 册，P263 上。
⑫ 沈德潜《归愚诗钞》卷十四，《续修四库全书》第 1424 册，P373 下。
⑬ 王昶《湖海诗传》卷十二，《续修四库全书》第 1625 册，P568 下。
⑭ 陈兆仑《紫竹山房》卷首年谱，嘉庆刻本，《四库未收书辑刊》第 9 辑 25 册。

部、文绮一联,口占纪恩诗六首。次日,以《春林澹霭冬》进呈,即题其上①。

张鹏翀对此非常荣幸,特将乾隆御制诗置于卷首,将同官次韵汇集为《金莲荣遇集》。时同官次韵者,有侍讲学士邹升恒、内阁学士钱陈群、编修万承苍、顺天学使太常卿林令旭、御史廖必琦、兵部侍郎汪由敦、原任奉天府尹吴应枚、检讨齐召南、编修杭世骏等,共五十七人。

齐召南的和诗②:

浩荡晴天幕四垂,瞻云浓处展尧蓍时。早看单鸷有奇毛,今日风中六翮高。赐出瑶笺擘彩云,光芒万丈耀奎文分。分明天语许亲承,说易何烦酒一升。松花佳制尚方成,拜赐真叨稽古荣。圣藻辉煌不待求,好诗频进望春楼头。万条烟柳晨光澹,庶子题诗进画应取旧时诗句读,瑶池亲见熟蟠桃。擎来归院当初日,不数金莲照夜分。李白百篇臣百首,但论豪饮未能胜。开匣试看纹似水,可知四海摠澄清。广文可笑夸三绝,数字签题在轴头。(齐召南的诗集未收录此诗)

沈廷芳亦有《恭和圣制题庶子张鹏翀〈春林澹霭图〉》③。

三月,有《轮进经史札子(七)》,讨论《通鉴纲目》"汉宣帝地节三年,赐胶东相王成爵关内侯"。齐召南对这一记载有异议,认为汉朝吏治很严,尤其是汉孝宣之时④。

《通鉴纲目》汉宣帝地节三年,赐胶东相王成爵关内侯。臣谨案:三代以下,吏治近古,莫如汉,汉代良吏之盛,莫如孝宣。孝宣所首褒崇者,劳来不倦,治有异效之胶东相王成,以流民自占八万余口,赐爵关内侯,秩中二千石也。史既列成于循吏,又记计吏言成伪自增加以蒙显赏,是后俗吏多为虚名。是说也,窃尝疑之。史称孝宣厉精图治,刺史、守相有名实不相应,必知其所以然。汉代人主察吏严明,未有过于孝宣,故曰信赏必

---

① 张鹏翀《南华山房诗钞》,《四库未收书辑刊》第9辑25册,P25上。
② 同上,P28-29。
③ 沈廷芳《隐拙斋集》卷十一,《四库存目补编》第10册,P269下。
④ 齐召南《宝纶堂文钞》卷二,《续修四库全书》第1428册,P492-493。

罚,综核名实,吏称职而民安业也。夫吏治之效,孰有大于户口增加者乎?以胶东国所统八县,顿增八万余口,虽古良吏未之前闻。中二千石,九卿之厚秩;关内侯,高爵也。汉制,列侯而下,关内侯最贵,非军功非恩泽不封,其有赐爵如丙吉、刘德、赵广汉、苏武、萧望之、夏侯胜、耿寿昌、郑宽中之伦,或以定策,或以旧劳,或以建议,至郡国守相,虽治平如吴公,兴学如文翁,儒雅如董仲舒、儿宽,清静如汲黯,曾不得以治绩赐庶长上造之爵,况关内侯乎!汉制,由守相高第入迁九卿,未有以守相秩九卿之秩也者。以治绩赐爵增秩,王成、黄霸两人而已。而成获褒赏,又最在先。假令成伪自增加综核,如孝宣顾不能察所行以质所言,知其名实之不相应乎哉?不知其名实之不相应,是不明也。知其实不相应,而姑赏其名,是长伪也。二者无一而可,而长伪之弊尤深。户口无增者,既可以伪加受赏,则户口耗减者,亦可以文饰免罚,岁俭可报为丰登,民穷可指为殷阜,俗敝可称为礼让,吏浊可誉为洁清,上能责实犹应以名……

四月,翰林院散馆廷试,袁枚(时年 27)翻译满文成绩被鄂尔泰定为末等,与曾尚增、黄澍纶等人,俱交两江总督德沛,以知县用,袁枚任溧水知县。行前,京师同仁、师友等多有送别诗①。齐召南也有诗,此诗保留在袁枚的《随园诗话》卷一(乾隆十四年刻本)中②:

尊前言别重踟蹰,一向推袁话岂虚。才子何妨为外吏,名山况可读奇书。携将佳偶花能笑,吟得新诗锦不如。转眼蒲帆催北上,未容风物恋鲈鱼。官河柳色雨余新,故里风光更绝伦。书画一船烟外月,湖山十里镜中人。浣衣香裹芙蓉露,评史清浇竹叶春。回首同时趋直客,蓬莱犹是在红尘。庄参政有恭时为,修撰诗云庐陵事。业起夷陵眼界原,从阅历增况有文。章堪润色不妨风,骨露崚嶒廉分杯。水余同况明彻晶,笼尔独能儒吏风。流政多暇新诗好,与寄吴绫副宪中。甫时为孝廉诗云,鹓行惊失凤池春。百里初除墨绶新,簿领竟须烦史笔。朝廷原自重词臣,交情未免怜今

---

① 郑幸《袁枚年谱新编》乾隆七年,上海古籍出版社,2011年。
② 袁枚《随园诗话》卷一,《续修四库全书》第 1701 册,P261-262。

别。公论尤应惜此人,终是读书能有用。他时端不负斯民,鹤书到日广求贤。殿上挥毫各少年,遭遇未尝非盛事。滞留或恐是前缘,公卿誉满君犹出。仆婢诗成我自怜,可忆僧窗风雨夜。灯花只为一人妍(戊午榜发前一日,与张少仪诸人同饮,喜灯有花,惟君获隽),平台缥缈见烟峦。客至能令眼界宽,谈笑每欣多旧雨。杯盘常愧累贫官,由来气类关偏切。此后风流继必难,说与能谙姚秘监。豪情略为洗儒酸(戏南奇),临期草草话难穷。高柳凉飘弄袖风,客里惊心多聚散。酒边分手又西东,对衡山色浓于染。绕郭溪光淡若空,此景江南曾不少,有人时在梦魂中。

五月五日端午节,天降雨,齐召南赋诗。沈廷芳有《端午得雨次次风韵》二首①。

六月,周长发、齐召南宴于甘泉馆,周长发有《夏六月,马立本孝廉、张南华庶子、胡云持、姚念慈二明经、杭堇浦编修、齐次风检讨、沈椒园侍御,暨予公燕甘泉馆平台上,分韵得"舞"字,即赠立本》②。

九月,沈德潜校勘新旧《唐书》,分修《明史纲目》③。

是年秋,周石帆长子到贵州成婚,齐召南写诗祝贺。齐召南诗集未载。陈兆仑有《送周石帆长君随妇翁庄太守就婚贵州,次齐二次风韵》三首④。周长发有《儿子兆蛟随妇翁元江太守章立庵赴滇婚赘,承同年齐次风贶以多仪,并赠佳什,依韵报谢》⑤。

十一月初一日,纲目馆进《明鉴前纪》二卷(由齐召南手编),乾隆提出修改意见。十二月,将修改之处贴签进呈。

《齐侍郎年谱》:是年撰《春秋三传考证》。

是年有《送汪荇洲师致仕归里》⑥:

引年拜疏出皇都,不羡西京二大夫。行辈一时推鲁殿,文章千载有皋

---

① 沈廷芳《隐拙斋集》卷十一,《四库存目补编》第10册,P270上。
② 周长发《赐书堂诗钞》卷三,《四库存目丛书》第274册,P733-734。
③ 《沈归愚自订年谱》,《北京图书馆藏珍本年谱丛刊》第91册。
④ 陈兆仑《紫竹山房诗集》卷三,《四库未收书辑刊》第9辑25册,P502下。
⑤ 周长发《赐书堂诗钞》卷三,《四库存目丛书》第274册,P734-735。
⑥ 齐召南《宝纶堂诗钞》卷二,《续修四库全书》第1428册,P606下。

谟。频持霄汉衡材尺,自画江湖注海图。此日国门看祖道,公卿垂白总生徒。

汪漋(1669—1742),字岵怀,号荇洲,安徽休宁人,居湖北江夏。康熙三十二年(1693)癸酉科举人,三十三年(1694)甲戌科进士,选庶吉士。三十九年充庚辰科会试同考官。四十七年任《广群芳谱》编校官,四十九年任《渊鉴类函》校录官。五十二年充浙江乡试正考官。次年以翰林侍读学士提督浙江学政。雍正二年,升詹事府少詹事。官至大理卿。(乾隆)七年正月以原品致仕,八月卒①。

约于此时,有《忠节静庵公画像记》②:

先忠节公,以驾部殉土木之难。景泰改元,褒恤文武,死事诸臣公得赠官赐谥荫子,招魂葬衣冠于其乡;而于公殉难之怀来县,则建显忠祠崇祀之。当是时,公长子讳廷辅,归公丧,撰公行状者,同郡郎中林公灏;志墓者,泰和祭酒萧公镃也。成化中,同邑布政庞公泮方为诸生,倡议祀公于乡贤,公次子举人讳廷臣,建继武坊,并乞永新内阁刘公定之为公像赞。正德中,解无为州教职归,鸠工建家祠,董其事者,公曾孙讳望霞玉霄者也。呜呼!天地间正气万古不磨,惟忠与孝。我齐氏自南宋始祖宣义公迁天台,传七世至公。又十二世至于今,绵绵延延,益以光大,岂非天所以报忠孝者,久而愈新,远而愈炽乎哉!我朝康熙中,巡抚高安朱公轼建清圣祠,择台郡先贤为之配,公与杜清献、方正学、陈恭愍诸公与焉。雍正五年,诏郡县并立忠孝祠,吾邑推公为首。乾隆初,恩诏天下修先贤祠墓,部臣督抚论核甚严,吾邑惟公与徐竹溪先生,奉敕有司防护,于是忠节公专祠益显,至怀来显忠祠,以召南官翰林,时答直隶督臣书,据《明实录》正史,条列姓名祀典,俾勒石庙中,具载《宣化府志》。今公旧像日久破损,乃更摹新像,张设丹青炳然,若刘文安公赞已录旧像之上,不复赘。

---

① 《国朝耆献类征初编》六五·卿贰二五,《清代传记丛刊》第143册,台北明文书局,1985年,P141-154。
② 齐召南《宝纶堂文钞》卷七,《续修四库全书》第1428册,P567-568。

齐召南的七世祖齐汪在土木之变中殉难。明宪宗时,于怀来县修显忠祠,纪念在土木之变中殉难的将士。此祠在万历、康熙、雍正、乾隆年间多次重修。乾隆初年,齐召南对土木之变中殉难者进行了考证,撰《显忠祠崇祀忠臣考》:"明景泰初建,祠正统已殉难诸臣,春秋致祠。计文臣四十六人,武臣一十七人,内官一人,共六十四人"。其中有齐召南的七世祖齐汪。该文收录在《怀来县志·艺文志》卷十六中。齐汪的牌位除了在显忠祠,在齐召南的家乡天台也有汪家祠。依据《忠节静庵公画像记》内容,可知此文的写作时间与《显忠祠崇祀忠臣考》同时,或者稍晚,但不会迟于乾隆七年,因为齐召南的《显忠祠崇祀忠臣考》勒于石上,置于显忠祠中是在乾隆七年。齐汪的传,见《台州府志》卷一百一十二,或《浙江通志》卷一百六十五。

约于是年,杭世骏《续礼记集说》成①。

齐周华于是年撰《憒憒道士传》②。

乾隆八年(1743　癸亥)四十一岁

上谕:"昨因考选御史,试以时务策。杭世骏策称,意见不可先设,畛域不可太分。满洲才贤虽多,较之汉人,仅什之三四。天下巡抚,尚满汉参半,总督则汉人无一焉,何内满而外汉也。三江两浙,天下人才渊薮,边隅之士,间出者无几。今则果于用边省之人,不计其才,不计其操履,不计其资俸,而十年不调者,皆江浙之人,岂非有意见、畛域等语。国家选举人才,量能器使,随时制宜,自古立贤无方,乃帝王用人之要道。满汉远迩,皆朕臣工,联为一体,朕从无歧视。若如杭世骏之论,必分别满洲汉人,又于汉人之中,分别江浙边省,此乃设意见、分畛域之甚者,何所见之悖谬至此。"③

杭世骏旋南归,沈德潜有《送杭堇浦太史》④。又赵青藜有《送杭堇浦同年归里》⑤。回杭州后的杭世骏,与梁诗正、金农、丁敬、顾之琨、沈埏、郑江、金志章、吴廷华、周京、鲁曾煜、厉鹗、施安、梁同书、释明中、释篆玉等于杭州

---

① 杭世骏《道古堂文集》卷四《续礼记集说序》,《续修四库全书》1426册,P235-236。
② 《名山藏副本》附录年谱。
③ 《高宗实录》卷一百八十四,第11册,P373。
④ 沈德潜《归愚诗钞》卷十七,《续修四库全书》1424册,P392上。
⑤ 赵青藜《漱芳居诗钞》卷八,《清代诗文集汇编》第306册,P69上。

结诗社①。

是年三月,有《赐书堂诗钞序》②:

  会稽周石帆先生之于诗也,风翻云起,泉涌焱合;地不择喧静,时不择忙闲,题不择巨细难易,长篇歌行及排律,或豪放至数千言,律体及绝句,或接续至数十首,或赓和往复至数十叠,皆略不假思索,伸纸一挥笔即就。而清词丽藻,驿络纷纶,若成诵在心,借书于手,政使闭门觅句捻断髭而含腐毫者,较絜所得,多远不如,是以与先生游者莫不骇其神速,而尤叹夫敏而能工为不及也。先生与同里胡云持族子园牧,自幼问学相切劘,并以诗名雄浙东。甲辰第进士,擢入翰林,时方高牧民之选,谓先生通吏治,授广昌令。未期年,邑有颂声。上官者恶读书人,谓先生知读书,不知吏治,左迁司教乐清。又数年,召中外大臣举博学鸿词,士征诣阙,吾浙初荐十人,先生其一也。又一年为乾隆丙辰,天子临轩再试,先生复入翰林。自甲辰至岁星行一周天踚一次,而先生内外出入如转环。其《纪恩诗》云四换头衔七品官,盖志实也。先生之再入翰林也,诗名尤著,与今少詹事张南华先生并官检讨,僦居但隔一巷,两人皆美髯髯,才思工敏相埒,同馆中言诗者,必曰"两髯",亦曰"两检讨"云。余因之有感矣。以先生之才,又早登承明著作之庐,顺风扬帆,瞬息可过千里,而展转回翔,始循故步,食用之计,尚资授徒。倘所谓诗能穷人,与所谓穷而后工者,皆信然欤。然自古及今,达者故不必诗,诗亦未必不达,其因诗而达者,亦复何限。若先生于诗,则又不因穷而始工也。将穷与诗,故两不相涉,而适相直者欤。使先生出入翰林时,即循资以进,历位华显,不出宰广昌,不司教乐清,则山如匡庐、雁宕、天台之奇,水如冥海、长江、彭蠡之大且深,亦必不能周览遐搜,而恢其意气,助其笔墨。虽谓天位,置诗人于先生者独厚,可也。古君子多文为富,先生稿盈几充栋,以岁时编之,月得一卷,岁得一帙,富矣,穷云乎哉!且以先生所处较云持、袁枚二征士又何如也。

---

① 丁敬《砚林诗集》卷首,《丛书集成续编》第105册,台北新文丰出版公司,P479-480。
② 周长发《赐书堂诗钞》卷首,《四库存目丛书》第274册,P694-695。

此序亦收录在《宝纶堂续集》卷十一中，标题则是《周石帆诗集序》，两序内容一致。《赐书堂诗钞》是周长发的诗集，共八卷。

在《赐书堂诗钞》卷首，除了齐召南的序外，还有商盘(1701—1767)、袁枚、周大枢的序。《赐书堂诗钞》为周长发之姻亲商盘所编辑，商盘有序①。

陈兆仑于三月任会试同考官。七月，充《明史纲目》馆纂修官总裁。陈兆仑奉命和御制《十骏图》三十二韵。丁父忧②。

是年春，沈廷芳来访。

沈廷芳《过次风憩棠斋，喜其饮水著书集唐奉赠》③：“花落闭门深，愁来梁甫吟。春风满湘峡，清气聚园林。明者有如月，时人无此心。自今幽与熟，感激在知音。”

不久，齐召南到沈廷芳家，两人谈论诗作，见《次风来谈诗半日》④：“澹对春朝引胜情，偶从诗垒数长城。水中盐味何方觅，天外云峰是处生。古鬲乍消香煎冷，夕阳徐上纸窗明。与君一笑无言说，忽听风庭竹啸声。”

四月中旬，全祖望将其四十岁之前所撰之文结集，共八十卷⑤。

《齐侍郎年谱》：四月二十日，翰詹官一百三员，御试于圆明园正大光明殿(赋诗论)。是日赐宴，赐内苑樱桃扇二柄、香珠一串，又赐香结二个，香珠一串，香牌一个。闰四月初五日，奉旨列三等第七名。初六日，宣至圆明园，赏笔两匣、墨四锭、广纱葛纱各一匹，御制元宵联句石刻一卷。

是年四月，汪绂著《理学逢源》十二卷⑥。

闰四月，齐周华游南岳。成《南岳衡山游记》⑦。

五月，《进呈〈春秋左传注疏考证〉后序》⑧。

臣谨言：传《春秋》者三家，《左氏》立学官最后，然传世久且益盛，迥非《公羊》《穀梁》所能及。盖作传者亲见策书，熟知掌故，说经虽略，而事

---

① 周长发《赐书堂诗钞》卷首，《四库存目丛书》第 274 册，P695-696。
② 《陈句山先生年谱》，《北京图书馆藏珍本年谱丛刊》第 97 册。
③ 沈廷芳《隐拙斋集》卷十二，《四库存目补编》第 10 册，P272 上。
④ 同上，P272 下。
⑤ 全祖望《全祖望集汇校集注·自叙》，上海古籍出版社，2000 年。
⑥ 汪绂《双池文集》卷五《理学逢源序》，《续修四库全书》第 1425 册，P100-101。
⑦ 《名山藏副本·南岳衡山游记》，P11-12。
⑧ 齐召南《宝纶堂文钞》卷三，《续修四库全书》第 1428 册，P499。

实甚详,为例无多,而史文赅洽。自惠公生隐、桓,下迄获麟以后,赵、魏、韩分晋以前三百年中,列国之世系远近,王霸之先后盛衰,公卿士大夫之行事善恶言论是非,会盟征伐得失成败,有本有原,了如指掌。学《春秋》者,非此不足以考其颠末,夫岂师弟子口相讲授,更历数世始著简编,事涉传闻,义多穿凿者所可同日语哉!自汉及晋,二传浸微,杜预博极群书,自云《左》癖,以其生平精力萃于经传。又承刘歆、贾逵、许淑、颍容、服虔诸儒后,寻端究绪,舍短取长,分传附经,为之集解。大而天官、地理,细而名物、典文,靡弗剖析渊微,敷畅旨趣。是以学《左氏》者,称邱明为夫子素臣。即称元凯为邱明功臣,虽偏私党护,间有瑕疵,如崔灵恩、卫冀隆所难,刘炫所规,然亦犹夫范升摘《左氏》之违,何休祖李育之议,朽壤一撮,曾不足以轻重太山。此唐初诏孔颖达等撰疏专用杜注《左传》以解《春秋》,配《周易》《尚书》《毛诗》《礼记》而为五经者也。是书既卷帙浩繁,国子监本相承雕刻,讹舛滋广,经传字画,时有异同。《杜注》亦时有遗脱,陆氏《释文》及疏,尤附丽失次,乌焉亥豕,触目纷纶。今幸奉敕校刊,臣等谨将石经及旧本是正疏所征引载籍,各以本书校之。其书今世所无,字句即涉可疑,仍从旧本,不敢稍为更易,以志慎也。至如先儒说经有关于《左氏》长短补注,有助于杜氏训释他书引用,有足与孔疏相发明者,亦随事各附卷末,以备一经之考证。恭录进呈御览,臣等无任战汗屏营之至。

《进呈〈春秋谷梁注疏〉考证后序(乾隆八年五月代)》①:

臣谨案:《穀梁》一书,文清义约,与《左氏》《公羊》并为圣经羽翼。自石渠大议,博士聿兴,五家遍传,训诂滋广。晋范宁《集解》出,遂与何休、杜预鼎立,并垂后世。言《穀梁》家,未有外于范注者也。郑康成论三传得失,独称《穀梁》长于经,王通论诸家注解,独称范宁有志《春秋》,证圣经而诮众传,岂溢美欤!唐杨士勋疏虽稍肤浅,然于范注多所匡正,如桓十七年,蔡桓侯卒,疏谓三传无文,注家各以意说。庄二十三

---

① 齐召南《宝纶堂文钞》卷三,《续修四库全书》第1428册,P500-501。

年,祭叔来聘,疏不直言祭仲是名。三十一年,齐侯来献戎捷,两载别注及徐邈说。僖元年,公子友获莒挐,讥范氏不信经传。四年,许男新臣卒,直谓范注上下多违。哀十二年,用田赋,引《孟子》以纠范注,较《左氏》《公羊》义疏曲为杜、何偏护附会者不同,盖《穀梁》晚出,得监《左氏》《公羊》之失。范宁又承诸儒之后,于是非为稍公,宋晁说之已尝论及。惟士勋疏平易近理,刊落曲说繁言,较各家疏亦为文清义约,顾未有称之者也。近世学《春秋》家,以《胡传》为主臬,即《左氏》亦仅以文辞习之,不求其释经之义发传之由,况《公羊》《穀梁》乎?况《公羊》《穀梁》之注疏乎?然三传具在学官,终如三辰上丽,乾象不可诬也。《穀梁》一家所恃以存者,仅赖有注疏发明。而监本舛讹最甚,如庄十三年,经文脱"及""其""大""夫""仇""牧"六字;十四年会于鄄,经文脱"宋公""卫侯"四字。又如桓公一卷全脱陆氏释文,其余"别风淮淯、三豕渡河"之类,不可胜言。从前馆阁所藏亦少善本,岂非以绝学,孤经时所罕尚,故校对不精乎哉?今奉敕重刊,广搜各本相校,是正文字,其无他书可证者,概志阙疑。所有考证,类次附编各卷之末。恭缮写进呈睿览,臣等无任战汗屏营之至。

六月,晋升为右春坊右中允。御试翰詹各官,擢中允,迁侍读①。

是年七月十日,郑性卒。

全祖望有《五岳游人穿中柱文》②,述其生平。齐周华有《祭慈溪五岳游人郑义门先生文》③。

七月,有《轮进经史札子(八)》,阐述《诗·周颂·清庙之什》"天作高山,大王荒之。彼作矣,文王康之"。④

《诗·周颂》:天作高山,太王荒之。彼作矣,文王康之。朱子曰:此祭太王之诗,言天作岐山,而太王始治之。太王既作,而文王又安之。臣

---

① 《清史稿》卷三百五。
② 全祖望《鲒埼亭集》卷二十一,《续修四库全书》第1429册,P138-139。
③ 《名山藏副本》,P261-262。
④ 齐召南《宝纶堂文钞》卷二,《续修四库全书》第1428册,P493-494。

谨按：自古国祚之绵长，以世德浅深为准，大都积愈厚而流泽愈光，发愈迟则垂庆愈远。三代享国最久，首推有周。周之先起自后稷，振于公刘，与商之先起自司徒，振于相土，无以异也。而武王代商，与成汤代夏则稍有殊，何则？汤及身奋兴，未闻有贤如太王、圣如文王之开其先也。周则太王肇基，文王新命，其功德已盛于代商以前。而上天眷顾有周，亦若寸积铢累，故为迟迟以展其势，而宏其规。其自邰而豳也，既似断而复续；其自豳而岐也，乃因弱以为强。至于走马胥宇，率归市之众，而木拔道通，鸣凤呈祥，懋作述之。传而燕天昌后，由是而程，而丰，而镐，而洛，遂全抚九州六服，以衍卜世三十、卜年八百之灵长，是则前代邰、豳之绪，非岐山何以承？后时程、丰、镐、洛之休，非岐山何以启？帝迁明德，与之宅而少其山，帝怀明德，笃周祜而对天下，岂偶然也哉？兴王大业始于翦商，成于修和有夏，盖不待戒衣牧野，已晓然知天命在周，此《大雅·绵》及《皇矣》、《周颂》"天作高山"所为作也。夫《雅》《颂》之文，讵徒以咏歌先德云尔哉！陈创业垂统者之缔造艰难，所以诏圣子神孙继继承承于千万年，儆戒不怠也。周自宅镐卜洛以还，重熙累洽，一道同风，致治之隆，于古罕觏。若为溯厥原本，则扩陶复陶穴之俗而立室家，殚康功田功之勤而受方国，世德深厚，原为自古所无。《易》象言：王用享。《左传》言：成大搜无，亦周家故事，世虔祀事，讲军实于岐山，以励其念祖聿修之思乎！浏览山川，肃瞻宫庙，室庐俭朴，至德可师，苑囿同民，游观绝少。皋门应门之规制长在，洽、阳、渭、浗之形胜犹存。想栉风沐雨之辛勤，考拓土开疆之次第，见城邑则曰：是我太王时，曰止曰时，筑室于兹。我文王时，伊匹伊减，聿追来孝者耶！见井野则曰：是我太王时，乃宣乃亩，自西徂东；我文王时，树谷树桑，助而不税者耶！见人民繁盛则曰：是我太王时，成聚成都，文王时让路让畔者耶！见贤才众多，则曰：是我太王时，始立司徒司空，文王时遂备疏附，先后奔奏御侮者耶！见版图恢廓、车马修整，则曰：是我太王时，扫除荆棘，所谓柞棫拔而行道兑者耶！我文王时，赫怒整旅，所谓四方以无侮无拂者耶！思荒之康之甚难，自思保之之不易。既治而图长治，既安而图久安，宜何如懔懔也。《大雅》曰：绳其祖武，于万斯年，受天之祜。此即子孙保之之义也夫。

七月，有《圣驾谒陵礼成颂(谨序)》①。

　　洪惟我国家之抚六合也，帝锡祥图，出寿邱以御世；天开灵命，启若木以承家。造化之所钟兴，则仙源长发，权舆之所伊始，则阳德方亨。于是地轴遥开，表青荣于紫海；星躔仰度，占箕尾于苍龙。有太皋之司春，是以和生旸谷；有句芒之主木，故知光灿扶桑。问淮南而指报德之维，当孟陬而正摄提之纪。神皋爽垲，实肇经营，佳气郁葱，爰歌式郭，此则祖宗基王业之宏区，圣朝受符瑞之景毫者也。我皇上绍庭衣德，嗣服乘干，大宝钦承，纂鸿功于艺祖，丕图寅奉，昭骏烈于神宗。在宥而万邦协和，风雨见其时若；咸临而四表光被，日月庆其光华。五礼六乐，灿文章于经纬之余。三事九歌，大陶铸于唐虞之上，抚中天而膺景运。歌下武而奠镐京，眷世德于作求，隆孝思于维则。乃诏秩宗，以考礼赋。时迈以来巡，爰驾东都，将睹真人之旧里；言如西汉，敬瞻原庙之高宫，陬吉上陵，明禋有事。于是孟秋始届，商飙御行，拥绛云而玉轪朝升，卤簿之属车雷东；开黄道而翠华晓发，周庐之环卫星陈，北斗瑶光，为前驱而警跸；长庚太乙，见白露而途。千官山立，流欢声于鸡翘豹尾之间；七萃霄严，腾喜气于虎贲鱼丽之队。且夫躬勤黄屋，肃奉慈宁，天颜穆穆，时承风辇之欢；睿思蒸蒸，日向龙楼之寝，则知皇心之笃，足以孚三后于在天；圣孝之纯，足以型万邦而为式矣。然后，辑车书于属国，征羽猎于名藩。罽帐茸裘，毡城氎服，族尽王公之贵，部皆果毅之雄。懔我威灵，习我声教，莫不奔走稽首，鼓舞呼嵩。望华盖而载欣，随句陈而备列。用三驱，以昭武师，占易象之贞，供于豆而因畋，礼协先王之典。是日也，风光畅朗，销塞雪子吹沙，天宇晶融，卷漠云之似海。盖赤日照而寒律皆变，紫宫临而北陆长春。于斯可征元佑之隆，乃共深景福之庆。爰肃大辂，徐麾六师，九游画日，集翠凤之襜褕；长旃切云，引绛霓之飘䍐。列祖列宗，用禋用享。彩云五色，桥山之松柏长青；瑞霭千层，金粟之烟霞永护，精神俨接，备登降于周旋；肸蠁如临，极情文于俯仰。且以缔造之丰功盛业，冠古今而迈营超轩……帝王之里，凤舞龙飞；况逢尧舜之期，图呈洛昳。然则苍姬卜世，岂惟八百为年；黄帝封山，

---

① 齐召南《宝纶堂续编》卷五，P411－413。

何止九州肇域。方且端拱而朝十重之译,垂裳以同八极之风;地则溟渤无波,天则星云纠彩。东鹈西鲽,北黍南茅,玉环白雉以偕来,银瓮苍麐而并献。岁登大有,康谣遍听乎壤童,人尽春台,熙载永观乎东户。既而整銮舆以告至,驻云罕以言旋;开宣室以受厘,坐明堂而观牧。九天作语,遥飞凤嘴之书;大地敷春,其于龟畴之历。上苑则雪含喜气,欲动无光;黄钟则管协阳爻,方孚晓缇,美神人之胥悦,纪载籍而弥光……

乾隆八年,皇帝、皇太后自京师出古北口,诣兴京,祗谒列祖陵寝。齐召南的《陵礼成颂》即写此事①。

十月,有《进呈〈春秋公羊注疏考证〉序》②:

臣谨案:《公羊疏》不知撰人姓名,其文与孔颖达《春秋正义》、杨士勋《穀梁疏》体式稍殊,发明甚少。国子监刊本较他经最多讹脱失次,经传及注尚赖陆氏《释文》可以考正;而疏所引《春秋说》,若《演孔图》《元命包》《文耀钩》《运斗枢》《感精符》《合诚图》《考异邮》《保干图》《汉含孳》《佐助期》《握诚图》《潜潭巴》《说题辞》之属,其书之亡久矣,无可取证。窃尝以为《公羊》一家,厥初极盛,传世久而愈微,言《春秋》者,往往讥其妄诞不经。斯非《公羊》之过,何休注《公羊》之过也。夫汉世《春秋》之学,独尊《公羊》,微论邹、夹二家,不足比并。即石渠议而《穀梁》兴,长义上而《左氏》显,师法授受,备有源流。然一则仅立学官,一则终缺博士。总览四百年中,朝廷诏令所垂,士大夫奏议封章所引,乃至决事断狱,定律据经,阴阳五行之占,世运五德之说,盖莫不以《公羊》为宗,是岂无所自哉!汉承秦后,道术散亡。至孝武,慨然表章六经,适得大儒董仲舒以申其论,丞相公孙弘以扬其风。于是商高所口授,平地敢寿所世传,胡母生所笔述者,着在令甲炳若日星。虽前此有张苍、贾谊传古文之《左传》,不能与并道齐镳。同时有江公传鲁学之《穀梁》,亦不能与分门角立,固其势然也。成哀以降,伪谶繁兴;洎乎东京,七纬遂与六经争耀。而《公羊》一家,又最号为

---

① 《高宗实录》卷二百一,第11册,P579上。
② 齐召南《宝纶堂文钞》卷三,《续修四库全书》第1428册,P499-500。

善谶,时俗所尚,通人莫悟其非,此何休《解诂》之作所以纵横惑溺于纬书邪说,触类引伸,至于闭户覃思经十七年而始成也。夫有传所以释经,经或得传而反晦;有注所以解传,传或因注而益纷,岂所谓羽翼圣言、阐扬道教者乎?后儒评三传短长者多矣,若专论《公羊》,则传之于经也,功尚足以掩其过;惟注之于传也,但见过不见功。何则《公羊》经师之学,精于求例,而不知史文;得于传闻,而不核事实。又其视圣人过高,测圣人褒贬进退之意过远过密,故论纪元,解闰月,称祭仲,赞宋襄,予子反,贤叔术,卫辄可拒父,子胥当复仇,秦伯莹为穆公,齐仲孙即庆父,纪因嫁女得侯,滕以朝桓黜爵,郑詹甚佞,石恶恶人,宋以内娶,三世无大夫,仲孙、何忌、魏曼多以讥二名,去其一字,皆与事理不合。然于君臣大义,忠逆大防,固已十得六七焉,故曰功足以掩其过也。何休于"黜周王鲁"为汉立制,变文从质,例月例时,爵列三等,区分三世,既不能执经以匡传,又加之助传以诬经。其最甚者,传所本无,亦为说以诬传。遇卒葬,则凭空周内,遇灾异,则穿凿指陈,疑鬼疑神,不可究诘。传文简略,兼多阙疑,即有过当,要不至若是其妄诞不经也。故曰但见过不见功也。魏晋以后,说《公羊》者益稀,王愆期父子、孔舒元所注,久已散佚。而休之《解诂》,竟得自名一家,垂于千古,非经传之赖休注以明,实休注之幸托经传以不朽耳。今奉敕校勘,于是书尤加详审,凡书局所有各本,罔不对雠,正其脱讹。其无可证据者,有疑皆阙,存说于后。至如史传所引儒先所论,有足为是传发明者,亦节录云。

《齐侍郎年谱》:十一月初九日,奉旨以原衔署日讲起居注官。十二日谢恩于养心殿西暖阁。二十日,奉旨升翰林院侍读。二十九日,任侍读。十二月初五日,奉旨以原衔充日讲起居注官。

是年,撰《尚书考证》。

十二月八日齐召南的父亲齐蘁卒,年六十九。齐召南丁忧,服阕后补原官①。

陈兆仑之《齐次风学士读礼著书图》第四首中自注:"仆与齐二俱于癸亥岁先后丁外坚归里。"又注:"(齐召南)奉特诏令,校定三传新本,邮递上馆。"②

---

① 齐召南《宝纶堂文钞》卷八,《续修四库全书》第1428册,P584上。
② 陈兆仑《紫竹山房诗集》卷四,《四库未收书辑刊》第9辑25册,P516。

齐召南年谱 · 103 ·

周长发有《纪恩诗,和同年齐次风韵》①。

周长发为倪师孟画题诗,有《题倪峄堂前辈〈梅圃归来图〉》②。据冯桂芬《(同治)苏州府志》卷一百八载,《梅圃归来图》并非倪师孟所作,而是张鹏翀所画,赠予倪师孟的。戴文灯《静退斋集》卷一有《题张詹事鹏翀为外舅写〈梅圃归来图〉》。周长发又为王延年画题诗,有《题王介眉孝廉〈观潮图〉》③。

沈廷芳为周天度《袖手图》题诗,有《题周让谷明经〈袖手图〉》,沈廷芳为金志章《渔浦归耕图》题诗,有《题金绘卣副使〈渔浦归耕图〉,即送南还,兼怀郑玑尺侍讲、厉太鸿征君、金寿门侍郎》④。

是年,侯嘉繙著《飞鸿山房集》,汤阴岳水轩(梦渊)为序⑤。

乾隆九年(1744 甲子)四十二岁

约于年初,陈兆仑等人向齐召南、周长发索要共笔诗。此诗齐召南诗文集未载,周长发《赐书堂诗钞》卷五载:

> 余与次风向不以书名,近颇有索擘窠书者,奈颖已脱矣。句山(即陈兆仑)固所称工书家也,同乞其余,仅得一管,因作《共笔诗》⑥。

后张映斗读《共笔诗》,有《读周石帆学士、齐次风侍读共笔诗,因出笥中所带纯毫,各赠三管,有诗见谢,次韵以酬》⑦。张映斗此诗写于乾隆十年,是年齐召南丁忧在家,从诗中齐召南的官职"侍读"看,说明周长发、齐召南的《共笔诗》写于乾隆九年,因为齐召南于乾隆九年任职侍读。

《齐侍郎年谱》:二月十九日,闻讣。三月初十日奔丧,五月二十七日抵家。

是年有《进呈〈礼记注疏考证〉后序》⑧:

---

① 周长发《赐书堂诗钞》卷三,《四库存目丛书》第274册,P738。
② 同上,P738。
③ 同上,P738下。
④ 沈廷芳《隐拙斋集》卷十二,《四库存目补编》第10册,P272上。
⑤ 《夷门先生年谱》临海博物馆藏抄本。
⑥ 周长发《赐书堂诗钞》卷五四,《四库存目丛书》第274册,P761下。
⑦ 张映斗《秋水斋诗》卷十四,《四库存目丛书》第276册,P810下。
⑧ 齐召南《宝纶堂文钞》卷三,《续修四库全书》第1428册,P501-502。

臣齐召南谨言：《礼记》之列学官也，自郑康成《注》行，遂配《仪礼》《周官》，称三礼。自孔颖达《疏》行，遂配《周易》《诗》《书》《春秋》，称五经。汉时称五经者，《礼》惟高堂所传，即《周官》不得比并。唐以后小戴盛传，二礼古经反俱不及，其故何耶？《记》本丛书也，撰录非一人，荟粹非一说，自孔门弟子下逮秦汉诸儒所记，并采兼收，故虽不能有纯无杂，然其大者如《大学》《中庸》，广博精微，明为圣贤传道之经训；《曲礼》《少仪》《内则》实小学之支流余裔；《玉藻》《郊特牲》《文王世子》实朝庙之文物典章也；《冠》《昏》《乡饮》《射》《聘》《燕》《祭》诸义，《丧服》《小大杂记》《服问》《间传》《曾子问》《三年问》诸篇，既皆《仪礼》之解诂义疏；而《深衣》《奔丧》《投壶》则又古经之佚篇剩简，可以补《仪礼》所不及者。《记》以兼收并采而纯杂相半，亦以兼收并采而巨细不遗；选言宏富，便于诵习，视《仪礼》难读，《周官》不全，相去固有间也，此《记》之以丛书得称为经也。康成，汉代大儒，兼通五经，尤精《礼学》，其于《记》也，廓马融、卢植余业，参以《仪礼》《周官》异同，订讹纠缪，索隐钩深，导绝壑断港于通川，辟榛莽崎岖为坦道，缕分条贯，厥功懋焉。虽或旁引纬书，时生异解，裕禘偏信鲁礼，王制多指夏殷，五庙但守元成，七祀惟据祭法。六天二地，王肃驳其违；配营南郊，赵匡矫其失，譬则《明堂位》《儒行》亦在记中，大醇小疵，瑕瑜自不相掩。至于礼器制度，先古遗文，本本原原，无非确有根据。故即以宋儒之好去古注以解经，独于《礼》则墨守康成，亦步亦趋，不敢轻于置议，岂非天人性命之旨可据理自骋其心思、名物象数之学必不可凭虚以拟其形似乎哉？郑《注》既精，孔氏与贾公彦等又承南北诸儒后，斟酌于熊、皇二家，讨论修饰，委曲详明，宜其书之垂久而不刊也。国子监十三经板，岁久刓敝，讹谬相沿，《礼记》尤甚。《曾子问》《礼运》《礼器》各篇，《正义》阙文实多。我皇上稽古右文，加意经籍，乾隆四年特命重刊，以惠学者。在馆诸臣，遍搜善本，再三雠对，是正文字，凡六年，始付开雕。臣召南以读礼家居，奉敕即加编辑校勘之说，附各卷后。臣学识浅陋，不足窥测礼学之万一，惟执见闻所及，取郑氏所为《仪礼》《周官》二注，以校此注之从违，取孔氏所为各经《正义》，以校此疏之得失脱文衍字，略志本末。其无可据，概从阙疑。至儒先论辨有专为注疏者，亦节录焉，谨撰考证六十三卷，以仰塞明诏。臣召南谨识。

是年十月五日,杨椿治《春秋》,成《春秋考后序》一篇①。十月十二日,杨椿治《周易》,成《周易考后序》一篇②。

约于是年,齐召南为父立传,撰《敕封征仕郎翰林院检讨显考省斋府君行述》③:

> 呜呼痛哉!府君竟弃不孝周南等而长逝矣。府君素强无疾,年逾六十,精神不衰,同乡戚友咸以为府君钟德朴茂,必跻上寿,至不讳之事,微特人子所不忍言,亦梦寐中万万所不及料者也。呜呼痛哉!乃竟以左鬓发疽,医药无效,半月遂至不起。天之降祸于不孝等,至斯极耶!不孝召南又以羁职京师,不获亲视含殓,擗踊号呼,追从无路,尚何忍偷生视息于人世!惟是府君一生德行,信于士论,重于乡评,实有可以追配古人而无愧者。倘或泯没不传,则不孝等罪戾滋大。用敢沥血和墨,粗陈其略,惟仁人君子赐垂听焉。府君姓齐氏,讳嘉,字宗器,号省斋。先世汴之祥符人,随宋高宗南渡,侨寓杭州。始祖德閟公,讳盛,由进士官宣义郎,始占籍天台。厥后子姓繁衍,科名相望。七世祖忠节公,讳汪。明英宗时,以车驾司郎中殉难土木事,具《明史》,崇祀乡贤祠,及钦旌节孝祠。祖邑庠生覃恩驰赠文林郎翰林院庶吉士幽溪公,讳化龙;妣徐氏,驰赠孺人,有子四:长即府君;次叔父,邑庠生,钓磻公祖尚;次,郡庠生,拙存公长庚;次,邑庠生,宗实公重光。台人氏族,大半由宋南渡,而齐氏自宣义公后,世用孝谨为家法。幽溪公德行完备,士林奉为楷模。府君幼笃实,祗承庭训,尺寸勿逾,幽溪公爱之。长,受学于外祖熊卜张公与舅氏兄弟三人,学问相砥砺,所业日进。楚黄张石虹公督浙学,拔补博士弟子员。当是时,舅氏三人文名大起,郡邑中称三张,而外祖特重府君,常曰:齐甥雅量,仿佛古人,其福泽不可及也。府君性恬淡,爱读书,不爱荣利。尝一就棘闱试,大雨,误堕沟,衣袴俱湿,试既毕,叹曰:吾岂以性命博科名哉?自是遂无意仕进,幽溪公亦不强之。外祖屡以为言,幽溪公笑曰:渔樵偶逢蛇虎,即誓不入山泽,迂矣哉?然充斯志也,登高临深,吾知免矣。比不孝周南

---

① 杨椿《孟邻堂文钞》卷五,《续修四库全书》第1423册,P61-62。
② 同上,P55。
③ 齐召南《宝纶堂文钞》卷八,《续修四库全书》第1428册,P582-584。

等每赴省试,拜行之日,府君犹必谆谆命曰:科名有数,风甚勿行舟,雨甚勿入场也。生平恪遵幽溪公教,将读书必先静坐,作字虽仓卒,必用楷正,居家崇俭素,与人交有始终,以是郡邑中无问识与不识,言及府君,必曰朴诚君子。不孝等束发读书,府君手授以经,夜则吾母张太孺人课之。母性贤明,不孝等诵习稍不及程,呵责不少恕。府君顾宽假之曰:教童子,第不当养成游惰耳。资性敏钝,何可强?束缚过严,天机必窒,吾所为一张一弛者,非纵之正诱之也。训不孝等,时时写马援戒兄子书、崔瑗座右铭以为准的。不孝等自幼至壮,未尝见府君有疾言厉色时,虽臧获下人,终身不遭叱骂。闻人善,企慕如不及;闻人不善,务覆匿之。虽古人事亦然,友朋聚会谈史,讥贬某代某人,议论风生,府君泊然不发一语,徐曰:某代有某人可师,某事可法,何不言耶?座客皆改容谢,其长厚如此。寒族谱牒,岁久未修,雍正癸丑,府君自立条例,率族人修之,系图事实,义简而该,自是邑中诸族修谱者率以齐氏谱为式。乾隆初,有诏举贤良方正,吾郡舆论首推府君,邑令张公再三造门请,府君力辞,执友交相劝,府君曰:无其实,敢居其名乎?且吾自度行谊,何如先人,先人尚力辞乡饮、大宾,吾其敢当贤良哉!卒不就。不孝召南之蒙恩擢入翰林也,府君手书戒曰:汝幸登大科,顾名思义知必惭恧。虽然博学诚难,好学力行可也;鸿词诚难,修词立诚可也。谦受益,满招损,汝其识之。后数年,不孝召南连以省觐请,府君坚拒。及不孝周南北上赴礼部试,府君曰:汝语召南,吾与汝母未老,召南年方壮,闻馆书次第告成,不可归。癸亥夏,不孝召南蒙恩擢中允,以明年为府君及吾母张太孺人七十寿,因寄书坚请省归,府君复坚拒之。呜呼痛哉!府君疾初发时,不孝周南等私窃惧。府君曰:吾生平无疾,即有小病,亦勿药愈,无忧疾革。不孝等环床泣,府君曰:止吾年至七十,不为不寿,两受恩封,不为不荣,生寄死归,分也,何悲!时府君虽在弥留,神识不乱,顾不孝周南曰:汝执笔述吾语,寄召南,闻讣毋过毁,君恩高厚,异日能报效万一,吾目瞑矣。不孝图南等又请遗训,府君曰:要积善,要读书,我身后勿作佛事,丧勿用乐。呜呼痛哉!府君生于康熙乙卯年二月二十七日卯时,卒于乾隆癸亥年十二月初八日申时,享年六十有九。初遇覃恩,敕封文林郎翰林院庶吉士,再遇覃恩敕封翰林院检讨,配吾母张氏敕封孺人,岁贡生候选训导讳利璜女。子男六,不孝周南,辛酉科举人,娶陈氏,邑庠生讳之鳞女。次不孝召南,癸卯拔贡,己酉科副榜,乾隆元年召试博学鸿词,授翰林院庶吉士,历任日讲官起居注、翰林院侍读,娶张氏,县学生讳正吉女。次不孝图南,邑增广生,娶庞氏,讳若霖女;继娶范氏,讳一飞女。次不孝世南,县学生,娶丁氏,邑庠生讳定国女;继娶陈氏,贡生讳兆谋女。次不孝道南,邑庠生,娶陈氏,贡生讳天眷女,皆吾母张太孺人出。次不孝指南,聘陈氏,邑庠生讳山酉女。庶母王氏出。女一,适邑庠生杨讳修,子鸿绪,先卒。孙男九:不孝周南出者一,式唐,娶陈氏,邑庠生讳朝铨女。不孝召南出者一,式迁,聘邑庠生张讳仁安女。不孝图南出者四:式训,聘邑庠生庞讳玛女。式赞,聘姜讳元灯女。式讷、式谟俱幼,未聘。不孝世南出者二,式序、式廊;不孝道南出者一,式健,俱幼,未聘。女孙四。不孝周南出者二,长许字陈讳天民,子枢兆。次许字国学生张讳仁宪,子纯礼。不孝召南出者二:长许字张讳仁寰,子缉礼;次许字拔贡生、现任贵州定番州判潘讳煊,子抡甲。不孝荒迷瞀乱,略述梗概,语无伦次,挂漏尤多。伏冀大人先生矜其至痛至愚,赐之志表,以光泉壤。不孝兄弟感且不朽,世世子孙感且不朽!

是年有《舅氏张鸣谦先生墓志铭》①:

  舅氏既没三年,召南以父丧家居,表兄弟造苫次告曰:先府君既卜兆宅,愿有铭。召南哭辞,则请于母,母泣,命执笔,爰抆泪书其略。先生讳正吉,字孟藹,自号鸣谦,姓张氏,世居天台溪南之茅园,迁邑治。官基自明都御史讳文郁,公始即先生高祖也。曾祖,讳元声,明刑部主事。祖,讳亨梧,高隐不仕,学者私谥介靖先生,祀忠孝祠。考,讳利璜,岁贡生,候选训导;妣,陈氏,生先生兄弟三人,并以文章行谊,继踵祖父,声震郡邑。先生自幼通敏异常,儿为文,自标新颖。曲阜颜公督浙学,拔冠弟子员,有国士之目。先生益自励,下帷力学,文誉日显。丁酉、癸卯,弟次雍、季题两先生先后登贤书,而先生食廪于官,竟以名诸生老。先生才识明,果雅自

---

① 齐召南《宝纶堂文钞》卷八,《续修四库全书》第1428册,P573-574。

负,经济治家,处事规画井然。议论古今成败得失,洞若观火。既屡困场屋,出余技营生产,致富不赀。然至老读书,尤不倦。乡人莫不服其才,而惜其所蓄未展也。事母陈太夫人奉养备至。次雍先生早逝,抚其孤如己子。季题先生之卒于房令也,不远数千里迎其榇以归。乡人言孝友者,以先生家为最。先生元配王氏,继室谢氏,皆婉顺尽妇道,族党称贤。王氏生子男三:仁宪,国学生;仁安、仁宓,俱邑庠生。女二,长适邑庠生潘炬,次适召南。孙男六:庸礼,邑庠生;余俱幼。先生以乾隆壬戌二月卒,距王氏十有四年矣,今以甲子十一月合葬,其地即王季重尚书评台山所谓瀑布岭下数家者也。先生游山,每过之,必徘徊不去,曰:吾当筑室于此。今果然。铭曰:左桐柏,右仙源;山峩峩,水濅濅。愿隐蒻轴矢勿谖,先生虽没其言存,新阡卜此繁后昆。

是年,夏之蓉典试福建,过访杭世骏,杭世骏正厘正《史记》《汉书》。《过杭堇浦别业》自注:堇浦近厘正《史记》《汉书》[1]。杭世骏为释篆玉作《话堕集序》[2]。

是年,沈德潜典试湖北[3]。

陈兆仑丁忧期间,受同年绍兴知府周范莲之聘,主讲蕺山书院[4]。

沈廷芳为张敉之《一花庵图》题诗,有《题张笠民孝廉〈一花庵图〉》[5]。同时,金德瑛有《张立民〈一花庵图〉》[6]。裘曰修亦有《题张笠民〈一花庵图〉》[7]。

是年,郑江、张鹏翀、张照卒。

乾隆十年(1745 乙丑)四十三岁

二月,上谒景陵,沈德潜被点侍班。五月,沈德潜晋升为詹事府詹事[8]。

是年二月,全祖望至慈溪,陪祭黄宗羲。应郑性之子郑大节(1705—?)要

---

[1] 夏之蓉《半舫斋诗集》卷六,《清代诗文集汇编》第287册,P332下。
[2] 《话堕集》卷首《四库未收书辑刊》第10辑21册,P3下。
[3] 《沈归愚自订年谱》,《四库未收书辑刊》第10辑21册,P3。
[4] 《陈句山先生年谱》,《北京图书馆藏珍本年谱丛刊》第97册。
[5] 沈廷芳《隐拙斋集》卷十二,《四库存目补编》第10册,P277下。
[6] 金德瑛《诗存》卷二,《续修四库全书》第1440册,P376上。
[7] 裘曰修《裘文达公诗集》卷六,《续修四库全书》第1441册,P217下。
[8] 《沈归愚自订年谱》,《北京图书馆藏珍本年谱丛刊》第91册。

求,续写《宋元学案》①。

四月朔,杭世骏作《史记考证序》②。

大约于是年夏,撰有《汪眉洲诗稿序(树琪)》③:

> 有诗一卷,如斜阳雨后,眺隔湖青山,峰横岭侧,嶂复峦纡,罗罗秀出于烟波,杳霭中可望而不可即,此眉洲先生稿也。始余但闻眉洲名,不相识。识眉洲,自侯彝门过山中口诵其新诗始。彝门恣睢横溢,如天马不可羁勒,而振鬣千里,往往蹈空破雾以行,于时下诗人墨守一家绳尺,亦步亦趋,声摹而吻效者,未尝轻所许可,独服眉洲。眉洲于诗家学也,弱冠操翰,即为新城王尚书所赏,海内能诗之士多与往还唱酬。晚寓吾台,诗境愈辟,而好学深思,亦益孜孜不倦。故其诗淡宕夷犹,简远冲粹,非夫使气矜才、掠浮藻而涂色泽者所能几及。宜乎!彝门氏以异调赏音,怖为坚敌。余于诗本无所解,然读彝门诗,则爱其放;读眉洲诗,则爱其净。两人一生吾台,一寓吾台,均足以文采增山川之色。十余年来,各牵于事,不得时时合并,虽邮筒所致,时觏新诗,然并以未获读其全诗为憾。今年夏,余如郡城,眉洲手出其稿相示,则又憾彝门远官溧阳,不获共欣赏焉。时方酷暑,清风穆如,泚笔书其首简,并录一则以寄彝门。

汪眉洲即汪树琪(生卒年不详),字玉依,安徽歙县人。世居阮溪,家近黄山,有水香园、眉洲园之胜。树琪生当康熙末季,尝周旋于王士禛、陈鹏年之间,熟闻先辈议论。诗亦有清词丽句可诵者,撰《眉洲诗》一卷。生平事迹见《清诗纪事初编》卷五。④

曹学诗有《眉洲诗集序》⑤。

丁忧在籍,编辑《礼记考证》《汉书考证》。

---

① 全祖望《鲒埼亭诗集》,《续修四库全书》第1429册,P363上。
② 《史记考证》卷一,《续修四库全书》第263册,P330。
③ 齐召南《宝纶堂文钞》卷三,《续修四库全书》第1428册,P509-510。
④ 钱仲联主编《中国文学家大辞典》清代卷,中华书局,1996年,P351。
⑤ 曹学诗《香雪文钞》卷二,《四库未收书辑刊》第10辑第16册,P67-68。

沈廷芳有《闻齐次风同年读礼时,承旨即家编〈礼记〉〈汉书〉考证赋此寄怀》①。又张廷玉《词林典故》卷三:"皇上乾隆十年三月传谕,在籍侍读齐召南,令将承修《礼记》《前汉书考证》属草后,交原籍抚臣邮递进呈,皆为特典。"

《宝纶堂文钞》卷三中,收录有《进呈〈礼记注疏考证〉后序》《进呈〈前汉书考证〉后序》,对编书原委作了交待。

《进呈〈礼记注疏考证〉后序》云:"皇上稽古右文,加意经籍,乾隆四年特命重刊,以惠学者。在馆诸臣,遍搜善本,再三雠对,是正文字。凡六年,始付开雕。臣召南以读礼家居,奉敕即加编辑校勘之说附各卷后。"

《进呈〈前汉书考证〉后序》云:"臣召南复奉敕编为《考证》,谨采儒先论议。关于是书足以畅颜《注》所发明、刊三刘所未及者,条录以附于每卷云。臣齐召南谨识。"

《齐侍郎年谱》记载齐召南丁忧期间奉旨校勘经史一事:"三月十九日,经史馆总裁励宗万面奉旨,上谕:经史馆考证《礼记》《汉书》二部,原系翰林齐召南承办,今丁艰回籍,仍着寄信与齐召南,宣其在籍编辑,陆续交送武英殿进呈,钦此(经史馆咨移浙抚常、浙抚行布政司潘、行台州府冯、行天台县海文:五月到书一匣,系武英殿新刊《前汉书》一部、公书一封,于五月二十四日受到。七月十二日,将编成《前汉书考》稿本四十卷,全匣交本县海送递。九月二十二日,将编成《前汉书考证》稿本六十卷,全匣交本县海送递武英殿。《新刊礼记》一部,又宋辽金之史志,于十二月十六日受到)。十一年五月二十五日,将《礼记考证》稿本六十三卷,全匣交本县王递送。"

齐召南丁忧期间,其老师帅念祖为其作《台山雪中读礼著书图》。

齐召南回京后,周长发有《乾隆甲子春二月,同年齐侍读次风以外艰归天台。明年三月,上以经史考证未成,特敕侍读即家编纂戴记、班书。稿成,送浙中丞,从邮传恭进乙览。圣主右文,词臣荣遇,为记载以来所罕见。丁卯服阕补原官。兰皋夫子为作〈台山雪中读礼著书图〉以志异数。余借东坡〈石鼓歌〉韵,赋长句备述其事》②。

沈德潜有《题齐次风少宗伯台山读礼著书图》③。周天度有《齐学士台山雪

---

① 沈廷芳《隐拙斋集》卷十四,《四库存目补编》第10册,P290上。
② 周长发《赐书堂诗钞》卷五,《四库存目丛书》第274册,P763-764。
③ 沈德潜《归愚诗钞》卷七,《续修四库全书》第1424册,P297。

中读礼著述图(图为奉新帅夫子作)》①。

帅念祖为齐召南所作的《台山雪中读礼著书图》，应当作于乾隆十年。乾隆九年九月，"川陕总督公庆复，奏参西安布政使帅念祖，违例营私，纵容幕友家人。"帅念祖案发后，于乾隆十年十一月被发往归化城（今呼和浩特）军台，后卒于戍所，卒年不详②。齐召南曾为帅念祖写过诗，但不传。周大枢《存吾春轩集》卷七有《送方伯兰皋帅公出塞次齐太史韵》，为我们提供了齐召南与帅念祖之间的一些信息。帅念祖在塞外有《多博唫》一卷，描写塞外风情。他在塞外写的诗，都寄给他的侄子帅家相。查帅家相的《卓山诗集》，集中没有直接关于帅念祖的内容，显然对诗集中涉及叔父帅念祖的文字做过处理。

是年有《向荆山〈志学后录〉跋》③：

> 曩在京师，与诸友论海内笃学君子，胡君稚威言同乡所亲见者，有向荆山先生，始宗阳明之学，既无所得，乃即程朱所传，寻端究委，实用其力，一言一动，皆足楷模后学，余心识之。今年居越，荆山之子纯夫来见，示以新刻《志学录》，盖先生书也。呜呼！先生往矣，读其书犹可想见其为人，真笃学君子哉！先生云学者用功必依《大学》，《大学》必依程朱方不错。又曰：朱子格物，合内外为一者也。文成格物，舍外而止求诸内者也。文成反以朱子为义外，试思合内外者为义外乎？遗外者为义外乎？向者信王而疑朱，真愦愦也。呜呼！学贵得其性之所近，先生固笃好程朱，实能以身验之，因笔而为书者也。世之学者，徒骋意见工辞章而好辨难，亦尝身试其验与不验否耶？此录语语蹈实，殆足与明儒读书、居业二录相伯仲已。

查《志学后录》，乃刻于乾隆十年，为正学轩刻本，是向璇的作品。向璇(1682—1731)，字荆山，号惕斋，山阴人。家贫，常常无以为炊。先治良知之学，后改信程朱理学。著述有《志学录》《四书记疑》等④。

---

① 周天度《十诵斋集》（诗三），《清代诗文集汇编》第 314 册，P423 - 424。
② 《高宗实录》卷二百二十四，第 11 册，P893；卷二百五十二，第 12 册，P266 上。
③ 齐召南《宝纶堂文钞》卷六，《续修四库全书》第 1428 册，P542 - 543。
④ 江藩《宋学渊源记》，中华书局，1983 年，P177。

同时,陈兆仑亦有《向惕斋〈志学后录〉序》,陈兆仑序中有"吾生四十有六年矣"①,可知陈兆仑与齐召南序言写于乾隆十年。

沈廷芳有《题顾凤苞参军〈小山丛桂图〉,即送赴淮南》②。又沈维材有《顾梧亭参军属题〈小山丛桂图〉,即以话别》③。

沈廷芳为曲阜颜肇维的《乐圃图》题诗,有《题颜次雷行人〈乐圃图〉》④。沈廷芳为德州田同之《砚思续集》题诗,有《过德州田在田学正招饮古欢堂,出示〈砚思续集〉,即题其后志别》二首⑤。沈廷芳为太仓王俊的《仙岩灵药图》题诗,有《〈仙岩灵药图〉为王古岩州牧题》二首⑥。

乾隆九年、十年间,陈兆仑受同年绍兴知府周范莲之聘,主讲蕺山书院⑦。

乾隆十一年(1746 丙寅)四十四岁

闰三月三日,杭守鄂敏以修禊事会于西湖上,效兰亭故事赋四言、五言诗,会者凡六十一人,杭世骏等与焉。后刊有《西湖修禊诗》一卷,释明中为图,卷首有鄂敏序⑧。

春,周长发为柏谦题画,有《题柏撝庵编修〈沧江皓月图〉》⑨。春,周长发为邹一桂的画题诗,有《题邹小山黄门手画山水卷》⑩。

春,齐周华游中岳,成《中岳游记》。五月,游西岳,成《西岳华山游记》。五月二十八日,游太白山,成《太白山纪游》。又成《陕游随笔》⑪。

闰三月二十一日,《明通鉴纲目》告成(《高宗实录》卷二六三,乾隆十一年闰三月丁巳)。

《齐侍郎年谱》:五月十九日服阕。先是,闰三月,《明通鉴纲目》馆告成,议叙列一等,奉旨于起馆日加一级。九月初三日,起程至省领咨。十月初四日

---

① 陈兆仑《紫竹山房诗文集》卷八,《四库未收书辑刊》第9辑25册,P313。
② 沈廷芳《隐拙斋集》卷十三,《四库存目补编》第10册,P286上。
③ 沈维材《樗庄诗稿》,《四库未收书辑刊》第10辑21册,P319下。
④ 沈廷芳《隐拙斋集》卷十三,《四库存目补编》第10册,P286。
⑤ 同上,P289下。
⑥ 同上卷十四,P291下。
⑦ 《陈句山先生年谱》,《北京图书馆藏珍本年谱丛刊》第97册。
⑧ 《西湖修禊诗》,《丛书集成续编》第224册,台北新文丰出版公司,1988年,P87上。
⑨ 周长发《赐书堂诗钞》卷四,《四库存目丛书》第274册,P750上。
⑩ 同上,P752上。
⑪ 《名山藏副本》附录年谱。

到京。十一月十七日,经史馆告成,奉旨仍于武英殿校阅经史。

齐召南入京,其子式迁随行至嵊州,齐召南有《迁儿送至嵊将登舟书示》①。

  念汝随我行,远至二百里;汝当归台中,我当下剡水。何为复踟蹰,牵衣怅未已。汝归甚安适,听我言提耳。随母事大母,晨夕具甘旨。汝能孝大母,汝母必欢喜。汝叔能文章,汝伯敦伦纪。汝师不外求,近取户庭是。汝同产三人,两妹尚幼稚。汝当笃友爱,姊妹即兄弟。汝少懒失学,性乃雠文史。汝今年已长,宁可复尔乎?不望汝登科,不望汝显仕。望汝亲诗书,稍稍明义理。望汝涉章句,稍稍去乔野。开卷便有益,立身知所以。百行苟不亏,农亦可称士。汝当念先世,声名重乡里。忠孝与节义,炳炳志乘纪。一脉留书香,术业未尝徙。牛马而襟裾,此言汝可耻。汝当念先世,辛苦立基址。所食但脱粟,何曾盛簋簠。所衣但布素,何曾艳罗绮。昔汝大父训,俭德绝华侈。我与汝伯叔,习业竹窗里。夜读共一灯,冬眠共一被。更出共一袍,会文共一几。生计在勤劭,纨袴殊可鄙。汝当念先世,积善垂福祉。号曰大佛家,厚道无与比。邑中诸氏族,其效可睹矣。都自宋南渡,骄横者先毁。刻薄及虚浮,虽泰后终否。天既不可欺,人力安足恃。承家在朴诚,绵绵保千祀。勖汝安清贫,勿为势利使。勖汝慎择交,勿与燕朋迩。勖汝戒口过,闻恶勿启齿。勖汝崇谦恭,跬步勿逾礼。入夜谨门钥,清晨扫阶圮。顺承伯叔教,使令如臂指。服膺圣贤典,食用如粟米。治心如治病,格言即药饵。力学如力田,思辨即耘耔。泉由九仞深,山自一篑起。立志确不移,德进何涯涘。我有金石言,汝勿等闲视。岂但书诸绅,户牖俱粘纸。汝能敬听之,汝亦克家子。

过江都时,会江炳炎、闵华,有《红桥夜泛索研南和》②。
(阮元《两浙輶轩录》卷二十二的标题是《红桥夜泛,索江研南和借陈星斋题画卷韵》):"极目萧疏万虑澄,华鲸初定竹房僧。烟林昏似千年画,水月空于一片冰。江上霜风愁旅雁,船中诗兴健秋鹰。不须豪饮心先醉,此景平生得未曾。"

---

① 齐召南《宝纶堂诗钞》卷四,《续修四库全书》第1428册,P622-623。
② 同上,P623上。

《邘水船中题闵廉风春帆吟卷》①:"寒堤无复柳毵毵,何处青山映碧潭。羡杀春帆吟卷好,落花时节到江南。"

又《晚过吴江桥外红树数株临流可爱》②:"落尽吴江叶叶枫,桥边犹见一丛丛。天心也自怜迟暮,斜照波心分外红。"

江研南,即江炳炎,字研南,枫树岭人。应京兆举,报罢。专攻诗古文辞,尤擅倚声,有《琢春词》二卷③。

八月中秋,有《泳川草堂诗钞序》④:

言词之秀者为文,文有诗,尤其秀者也。是故不秀不足以为文,尤不足以为诗,诗何以秀,其本在性灵,其用在兴趣神韵,非袭取也。古善诗者,质能不俚,文能不缛,繁能不冗,简能不枯,其辞必能显其情,其情又能不止于其辞之所及。字句犹夫人也,味独隽;声调犹夫人也,响独清,秀之谓也。流俗为诗者,吾惑焉。于古人句摹字仿,非不极态尽妍也,较其所得,相去实不止千里,刻意求秀,故不得秀。秀岂可以涂泽装饰为哉?古善诗者,平奇华淡不一格,悲愉苦乐不一境,五七古长短句歌行律绝所长不一途,可一言以蔽之曰秀,诗至于秀,则可以传矣。吾乡南陔陈先生,自幼禀承家学。文选一下三唐两宋元明人诗,罔勿搜罗探讨,剖别源流。为诸生时,其诗已多传讽人口。壮游四方,客都下,文望伟然。以名进士与修《毛诗传说》,馆阁称之。中年出宰湖南之攸县,登衡岳,泛洞庭,沿溯湘江,篇什尤富。晚而归老赤城华顶间,鹤发苍颜,步履轻捷。游迹所到,往往寄兴高吟,声如出金石,望见者以为神仙。其子若孙又皆以能诗,承庭训训戒,吾乡盛事也。先生今年八十有四,自订全稿,存诗三百篇,授召南序。先生,召南大父行也,后生末学敢言序乎!且以先生之诗之秀,海内有识者所共知。秀本天成,更得江山之助,积数十年所得,炼液融精。择其尤秀者,将镂板以垂不朽,亦不待序显也。既辞不获命,则谨以性灵兴趣神韵之说复于先生,先生如谓召南尚可与言诗者,请以是说为先生诗序。乾隆丙寅中秋。

---

① 齐召南《宝纶堂诗钞》卷四,《续修四库全书》第1428册,P623上。
② 同上,P623下。
③ 劳逢源《道光歙县志》卷八之九,清道光八年刻本,P21。
④ 齐召南《宝纶堂续集》卷十一,《清代诗文集汇编》第300册,P471-472。

另外,周长发亦为之作《泳川诗集序》。

陈溥(1662—1749),字永叔,号南陔,天台人,献御子。康熙五十二年进士,授内阁中书。其传在《台州府志》卷一百一十九人物传二十中。

八月,有《拟宗室王公瀛台侍宴纪》①。

  上御极十有一载,岁在丙寅,律中南吕,年谷顺成,率土丰乐。将与九官、八伯、百司、庶尹,开衢尊以歌复旦,勖敕命以赓明良。先一日赐宴宗室、诸王、贝勒、子公之伦于瀛台,笃亲亲也。礼节乐和,酒醉德饱,道谊之厚,赉予之蕃,仪物之多,游观之适,虽文人学士极力殚思,铺张驰惊,勿能尽述。钦惟圣祖仁皇帝恩溥德洋,尝剑斯举,越六十年而再观于我皇上,昭哉灿乎!臣尝考史书所载,君天下之大德,莫高于陶唐,天下之大福,莫侈于成周。《尧典》纪尧功勋,至于平章百姓、协和万邦,伟矣,必先以亲九族。成周本支百世,卜年绵远,实迈前代,二《雅》揄扬谟烈,必以行苇凫鹥为太平极盛,何哉?至德要道,无加于孝仁,育天下之恩,始亲亲也。我皇上海涵天覆,肖翘庶类,靡不得所,尤如同姓王族,带砺夹辅之义,恳恳肫肫,论大德则媲陶唐,卜景祚则驾成周,于万斯年之庆将在乎是!臣不文,敬拜手稽首,而作颂曰:天作高山,曰维长白。真人受命,九有以辟。瓜瓞绵绵,屏藩奕奕。维圣六叶,道光古昔。燕笑语兮,肆筵设席(一章)。曰稽圣祖,宴于瀛台。诸父昆弟,黄耇童孩。既醉既饱,嵩呼如雷。大孝备矣,元首明哉。我皇绳武,陈彼樽罍(二章)。丰年穰穰,物多且有。品具百笾,酾我旨酒。尔王尔公,或左或右;或绾赤绂,或佩驼纽。莫远具尔,酌以大斗(三章)。洋洋液池,帝城之隅,宛在海中央,曰岛曰壶,有藻有蒲,有藕有芦,有竹有梧,有松有榆,山有鹿有鹤,水有龟有鱼(四章)。皇在瀛台,日华灿兮。皇宴瀛台,云缦缦兮。考钟伐鼓,俏衍衍兮。节舞九歌,珠斯贯兮。承筐是将,锦绣叚兮(五章)。我皇之孝,通于神明;我皇之仁,覆冒群生;我皇之文玉,振金声于宴。作歌曰弟兄,维忠维孝,以巩我维城(六章)。穆穆我皇,圣祖是似,来游来歌,率我宗子。其宴维何,嘉肴芳醴。其赐维何,鲂鳜及鲤。万寿之觞,万邦之喜(七章)。天赐我皇,眉寿如天。介以繁祉,如山如

---
① 齐召南《宝纶堂续集》卷五,《清代诗文集汇编》第300册,P413-414。

川。嘉瑞毕至,诸福永绵。子子孙孙,于万斯年。臣拜稽首,以大其传。

此次瀛台筵席,《国朝宫史》卷七亦有载:乾隆十一年八月二十八日,赐满汉大臣翰林筵宴于瀛台丰泽园,钦命大学士、九卿、翰詹官员等一百七十六人入宴。届日,诸司供备如前。黎明,入宴之大臣、官员,俱于勤政殿宫门外恭迎圣驾,驾至跪迎。此次筵席,乾隆帝有御制诗,另有瀛台赐宴联句,"'秋日瀛台集臣工,宴赏既仿柏梁体'联句,复召大臣及内廷翰林等三十八人,用唐臣李峤侍宴甘露殿诗为韵,依前岁翰苑故事,朕成首什及末章,群臣以次分赋"(《御制诗初集》卷三十五)。

赐宴座次是按照官阶大小排列,"赐宴后,憩流杯亭,集臣工四十五人联句,用十一真韵"。

同时侍宴的周长发有《瀛台侍宴恭和御制元韵》《瀛台赐宴恭纪天恩诗(有序)》①、陈兆仑有《瀛台侍宴纪恩二章(谨序)》②、沈廷芳有《瀛台侍宴恭和圣制元韵》③、诸锦有《瀛台侍宴恭和御制元韵》四章④、金甡有《八月二十八日瀛台侍宴恭和御制元韵》⑤等,多有记载。

齐召南北上途中,在芜城(今江都市)遇见全祖望。

全祖望于乾隆二年左迁外补,他放弃了做官的念头,南归不仕。自乾隆二年离京,到此次与齐召南相遇,正好十年。是年春季,全祖望与杭世骏等四十二人,以闰重三日,为禊事之会。之后上江苏,遇彭启丰。夏过维扬,再馆马氏丛经堂,编纂《宋儒学案》。是年修禊之事,由杭守鄂敏组织,有《西湖修禊诗》一卷,卷首有鄂敏之序⑥。齐召南正是在此遇见了全祖望。齐召南与全祖望所提到的万循初,即万光泰(1712—1750),号柘坡,秀水人。著有《柘坡居士集》十二卷。全祖望有《万循初墓志铭》⑦。根据万光泰的《柘坡居士集》卷九、卷十的记载,是年万光泰在北京,游走于天津,次年到南方游历后,回家乡嘉兴。

---

① 周长发《赐书堂诗钞》卷四,《四库存目丛书》第 274 册,P753 - 755。
② 陈兆仑《紫竹山房诗集》卷四,《四库未收书辑刊》第 9 辑 25 册,P511 - 512。
③ 沈廷芳《隐拙斋集》卷十四,《四库存目补编》第 10 册,P294 - 295。
④ 诸锦《绛跗阁诗稿》卷八《四库存目丛书》第 274 册,P638。
⑤ 金甡《静廉斋诗集》卷三《续修四库全书》第 1440 册,P447 上。
⑥ 《全谢山先生年谱》乾隆十一年,北京图书馆藏珍本年谱丛刊,第 97 册。
⑦ 全祖望《鲒埼亭》卷二十《续修四库全书》第 1429 册,P134。

入京途中,过山东,有《东平宪王墓下作》①：

马前迎客山无数,半带寒林半烟雾。道旁立石字如新,知是东平宪王墓。汉氏到今几千载,两京城阙都非故。早传玉盌出人间,荒陵石岂南山锢。惟存此冢高若堂,饱阅沧桑尚封树。耕夫牧竖不敢登,野人总怕神灵聚。翁仲寿较铜仙长,衣裾绿染莓苔露。昂藏夺璧俨朱晖,奏记雍容类班固。麒麟折角马缺耳,环山作队犹森布。龙旗虎贲想当年,东巡曾引銮舆驻。河间大雅旧齐名,拜祠天泪纷秋雨。至今俎豆肃春秋,樵采禁还逾百步。堪嗟鲁殿及梁园,极目榛荆穴狐兔。神祠虚费伊蒲供,仙方错用丹炉铸。多少金床玉几人,应悔生前作事误。未能立德垂不朽,富贵长年亦朝暮。世上无如为善乐,一言永表诸侯度。东岠卷石五岳高,古迹名存史书注。我来瞻仰发深悟,矗矗云山荠寒沍。西风飒飒不可当,登车且向前山路。

十月,过济宁,会沈廷芳,作《济宁南池杜工部新祠诗为沈椒园同年作》②。

《济宁南池杜工部新祠诗为沈椒园同年作》序："南池,工部旧游地也。《集》有与许主簿诗二首。椒园侍郎巡漕驻济宁,创作祠以祀工部,环池植花树千株,又镌所造迎享送神歌于石。"

沈廷芳在济宁重修南池杜工部祠,他自己有《济宁南池杜文贞公祠碑》③述其事。关于沈廷芳重修济宁南池杜工部祠一事,其同朝官员有多人赋诗,如周长发有《同年沈椒园侍御巡漕济宁,重修南池杜少陵祠堂,以诗纪事》④,陈兆仑有《寄题杜拾遗南池新祠,即送沈椒园(廷芳)侍御巡漕之济宁》⑤。张汉有《寄题济宁杜工部南池,答沈椒园》⑥。万光泰有《畹叔前年巡漕至济宁,于南池重建杜工部祠堂,还朝得其像画之寄题》三首⑦。根据万光泰此诗,可知

---

① 齐召南《宝纶堂诗钞》卷四,《续修四库全书》第 1428 册,P623 - 624。
② 同上,P624 - 625。
③ 沈廷芳《隐拙斋集》卷四十五,《四库存目补编》第 10 册,P543 - 544。
④ 周长发《赐书堂诗钞》卷四,《四库存目丛书》第 274 册,P749。
⑤ 陈兆仑《紫竹山房诗钞》卷四,《四库未收书辑刊》第 9 辑 25 册,P516 - 517。
⑥ 张汉《留砚堂诗选》卷五《丛书集成续编》第 128 册,上海书店出版社,1994 年,P619 下。
⑦ 万光泰《柘坡居士集》卷八,《四库存目丛书》第 281 册,P767。

沈廷芳巡漕济宁是在乾隆八年。裘曰修有《沈椒园侍御重新南池寺,绘图属题得三绝句》①(《裘文达公诗集》卷四)。郑燮亦有《御史沈椒园先生新修南池,建少陵书院,并作杂剧侑神,令岁时歌舞以祀》②。周天度有《沈侍御椒园督漕济上,济之官署为少陵南池故迹,沈为葺其祠宇,今年重膺朝命往焉,寄题三律,兼以赠行》③。

沈廷芳于乾隆六年至乾隆十三年间,任山东监察御史,期间又兼巡漕济宁。齐召南回京经过山东,得晤沈廷芳,并为沈廷芳赋诗,此事见沈廷芳《喜齐次风侍读来都,次周兰坡学士韵》二首自注:"君过南池,为予作少陵祠诗。"④

此次回京,仍回城南旧居。

有诗和周石帆,即《城南老屋,余旧所寓也。甲子(1744)春,石帆学士移居此地。余以丙寅(1746)冬仲入都,复借居焉。晨夕闻学士歌诗,声若出金石。余亦技痒乐欤,更倡叠和,几无虚日。丁卯(1747)夏,兰皋座主为作〈茅屋对吟图〉,盖实境也。用韩孟纳凉联句韵题之》⑤:

前岁再入都,月在仲冬朔。因君诗句清,洗我尘容浊。旧居既缮整,新树已高擢。巢栖借一枝,笔兴摇五岳。气势骇峥嵘,波澜笑滣瀎。夜对破窗灯,晨扫寒阶雹。大雪固卧安,长风疑乘恖。日联韩孟诗,时寻孔颜乐。环坐多青衿,趋庭并紫鹭。别后能几何,怀哉信绵邈。故迹肠重迴,今欢手亲握。索米计殊疏,指囷谊偏卓。席分地数弓,书占墙半角。鄙人恋林泉,野性安饮啄。未愁茅屋破,但望春雨渥。壁空雁足悬,谈共麈尾捉。乡思话台越,山光接棪梇。鞿忆云门踏,缨从剡溪濯。城霞蹋峻增,梁石度落萃。千锦苞仙村,万玉陈天璞。珠洒干霄松,涛翻连畦稷。呦呦鹿引群,斑斑禽出壳。总自对清泠,奚愁涉龌龊。此来竽复滥,无乃手伤斫。所喜随执鞭,争奇或夺槊。君才敏益工,我拙久始觉。但知骋笔力,倏已变名儿。性地皆成文,天材不关学。五色春花开,百中秋鹰扑。鲸鱼尚能掣,神物讵受镯。猗欤奉新师,高怀骞芷药。烟云

---

① 裘曰修《裘文达公诗集》卷四,《续修四库全书》第1441册,P211下。
② 郑燮《板桥集》诗钞卷三,《续修四库全书》第1425册,P251-252。
③ 周天度《十诵斋集》诗三《清代诗文集汇编》第314册,P423下。
④ 沈廷芳《隐拙斋集》卷十四,《四库存目补编》第10册,P295-296。
⑤ 齐召南《宝纶堂诗钞》卷五,《续修四库全书》第1428册,P630-631。

妙烘染,苔石缀斑剥。酷似耽吟哦,何曾怨谣诼。双桐倚扶疏,三径盘礧硌。故园山水闲,篮舆往来数。得手自心应,以指非笔搦。其人美且愨,景更秀而朴。愧我本梼昧,考古资扬摧。时维暑虫虫,晨听声喔喔。披图风自扇,砺齿石可斵。矢愿抽华簪,卜居依翠幄。君能同入山,得句互磨琢。

周长发移居横街时,齐召南正好丁忧。齐召南与周长发对居,齐的老师帅念祖为他俩作有一幅《茅屋对吟图》。

关于周长发移居事,夏之蓉有《赠周石帆移居横街》①。周长发自己有《甲子初夏,移居横街,与胡吏部卓堂相邻,以诗赠之》》②。齐召南丁忧前,与周长发对屋而居,其老师帅念祖作《茅屋对吟图》。关于齐召南、周长发两人对居以及《茅屋对吟图》,多人有诗,金德瑛有《题周石帆齐息园茅屋对吟图》③,根据金德瑛的这首诗,此图应当绘于周长发、齐召南两家相邻期间。盛锦有《题周齐两学士茅屋对吟图》④。齐召南所说的城南旧屋,即横街寓所,参见阮学浩《赠次风同年移居横街跌前韵》其七之自注⑤:"近时同馆诸公,列居宣武城南里许内约二十余人,前未有也。"沈廷芳于乾隆十二年,有《题兰坡学士〈茅屋对吟图〉(学士与次风侍读同居,属帅方伯绘此)》⑥。

兰皋座主,即帅念祖(1687—?),江西南昌府奉新人,康熙五十九年举人,雍正元年进士。与修一统志,后视学浙江。乾隆元年博学鸿词,所举齐召南、杭世骏、周玉章皆中选,为知名之士。迁西安布政使,再护理巡抚事。因事谪军台,卒于戍所。著有《树人堂诗》七卷、《博唫》一卷、《搜遗》一卷⑦。

沈德潜妻俞氏卒。沈德潜授内阁学士,十一月,告假南归⑧。

是年有《起居注后序(乾隆丙寅)》⑨。此序文亦载《乾隆帝起居注》第五册:

---

① 夏之蓉《半舫斋编年诗》卷五《清代诗文集汇编》第287册,P322-323。
② 周长发《赐书堂诗钞》卷四,《四库存目丛书》第274册,P742上。
③ 金德瑛《诗存》卷二《续修四库全书》第1440册,P380上。
④ 盛锦《青嵝诗钞》,《四库未收书辑刊》第9辑27册,P672上。
⑤ 齐召南《齐太史移居唱酬集》卷三,P6。
⑥ 沈廷芳《隐拙斋集》卷十四,《四库存目补编》第10册,P298上。
⑦ 吴海林、李延沛《中国历史人物辞典》,黑龙江人民出版社,1983年,P634。
⑧ 《沈归愚自订年谱》,《北京图书馆藏珍本年谱丛刊》第91册。
⑨ 齐召南《宝纶堂文钞》卷四,《续修四库全书》第1428册,510-513。

大哉！我皇上盛德大业，前超三古，后垂万年，诚为自有简策以来之所未睹也。右《起居注》二十六卷，备载乾隆十有一年丙寅岁政事。臣等珥笔殿廷，即古左右史记动记言之职，仰见我皇上法天行健，与日俱新，孝养弗懈于慈闱，礼仪益虔于郊社，宸衷之懋勉，惟几惟康，皇极之敷言，是彝是训，固已美不胜书，亦且词难罄述。谨撮岁中事最巨者，扬言后简，昭示来兹。盖闻帝王御世之道，莫重于敬天，敬天之道，莫要于仁民，仁民之道，莫要于省刑、薄赋，其大较也。先是丁丑岁，特诏赐天下田租，率海内外深山穷谷、黄童白叟，既罔不含哺鼓腹、歌咏升平。我皇上犹以狱者民命所关，虽中孚议缓于平时，而解泽宜施于此日，遂以始和布令，覃告万方，咸与维新，其勿留狱。盖黎庶乐业，囹圄空虚，致治之隆，有远出乎汉孝文、唐贞观之上者。乃圣心仁民有加无已，损上益下，日进无疆。……我皇上之仁至矣哉！盛德大业至矣哉！所愧臣等才学浅陋，濡墨敷陈，尚不能得其万一云尔。

十一月三十日，以吏部左侍郎蒋溥充经筵讲官。侍读学士齐召南充日讲起居注官①。

杭世骏《订讹类编》约成于是年。

是年，夏之蓉刊粤东《汲古编》，暨《证是编》《慎道编》。夏之蓉于乾隆十年至十三年任广东学政②。

沈廷芳有《王天游工部属题〈兰亭图〉(虞山周鲲作图，蒻林王丈临褚本禊帖)》③。

是年，洪亮吉生。任兰枝、万承苍卒。

乾隆十二年(1747 丁卯)四十五岁

正月六日，高宗诏谕，命续修《大清会典》④。钱陈群出任《大清会典》馆副总裁。

正月七日，周长发、齐召南、沈廷芳、王藻、盛锦、蔡寅斗、祝维诰、伊福纳、

---

① 《高宗实录》卷三百三，第12册，P967(上)。
② 《检讨公年谱》乾隆十一年，北京图书馆藏珍本年谱，第96册。
③ 沈廷芳《隐拙斋集》卷十四，《四库存目补编》第10册，P292下。
④ 《高宗实录》卷二八二，第12册，P679下。

曾符,城南登高。参见符曾《人日城南登高,用韩昌黎令征前事为觞咏新诗送分韵。会者周兰坡、齐次风、沈椒园、王梅沜、盛青崟、蔡芳三、祝豫堂、伊抑堂,余得令字》①。

一月十五日上元节,有《元夕戏咏流星花爆三十韵》②。

齐召南与周长发同入朝祝贺,诗云:

> 天开三五夕,人晚九枝灯。巧制裁湘管,传声裂楚缯。卦占山火贲,爻取地风升。尾接衔芦雁,身轻掠草鹰。垂虹看异彩,绕电得奇征。汉将朱旗帜,吴军赤羽矰。斜飞惊响箭,直上傍舻棱。在户星三点,书空字一绳。银沙流宝汞,花雨试神僧。气自葭灰应,霞从阊阖蒸。明珠联碧汉,佳饼拆红绫。况是康衢阔,兼之月宇澄。通宵歌绛树,比屋祀青陵。旧式惟标举,新工寁遑能。将雏来鹭鹭,击浪徙鲲鹏。发骇千钧弩,翔高百尺罾(风鸢也)。繁英纷落桂,疏穗细拖藤。并蒂滋兰畹,交枝出马塍。暖融金掌露,清透玉池冰。簇拥争先睹,欢呼得未曾。共瞻神爵集,仍诧烛龙腾。过水光尤赫,于霄力自胜。牵衣多矫首,引炷总横肱。含誉疏方聚,依乌数且增。寒芒疑欲曙,半魄俨初恒(诗如月之恒上弦也)。客指成双使,阶添最上层。五车原并列,七曲或相承。拍格雷还震,辉煌晕自凝。长春云物丽,不夜日华升。喜色连枢斗,应知万国登。

周长发有《拟重华宫侍宴咏爆竹联句八十韵》,又有《元夕咏流星花爆和次风同年韵》③。

齐召南、周长发另有联句八十韵,载《齐太史移居唱酬集》卷末《齐太史与周石帆爆竹联句》(掣古斋),前有序:"龙飞乾隆十有二年,强圉在丁,单阏占卯。金吾放夜,玉漏停催。日讲官起居注翰林院侍讲学士臣周长发石帆、日讲官起居注翰林院侍读兼左春坊中允臣齐召南琼台,拟重华殿侍宴咏爆竹联句八十韵,刻烛成篇。"

十六日晚,齐召南、周长发两人同访胡天游新居,见周长发《十六夕偕次风

---

① 符曾《春凫小稿(丁卯)》,《清代诗文集汇编》第264册,P483上。
② 齐召南《宝纶堂诗钞》卷四,《续修四库全书》第1428册,P627。
③ 周长发《赐书堂诗钞》卷四,《四库存目丛书》第274册,P757-759。

访云持小庵新寓》①。

《齐侍郎年谱》：二月二十八日，补翰林院侍读。三月十二日到任。三月十二日经史馆议叙列一等，奉旨加一级，十三日奉旨充《大清会典》馆纂修官。四月京察一等。五月初六日，奉旨署日讲起居注官，初七日谢恩，召对于勤政殿。六月，校勘《通典》《通志》《通考》。

齐召南有《蒙恩充补日讲官志喜》。前有序言②："予于癸亥年以中允署讲官。寻升侍读补充。今年夏，以侍讲署。至是，又以学士充。旧例讲官仪式同三品，得自缮折奏谢，前后凡四谢恩矣。词臣以记注一席为最荣，故《词林典故》有讲官年表。"

《词林典故》卷七十有"乾隆八年，齐召南以中允署，旋以侍读充"。又"乾隆十二年，齐召南以侍读再署"。

周长发宴请齐召南，有《五日招齐次风侍读、吴江钱晋培上舍，家学之明经，小饮觅句轩。辱承次风用东坡辨道歌韵见贻，余亦次和报之》③。

五月初七，有《轮进经史札子(九)》④，阐述《礼记·大学》中"致知在格物"。

《大学》：致知在格物。朱子曰：格，至也；物，犹事也。穷至事物之理，欲其极处无不到也。臣谨按：《大学》一书，揭天德王道之全，纲领条目，次第明备。使后学知作圣梯阶确乎可以循序而至，程子订脱简、朱子作章句之功也。陋儒拘泥文字，或执古本为说，夫古本非即《戴记》中一篇耶？郑《注》、孔《疏》至今具存，经、传不分，错综无序，如与朱子章句相较，其理孰粗孰精，其理孰失孰得，本自了然，可不必辨。即董槐、王柏、叶梦鼎、方孝孺诸儒，谓《知止》二节，《听讼》一章，即释《格致》本传，说虽太巧于义，亦自无伤。惟是良知家阳儒阴释，诋朱子极处无不到之说为迂，而因谓"格"字不当训"至"，"格物"不当训"穷理"，此则不可不辨者也。郑《注》尝以"来"训"格"矣，"来物"于理不可通，虽前贤亦多疑之，程子断以"穷理"为说，夫岂无所自耶？《大学》之书，孔子约举唐虞三代教人之法以

---

① 周长发《赐书堂诗钞》卷四，《四库存目丛书》第274册，P759。
② 齐召南《宝纶堂诗钞》卷五，《续修四库全书》第1428册，P631下。
③ 周长发《赐书堂诗钞》卷五，《四库存目丛书》第274册，P762-763。
④ 齐召南《宝纶堂文钞》卷二，《续修四库全书》第1428册，P494-495。

授曾子者也。曾子而后,则子思及孟子传之。《虞书》不云"惟精惟一"乎?《论语》不云"博文约礼"乎?能择然后能执,故"明明德"条目诚意正心修身必在格物致知之后也。《中庸》言:"诚身必先明善。"《孟子》言:"存心养性,必先尽心知性。"圣贤之学,未有不以"穷理"为要务者,岂程子臆说云尔哉?且以"至"训"格",以"极"与"到"训"至",《尔雅》释诂有明文矣。《尧典》言:"格于上下。"《君奭》言:"格于皇天,格于上帝。"《大诰》言:"格知天命。"孔安国《注》俱以"至"字训之,独疑于《大学》之言格物乎?良知家恶言学问,乐于顿悟之便也,则以为如朱子说穷大失居,格物必无尽时。夫朱子何尝谓"格物"者必至一草一木之尽究其原,不论不议之亦畅其说乎哉?以事物之理,训物切而当,简而该,即《大雅》所云"天生蒸民,有物有则",《孟子》所谓"万物皆备于我"者也,即是经上文所谓"物有本末之物,事有终始之事"者也。自我身而推之家国天下,皆物也;自修身而推之齐治均平,皆事也,其要在日用伦常,其大在《礼》《乐》《诗》《书》,其实功在博学审问、慎思明辨。即事即物,务求知其至善之所在,而后即安此圣学之首功,顾可以迂视之耶?朱子于"格物"一条,浅深详略,《或问》及《语类》中纤悉备矣,何尝有一语稍涉于穷大失居者哉?良知家以格去外物为言,是告子以义为外勿求于心之学,非圣贤之学也。此则不可不辨者也。

五月望,杭世骏为梁文濂书《桐乳斋集序》①。七月十五日,施念曾编其祖施闰章《年谱》,请杭世骏序之②。

五月,陈兆仑充国朝会典馆纂修官。九月充日讲起居注官③。

是年六月开始,参与《通典》校勘。

此次校勘,源于乾隆十二年六月十一日的上谕:"汲古者并称《三通》,该学博闻之士所必资也。旧刻讹缺漫漶,且流布渐少,学者闵焉。今载籍既大备矣,十三经、二十二史工具告藏,其以内府所藏《通典》《通志》《文献通考》善本,

---

① 《桐乳斋诗集》卷首,《四库存目丛书》第 273 册,P26-27。
② 《施愚山先生年谱》卷末,《北京图书馆藏珍本年谱丛刊》第 74 册。
③ 《陈句山先生年谱》,《北京图书馆藏珍本年谱丛刊》第 97 册。

命经史馆翰林等详校而付之劂氏。一仿新刻经史成式,以广册府之储①。"一同参与校勘的有罗源汉、陈大晫、陈树本、叶酉、程景伊、储麟趾、丘柱、程恂、阮学浩、万松龄、史贻谟、齐召南共十二人②。

六月,沈德潜假满入都,入上书房,教授诸皇子。授礼部侍郎③。

《齐侍郎年谱》:七月初七日,大学士张廷玉、尚书梁诗正、汪由敦,奏请《续修通考》开馆。奉旨充《通考》纂修官(十月初三日开馆)。

七月十六日,有《轮进经史札子(十)》④,阐述《周易·履·象》"上天下泽,君子以辨上下,定民志"。

> 臣谨按:自古帝王为久安长治之计,欲使天下道一风同,刑罚不用,其本则莫大乎礼教矣。礼者,履也,天下所共率履而不越者也。履此则安,不履此则危,其效晓然易见,是以古人制礼,固亦明知其委曲繁重似不如脱略简易者之便于人情,然必事事而异其等威、物物而为之防制者。大顺大化,其积有渐。朝庙之敬,始于户庭;仪文之严,始于士庶;训诲之豫,始于童孩;邦国四海之协和,始于比闾族党。冠服以章之,品式以范之,庠序以教之,官师以董之,赏罚以励之,务使人人各知爱亲敬长,相率共履夫正直荡平之道路,重为非而乐为善也。在《易·履》之《大象》曰:"上天下泽,履。君子以辨上下,定民志。"大哉言乎!凡民禀五常之性,所谓好、善、恶、不善,岂有异哉?良由习俗渐移,名分不讲,在家先不能事其父兄,在国何能服于长上?惟其志之泯然,无所知觉也,是以嚣然敢于为非。何以定之?亦以礼之辨上下者定之而已。天高地下,其尊卑悬绝不可以数计也。于地中峙而为山,盖其稍高者焉;流而为水,则已下矣;若夫泽,则钟水之区,又其下之下者也。名分之上下亦然,由君至民,尊卑悬绝,何以异于上天、下泽耶?顾上下之势起于相积而递相承。古人制礼,不惟使官与民有别也,即士与民先有别。就庶民中,又使游惰之民不得与良民齿,刑罪之民不得与凡民齿。是故恶少不得以凌侮耆老,奸猾不得以挟持缙

---

① 《乾隆上谕档》第 2 册,广西师范大学出版社,2008 年,P183 下。
② 《通典》卷首,《四库全书》第 603 册,P1-4。
③ 《沈归愚自订年谱》,《北京图书馆藏珍本年谱丛刊》第 91 册。
④ 齐召南《宝纶堂文钞》卷二,《续修四库全书》第 1428 册,P495-496。

绅，富商大贾不得以奴隶乡闾市侩，里魁不得以鱼肉邻曲，舆台臧获不得以齿叙衣冠。则群黎百姓生而耳濡目染，习与性成，不期而化，其桀骜勉为善良，由礼教明而民志定也。民志定，而后伦纪敦；伦纪敦，而后廉耻重；廉耻重，而后风俗成，天下之久安长治宁有极乎哉！古之言民者，多以水喻，臣请以泽喻。泽固地中钟水之区，下之下者也，群流于是焉汇，百物于是焉生，是故《易》称"说万物者，莫说于泽"也。然使过为堤防，使水无所容；塞其支渠，使水无所泄，则其溃决放溢，势不至于怀襄滔天而不止。反是而一任其自然，尽破堤防而不为之束，尽开支渠而不节其流，虽巨浸大薮，势将竭涸填淤，安见水之为利乎哉？治天下者亦然，夺之利而峻以刑，则前之说也；宽其刑而先教以礼，则后之说也。贾谊有言："礼者，禁于将然之前；法者，禁于已然之后。"先王必曰"礼云礼云"者，贵绝恶于未萌，而起教于微眇，使民日迁善远罪而不自知也。然则安上治民，莫善于礼，诚致治者之先务欤。

《齐侍郎年谱》：九月十二日，奉旨授翰林院侍读。十月初一日到任。十三日奉旨为顺天乡武正考官。二十二日揭榜，取中武举共一百五十一名。十一月二十日，奉旨以原衔充日讲起居注官。

十月，齐召南为顺天武乡试正考官，检讨陈桂洲为副考官①。齐召南有《顺天武乡试录前序》②：

臣闻帝王驭天下之道，其大有二，曰文与武；其所以收天下之材而用之者，亦不外是二端。文以经天地、平邦国，武以憺威棱、靖四方，诚使求之而各得其人，则天下固可不劳而治。盖古者文、武之道一，先王以诗、书、射、御教士，而将帅之才即养于其中。三代以后，教法废而途始分，而于武之中，又行分焉。骁劲果毅者，不必习韬略，明晓兵法者，不必娴骑射，非其才之难兼亦所以导之与？所以取之之方，或有未备故也。我国家受命久，道化成，六礼浃而八政修，五兵寝而三革偃，边庭卧鼓、海不扬波

---

① 《高宗实录》卷三〇〇，第 12 册，P929 下。
② 齐召南《宝纶堂文钞》卷四，《续修四库全书》第 1428 册，P513-514。

者百有余年矣。然而圣天子之意以谓文、武之事不可偏,有张弛而轩轾也。故既宏文学之风,以搜罗孝秀,复本乡射宾兴。与夫教习干戈之遗意,以作勇杰之材,而成其技能。三岁大比,文试既讫,武试继之,盖欲羲羲桓桓毕登朝廷,而师武臣之御侮宣力者不尽于用也。丁卯十月,顺天当行武科,特命和硕诚亲王臣允秘、额驸臣色布腾巴尔珠尔、都统臣海兰、尚书臣赵宏恩,校阅弓马技勇,拔其尤者,编列字号,甄别详审,不爽锱铢。及试论策,奉旨以臣召南偕检讨臣陈桂洲司其事。……臣所录凡如千人,自技勇外,取其明习论策而可进于学者,俾策名当时,使得益承皇上之教,以求效乎古之敦《诗》说《礼》者,而不徒材官蹶张以顾盼嗄喈为雄,则微臣区区蕲报任使之意也夫。

《清实录》卷三百:乾隆十二年十月十三日,以翰林院侍读学士齐召南为顺天武乡试正考官,检讨陈桂洲为副考官。陈桂洲,字文馥,南安人,乾隆壬戌进士,授检讨,历官翰林院侍读学士,顺天府府丞,督学广西、广东。持躬端谨,试士公明(嘉庆《大清一统志》卷四百二十八人物)。

是年有《书杨农先先生〈周礼疑义〉后》①:

《周礼》果周公作欤?吾怪其与周公之言不合也。《尚书·无逸篇》告成王以文王之事曰:"以庶邦惟正之供。"即《孟子》所谓"耕者九一,关市讥而不征,泽梁无禁"也。《立政篇》告成王曰:"立政勿以憸人,其惟吉士,用勱相我国家",即《大学》传所谓"用仁人,不畜聚敛之臣也。"《周礼》一书,则无一不与治岐之政相反,又且必以强御掊克至恶极陋之憸人擢为宰辅而后可以胜其任,如天官、地官,以财为职,几于无地不赋,无物不贡,无人不征,前聚鹿台、巨桥,亡国之为殃,后启头会、箕敛、告缗、平准一切厉民之虐政。至其言用财,必曰惟王及后世子,不会是导其君以逸乐盘游,恣睢纵欲,举其取尽锱铢者,徒供泥沙之用而已。苟稍循其法,天怒人怨,必致覆亡,稍有识者所不为,而谓周公为之欤?且《易》三百八十四爻之辞,周公所系也。果如《周礼》孜孜于财利,则《剥》六四之剥床以肤亦可云吉,

---

① 齐召南《宝纶堂文钞》卷六,《续修四库全书》第1428册,P541-542。

《益》九五之有孚惠我德当反为凶也。《屯》九五之屯膏不必言大贞凶。《丰》上六所云丰屋蔀家亦何致于三岁不觌乎哉？且使天地二官而孜孜于财利，则《师》上六不必设开国承家、小人勿用之戒。《解》六三言负乘致寇，《鼎》九四言折足覆餗，亦皆为空言也。哀公时用田赋，孔子叹以不用周公旧典，若如《周礼》言利至析秋毫，岂止于田赋云尔乎？征于《书》、于《易》、于《春秋》，则《周礼》非周公所作，决然矣。因读《疑义》，笔其说。

《周礼疑义》一书，是杨椿于乾隆十二年八月作，是年杨椿年七十二岁。书成之后，杨椿有自序三篇，即《〈周礼〉考序》《〈周礼〉考后序（一）》《〈周礼〉考后序（二）》。

杨椿乃礼学专家，是年正月，治《仪礼》，成《仪礼考序》一篇（见《孟邻堂文钞》卷五《仪礼考序》）。八月二十日，杨椿治《周礼》，成《周礼考》。十月十五日，杨椿成《大戴礼考》（见《孟邻堂文钞》卷五《大戴礼考序》）。十一月二十一日，杨椿成《礼记考》（见《孟邻堂文钞》卷五《礼记考序》）。

大约于是时，撰有《鲭余集序》[①]。

宜兴万伯安先生，以诗文名海内者数十年，迄不获一第，抑塞流离以没。没后又十数岁，其子葆青（即万松龄）太史衷从前所刻《鲭余集》诗若干卷，嘱召南序。序曰：士之遇不遇可胜道哉？而卒求其所以传不传者，则不在乎遇不遇，以遇者之不必传，则知不遇而传者固远胜夫遇而传者。何则？遇者之于传也盖易，不遇者自非其才什伯常人，当时即不能有名，况于既没，以不遇而传者之难，则知遇而不传者之诚不足道也。史迁有言：富贵而名磨灭，不可胜记，惟倜傥非常之人称焉。人至倜傥非常，则必传矣。其富贵也，必有所以见其事，其贫贱也，必有所以见其志，不肯与庸庸者随波逐流，而安有不传者耶？先生生平事实，有储六雅先生所为志铭，召南犹闻其遗事一二。先生初游京师，师昆山徐果亭侍郎，礼敬甚至，馆其家者数年。当是时，徐氏声势倾天下，士之才而游其门者，靡不取科

[①] 齐召南《宝纶堂文钞》卷四，《续修四库全书》第1428册，P514-515。

名、跻显仕。先生既馆其家久，稍为一言甚易，而先生勿屑也。己卯之役，主文慈溪姜西溟得先生卷，亟赏，以为国士，同事者尼之。及西溟得罪以死，门下士俱避匿不前，先生顾感文字之知，亲入狱经纪其后事。呜呼！所谓傲倪非常之人，其立志固自不同也。与先生并时之富贵赫奕者，今求其片言只字，或不可得，甚者至不能举姓氏，而先生诗文之名久且益光，孰谓传不传之果关于遇不遇耶？以先生之不遇而传，则又以知先生而遇其可传者当必不止于此，是可叹也。夫士之遇不遇天也，其传不传亦天也；使其不遇于身而遇于子孙，与夫使其身以子孙而传及子孙以身而传，亦天也。先生既以不遇而传，其子葆青太史文学德行又将以遇而传，天于先生不其厚矣乎！

储大文也有《鲭余诗集序》①。结合储大文《书鹤溇诗集后》的"乙巳秋九月二十有二日书"，即1725年，可知万夔辅的诗集初刻于是年。

齐召南为万夔辅的《鲭余集》写序，是在万氏死后十几年，具体时间尚不能肯定。万夔辅之子万松龄，是乾隆二年博学鸿词补试的第一名，与齐召南交往较多。

《鲭余集》的作者是江苏宜兴人万夔辅（1657—1733），其个人事迹见储大文的《赠翰林院检讨伯安万公墓志铭》②。

是年，齐召南四弟齐世南乡试中举，为第三十一名。

是年有《使蜀稿序》③：

宇内山川之奇，莫如蜀道路之险，莫如秦蜀之交地以险而景益奇，是故自秦入蜀者往往沉其奇而忘其险也。飞栈悬崖壁间，崎岖百折，历井扪参，而下临不测之溪，故有图画而不能状者，意造物故为是自炫其奇乎？否则故为是以待好奇之士也。余所见古诗人每入蜀，则其诗必更奇。士非生长其地，及仕宦而身游者，言至五盘、木皮、剑阁、嘉陵，未有不色飞神动，流连羡慕，如不可及，徒以读古人诗耳。于此乃有衔命奉使，辎车采

---

① 储大文《存研楼文集》卷十一，《四库全书》第1327册，P224-225。
② 同上卷十五，P338-339。
③ 齐召南《宝纶堂续集》卷十一，《清代诗文集汇编》第300册，P475。

风,经古人歌咏之地,举平昔所流连美慕者,亲得揽胜搜奇,长篇短章,安能自己。余同年学士龚公,以典试赴蜀。既还,得诗共如千首,以稿授余为序。余于是叹蜀中山水之奇险,古人信不我欺也。顾龚公每为余言,马行自秦入蜀,尚不如水行,自蜀下楚,瞿塘、滟濒、巫山三峡,其奇险较栈道又不止倍,展息官驿有程,未可以迂道报命也。因序其诗,为穆然者久之。

《使蜀稿》乃云南丽江龚渤的作品。乾隆十二年,齐召南以侍读学士出任顺天府武乡试考官时,龚渤则以侍讲学士出任四川乡试考官。龚渤在乡试正副考官中列三等①。《使蜀稿》即龚渤出任四川考官时所写。龚渤回京师后,齐召南为之作序。

龚渤(1712—1759),字遂可,号学耕,弥渡县寅街乡辛野村人。乾隆元年(1736)中丙辰科进士,点翰林,踏入仕途。先后任翰林院检讨、侍读、补授詹事府左右春坊、左右庶子掌坊事、侍讲学士、日讲起居注官和《八旗姓氏通谱》纂修官,稽查六科史书,典试四川。还任《大清会典》纂修官、文武殿试受卷弥封官等。乾隆二十四年(1759)三月,卒于家,终年47岁②。

是年,全祖望有诗寄赠,事见《鲒埼亭诗集》卷七之《次风学士去年索诗,未及致也,客中寄之》③。

十年相逢一握手,芜城惜别援清琴。日饮醇酒谅无益,独抱遗经空有心。应怜倔强还犹昔,不道沉吟直到今。问说承明邀盼睐,匡时何以溉鱼鷟。

从诗的内容看,上一年全祖望、齐召南在蓉城相见,齐召南向其索诗,全祖望直到今年才将诗邮寄给齐召南。全祖望才华出众,但性格倔强,在齐召南于乾隆元年中博学鸿词时,全祖望亦于是年中进士,二人同为庶吉士。然而散馆之时,因遭排斥而归班,自此不出仕。诗中有"应怜倔强还犹昔"句,可知齐召南对全祖望的倔强性格甚为了解。这次偶遇,齐召南仍不忘委婉地劝诫全祖

---

① 《高宗实录》卷二百八十八,第12册,P763-764。
② 大理州地方志编纂委员会编纂《大理白族自治州志》卷9,云南人民出版社,2000年,P234。
③ 全祖望《鲒埼亭诗集》卷七四,《续修四库全书》第1429册,P397下。

望,希望全祖望改变一下性格,有机会出仕。陈兆仑亦曾促全祖望出来做官,以改变贫困的生活。参见《鲒埼亭诗集》卷四之《星斋速我出山,且盛夸我用世之才以相歆动,其意为我贫也,率赋答之》。是年,全祖望活动在南京、杭州、蓉城之间,此诗写在途中。

沈廷芳有《题幼鲁团扇〈乞诗图〉》①。沈廷芳有《题赵饮谷〈说剑图〉,次刘东郊韵》②。沈廷芳有《题孙德和上舍〈墨兰册〉(懿斋先生次公)》③。

周长发为明陈洪绶的画题诗,有《题陈老莲所作〈倚杖挂书图〉,用东坡仇池石韵》④。

乾隆十三年(1748　戊辰)四十六岁

立春日,乾隆帝亲行祈谷礼,齐召南有诗《祈谷侍班,恭纪二首》。其一:

上幸禋祀肃鸣銮,圣主亲斋拜紫坛。恰是迎春符夏令,更闻戒誓禀周官(本年新诏大祀,吏部尚书先期戒誓百官于午门,如《周礼》及《唐典》)。条风律应新年暖,榷火光回大地寒。祈谷由来祠感帝,农祥星已照薝端。泰阶迢递转觚棱,殿在圆坛最上层(大享殿在圆坛三成之上,其式正圆,如古明堂也)。太乙五神通一气,祥云三素护干灯。声谐雷鼓先惊蛰(《左传》:启蛰而郊),水取方诸早泮冰。知兆普天书大有,坳头亲切睹香升。⑤

上元日,齐召南参与宴会,有诗《上元日,侍宴西苑之正大光明殿,赋呈林鳌峰学士前辈。是宴为来朝各蒙古王公设也,讲席官专席负墙而坐,礼如除夕,乐舞外有灯棚烟火之观》⑥。元宵节,齐召南除了参加朝廷主办的宴会外,还与周长发、胡天游赏月。齐召南有诗《元夕同周石帆前辈踏月,访胡云持先生于僧院次韵》⑦,其一:

---

① 沈廷芳《隐拙斋集》卷十四,《四库存目补编》第10册,P297上。
② 同上,P297下。
③ 同上,P297-298。
④ 周长发《赐书堂诗钞》卷四,《四库存目丛书》第274册,P762下。
⑤ 齐召南《赐砚堂诗稿》〈乙本〉,临海博物馆藏抄本。
⑥ 同上。
⑦ 同上。

月上苍龙角,吾随马首东。直排门闼入,安用姓名通。庭树分窗碧,炉香减印红。不须呼炳烛,天际挂青铜。久客逢元夕,灯前感岁华。随年诗卷积,何处酒旗斜。乡味怜传粜,邻童唱采茶。不堪回首望,台越是天涯。

正月十九,齐召南、陈兆仑、胡天游、周天度在周长发家中聚会,陈兆仑有《灯宵后五日,同齐琼台、胡云持、周让谷集周石帆学士寓,分得真字》①。此次聚会,齐召南诗失载。周天度,即周让谷,陈兆仑的弟子。

二月一日,齐召南兄齐首风,弟齐英风到齐召南家,齐召南有诗《二月一日,喜兄首风弟英风至》②:

乍见还疑梦里看,早从元夕盼征鞍。春风久自催花放,朔雪偏教行路难。亲话庭萱传戒勉,不劳窗竹报平安。今宵真是中和节,兄弟灯前一笑欢。

《齐侍郎年谱》:三月初三日,奉旨充会试同考官(正考官,尚书陈大受。副考官,侍郎蒋溥、鄂容、沈德潜)。入闱派《易》一房。四月初九日揭榜,本房取中十五名(张裕莘、史奕簪、段廷机、楚文暻、吴绶诏、宋梅、赵丹、陶金谐、黄汝亮、王榵芳、吴培朱、王谦益、刘可考、陈致中。馆选四人,张裕莘、史奕簪、吴绶诏、段廷机)。

关于此次会试,齐召南有诗《礼闱分校得〈易〉一房,口占呈程悚也、李同侯、程聘三、叶炳南、朱玉阶、陈修堂、窦元调诸公二首》③,其一:

艺试鹰扬忆去秋,又随群鹤序瀛洲。文章正校三千士,位次虚先十八侯。须信程材登杞梓,却同相马选骅骝。下帘端坐心如水,可有朱衣暗点头。

四月,在圆明园御试翰詹官,列优等。上谕:"昨于乾清宫考试翰林詹事等官,朕亲加详阅,按其文字优劣,分为四等。一等,齐召南、李因培、王际华三

---

① 陈兆仑《紫竹山房诗文集》卷四,《四库未收书辑刊》第9辑25册,P519。
② 齐召南《赐砚堂诗稿》〈乙本〉,临海博物馆藏抄本。
③ 同上。

员。内侍读学士齐召南着升授内阁学士兼礼部侍郎。"(乾隆朝《清实录》卷三百十六)

《齐侍郎年谱》：五月十九日，御试翰詹词臣(自少詹学士以下八十七员)于乾清宫(《竹泉春雨赋》《洞庭张乐诗》、陈时务疏)。六月初一日，内阁奉上谕：侍读学士齐召南着在阿哥书房行走。钦此。初五日谢恩。初六日传榜召南卷，御定一等第一名(一等三名，召南、李因培、王际华。二等，程恂、周长发等十名。三等，积善、章恺等二十名)，授内阁学士兼礼部侍郎(时阁学无缺，特移阁学朱定元为副都御史，以召南补阁学，真天恩异数也)。李因培、王际华以编修擢侍读学士。初十日谢恩，赏砚一方、墨八锭、笔四十枚、御制诗石刻一纸。十八日赴内阁任。

此次御试，齐召南为一等一名，他的《竹泉春雨赋》，被写入御笔画卷之后，装潢成轴，齐召南感到异常荣幸。为此，齐召南写有诗《五月二十九日，上召试翰詹诸臣于乾清宫，蒙恩取一等第一，引见乾清宫之弘德殿，擢内阁学士兼礼部侍郎。纪恩。词臣鳞次序乾清，圣主临轩特唱名。浅学岂能高翰苑，崇班竟与直端明。向来最爱冰衔写，此日真依香案行。拜手尧阶翻呜咽，不知何以答恩荣。》①：赋比相如定不如，却登玉轴五云书。武皇纵叹凌云笔，只听旁人诵《子虚》(《竹泉春雨赋》蒙天语褒奖，即写入御笔画卷之后，装潢成轴，真殊恩异数，千古未有也)。翥凤蟠龙御墨香，十年三度拜恩光。从兹茅屋重题额，赐砚堂为双砚堂(丁巳、癸亥及今三拜御制石刻及笔墨之赐，而丁巳赐凤池端砚，臣因名书室为赐砚堂，荣君恩也。今复蒙赐龙文大砚)。齐召南的《竹泉春雨赋》收录在《宝纶堂续集》卷一中。五月武英殿翰詹御试，有《四和四极赋》，此赋之审题，只有齐召南符合乾隆帝之意。乾隆帝亲自出题，一时群臣既不审所出，又御笔字带行书，皆认"四"为"回"字。有坐近公侧者，公私举四以示之，低声曰出。公以"算"字答之，盖谓出《算经》也。上既严于考课，阴布内监伺察。公虽微语，上无不知。遍取群臣卷阅之，皆未成一字，惟公稿已数行，乃大笑曰："群臣皆考倒，惟齐召南考不倒。"遂更出是题，限未时完。公先时即成，出侯午朝门。顷有内监出，贺曰："公必为第一！"人问何以知？曰："皇上谓他人即能知如齐某之佳，必不能如齐某之捷，能如齐某之捷，必不能如齐某之佳。"榜未发，奉上谕在阿哥尚书房行走。榜放，果以一等第一人超升内阁学士兼礼部侍郎。则公是赋之结

---

① 齐召南《宝纶堂诗钞》卷五，《续修四库全书》第1428册，P635-636。

主知殊极渥矣(《宝纶堂续集》卷一"毓川案"引《銮坡纪胜》)。

与齐召南同时作《竹泉春雨赋》的,保存至今的有陈兆仑的《竹泉春雨赋》①、裘曰修的《竹泉春雨赋》②。《竹泉春雨图》为乾隆帝御画,乾隆帝有《偶为竹泉春雨图兼题以句》:"戛玉垂珠几万竿,猗猗石罅激鸣湍。玉堂尽有琳琅辈(是日考翰詹輒以命题),淇澳闲情试赋看。"③乾隆帝以此画作为翰詹考题。乾隆帝又曾为明朝昆山画家的《竹泉春雨图》题诗,即《夏昺竹泉春雨图》:"淙淙复淅淅,竹泉邈寥寂。春云暗远天,飞珠石厓滴。飒沓动微籁,琅玕韵相击。不惟眼界清,亦令心源涤。"④

六月一日,杭世骏跋黄虞稷《千顷堂书目》⑤。

六月,齐召南有诗《送张介石之长泰任》⑥:

> 君到闽南日,炎炎六月中。庭看榕树绿,人啖荔枝红。地静山偏好,民敦政易工。临行无所赠,长啸引清风。

张懋建(1702—?),字介石,镇海人。雍正七年(1729)由拔贡补官学教习。不久由浙抚程元章举荐博学鸿词,旋中顺天举人,才名远扬。后为国子博士,出任福建长泰知县。张懋建通诸子百家,著有《易学》《五经汇纂》《石谱》《读书录》《长泰县志》《邑志正说》《介石集》《庭学草》等⑦。

《齐侍郎年谱》:七月初九日,内阁奉上谕:礼部侍郎沈德潜年力就衰,以原衔食俸在阿哥书房行走。礼部侍郎员缺,着齐召南补授内阁学士员,着叶一栋补授。钦此。十二日谢恩于圆明园。十七日到礼部任。

又谕曰:礼部侍郎沈德潜年老就衰,以原衔食俸,在阿哥书房行走。礼部侍郎员缺,着齐召南补授;内阁学士员缺,着叶一栋补授⑧。

---

① 陈兆仑《紫竹山房文集》卷五,《四库未收书辑刊》第9辑25册,P284-285。
② 裘曰修《裘文达公文集》卷二,《续修四库全书》第1441册,P58。
③ 《御制诗集二集》卷四,《四库全书》第1303册,P264上。
④ 《御制诗集初集》卷三,《四库全书》第1302册,P121下。
⑤ 杭世骏《道古堂文集》卷六,《续修四库全书》第1426册,P259。
⑥ 齐召南《赐砚堂诗稿》〈乙本〉,临海博物馆藏抄本。
⑦ 浙江省社会科学院《浙江人物志〈中〉》,浙江人民出版社,1986年,P309-310。
⑧ 《高宗实录》卷三百二十,第13册,P267上。

齐召南有《闰七月九日蒙恩擢礼部侍郎恭纪》谢恩诗①:"门前好语乍飞腾,诏佐春官愧未胜。心境尚迷三里雾,头衔真写一条冰。倚间白发思朝暮,插架青编伴寝兴。狂客鉴湖长欲乞,可怜恩重转难能。"

是年七月,撰《秋水斋诗序》②。

> 丁卯初夏,武英殿校十三经、二十二史毕,余与诸公闲论近时作者,因劝苏潭先生当刻其诗行世。先生谦让久之,顾余笑曰:旧稿具在,子能为我删之,其可。既先生奉命典蜀试,将行,过余寓舍,曰:"此行也,倘得江山之助,有诗百篇,子当作序。"至九月,蜀人来者,言先生病。至冬,则传先生卒于获鹿驿馆矣。呜呼!悲夫!先生早负重名,其在翰林,诗笔为一时冠。尝自谓生长东南,官在禁近,无由历览宇内名山大川,以发其奇,幸得以衡文出使,由晋入秦,由秦入蜀,所在名山大川,一快生平顺游之志。而诗亦遂止于是,悲夫!初,余识先生也,余方入翰林编《一统志》,于座主溧阳任尚书家,先生实与共事。及经史馆开,并索笔入直。武英纲目馆开,则又晨夕商榷《明史》。是故先生有作,必以相示。今《秋水斋集》所列,大半尝讽诵焉。惟《使星》一卷,公子孝廉力民、直夫两君录之遗稿,余今始得见之。因两君请序,追忆前岁临行时言,真不觉涕泪之交颐也。先生才高学瞻,德器浑然无涯矣。其为诗也,出入汉魏六朝唐宋,不名一格,而各有以见其长,所谓取精多用物宏者耶。两君能读父书,勤于编辑,将以付之梓人,先生虽没不朽矣。

《齐侍郎年谱》:八月初二日,召见于勤政殿。初四日,赏《词林典故》一部。二十九日,特召于养心殿西暖阁。

九月五日,乾隆皇帝在西苑射箭,发十九矢皆中,为此齐召南进诗四首,序一篇。诗即《畅春园西楼前伏观皇上亲射恭纪》③。

> 岁在戊辰,律中无射,金风荐爽,白露为霜。月之五日,天子始裘驾诣

---

① 齐召南《宝纶堂诗钞》卷五,《续修四库全书》第1428册,P636上。
② 张映斗《秋水斋诗》卷首,《四库存目丛书》第276册,P736。
③ 齐召南《宝纶堂诗钞》卷五,《续修四库全书》第1428册,P631-632。

畅春园问安。听政既毕,乃于大西门楼前驰道,张三侯择六藕。百官序列,七萃并从。上亲御唐弓,挟夏服,发必中的,不拂不扬,接簇随声,应手如破。左右龙骧、虎贲、羽林、期门之旅,素称善射齐贯虱等落雕妙附毛勇没石者,咸目瞠舌挢,叹服圣天子弧矢之威为振古所未有也。臣不文,忝在侍班,目睹神武,伏思唐时狩中双免苑获飞雁,不过偶然,犹且侈为词赋,况夫艺事入神,功力兼至如我皇上之超越前古者乎!臣窃仿开元中玄武阙前观射有诗之意,敬撰俚言四章,仰呈睿览。

又《臣进观射诗,上即赐俯和臣韵四章,神妙得所未有。臣伏读之余,赞叹不能自已,再用前韵,以纪其事》:

  天才如海亦如山,赐和章成片刻间。教射力余千步中,歌诗心写万几闲。自看彩笔凌云气,可要银枪招箭班。文武一齐都拜手,柳梢初上月支弯。
  弧矢神威孰敢当,射声已遣试中黄。金川便阻千盘箐,京观行栽万树杨。文德格苗思舜禹,远谟开国溯高光。但教率海吹齫钥,会见蛮诗贡白狼(御制诗念及金川未靖,有安不忘危、修整武事之意)。

《御制诗》二集卷七载:"九月五日,诣畅春园,恭请皇太后圣安。即视事于观澜榭,引见于大西门。其地长楼横亘,即皇祖曩时阅射处也。爰亲御弧矢,集近侍诸臣较射。时惟深秋,风高日晶,气候清肃。弓手相调连发二十矢,中一十有九。儒臣侍列与观者,援唐臣玄武阙观射故事,赋诗进览,因用侍郎齐召南韵成四律纪之。"

《齐侍郎年谱》亦详载此事:"九月五日,礼部于畅春园西楼该班,伏观御射,发十九矢俱中的。上骑马还圆明园,顾臣及尚书臣蒋溥曰:不能无诗。臣于初六日进诗四首、序一篇。半刻,上即俯赐和臣韵四章,命内监持朱笔稿示臣。信乎!天纵之圣文武超迈百千也。十四日,内阁奉上谕:齐召南着充《文献通考》副总裁。十六日侍班畅春园大西门楼,尚书王安国面奏,奉旨通礼,着齐召南勘定。十九日谢恩于香山,二十日到馆。十月二十七日赐貂皮褂。"

九月十四日,命礼部侍郎齐召南为《续文献通考》馆副总裁官①。

是年九月,全祖望应绍兴府知府杜甲邀请,出任蕺山书院山长三个月。

秋,齐召南四弟下第南归,齐召南有诗《送四舍弟南旋次留别韵》②,其中二首:

白雁将秋信,凉风日夜催。客窗留我独,眉锁几时开。亲老怜儿出,书传盼字回。含情翻美汝,容易到天台。

下第休嗟屈,终看事有成。圣朝罗俊彦,儒术重升平。便抱山栖志,难忘禄养情。三年才一瞬,摇彗好随兄。

是年秋,有《潞河秋风行送万三葆青》③:

潞河一夜吹秋风,岸沙飞走旋转蓬。蒲帆百尺挂大舸,我友万子归江东。万子江东何所住,云占林泉最幽处。荆溪一幞明玻璨,影写铜官万行树。正趁橙黄橘绿时,鲈鱼入脍伴莼丝。初脱朝衫理游棹,秋来何地不相宜。但惜声名满天下,一时史笔推班马。竟将著作老名山,握别人人泪盈把。万子胸中故浩然,早看富贵等云烟。诸公叹息何为者,我自乡园乐静便。家藏邺架高连屋,自来三径留松菊。尚书清德好诒谋,爱坐林边课耕读。古称有子万事足,佳儿况是连城玉。即今十岁咏凤凰,馆阁耆儒多刮目。此日携儿向潞河,一船明月照诗多。归去荆溪如见忆,莫忘尺素来京国。

是年秋,万松龄偕其十岁子一同南归宜兴。周长发有《送万葆青同年归宜兴》④。

万松龄,字星钟,雍正七年经魁。壬子分校江西,秋闱称得士。乾隆二年召试博学鸿词第一,授翰林院检讨,武英殿行走,充《一统志》纂修官等。后任

---

① 《高宗实录》卷三百二十四,第 13 册,P356-357。
② 齐召南《赐砚堂诗稿》〈乙本〉,临海博物馆藏抄本。
③ 齐召南《宝纶堂诗钞》卷五,《续修四库全书》第 1428 册,P628 下。
④ 周长发《赐书堂诗钞》卷五,《四库存目丛书》第 274 册,P770 上。

武英殿行走,掌教习宗学等。著有《思俭楼集十二》卷①。

十二月一日,杭世骏为甘文蔚、王元音修《昌化县志》作序②。

是年十二月开始,参与《文献通考》校勘。

乾隆十二年六月十一日上谕:要求经史馆翰林校勘三通,先校完《通典》,之后校《文献通考》。乾隆帝的《御制重刻文献通考序》:"朕允儒臣之请,校刊三通。《通典》既竣,即以《文献通考》付之。"参与《文献通考》校勘的有程景伊、罗源汉、程恂、沈慰祖、王检、储麟趾、杨述曾、史贻谟、郑虎文、李清时、李友棠、陆树本、阮学浩、万松龄、丘柱、周世紫、齐召南等十七人③。

《齐侍郎年谱》:十二月十六日赏"福"字龙笺五、对联四、笔墨各一匣。二十一日,赏御书敬胜堂法帖十二卷。二十七日,诣乾清宫,上亲书"福"字以赐。又赏一大鱼、六山鸡、十二鹿尾、一挂面、十束藕粉、二斤葛粉、一袋荔枝莲子果,嘉庆子一大筐。二十八日,赏貂皮一张、荷包一对、手帕二条。

冬,齐召南值日后访周长发家,两人饮酒,有诗《冬日退直步访石帆学士,留饮,用坡公〈雪中观灯〉韵》,周长发亦有《石帆和诗》④。齐召南诗云:

对吟茅屋记吾曾,退直官如退院僧。步踏岂须烦小蹇,坐谈聊复共寒灯。眼前磊落人双影,尘外萧疏酒一升。酩酊挥毫堪拊掌,百篇豪兴让公能。

是年,乾隆皇帝在宁古塔得到一枚古镜,不知道这枚古镜的出处,询问了多人,没有人能够说出其出处,最后是齐召南考证出这枚古镜的来历。乾隆非常高兴,对左右的人说:"是不愧博学鸿词矣!"⑤

是年有《茗壶诗》。⑥ 序云:

余甲辰(1724)贡入成均,舟过阳羡,买一茗壶,历今二十五年矣。丙

---

① 阮升基《嘉庆重修宜兴县志》卷三,清嘉庆二年刻本,P154。
② 《昌化县志》卷首,《中国方志丛书》第 165 册。
③ 《文献通考》卷首,《四库全书》第 610 册。
④ 齐召南《赐砚堂诗稿》〈乙本〉,临海博物馆藏抄本。
⑤ 《清史稿》卷三百五《齐召南传》。
⑥ 齐召南《宝纶堂诗钞》卷五,《续修四库全书》第 1428 册,P629 - 630。

寅岁(1746)服阕,仍絜入都。虽提柄稍缺,竹以续之,铁以络之,客来辄置席上。石帆学士一见,叹为古物,摩挲不忍释手,因作长歌。余亦次韵,物虽陋,得诗可以不朽矣:斯壶石大沙复粗,制作更与银槎殊。不知何时始折角,补缺翻藉长须奴。竹筒铁线系束缚,便如良冶掺锤炉。用以煮茶煨活火,朋侪见者多胡卢。我怜其质颇古朴,偏为宝贵同商瑚。发身农亩登仕籍,乔野原异膏粱腴。尚无余资置砚具,岂有茶具靡飞蚨。未能免俗好七碗,羞涩聊用饰五铢。夜窗渴读书千卷,晨饭时下粟一盂。古人满腹佐藜藿,居然畜发居云厨。吁嗟斯壶乐随我,瓶笙往往和歌呼。物理贵贱固奚定,黄金作纸尊墨糊。篆文款识售赝鼎,形模硕大矜康瓠。红瓷青玉特琐琐,好事传玩琼瑶如。近来作者矜巧薄,无过姿色妍斯须。吁嗟斯壶剧厚重,纵有小补何伤乎?况值佳客俱不速,环顾所用多非需。若将土缶较杯盖,已似支港方具区。贫官惯以茶当酒,欢然四座纷腾觚。松风鼓涛递挹注,岂异设尊临中衢。周公笔力追韩苏,顿令声价并鲁壶。齐子仰天但大笑,他时谁续宣和图。

周长发于丁卯年有诗咏此茗壶。诗前有序言①:"天台齐学士次风,藏一茗壶,腹如瓠,上蟠柄分为四垂;岁久断其一截,短竹续之,缅以铁线;盖无顶斗,圆木如钱,用补其阙。主人方自哂陋甚,而诸同人见之,皆叹为非晚近物也。"

是年,有《送沈椒园侍御观察登莱青道》②。

才从海岱驻花骢,入奏旋看马首东。一路竟能留福曜,九重深自轸哀鸿。循良察吏褒朱邑,清静开堂礼盖公。应使莆田无莠草,泱泱还表旧时风。

旸谷葭先玉管催,阳春有脚日边来。郡从北海连东海,人自中台历外台。竹马村村迎绣弟,冰花树树吐寒梅。漫言疠气冬须蛰,仙市为君特地开。

---

① 周长发《赐书堂诗钞》卷五,《四库存目丛书》第 274 册,P767。
② 齐召南《宝纶堂诗钞》卷五,《续修四库全书》第 1428 册,P633 下。

童叟皆知沈隐侯，多时采笔侍螭头。敢言旧道闻鸣凤，怀古今还莅爽鸠。出日有城名不夜，射鱼横海见芝罘。他年千尺蓬莱阁，应唤东阳八咏楼。

沈廷芳于乾隆六年至十三年任山东道监察御史，任期满后于乾隆十三年任山东登莱青道，齐召南故有此诗。时金德瑛亦有《送沈椒园侍御之登莱观察任》诗①。

厉鹗有《寄沈椒园观察莱州》②。赵青藜有《送沈椒园序》(《漱芳居文钞》卷三③)。时赵青藜于乾隆八年至乾隆十三年间，与沈廷芳一样同任山东道监察御史。乾隆十三年，当沈廷芳改任山东登莱青道时，赵青藜乞休。

是年，入幕太原的胡天游贻诗齐召南，事见《予以戊辰春去燕游太原，久之，将出云中，外观恒岳，复有所往。直石帆侍读书札问信，写意叙迹百韵奉答，并贻次风阁学侍郎》④。

是年，金德瑛招饮陈兆仑、迮云龙、齐召南。

参见金德瑛《迮耕石别十余年，过宿寓斋，与陈句山、齐息园握手感叹，情显乎词》⑤，又陈兆仑的《金二桧门自江右视学还朝，招同迮四畔石、齐二琼台集饮，用东坡百步洪诗韵》⑥亦记其事。

是年，齐召南、刘纶、秦蕙田于金德瑛宅聚饮，金德瑛有《同年秦树峰、齐息园、刘绳庵过饮，拈涉涤二韵同赋》⑦。此次聚饮，齐召南诗无载。

关于此次聚会，刘纶也有《雪后同齐次风、秦树峰两少宗伯集金桧门阁学小清凉山房，分得涉字、涤字》诗记其事⑧。

是年，齐召南见戴震《考工记图》，叹为奇书。

纪昀《考工记图序》曰："戴君语余曰：昔丁卯、戊辰间，先师程中允出是书以示齐学士次风先生，学士一见而叹曰：诚奇书也。今再遇子奇之，是书

---

① 金德瑛《诗存》卷二，《续修四库全书》第1440册，P377下。
② 厉鹗《樊榭山房集》续集卷七诗庚，《近代中国史料丛刊续编》第六十一辑，1974年，P710。
③ 赵青藜《漱芳居文钞》卷三，《清代诗文集汇编》第306册，P436-437。
④ 胡天游《石笥山房诗集》卷九，《续修四库全书》第1425册，P551-552。
⑤ 金德瑛《诗存》卷二，《续修四库全书》第1440册，P374-375。
⑥ 陈兆仑《紫竹山房诗文集》卷四，《四库未收书辑刊》第9辑25册，P519-520。
⑦ 金德瑛《诗存》卷二，《续修四库全书》第1440册，P378上。
⑧ 刘纶《绳庵外集》卷二，《清代诗文集汇编》第318册，P191下。

可不憾矣。"①

《考工记图》一书,戴震于乾隆十一年完成,时年二十四岁。乾隆十九年,戴震入京,与纪昀交。纪昀亦奇其书,叫戴震做些删改,打算刊刻其书。此书是戴震对《周礼·冬官·考工记》的补证,对《考工记》中所载各种器物的行状、结构、作用、原理作了阐述,尤其是绘制了五十九幅古代器物的简图,表明名称、尺寸,殊为不易。当时戴震的老师程恂与齐召南同朝为官,程恂将戴震的著作带入京,齐召南得以见到《考工记图》一书。

是年,全祖望任蕺山书院山长。

厉鹗在津门"撰《绝妙好词笺》七卷,遂不就选而归峄县(今枣庄市)。待闸晤沈椒园,时以御史催振至山东南地,拜杜少陵祠。"②沈廷芳有《台庄喜晤厉太鸿征君》③。沈廷芳有《书然乙季重泰山诗后》。④

是年,周学健卒。

乾隆十四年(1749　己巳)四十七岁

《齐侍郎年谱》:元旦得"福"。正月二十四日,召对于养心殿西暖阁。

二月,齐召南有《归愚少宗伯予告还里,诗以送之》⑤。

　　鉴水归狂客,都门祖仲翁。人间夸画锦,天语叹春风。著作神犹旺,登临兴未穷。名曾镌琬琰,恩自冠鹓鸿。虞典书赓载,桓生叹所蒙。帆开湖草碧,窗对曙霞红。随地堪行乐,延年在抱冲。他时仙笈上,端可继韩终。

沈德潜是年七十七岁,果亲王《送归愚沈先生予告南归序》述其经过。

沈德潜二月致仕,四月南归,乾隆、果亲王均有和诗,沈德潜亦以此为荣,

---

① 纪昀《纪文达公遗集》文集卷八,《续修四库全书》第 1435 册,P342 - 343;又见《戴东原先生年谱》。
② 《厉樊榭先生年谱》,《北京图书馆藏珍本年谱丛刊》第 94 册。
③ 沈廷芳《隐拙斋集》卷十五,《四库存目补编》第 10 册,P302 下。
④ 同上,P308 上。
⑤ 沈德潜《归田集》,《清代诗文集汇编》第 235 册,P278 上。

特辑《归田集》，首篇即是皇帝的御制诗①。

《齐侍郎年谱》：四月初五日，册封婉嫔，奉旨充副使。二十九日，在圆明园坠马，受创甚危。

乾隆赐药三瓶，并传蒙古医生为齐召南诊治。十月，齐召南伤势好转，入朝请安，请辞回原籍侍候老母，乾隆慰留再三，未允其请。十一月，齐召南再次上奏，言辞恳切，乾隆才准其奏。

是年四月，杭世骏、查祥任总纂，奉敕编修《两浙海塘通志》。总载方观承，总修杭世骏、查祥，分修周雷，分校丁健等②。

是年五月，杨椿成《毛诗考后序》③。

《齐侍郎年谱》：五月初一日，赐葛纱二端、蕉扇二握、香珠香袋及蟾酥锭盐水锭各一包。

是年有《平定金川颂（有序）》④：

乾隆十有四年，皇帝神武，平定金川。仲冬命将徂征，孟春奏捷，下诏班师，受其降而不杀也。《殷武》商名颂，克鬼方以三年；周宣《江汉》《常武》之雅，近在徐土淮南，犹且扬诩铺张，传播千古，况皇帝丰功伟绩如是，赫赫明明，可无歌诗追配于商《颂》、周《雅》？臣愚不自揆，仿古以为此诗：赫矣圣武，缵我列祖，以笃其祜，命将鞠旅，自天而下（叶），讨金川番卤，深入其阻，莫我敢拒。其逆是取，其顺斯抚，不留不处。前歌后舞，以宁疆围，以福我寰宇（一章）。蠢尔金川，隶我蜀边，马羌狗蛮，窟于雪山。雪山巘屼，维石巉巉，接岷连岍，有水蜿蜒，羊肠屈蟠，恃险而颠。乃番篾是兼，乃炉地是觇，乃碉楼是坚，抗我戈鋋（二章）。皇帝曰咨，芽枿勿斯，将成柯枝，阃外谁司，天诛是稽，我庸治之，以儆恬嬉。圣算深奇，勿疑勿迟，与神为谋（叶）。曰往视师，汝傅恒宜将熊罴虎貔，以傅恒皇威（三章）。维十有一月，皇帝斋祓。廷授之钺，禁旅偟偟。旌旗发发，既祃辞阙。如火之烈，如水之活，如矢离筈，驰抵贼穴，旬日而达，雷轰电掣，何劲不折，何险不拔

---

① 《沈归愚自订年谱》《北京图书馆藏珍本年谱丛刊》第91册。
② 《两浙海塘通志》卷首，《续修四库全书》第851册，P391-392。
③ 杨椿《孟邻堂文钞》卷五《续修四库全书》第1423册，P58-60。
④ 《平定金川方略》卷二十八，《四库全书》第356册，P417-418。

（四章）。大兵堂堂，师律孔明（叶），鼓向前冈，狐鼠敢当，走喙且僵。谁谓山蔣蔣，如趋康庄；谁谓水汤汤，如度桥梁，谁谓碉可藏。如隤土墙，歼此披猖，如炳太阳，以消雪霜（五章）。番乞降恐后，相臣上奏，且俘群丑，荡彼林薮。皇德高厚，曰予闻大道（叶），驱左驱右，宁失飞走，矧亦童叟降，安可勿受。诏书下趣，酋面缚泥首，率千百其耦，泣奉牛酒（六章）。奕奕肤功，阅月之中。宣示臣工，即酬尔庸。归锡彤弓，惟休兵重农，偃革销锋，当春始融，甘雨和风，泽普万邦（叶）。惟皇威与天同，斯罔不恪恭。惟皇德与天同，斯罔不包容（七章）。圣武昭烁，伊止戈是乐。绍祖宗神略，文德无弗格。环海之博，是疆是索，是耕是凿。吹豳饮蜡，万类时若。臣忝佐宗伯，实司简册，颂诗有作，庶继桓酌，垂示无斁（八章）。

现存齐召南文集未收录是文。《钦定平定金川方略》卷二十八、卷二十九中，除乾隆帝的御制诗文外，同时写颂诗的有：梁诗正、秦蕙田、梦麟、史贻直、阿克敦、钱陈群、冯燨、陈浩、傅恒、张廷玉、刘统勋、介福、德龄、陈邦彦、董邦达、邹一桂、胡宝瑔、阿林、裘曰修、王际华、周长发、郭肇鐄、兴泰、窦光鼐等共五十五人。

乾隆十三、十四年，写有《礼部驳请更孔子诞日议》《礼部驳请祀启圣王元配施氏议》《礼部再驳请祀启圣王元配施氏议》[1]。

据钱实甫《清代职官年表》，齐召南于乾隆十三年、十四年期间任右侍郎。[2]李慈铭读齐召南《宝纶堂集》云："《驳山东巡抚请更孔子诞日议》《驳升任副都御史陈请更祀启圣王元配施氏议》《再驳方苞请杞施氏议》，皆其官礼部侍郎时所作。"[3]齐召南这三篇文章，都与孔子有关。乾隆帝于十三年二月南巡之时，过山东阙里，祭拜孔子。关于孔子诞日之争再起。孔子诞日之争一直存在，历朝都有争议，乾隆之后也未停止过争议。

《礼部驳请更孔子诞日议》：

> 该臣等议得山东巡抚所奏孔子生日应是八月二十一日，所当改正。

---

[1] 齐召南《宝纶堂文钞》卷六，《续修四库全书》第 1428 册，P548；P548-549；P549-551。
[2] 钱实甫《清代职官年表》第 1 册，中华书局，1980 年，P608-609。
[3] 李慈铭《越缦堂读书记》，上海书店出版社，2000 年，P1021。

臣谨按：孔子生于庚子日，诸书皆同，而所生之年与月后先互异。今世定以八月廿七日为圣诞，从孔氏谱也。其实自古无有定论，《公羊传》谓襄公二十一年冬十有一月庚子，孔子生。《穀梁传》谓是年十月庚子，孔子生，是己酉岁。《史记》谓襄公二十二年，孔子生，是庚戌岁。《史记》与二《传》既差一年，而《公羊》与《穀梁》亦差一月，所以南齐臧荣绪每于庚子日陈经而拜，不能定为何月日也。先儒如贾逵、服虔，皆从《公羊》，如杜预注《左传》，孔宗翰作《世系》，罗泌著《路史》，皆从《史记》。司马贞作《索隐》，则从《公羊》以纠《史记》之违。而洪兴祖直据《穀梁》，谓即夏之八月二十一日。宋濂作《孔子岁月辨》，虽驳兴祖"三代改月之说"之非，然所云"八月二十一日"者仍以《穀梁》为断，盖《公》《穀》较《史记》时更近古。二《传》年日既同，则《公羊》十有一月自为传写之误。以经证之，二十一年九月庚戌朔，冬十月庚辰朔，明书于经，则庚子乃二十一日之确据，十一月当复有庚子明矣。但圣诞日前世遵行已久，只可存其说以备考稽，不可执其说以更旧典，其宜改二十七日为二十一日，固未敢以轻议也。

孔子诞辰在经、史中的记载不一，《公羊传》《穀梁传》所记为八月二十一日，《史记》所记为八月二十七日。齐召南在这里似乎倾向于二十一日说，但依据惯例，他又支持将二十七日作为祀孔日。清雍正五年将孔子诞日定为二十七日，见雍正朝《清实录》卷五十三："甲子，谕内阁三月十八日，至圣先师孔子师表万世，八月二十七日为圣诞之期，亦应虔肃致敬。朕惟君师功德，恩被亿载，普天率土，尊亲之戴，永永不忘。而于诞日，尤当加谨，以展恪恭思慕之诚，非以佛诞为比拟也，着内阁九卿会同确议具奏。"

齐召南的《礼部驳请祀启圣王元配施氏议》《礼部再驳请祀启圣王元配施氏议》，是对副都御史陈世倌奏请将孔子的前母施氏从祀孔庙的驳斥。孔子的父亲叔梁纥娶有三个妻子，第一个是施氏，生有九女，没有儿子。叔梁纥又娶一妾，生子孟皮，由于孟皮有足疾，叔梁纥很不满意，接着就娶了颜征在，这就是孔子的生母。陈世倌于雍正四年（1726）奏请追封启圣王前配施氏位号，袝享曲阜圣庙寝殿，增圣兄孟皮氏配食天下崇圣祠，称先贤，位列四配，乾隆从之。

齐召南的驳议《礼部驳请祀启圣王元配施氏议(代)》：

该臣等议得升任副都御史陈奏，称《家语》载有启圣王元配施氏，生九女而无子，实为先师之嫡母，应请崇祀加封。臣谨按：施氏生九女而无男，经传并无明文，仅见《家语》，而《史记·孔子世家》则阙施氏，其记圣母颜氏，并无晚乃求婚之文；至合葬于防，终不及施氏一语。后世崇祀启圣，必从《史记》而不从《家语》者，正以汉初距孔子之世未远，司马迁亲与其十一世孙安国同事武帝，从问《尚书》古文。迁又自称登庙堂，观车服礼器，则近而可征，宜莫若史；史所不载，有无诚难臆断。至《家语》一书，《前汉·艺文志》载有二十七卷，师古注曰："非今所有《家语》。"则知唐所行王肃注解者，原非安国所撰、刘向所校之旧明矣。司马贞较后师古，其著《索隐》，所据《家语》果前汉本乎？抑王肃本乎？且即王肃本，而《隋志》云二十一卷，《唐志》云十卷，篇目又自不同。即今世所行肃古本，亦无施氏之文，则司马贞所据何本，实无从臆定也。是以明李东阳修《阙里志》，于世系、于本姓、于祀典，俱凿然以《史记》为断，所引《家语》，亦并无施氏之文，而于尼山毓圣一条，闲采他书，以备传疑，慎之至也！我朝列祖，尊师重道，典礼盛隆。世宗宪皇帝特立崇圣之祠，追封五代王爵，明征谱牒，崇德报功，于曲体圣孝之义，至矣尽矣！今查圣裔家庙，施氏并未设主，实以事在传疑，文无确据，自不便轻更旧典，诬渎宗祊。所以历代知礼之儒，考订最为详悉，未有从而议之者。今乃欲从数千载下，令其以有无影响之说，一旦骤加之圣母之右，于心奚忍？于义奚安？与其轻议而涉疑，曷若阙疑而志慎，应将升任副都御史陈所请加封施氏之处无庸议。

齐召南驳议之后，方苞(1668—1749)支持陈世倌，上奏有《请定孔氏家庙祀典札子》①。

从方苞的奏章中可以看出，陈世倌在雍正四年的提议未获通过，这次是旧事重提，得到了方苞的支持。

---

① 方苞《方苞集》卷二《望溪先生集外文》，上海古籍出版社，1983年，P570-573。

齐召南再撰《礼部再驳请祀启圣王元配施氏议（代）》：

> 议得《史记》《家语》并载孔子先世，而《史记》缺圣父原娶施氏一事。后世祀典必从《史记》之略而不从《家语》之详者，《家语》杂出后人之手。《汉志》及《隋唐二志》篇目不齐，盖孔安国所撰者，其书早已失传；即王肃本，后世亦多同异；今所行肃古本，并无施氏之文，而司马贞《索隐》引《家语》有之。可知《家语》无定，《史记》足凭。数千年中孔氏家庙专以圣母颜氏配食启圣，非礼有阙，从史阙耳。今方苞奏据《索隐》所引之《家语》以驳《史记》之非，又引杂书之《祖庭广记》，以证《索隐》所引《家语》之确，遂欲一旦以有无不可知之施氏跻圣母颜氏之右。臣等窃以为史尚阙文，礼重变古，祀典至巨，文庙至严，不可不慎也。谨以方苞所奏之谬，为我皇上陈之。……臣等公同酌议，事关圣庙典礼，幽有神灵式凭，明系万世评论，如使《家语》确有可信而不设主，则累朝圣裔皆为罪人；若其稍有未确而冒昧设主，则诬圣渎礼，谁任其咎？与其轻议而涉疑，不若阙疑而致慎。应将方苞所奏增祀之处毋庸议。

齐召南对陈世倌、方苞的提议进行了批驳。关于孔子父亲元配争议再起之时，陈世倌在文渊阁大学士任上。齐召南还有《祫禘考》（《宝纶堂续集》卷九），当是在礼部任职时所写。

陈世倌（1680—1758），字秉之，号莲宇，海宁人。康熙四十二年（1703）进士，历官内阁学士、山东巡抚、工部尚书、文渊阁大学士[1]。

八月九日有《和果亲王问讯坠马诗》二首[2]，齐召南不幸坠马，引来多方关怀，包括皇帝、皇子、同事等。

此诗前有序言，对这两首诗的写作背景作了说明："余自四月二十九日圆明园下直归澄怀园寓舍，惊失坠，昏迷不省人事者半月。及至城中寓舍，神气始苏，然于坠马始末及诸医调治之方都无记忆，但疾痛呻吟，自疑何以致斯耳。秋凉于巾箱中检得果亲王、皇长子夏间贻诗，如梦初觉，因口占次韵记之，时八

---

[1] 《清史稿》卷三百三。
[2] 齐召南《宝纶堂诗钞》卷五，《续修四库全书》第1428册，P636-637。

月初九日。"诗云：

　　语燕还寻旧垒栖，呼儿九药坐廊西。不知赐扇颁衣日，曾蹴追风逐电蹄（坠马日，正蒙恩赐官扇葛纱诸物）。朱邸句中诗有画，绿莎行处路全迷。可怜梦觉仍如梦，真类飞鸿踏雪泥。蹀躞聊迎柳岸风，蛇年建巳事偏同。嗣宗竟作双睛白，仙客谁贻一粒红。瞿峡诸公携酒后，习池故事笑谈中。秋声瑟瑟喧庭树，且卷重帘独倚栊。

和皇长子问讯坠马诗二首①：

　　退食晴光烂苑西，宁同骑马滑冲泥。如何飞鞯看芳树，不虑当阶蹶碧蹄。五夜分明听漏刻，一灯清寂伴禅栖。连篇承得珠玑赠，往事犹惊宿雾迷。
　　神全可似醉眠中，一点寒愁满室风。揽镜未能医面墨，沾衣还自认痕红。人称叔子吾何敢，诗比坡仙气更雄。扶杖只今行尚蹇，何时趋侍蕊珠宫。

果亲王是清朝世袭的爵位，前后有九人袭封为果亲王，这里赠诗给齐召南的是第二任果亲王弘瞻。皇长子也写诗表示对齐召南的关怀，皇长子即永璜，于乾隆十五年薨。这时齐召南还有《和皇长子问讯坠马诗》二首，是对皇长子诗的回赠。

坠马一事对齐召南的生活影响很大，他在梦中也常常梦见此事，为此他写有《忆梦》②，诗前序："余以梦悔桥，竟致坠马，秋夜不寐。思悔桥至今呼'落马桥'，真奇事也。"其诗："病里关山如梦遥，秋虫声咽月明宵。呻吟枕上思初夏，曾过仙人落马桥。丹台姓字几人留，生长名山未快游。今日赤松应笑倒，天教辟谷学留侯。"

齐召南的诗序和诗使用的是一个典故，那就是"落马桥"，据《会稽志·新

---

① 齐召南《宝纶堂诗钞》卷五，《续修四库全书》第1428册，P637上。
② 同上，P637。

昌县》卷十一①:"司马悔桥"在县东南四十里,一云"落马桥"。旧传唐司马子微隐天台山,被征,至此而悔,因以为名。显然,齐召南借用了"落马"二字,在这里他作为坠马来解释。《宝纶堂集古录》中,齐召南有《雪夜与大兄宿桐柏观紫阳楼下》:"弟兄呵冻对床眠,此是人间大洞天。种树已周三径外,看山犹记廿年前。冲尘落马宁非梦,踏雪飞鸿亦有缘。不寐共听清磬里,隔楼高诵悟真篇。"其中的"冲尘落马宁飞梦,踏雪飞鸿亦有缘"句,齐召南自注:"己巳夏,于都中梦见葛仙翁,同步赤城高处,指余司马悔桥。后数日,遂因堕马致病。"所谓"己巳夏"即1749年夏,也就是说齐召南坠马前几日,他作了这个奇怪的梦,这个梦对他落马受伤有预见性。

《齐侍郎年谱》:十二月二十八日,病稍愈,诸宫门请圣安。传闻汝病,今全愈乎。奏曰:今略好。初五月六日病正急时,上见果亲王阿哥,频问:汝师傅齐召南病如何?须时差人探问。又诸大臣奏事张廷玉、史贻直、王安国、秦蕙田等俱蒙天语问及。木兰围场中,又问阿哥。九月驾还京,又问尚书梁诗正。圣春之隆,轸念微臣如此。二十九日,召见于弘德殿,臣病容未退,行步犹艰。天颜恻然曰:汝病尚未全愈,须加意安养。臣因陈恳恩即解职任,才可安心调治,且家有老母,臣愿回籍省侍。上慰留再三。臣又坚请,上又言:冬见风寒,如何行路?臣奏:当如春船南归。上始许可,具云,汝具折来。是日天语春温,询问详悉,虽父母于子,不过慈爱委典于如此。是日晚,内阁奉上谕:盛安现在患病,齐召南亦因坠马,调理未愈,阿哥书房内行走须人,着内阁学士嵩寿在上书房行走,孙嘉淦着该部行文调取来京,赏给左副都御史衔,汪师韩仍授翰林院编修,具着在上书房行走。钦此。十一月初二日,具折恳恩辞解任,回籍调理。是日,内阁奉上谕:据礼部侍郎齐召南奏称坠马伤重,风痰时发,难以供职,有老母在家,恳请解任调理,明春回籍等语。齐召南着照所请,准其以原衔回籍调理。钦此。初五,谢恩,即传旨宣太医院刘裕铎、邵正文诊脉开方。

是年除夕,齐召南、胡天游有唱和诗。但两人文集均不载,见周大枢《除夕,次稚威与齐次风太史唱和韵》②。

是年有《骁征集序》③。

---

① 《会稽志·新昌县》卷十一,《宋元方志丛刊》第7册,P6922上。
② 周大枢《存吾春轩》卷七,《清代诗文集汇编》第289册,P558上。
③ 齐召南《宝纶堂续集》卷十一,《清代诗文集汇编》第300册,P474。

《骎征集》乃夏之蓉的部分诗稿,齐召南序:"余友丰谷先生手稿,其频年使车,所历诗寄京师。余方卧居养疾、束书不观者半载,得先生诗,起坐讽诵,遂不觉疾之去体,乃作而叹曰:诗能移人,固如是耶!数月间,余疾困矣,晨夕与药罐周旋,足曾不能逾户外。今忽如身生羽翼,御风而行,竟由金口趋浙,逾仙霞,南游于闽。又自孤山溯湖汉,逾大庾,下邵石,以游南粤。西道梧桂,逾岭沿流以北,抵衡阳。乐矣哉。自岷江而南,名胜之区从横千里,或神禹已经,或化益未载,或秦汉始辟,或唐宋渐名。山则峥嵘岞崿如祝融,伟如匡庐,奇如金焦,秀如武林、会稽,曲如武夷,幻如罗浮、九嶷,蜿蜒横亘如五岭,幽邃峭拔如桂林、永州、武陵诸岩壑。水则南海之大,潘江之长,沅湘之清,钱塘之壮,洞庭、彭蠡、震泽之浩荡汪洋,建溪、章贡、曲江、漓水之湍急、险峻,矜带城市,迂回村落,民风土俗之殊,草木、花卉、羽毛之异,自昔诸贤所游览而咏歌者,莫不环列于耳目之前,乃至春和秋爽,可喜可思;霪雨飓风,可惊可愕;古迹可眺,蛮讴可听,一展卷而形情毕见。于是叹先生之诗之为必传无疑也。以余之拙,于诗读之尚可愈疾,况于工诗无病者之读是诗乎?余愿先生即付梓人以公同好也。援笔书其首简。"据此序言称,夏之蓉长年在外做官,所到之处,就将所写诗寄回京师。

此部诗稿,是夏之蓉在福建、广东、湖南任上所写。对照夏之蓉的《半舫斋编年诗》,其中卷六为典试闽中时作,卷七、卷八、卷九、卷十为督粤时作,卷十一、卷十二、卷十三为湖南学政任上作。此时正在养病的齐召南为夏之蓉这部分诗稿作序。当时夏之蓉的诗稿尚未结集,他的《半舫斋编年诗》是在致仕之后才刊行的,卷首有周长发、傅为詝、陶易三人序。

夏之蓉与齐召南交往密切,夏之蓉虽然年长七岁,但他非常佩服齐召南的学问,常常以师事之。夏之蓉作于乾隆七年的《三友篇》,提到自己有三益友—王书臣、傅谨斋、齐息园[①]:"浙水齐先生(息园),我事以师礼,纷纷侪辈中,从未见有此。传薪溯六经,聚米说三史。上能穷天文,下能揽地纪。口涌万斛泉,深博无涯涘。才思更英富,倚马书七纸。咳唾落珠玉,铿锵奏宫征。凡其手所挥,藻思含百氏。问字我欹关,爱客君倒屣。膏腴发炙过,快意手共抵。"

---

① 夏之蓉《半舫斋编年诗》卷五,《清代诗文集汇编》第287册,P681-682。

是年,齐召南有祀龟诗,诗集无载,不知其内容。事见周大枢《齐太史出祀龟诗,索和诗,次韵》①。

是年前后,全祖望开始校勘《水经注》。"《水经注》一书,先生晚年精力所注,用功最勤,实始于是夏。"②

胡天游于乾隆十三年、十四年在山西修志书③。

是年,方苞卒。

乾隆十五年(1750 庚午)四十八岁

《齐侍郎年谱》:四月二十六日,于圆明园谢恩,赏广纱二端、葛纱二端。五月初六日,至张家湾上船。七月十三日抵家。

陈用光的《齐召南传》云:"上慰留再三,请益力。上言冬寒如何可行。十一月具折,哀恳俟春和时由长船回南,上始可其奏,犹传太医刘裕铎、邵正文诊脉处方。"④

汪师韩有《送齐次风宗伯还天台》诗⑤。周长发有《送同年齐少宗伯次风养疴还天台》⑥。胡天游有《送次风侍郎谢病归天台》⑦。沈德潜有《送齐次风前辈还台》⑧。

夏,齐召南南归时经过苏州紫阳书院,谒老师王峻。

> 庚午(1750)夏,召南舟过吴门,谒先生于紫阳书院,先生见召南羸困甚,曰:一坠马即病同刘原父耶?执手欷歔久之。时先生已病,然语音洪畅,临别犹以羊叔子相期待,固唯恐召南之不久人世也。呜呼!孰知先生竟溘焉先逝乎!⑨

---

① 周大枢《存吾春轩》卷七,《清代诗文集汇编》第 289 册,P558 上。
② 《全谢山年谱》,《北京图书馆藏珍本年谱丛刊》第 97 册。
③ 胡元琢《先考稚威府君年谱记略》,《北京图书馆藏珍本年谱丛刊》第 95 册。
④ 陈用光《太乙舟文集》卷三,《续修四库全书》第 1493 册,P295 下。
⑤ 汪师韩《上湖纪岁诗编》卷二,《续修四库全书》第 1430 册,P332。
⑥ 周长发《赐书堂诗钞》卷六,《四库存目丛书》第 274 册,P775。
⑦ 胡天游《石笥山房诗集》卷四,《续修四库全书》第 1425 册,P506 上。
⑧ 沈德潜《归愚诗钞余集》卷十,《续修四库全书》第 1424 册,P527-528。
⑨ 齐召南《宝纶堂文钞》卷七,《续修四库全书》第 1428 册,P559-560。

是年秋,有《祝玉京三洞赞》①:

　　玉京三洞,奉魁星、文昌星、台星,为一邑振起人文之兆应。予庚午秋,梦先严指示此地名山。前拱黄榜也,神像既奉,戏学乡农祈田祖体,集帖字为祝赞:台岳南门,邑当开阳。人仰建标,士庆发祥。秋攀桂馥,春撷杏芳。群报选吉,捷奏馨香。魁斗有神,星联中央。笔题黄榜,名振玉堂。高华正大,中天文章。科名并显,甲第齐扬。学业富厚,翰墨精良。子午卯酉,共喜腾骧。辰戌丑未,冠榜轩昂。云蒸霞蔚,凤起鸾翔。太乙炳耀,和气昭彰。时敷解泽,年屡丰穰。家兴仁让,户乐陶唐。必全善状,中的刚强。多才多艺,为龙为光。国恩迁擢,用立表坊。上登三级,元会城乡。连举英彦,升进庙廊。乡云书瑞,相映辉煌。贤能森挺,福禄是常。材皆杞梓,品重珪璋。世济其美,盛德久长。永瞻奎壁,虔奉文昌。拜手名山,祝神洋洋。

是年秋,夏之蓉有《寄怀齐息园同年五百字兼呈近诗》②。
从此诗内容看,齐召南服阙后升任侍读学士,曾给在广东学政任上的夏之蓉写过一封信,并附了一些新诗,但这些诗均不传。
是年九月,年七十八的沈德潜作天台之游。是年正月,沈德潜与长洲周准二人游黄山,九月,始游天台。

　　是月为天台之游,渡浙江,至嵊县,过大佛寺、清凉寺、万年寺,一路幽邃平坦,可乘肩舆,与黄山境异,而石梁、华顶绝胜。石梁梁跨两崖,剑脊积藓,瀑布如雨,白龙争赴,梁下跳珠溅沫,昼夜如奔雷。转毂毂即俗所谓蓝桥也,寺僧祀贾似道于亭中,殊为秽迹,虽倾万斛泉,不能洗濯矣。华顶,台山之顶,四面环山,重重包裹,与莲瓣相似,而中间最高一峰俨如莲台。予到日,寺僧云,十月朔可观日月同度;然或值阴雨,或值云气障翳,不得见,惟有缘者遇之。夜宿之丑候,上绝顶拜经台,天未明,红光万道,

---

① 齐召南《宝纶堂文钞》卷七,《续修四库全书》第1428册,P491上。
② 夏之蓉《半舫斋编年诗》卷十三,《清代诗文集汇编》第287册,P740。

散布海面,动荡久之,顷如红盆涌上。乍上时,先上淡色一痕,日已升,月魄旋没,即所云同度也。明晨,云雾迷空,对面不见人矣。方欲遍游琼台、双阙、赤城、天姥诸胜,而驿递适至,云有旨颁到,宜亟归接。于是不能如黄山之畅游(《沈归愚自订年谱》)。

此次游历,沈德潜有《黄山游草》一卷、《台山游草》一卷。沈德潜有《喜晤齐次风少宗伯》[①]:"赤城已过访云林,罗屋欣逢旧盖簪。赐药养闲千载遇,对床道故十年心。弟兄师友天伦乐,曲糵诗书道味深。明日清溪怅分手,河梁游子忆高吟。"齐召南是年春辞官回原籍,故沈德潜到访齐召南家。

约于是年,有《有竹山房诗钞序》[②]:

《有竹山房诗钞》一卷,苍圃陈子遗稿也。陈氏世有文名,苍圃幼承其祖南陔先生、父畹香先生之教,甫执笔为举子业,辄冠其曹,学诗赋日无闲晷,乡里好读书者咸叹为英敏秀异,即当取科名登显仕以展其才,而苍圃竟以病死。悲夫,士之才与不才,遇与不遇,寿与不寿,皆天命也。天既予以异人之才,而或限于遇,或限于寿,不能兼予,故亦自古为然。限于寿者,早丰其遇,则其才已彰,遇虽限之,而寿不大减,则其才必因挫抑而愈奋愈奇,亦天之所以尽其才也。若苍圃之未遇,而天不尤可悲乎哉!余以甲子春遇先严丧归里,苍圃自袖所著诗赋求教,余心折久之。及服阕还朝,不数年间,南陔(陈溥)先生即世,而苍圃亦厌尘矣。使天稍假以年,其不能与古之作者并驱而争先耶?然以限于寿而不遇,而遗诗具在,其才之异人者终不可没,则传世而名久远。虽谓天于苍圃予以才,并予以寿与遇,亦无不可也。因畹香先生请序,书以慰之。

此序无法确定具体写作时间,根据序言中所称,陈溥于1749年去世,随即苍圃亦离世。苍圃是天台人,齐召南写此序,当是回原籍之后,故将此序系于此。苍圃,名、生年不详,只知道是陈溥的孙辈。

---

① 沈德潜《台山游草》,《清代诗文集汇编》235册,P320上。
② 齐召南《宝纶堂续集》卷十一,《清代诗文集汇编》第300册,P475-476。

是年有《朱觉庵遗集序》①：

吾台有三高士，曰确庵徐印卿，曰觉庵朱君巽（即朱之任），曰介靖张菊人，皆贤而有文，当明季隐居不出，清风劲节，足与古人颉颃，操行语言，至今乡里间盛传之，虽妇人孺子语及某先生，即洒然动容，不敢轻道其名字。三人中，著述最富，则推觉庵先生。先生禀奇质，自幼工于举子业，试辄冠其侪，乡先达多谓先生才，长取科第，当如拾芥。然帖括非其性所好也，初以经济自负，好言王霸大略，既无所试，下帷力学，博览史书，论古今成败得失，事事不遗，旁及诸子百家，搜奇选隽；晚则专务于经，其为诗古文也，能自出所见，纵横排宕，绝去摹拟之迹。当时名士后先流寓天台者，若莱阳姜如农兄弟、仁和陆丽京、柴虎臣、蔡九霞，武进韩公严、恽正叔辈，莫不闻声订交，钦其品而重其学。呜呼！方先生慷慨草疏，率同志走南都，劾马、阮二奸，中途闻变，间关而归。杭越次第不守，遂弃儒服，家徒壁立，惟用著述以当歌哭。盖昼夜寝食于古者，数十年而后殁。家庭自相师友，则有其弟楢溪，姻戚则有袁、许，朋好则有徐、张先生在。时往来酬和之作甚多，今相去仅数十年，所著书散佚殆尽，或以避兵，或以转徙，或为有力者觅购，如《易说》《四书寻微》《史林》《河图广说》数十卷，皆已无存。惟《易通》尚留大半，其遗稿犹在箧笥者，赖犹子某手为校录，与《楢溪集》合，可得百数十篇耳。岁庚午，召南以病告归里，某属为序。夫先生节行之高，不以文重，岂藉序耶！第在后学者闻风兴起，得睹片纸只字，自当珍为至宝，曰此西山作歌之遗音、东篱采菊之逸韵也。先生讳之任；弟楢溪先生，讳之仪；犹子某，即楢溪冢嗣，为余受业师，能以文学世其家云。闻诸故老，觉庵隐居欢岙常，著《诗经偶笔》十二卷、《春秋述》十五卷、《手录铅椠》三十卷、《史娱》六十卷，其诗文曰《自娱集》。陆丽京、蔡九霞每称赏不置，共为一联揭于隐居，曰：论学不妨子静异，著文时付伯喈抄。楢溪，字君正。《哭姜贞毅诗》，一时推为独绝，毛西河录于诗话中。

---

① 齐召南《宝纶堂文钞》卷四，《续修四库全书》第1428册，P515-516。

沈廷芳为马曰楚《燕堂奉母图》题诗,有《题〈燕堂奉母图〉(并序)》①。此图是马曰楚之堂弟马曰管所画,沈廷芳与马曰管为同举。

是年,李绂卒,万光泰卒。

乾隆十六年(1751　辛未)四十九岁

《齐侍郎年谱》:正月皇上南巡,臣以二十日扶病赴杭。至二月二十七日,船行奉迎圣驾。过平望,至吴江八尺河岸跪迎。周扶为学士周长发,上御船。远百步,即玉音呼:齐召南汝已好么?臣奏称:已略好。上顾侍臣曰:齐召南好了。又手指曰:此髯者即周长发。随即扶向行在所奏圣安,即召对询问病体,及老母健饭否。据实奏。天语谕以安养,不必步步相随。奏对良久,即赐克食一大盘,赏内缎二端、景貂四个(谕:齐召南、雷鋐、周长发三人皆上有老母,赏赐须加一分,与众不同)。三月初一日,于杭州同沈德潜、周长发行宫前候驾,恭进南巡颂册页,同周长发谢恩。船至平望,恭送圣驾。二十六日抵家。

是年春,齐召南、袁枚、周长发等会于吴江,准备迎驾。此年春,乾隆第一次南巡,齐召南在吴江八尺河岸上迎驾。乾隆询问齐召南的病情及其母亲的健康。时与齐召南相交者如杭世骏、全祖望、厉鹗等,都到吴江迎驾。厉鹗与吴城则撰《迎銮新曲》进呈,吴曲曰《群仙祝寿》,厉曲曰《百露效瑞》,合为一编②。厉鹗此次遇见多年不见的齐召南,写下《齐琼台侍郎雪中过访》③:"十年握手意偏深,千里言怀喜不禁。……剡雪凄清兴江云,缥缈心有约联吟。"

袁枚有《舟过平望,偕齐次风宗伯、周兰坡学士访玉川居士,不知其已亡也,留诗哭之》④。

是年有《读纪游六篇,因忆沈归愚少宗伯年前游台诗》⑤:

忆昔归愚翁,来游憩琪树。观日万八峰,远寄蓬壶慕。过宿荒斋中,笔阵森武库。共称行地仙,元言发顿悟。今唇高轩临,又可添掌故。频岁

---

① 沈廷芳《隐拙斋集》卷十七,《四库存目补编》第10册,P322-323。
② 《厉樊榭年谱》,《北京图书馆藏珍本年谱丛刊》第94册。
③ 厉鹗《樊榭山房集》续集卷十词乙,《近代中国史料丛刊续编》第六十一辑,1974年,P802-803。
④ 袁枚《小仓山房》卷七,《续修四库全书》第1431册,P295-296。
⑤ 齐召南《宝纶堂诗钞》卷六,《续修四库全书》第1428册,P638下;《宝纶堂外集》卷三,《清代诗文集汇编》第300册,P492。

烦名贤,造庐悯衰痼。向来山斗望,层霄庆际遇。下里何幸哉,重听声金赋。从游怅未能,赓和意欲赴。拟刻洞天石,示人不迷路。

沈德潜受江苏巡抚王师之邀,掌教紫阳书院。二月,沈德潜接驾于清江直隶厂,之后随皇帝一路南巡①。

长至日,杭世骏为方芳佩《在璞堂吟稿》作序②。

八月十九日,王肇基(1701—?)献诗案发,十一日后,王肇基被杖毙③。

《齐侍郎年谱》:十月,因母不能诣阙祝贺皇太后万寿圣节,自撰颂册及请圣安折,遗式迁至杭,交抚宪永公讳贵,代进奏。十一月初三日,丁母忧。十二月十四日,抚台差官捧送朱批折本,易吉服跪阅后,封交回缴。

周长发为夏之蓉的画题诗,有《题醴谷〈来鹤草堂图〉,即步自题原韵》④。

是年,陈大受卒。

乾隆十七年(1752 壬申)五十岁

正月二十日,湖北杨烟昭卦图案发,乾隆帝下令杖毙杨氏⑤。

是年三月,杭世骏受聘为越秀书院山长,全祖望受聘于肇庆府高要县之端溪书院⑥。

越秀书院在广州,天章书院在肇庆,两地相邻,杭世骏、全祖望常常聚会。杭世骏出任越秀书院山长,有《岭南集》⑦。全祖望于次年秋因病辞聘粤东书院,杭世骏则因母病,于乾隆十九年辞归。《隐拙斋集·怀杭大宗编修,即次其寄故乡朋好韵》注:"君曾为越秀山长,以母老辞归。"⑧

春,周长发受命祭秦蜀两省名山大川,有《西使集》⑨。

是年夏,戴震始执教歙县汪梧凤家馆不疏园⑩。

---

① 《沈归愚自订年谱》,《北京图书馆藏珍本年谱丛刊》第 91 册。
② 方芳佩《在璞堂吟稿》卷首,《四库未收书辑刊》第 10 辑 20 册,P512 上。
③ 《高宗实录》卷三九七,第 14 册,P216-217。
④ 周长发《赐书堂诗钞》卷六,《四库存目丛书》第 274 册,P782 上。
⑤ 《高宗实录》卷四〇七,第 14 册,P333 下。
⑥ 《全谢山先生年谱》,《北京图书馆藏珍本年谱丛刊》第 97 册。
⑦ 杭世骏《道古堂诗集》卷十六至卷二十,《续修四库全书》第 1427 册。
⑧ 沈廷芳《隐拙斋集》卷二十一,《四库存目补编》第 10 册,P351 上。
⑨ 周长发《赐书堂诗钞》,《四库存目丛书》第 274 册,P696。
⑩ 程瑶田《通艺录》,《丛书集成续编》第 165 册,P732-735。

是年十月，齐召南将母亲与父亲合葬于花坑之原，有《先考省斋府君先妣张太夫人圹记》①：

先考讳鼐，字宗器，姓齐氏。始祖宋宣义公之十七代，明车驾郎中忠节公之十代孙也。曾祖文学，讳嘉逢，妣陈氏。祖处士，讳之仲，妣节孝许氏。考文学赠文林郎翰林院庶吉士，讳化龙，妣赠孺人徐氏。府君生康熙十四年二月丁卯日卯时。齐氏居天台城隍庙前，世以孝谨为家教。至赠公，学行纯正，为士林所尊。府君于兄弟中居长，自幼承赠公训，读书循理，德度凝然。同邑张介靖先生方为孙女择婿，心器之，语子熊卜明经曰：得齐幽溪子为婿，两家可比古荀陈矣。时明经才名冠郡邑，三子皆英挺。府君以婿从学学使黄冈张公，拔入邑庠，文誉大起。府君志在奉亲，不慕荣进，尝赴闱试，闻妣徐孺人疾，即归。及免丧，赠公劝令应举，辄辞，惟以卷轴自娱，晨夕不离左右而已。性宽和厚重，乐善孜孜。虽造次，未尝有疾言厉色；与人交，终始如一，是以乡人敬而爱之，莫不称笃行君子。教不肖等，最重朱子《小学》及《近思录》，曰：此希贤大路也。于古诗爱陶、韦。自号省斋。乾隆丁巳，遇覃恩，封文林郎翰林院庶吉士；又晋封检讨。以癸亥十二月八日卒，寿六十有九。先妣张太夫人，贤明识大义，明总宪太素公玄孙女。祖介靖，父熊卜。两先生于幼时口授《孝经》《四书》，即成诵，母陈爱之。及归府君，事舅姑如事父母，待娣姒诸姑如亲姊妹，抚妾婢如儿女。邑中称贤淑者，必首推太夫人。居无片刻之闲，祭祀宾客，酒食立办，纺绩缝补，夜以继日。凡族党婚嫁丧葬，仪节有疑，必来请问，一言动即为闺合楷模。有五子，与府君共立程课，严肃较府君有加。既封太孺人，娣姒劝稍华饰，答曰：吾家以勤俭朴素获佑于天，敢勿守前德训后人乎？府君卒后五年，太夫人病，不肖召南适予告归养。辛未春，恭迎圣驾南巡，召对于吴江行殿。琅琅天语，下询汝老母健否，侍从者无不传以为荣。及十一月三日疾革，犹神明不乱，训子孙积善修德如府君。临终时，享年七十有七。呜呼痛哉！太夫人以七月二十五日生，与府君同年也。府君于例宜晋赠资政大夫、礼部右侍郎；太夫人宜晋赠正二品。不肖子长

---

① 齐召南《宝纶堂文钞》卷八，《续修四库全书》第1428册，P581－582。

周南,辛酉举人,拣选知县。次召南,丙辰博学鸿词,由翰林官至礼部侍郎。次图南,邑廪生。次世南,丁卯举人,候选知县。次道南,邑庠生。有孙十二:周南子庠生式唐。召南子式迁。图南子式训、式赞、式讷、式谟、式诜、式论。世南子式序、式廓、式康。道南子式诚。曾孙二:式唐子传经、执经,皆幼。不肖等遵治命卜宅兆于花坑之原北,去赠公墓仅十里,乃以乾隆壬申十月合葬。呜呼! 惟我府君、太夫人德甚厚行甚高,不肖等不能显扬于万一,谨次叙世系及生平梗概而掩诸幽,异日将请贤而有文者为表其隧。昊天罔极,呜呼哀哉! 不肖子周南篆盖,召南为记,图南书之,世南、道南刻于石。临终时,享年七十有七。

是年十二月,有《外王父明经张府君墓志铭》①:

外王父熊卜张府君殁之二十七年,而外王母陈太君即世,前后所择地俱未协;至今年冬,其孙仁宪始获厝桐柏西岙先茔之东。召南以母忧家居,扶病即绋,共请文刻于石,谨条世系本末,而缀以铭。系曰张氏台望族,世居茅园。其迁官基,自明右都御史工部侍郎讳文郁与夫人汪氏始,即府君曾祖也。祖曰刑部主事,讳元声,妣曰谢氏。考曰介靖先生,讳亨梧,妣曰汤氏。府君讳利璜,字渭夫,号熊卜,以顺治十三年五月十四日生。自幼聪敏异常,儿孝友天,至稍长,奋志为举子业,提学祖公拔入郡学,食廪膳,岁科试辄冠其侪,所为文时争传诵。弟子受业者半庠序,困于场屋,竟以明经终,士论惜之。外王母陈太君,性贤明,教子治家,并足为闺阃法。邑庠生讳良表长女也,生与府君同齿,乾隆五年七月八日卒,年八十有四。呜呼! 自都宪后,子姓繁衍,台人言家学者,必首官基。至府君,有三贤子,英才轶群,声名益著。使天假府君年,得与太君并,岂不亲见积善之庆乎哉? 长廪生正吉,以勤俭复祖业。次举人候选知县正宫,以宿学著书,儒林称之。季举人房县知县正品,屡宰剧邑,称循良。此皆府君朝夕手课,乡人所指美者。有女子二,长即召南母太夫人,配吾父封翰林省斋公。次适谢元犟。当太君七八十岁时,家门日

---

① 齐召南《宝纶堂文钞》卷八,《续修四库全书》第1428册,P574-575。

盛，内外孙曾蔚起，舅氏年俱未老，岂知天伦乐事之不可以长得耶？今舅氏既皆捐馆，吾母太夫人亦即世，此召南执笔不能不泣下沾襟也！呜呼！为善者必有后在，府君福不称德，虽有贤子亦未大显，天之报施，其或愈积而愈隆乎。孙八，太学生某某。曾孙十四，庠生某某。玄孙二。葬之日，乾隆壬申十二月乙巳也。铭曰：望东山兮，绳厥祖逾梭溪兮。不数武西有岙兮，随贤父昔避居兮。乐此土兮相承兮，若堂斧卜幽宫兮奠终古。

是年冬，与兄齐周南同游桐柏观。
事见《雪夜与大兄宿桐柏观紫阳楼下》①："弟兄呵冻对床眠，此是人间大洞天。种树已周三径外（高道士善种花树，于楼后作园，松竹成林），看山犹记壮年前（余于雍正癸丑初造观时来游，今二十年矣）。冲尘落马宁非梦（己巳夏，于都中梦见葛仙翁同步赤城高处，诣余司马悔桥，后数日遂因坠马致病），踏雪飞鸿亦有缘。不寐共听清磬里，隔楼高诵《悟真篇》。"二十年前，齐召南与弟培风一同游桐柏观，此次是与兄同游桐柏观。此次游观，还有诗《雪中看九峰环观景色极佳，前贤所未尝身历者》《桐柏岭头口号》《晨步后园观种菊花》《途中见千山皆成群玉，惟有赤城崚嶒秀拔，紫白相间，如矞云然，口占以纪其胜》。
是年有《重刻〈人谱全书〉序》②。
《人谱》是刘宗周的作品。刘宗周（1578—1642），字起东，号念台，山阴人。阳明心学的殿军，属于阳明修正派，著述多种，《人谱》是其一。其传在《明史》卷二百五十五中。此时，雷鋐有《刘蕺山先生遗集序》③："乾隆辛未仲夏，鋐校士至绍兴，亟问蕺山先生遗书，仅见《人谱》一侧。询其后裔，乃得手录若干卷，爰与郡守郑侯谋开雕，而嘱郡学博李君凯等重校以蒇厥事。是秋，奉命移江苏。越岁，郡守学博屡以序请……"据《清实录》乾隆十六年八月记：江苏巡抚王师故，以户部侍郎江苏学政庄有恭为江苏巡抚，调浙江学政通政使雷鋐提督江苏学政，以吏部侍郎彭启丰提督浙江学政。可知此次重刻刘宗周遗集，最初是由雷鋐发起的。

---

① 齐召南《宝纶堂外集》卷三，《清代诗文集汇编》第300册，P494上。
② 齐召南《宝纶堂文钞》卷五，《续修四库全书》第1428册，P540—541。
③ 雷鋐《经笥堂文钞》卷上，《清代诗文集汇编》第285册，P19—20。

是年有《书〈忠谏曹公奏议〉后》①：

　　余家居养疴，乡人有自新昌来者，必称其令曰：粤西曹君后之山阴道新昌，君手一编来，即新刻公奏议全集，盖君固公后裔也。旋调象山，象山人称君如新昌。余方谓君仕必大进，今年秋，君徒步谒余松冈，则已引年将归粤，而苦于贫。噫！君宰邑七年矣，廉静得民心，而仕不稍进，何耶？君凤求余序公《奏议》，余以公生平已具《明史》及诸名公序言，可不必赘，惟是名臣之后，复有廉吏，是则贤者奕世有光，宜书诸集后，以见君之能不愧其先也。

　　《忠谏曹公奏议》是明朝曹学程的文集，曹学程（1563—1608），字希明，号心洛，全州人，以直谏著称于世，有"强项御史"之名。因反对与倭寇妥协而触怒了万历皇帝，入狱十一年。曹学程是万历十二年（1584）进士，之后做台州宁海知县。一百五十多年后，其玄孙曹鏊到新昌、象山任知县，《忠谏曹公奏议》就是由其玄孙曹鏊重刻。曹学程的传在《明史》卷一百二十二中。

　　是年有《题淮安普济堂志(堂系程钟建)》②：

　　淮水汤汤，鸿飞遵渚。哀鸣嗸嗸，靡所定处。彼君子兮，有力如虎。克广德心，泣涕如雨。此何人哉？其毒太苦。天实为之，无父何怙。载渴载饥，苟亦无与。无衣无褐，率彼狂野。蓬蓬不殄，不能艺稷黍。有淮有渊，匪鳣匪鲔。瞻彼平林，麀鹿麌麌。哀我人斯，不可以据。出其闉阇，率西水浒。伐木丁丁，既破我斧。经之营之，筑室百堵。饮之食之，坎其击鼓。蒸然来思，乾时庐旅。乃慰乃止，乐土乐土。我疆我理，有截有所。我取其陈，绸缪牖户。流离之子，独行踽踽。雨雪其雰，纠纠葛屦。言采其蓬，刚亦不吐。一苇杭之，可与晤语。哀此茕独，靡瞻靡顾。原隰哀矣，风其吹汝。而多为恤，于林之下，相其阴阳，折柳樊圃。邛有旨苕，隰有苌楚。幡幡瓟叶，亦施于宇。亦以御冬，尔殽伊脯。无小无大，式歌且舞。

---

① 齐召南《宝纶堂文钞》卷六，《续修四库全书》第1428册，P543-544。
② 齐召南《宝纶堂外集》卷一，《清代诗文集汇编》第300册，P488下。

有纪有堂,既载清酤。丰年穰穰,以御田祖。德音孔昭,天子所予。秉心塞渊,率彼淮浦。为龙为光,锡尔纯嘏。

程钟,字葭应,号巘谷,徽商,捐职知县①。另见沈德潜《归愚文钞诗钞余集》卷四《淮安普济堂记》。又见黄达《普济堂记》卷十六。

杭世骏为《张莳斋诗集》作序②。

沈廷芳有《题陈见为别驾〈洗砚图〉》③。沈廷芳有《题〈松林读书图〉送卫宗》,据沈廷芳自注云:"黄裳写成山松面貌,卫宗读书其下。余以山宜高隐,为改图名。卫宗旋应松林山长之聘。"④黄裳,即胶州法坤厚。卫宗,即成城。

齐周华撰《游卧龙冈记》,冈在邓州,不著写作年份,当为入楚后作⑤。

是年,秦蕙田辑《五礼通考》成。(《五礼通考》卷首顾栋高之序)

是年,厉鹗卒。

乾隆十八年(1753 癸酉)五十一岁

二月,陈兆仑以讲官扈跸东陵,奉敕和御制诗三十七首。九月,陈兆仑充《续文献通考》馆总裁⑥。

三月四日,伪撰孙嘉淦奏稿案结案⑦。

是年春,彭启丰过天台,访齐召南。

事见《侍御王艮斋先生赞(并序)》⑧:"上年夏,学使彭公芝庭(即彭启丰)自台州试毕来吊,召南始知先生(即王峻)即世已逾祥禫,为之大恸。"又有《和次彭少宰过访见赠原韵》⑨:"养疴卧蓬门,初夏多绿树。晨望屋角山,支筇发深慕。雪瀑隔霞标,虚贮神仙库。尘虑我未捐,安能得清悟。忽讶彭祖来,忘年

---

① 《淮安盐业志》,方志出版社,2013年,P502-503。
② 杭世骏《道古堂文集》卷十一,《续修四库全书》第1426册,P310上。
③ 沈廷芳《隐拙斋集》卷十九,《四库存目补编》第10册,P334下。
④ 同上,P338-339。
⑤ 《名山藏副本》附录年谱。
⑥ 《陈句山先生年谱》,《北京图书馆藏珍本年谱丛刊》第97册。
⑦ 《高宗实录》卷四三四,第14册,P664-665。
⑧ 齐召南《宝纶堂文钞》卷七,《续修四库全书》第1428册,P559-560。
⑨ 齐召南《宝纶堂文钞》卷五,《续修四库全书》第1428册,P637下。

道旧故。指示还丹诀,不愁病沈痼。山水仁智心,松乔随地遇。公方奋巨笔,登高快作赋。华顶俯沧溟,兴渴百川赴。朗诵见赠篇,辉煌仰云路。"又彭启丰《自台州启程雨行口占》①:"大固山前首重回,东巡沧海望蓬莱。湿云漠漠峰腰吐,急雨冥冥涧底来。"

彭启丰在台州有诗多首,卷六还有《游石梁洞》《宁海过陈长官墓》《拜方学先生祠》《百步溪过紫阳观》《天台道中有怀仙迹》《赋天台十景诗》《赤城》《由国清寺度涧至高明寺》《石梁憩昙花亭》《华顶峰歌》。卷九有《章安试院课诸生》《黄岩》。

彭启丰有《赠齐次风少宗伯》②。

彭启丰(1701—1784),字翰文,号芝庭,江苏长洲人。雍正五年会试第一,殿试置一甲第三,世宗亲拔第一,授翰林院修撰,南书房行走,历官右庶子、通政使、刑部侍郎、礼部侍郎、兵部尚书③。彭启丰于乾隆十五年至乾隆十八年出任浙江学政。此时,同在浙江学政任上的,还有与齐召南关系密切的雷鋐。

十月,沈德潜选刻《紫阳书院科艺》告成。又沈德潜之《杜诗偶评》亦刊刻成④。

沈廷芳自绘并题诗《题观尚蓬莱浴日图》⑤。沈廷芳为伯兄画题诗,有《题伯兄〈西溪梅隐图〉》⑥。沈廷芳又为儿子沈世炜的《观海市图》题诗,有《题世炜〈观海市图〉》⑦。

周长发为张栋的画题诗,有《题张玉川〈秋冈曳杖图〉》⑧。

十一月,周长发有《题佛空上人老渔用六图》⑨。

是年,江永执教歙县西溪汪氏不疏园,戴震、程瑶田、汪梧凤、金榜等皆从学问业⑩。

---

① 彭启丰《芝庭诗稿》卷六,《四库未收书辑刊》第9辑23册,P647下。
② 同上,卷九,P687。
③ 《清史稿》卷三百四。
④ 《沈归愚自订年谱》,《北京图书馆藏珍本年谱丛刊》第91册。
⑤ 沈廷芳《隐拙斋集》卷十九,《四库存目补编》第10册,P341-342。
⑥ 同上,P342上。
⑦ 同上,P342。
⑧ 周长发《赐书堂诗钞》卷七,《四库存目丛书》274册,P793下。
⑨ 同上,P793-794。
⑩ 江锦波、汪世重辑《江慎修先生年谱》乾隆十八年,《北京图书馆藏珍本年谱丛刊》第92册。

是年,孙嘉淦卒,杨椿卒。

乾隆十九年(1754　甲戌)五十二岁

是年二月,为蕺山书院山长。

根据杭世骏《资政大夫礼部侍郎齐公墓志铭》①:"十九年二月,服阕。制府喀公请为绍兴蕺山书院山长。冬,喀公复请主福建道山书院,以道远辞。"时喀公入觐过天台,探访齐召南,齐召南有诗:"萧条草土得余生,陋巷欢瞻节钺荣。倚仗始能移寸步,弹琴犹自不成声。心论风雨三年隔,海看东南万里清。入觐匆匆还访旧,如公真见古人情。"②齐召南在蕺山书院期间,钱塘任应烈亦在绍兴,两人交往密切,此间齐召南有《暮春访任处泉前辈于鉴湖快阁,山水雄秀冠越州,和次移居韵四首》《处泉前辈招饮快阁,三叠前韵》《题任处泉前辈小照》③。周长发于乾隆十六年(1751)丁母忧回绍兴,服阕将入都,齐召南这时正好在蕺山书院,多次拜访周长发,有诗《后马村访石帆先生(自辛未春,先生母七十寿登堂展,今则又过祥禫,将释服入都矣,余两人遭丧如出一辙)》《石帆谈金陵游迹,又用前韵》《读石帆〈岳渎游草〉,又用前韵》《偕周石帆、张百斯(嗣益)泊河桥寻高迁亭遗址用前韵》《题石帆先生〈秋林觅句图〉,次袁简斋韵》④。

三月,沈德潜恭阅御诗毕,缮折进呈。四月,御批奏折回,会榜发,门生中式者王鸣盛、钱大昕、王昶、钱策、汪存宽、危映奎六人。五月,评选《国朝诗别裁集》⑤。

是年夏有《〈天台山集句〉自序》⑥:

> 客问:息国家居养病,足迹曾不逾户外,乃取李杜成句,纵横离合,以状山水景物,次其路程远近,虚作纪游一卷,可乎?答曰:诗以言志。余虽病不能游,然乐山水之志自在。且台本名山,生长斯地,昔游即未遍,今

---

① 杭世骏《道古堂文集》卷四十一,《续修四库全书》第 1426 册,P602－607。
② 齐召南《赐砚堂诗稿》〈乙本〉,临海博物馆藏抄本。
③ 同上。
④ 同上。
⑤ 《沈归愚自订年谱》,《北京图书馆藏珍本年谱丛刊》第 91 册。
⑥ 齐召南《宝纶堂续集》卷十一,《清代诗文集汇编》第 300 册,P477。

兄弟友朋之游稍遍者，为余津津乎言之。余耳听心游，或寻旧迹，或获新境，欣然乐而忘倦。纪游不可无诗也，余又不能始思集句。集句者，矜工巧争耦对，每苦检书，余束书久矣，惟少时诵李杜诗，尚堪记忆，专取五古，能言余志所欲言而不能言者，笔以成章，不一可乎。指心游为目游，移古人先得之句为我句，何实何虚，亦自言其志也云尔。虽然，余纪游虽虚，台山若赤城、琼台、石梁、华顶、寒明之奇胜故实境也。集句称诗虽虚，李杜光焰万丈，但拾毫芒犹足为名山生色，固实诗也。纪有未全，集有未工，则鄙陋自惭，俟病稍健，当实游以补之。既答客，即书简端。时乾隆甲戌夏日。

此序末齐毓川案，此篇序言遍寻不得，最后在金品三（字刚士，天台人，乾隆恩贡生，著有《介庵诗钞》）家藏寻得。另有雷鋐的《〈天台山集句〉题词》附于《〈天台山集句〉自序》后："余乙亥校士，由章安抵天台，适雨，望赤城在蒙雾中；陟金地岭，雨甚，宿高明寺。晨起，白云如幕，过寒风阙，傍涧行，咫尺不见人者十余里。将入昙华亭，云忽开见，雨溪瀑如双龙飞入石梁，直泻千仞，目所为睹。然雨后不能登华顶，探琼台双阙诸胜。是游也，未及半，间有吟咏，不足供山灵一哂。今得见息园先生《天台山集句》，陶铸李杜韩三家，以发天台之奇秘，人巧极而天工错，殆山灵阴相之欤！他年访息园先生游所未游，挟此册共唱欤焉，足矣。诗可无作抑？吾观天台县亘八百里，磅礴蟠结，必钟伟人，前此贤达虽多，似尤未足当也，是在息园先生无疑。书此以志之。"

乾隆十八年至二十一年，雷鋐在浙江学政任上，乙亥年，因公到台州，回杭州时过天台，作天台山之游。推测雷鋐此序，当写于乾隆二十年，因齐召南于是年到杭州敷文书院执教，雷鋐有机会见到齐召南的《天台山集句》。

齐召南于1750年至1754年四年间，一是丁忧居家，一是养病。齐召南闲来无事时，练过书法，写了一些诗。此间的诗就是《集淳化阁帖字》，集前的序言云："家居养病，百无一能，何以坐消白日。偶阅《淳化阁帖》，集王右军大令草字意为诗，俟稍轻健，当用双钩填墨，就正于好事者。生平书法甚拙，欲借此自补。"

是年夏,有《仪礼易读序》①:

　　五经之为经,古今一也。惟《礼》则唐以后陪《易》《书》《诗》《春秋》为五,与汉之称为经而列在学官者迥然不同。汉于《礼》立博十三家,二戴、庆氏皆高堂生、后苍所传,所传之经皆《仪礼》,即《艺文志》所叙古经十七篇是也。汉末,郑氏康成注《仪礼》,兼注《周官》《礼记》。魏晋而后,遂有三礼之名,然言经犹推《仪礼》。自唐作《五经正义》,于是《礼记》大显,而《仪礼》始微。同时贾公彦虽本于郑注作疏,与《周官》并行,学者视十七篇,已不啻《左氏春秋》之视高赤,即豪杰如昌黎,尤谓苦其难读。宋儒穷经,颇同二汉,而专释《仪礼》者甚稀。今所传刘敞《小传》,陆佃《礼象》,陈祥道《礼书》,朱子、黄干《通解》,杨复《图解》,不过数家。即有名登总录,若周燔、李如圭、张淳、魏了翁等,其书岂尚有片纸只字耶!元儒序录、考注,即敖继公集说至今尚在,而学者于《仪礼》久已弃掷不观,固有白首谈经、未尝略置齿牙者,经术之衰,盖至十七篇而无以复加矣。余出翰林,尝欲与杭堇浦太史纲罗散佚,稍为编辑。后见吴东壁作句解,心甚爱之,但未见其全书也。今年居蕺山,有老儒马君德淳,以所著《仪礼易读》见示,马君真好古力学之士哉!其书句解节释,使学者展卷而明,不苦难读;寻端究委,忘其琐碎烦曲;乐于搜讨,可以举前贤辨论,会其旨趣而剖判异同。此书倘行,是古礼经振衰之一助也。呜呼!俗学荒经,蔑古久矣,游谈无根,至即称《礼记》为《曲台记》。《曲台记》即后苍所述以传二戴、庆氏者,书早散亡,而其所传之经则十七篇,今犹列于十三经,刻于国学炳如也。因马君请序,为然三叹者久之。乾隆甲戌仲夏,天台齐召南撰。

马驹还有《硕果录》十卷。《仪礼易读》卷首还有雷鋐、万以敦、彭元玮、李志鲁序。这五篇序,齐召南稍早,写于乾隆十九年,雷鋐、万以敦、彭元玮、李志鲁四人序,都写于乾隆二十年。此时雷鋐正在浙江学政任上,万以敦是山阴令,彭元玮是会稽令,李志鲁是山阴学司谕。刊刻经费,主要由万以敦、彭元

---

① 齐召南《宝纶堂续集》卷十,《清代诗文集汇编》第 300 册,P463。

玮、李志鲁三人捐助。

八月朔，杭世骏为吴绳年书《端溪砚志序》①。冬，杭世骏为陈鉴作《远村吟稿序》②。

是年中秋有《侍御王艮斋先生赞》③。

庚午夏，召南舟过吴门，谒先生于紫阳书院。先生见召南羸困甚，曰：一坠马即病同刘原父耶？执手欷歔久之。时先生已病，然语音洪畅，临别犹以羊叔子相期待，固惟恐召南之不久于人世也。呜呼！孰知先生竟溘焉先逝乎！天台居万山中，岁荐饥，商旅罕往来者。召南以病居母丧，杜门谢客，于外事一无所知。上年夏，学使彭公芝庭自台州试毕来吊，召南始知先生即世已逾祥禫，为之大恸。呜呼！先生学行为海内儒林仰重者数十年，刚正之性终始不改，于人少所与可，而人莫不服，有东汉李、范诸君子风。官翰林，久以著作自任。甫入台，即劾金人不可为台长。丁艰归，即不出，公卿交荐不顾也。先生虽没，其可传者自长在天壤。召南今即免丧，旧疾未少减，寸步须杖始移，不能走哭先生墓下，勉为赞语，寄先生子，俾书于画像，时乾隆甲戌中秋也。赞曰：维岳有华，千寻拔地，而削成四方，维渎有济，一线入河，而不杂于黄。维我先生，无欲至刚，严气正性，莫之颉颃。廿年词垣，蔚然文章，半站台谏，凤鸣朝阳，难进易退，授经于乡。虽人忧寂寞，而我乐徜徉，何享年不长，为士林所共伤。呜呼！先生其名孔彰，为人中之华，与济其高哉哉，其流汤汤。

王峻因病辞去山长一职后，由沈德潜接替紫阳书院山长④。王峻卒(1751)后，其诗文集于1753年为蒋诵先所刊刻，齐召南亦有一篇《王艮斋先生集序》⑤：

圣人作《易》，以阳为君子，阴为小人。阳刚无所于屈，阴柔易入于邪，

---

① 杭世骏《道古堂文集》卷七，《续修四库全书》第1426册，P266-267。
② 杭世骏《道古堂文集》卷十二，《续修四库全书》第1426册，P319。
③ 齐召南《宝纶堂文钞》卷七，《续修四库全书》第1428册，P559-560。
④ 《钱辛楣先生年谱》乾隆十九年，北京图书馆藏珍本年谱丛刊，第105册。
⑤ 齐召南《宝纶堂文钞》卷五，《续修四库全书》第1428册，P535-536。

气异而理亦随之。虽其所遇各有时,所处各有地,所宜各有事,所占吉凶悔吝不同,而君子严气正性,直道而行,能为人所不能为,能守人所不能守;审是非,不论利害;安义命,不问穷达,皖皖岳岳,庸人皆敬而远之,不目为迂,即目为矫。其学为诗古文辞,志在立言,雄直坚栗,期无愧乎!古作者之法力,追而与之并,不屑雷同剿袭,以稍徇时人之嗜好,亦岂疲苶颓靡、随声附和者所能企及万一。圣人言近仁首刚,又慨刚者未见。若吾师艮斋王公,其真固所谓刚者欤!公秉异质,才思绝人,读书破万卷,能□其液而取其精。登第官翰林,声名迥出侪辈上,一时公卿宿学、号称博雅者折节忘年下交,谓公可立致通显。而公性刚正,深恶唯诺诡随之态,闭户下帷,日与古人相对,一室萧然。操史笔典著作,凡馆局编辑事,一以身任。时俗所尚造谒逢迎,师友往来浮习,概屏之。每遇廷试,必居首列。吴、越、滇、黔三掌文衡,所至咸称得士。自庚戌至癸亥,从旁无荐剡者,积二十年不调,圣天子深知公,改御史。甫半月,即疏劾总宪非人,诏从其议。当是时,公之直声动天下,风采凛然。而遽以艰归,哀毁骨立,致疾日深。江苏巡抚延请为紫阳书院山长,并修郡邑志乘,公遂誓墓不出,馆沧浪亭数岁,即厌尘弃世。呜呼!公德禀阳刚,终始如一,荣华贫困,举不足以动其心。至于盖棺论定,虽当时之敬而远之、私议其迂且矫者,亦且服公操行,降心改口,谓真君子,果不可及。而公平日诗文,磊落光明,久为海内推重,则共称道无异词,又不待言也。公及门甚多,召南拙陋,最辱知爱。忆在都时,每趋函丈,公必手条经史疑义及古今地学相商榷,款谈竟日不倦,同听者蔼若坐春风中,颇怪时论谓公刚不可近之过。呜呼!素位自得,不援不陵,此真君子之刚;无欲以清其源,好学以求其志,有为有守,修己诲人,随事各得其正而不失其宜者欤!公同里蒋君,手校遗集,开雕以垂久远。召南因公晚耽《易》,庚午(1750)之夏,送别胥门,犹殷殷语先后天勿置也,故以说易序公集云。

从序的内容看,也是写在王峻卒后,是为王峻一本未刊刻的易学著作而序。

王艮斋,即江苏常熟人王峻(1694—1751),字次山,号艮斋。雍正二年进士,改翰林院庶吉士。乾隆三年,遭母忧去官。后主讲安定、云龙、紫阳书院。

提倡古学，善书法，工诗。其传在《清史稿》卷四百八十五中。四库存目收录其著作《徐州府志》《王艮斋集》。

是年有《读〈香树斋续集〉题词》①：

读《香树斋续集》，高妙不可思议，即集其句，奉题八绝句：
玉皇案吏已华颠，普润班联逮里阎。认作当时苏玉局，颜书杜句一身兼。
人品萧疏澹若秋，珠光百琲定还流。撑肠文字三千卷，廊庙江湖岂异谋。
不学神仙只学诗，无心得句益多奇，诗情润适澹于菊，履道坊中矍铄时。
轻云淰淰气昌昌，水竹山居枕上方，闲爱著书多岁月，文思天子正当阳。
宦味经年亦淡如，枫林红叶袭衣裾，翠屏乱叠轻云里，看遍千林总不如。
墨痕粉本总相宜，峭语清寒字字奇。广大风骚真不悉，一时能诵百篇诗。
村田宜雨亦宜晴，眼界何妨万象生；山水有缘皆本性，新诗早见八义成。
应瑞身兼甫与申，一沾天语倍精神。柳塘诗卷东篱菊，邀我看花意更真。

《香树斋集》《香树斋续集》是钱陈群的作品。钱陈群（1686—1774），嘉兴人，字主敬，号香树、柘南居士。康熙六十年（1721）进士。钱陈群较齐召南年长十八岁，当然是前辈了。乾隆元年，齐召南以博学宏词科入翰林院，钱陈群于是年丁母忧。乾隆四年，钱陈群补原官顺天学政。与钱陈群同在翰林院共事，是在乾隆七年时，此时齐召南是检讨，而钱陈群是翰林院内阁学士。钱陈群在内阁学士任上只有一个月，就迁刑部右侍郎。乾隆十二年，钱陈群充大清会典副总裁，齐召南亦与修大清会典②。钱陈群、齐召南是同事、同乡的关系。根据沈德潜为《香树斋续集》写的序可知，《香树斋集》是钱陈群乾隆十六年（1751）前的作品汇集，而《香树斋续集》是乾隆十七年之后的作品，共四卷。沈德潜的序写于乾隆十九年冬（《香树斋续集》卷首"沈德潜序"），可知齐召南为《香树斋续集》的题词，亦当写于是时。现存《香树斋续集》有三十六卷，显然是将钱陈群后来的诗作合并到了一起。

是年，致仕在家的夏之蓉，由大中丞滋圃庄公聘修《南通州志》。自四月至

---

① 《香树斋续集》卷首，《四库未收书辑刊》第9辑18册，P366。
② 《清史稿》卷三百五。

十一月,书成①。

周长发为李方膺的画题诗,有《题白衣山人〈古梅图〉,为简斋赋》②。周长发为储麟趾的画题诗,有《题〈双白燕堂图〉,为储梅夫鸿胪作》③。周长发有《题王又翁明府〈庐山观瀑图〉》④。

是年,吴敬梓卒。

乾隆二十年(1755　乙亥)五十三岁

《齐侍郎年谱》:二月初三日,服阕。初九日,督宪喀公讳尔吉善,因阅兵过台来访,即请为绍兴蕺山书院师。四月,至蕺山。十二日,以直陈微悝,病犹未痊。奏折至杭,而托雅公讳尔哈图代进奏。闰四月二十二日,抚宪差官送到朱批:览。汝且安心乡里调摄,期痊可也。又朱批请安折:朕安。九月,督宪自福建差官以书币请主道山书院,因道远辞。十月,抚宪周公讳人骥,请主敷文书院。

喀公即喀尔吉善(?—1757),字澹园,伊尔根觉罗氏,满洲正黄旗人。乾隆十一年,迁闽浙总督,任至乾隆二十二年⑤。

周人骥(1695—1763),字芷囊,又字莲峰,雍正丙午举人,五年进士,授礼部主事,督学四川,以监察御史授广西右江道,擢湖南按察使、陕西布政使,调湖南,升浙江巡抚……卒年六十八。著有《香远堂诗稿》《莲峰宦稿》。自乾隆元年齐召南入朝为官时,周人骥大部分时候在地方上,只是在乾隆五年至七年间做吏科给事中,与齐召南同在朝中。乾隆十九年至二十一年,周人骥任浙江巡抚,故请齐召南主敷文书院⑥。

三月十三日,胡中藻《坚磨生诗钞》案发,胡中藻被斩首⑦。

是年四月,制府望山尹公,聘夏之蓉主持钟山书院,时两江英异之士群来受业,至乾隆三十年(1765)束装归里,历十一年⑧。

---

① 夏味堂《检讨公年谱》乾隆十九年,《北京图书馆藏珍本年谱丛刊》第96册。
② 周长发《赐书堂诗钞》卷七,《四库存目丛书》第274册,P796上。
③ 同上,P796-797。
④ 同上,P797上。
⑤ 《清史稿》卷三百九;又《清代职官年表·总督年表》,P1407-1414。
⑥ 徐宗亮《(光绪)重修天津府志》卷四十三《传五人物三》,《续修四库全书》第691册,P257上。
⑦ 《高宗实录》卷四八四《乾隆二十年》,第15册,P62上。
⑧ 夏味堂《检讨公年谱》,《北京图书馆藏珍本年谱丛刊》第96册。

五月,钱大昕《三统术衍》成①。

是年夏至,有《三山汇录序》②:

余不解佛氏说佛。佛所说也,空也,空则语言文字俱泯,而学佛者于佛教外,语言文字日新月盛。所谓语录者,冗繁变幻,其多又过于佛,将佛之语言文字尚不如后之学佛者耶?抑学佛者固远不如佛,故自逞其语言文字耶?否则,佛所说空者皆空,惟其不空,是以学佛者学其不空之说,以为空也。是三者,余俱莫能辨。浮屠济恒,居吾台之华顶山,凡学佛者莫不敬礼,谓宗门大善知识。其始居杭之凤山圣果,今在南屏净慈,远近推重如一。其徒汇录三山语,请余序。余于佛氏说本不解,何以为言?然济恒与余为山水友,每谈山水游观之乐,无一虚假意。其于佛亦如谈山水耶。是编语言文字,视凡为语录之过多,则有间矣,学佛者必能辨之。时乙亥长至也。

齐召南在敷文书院期间,与济恒交往较多,如诗《净慈寺僧济恒知予病不茹荤,送斋来院聚谈》。

是年到万松书院(即敷文书院)执教,至乾隆三十年(1765)年结束,达十一年。

据《浙江通志》卷一记载:"万松书院在万松岭,宋为报恩寺,元末废。明弘治十一年,右参政周木因寺址改建,规制略如学宫。……国朝康熙十年,巡抚范承谟重葺。三十二年巡抚张鹏翮、四十九年巡抚黄秉中相继增修。五十五年,圣祖仁皇帝赐御书'浙水敷文',额因名'敷文书院',……雍正十一十钦奉特旨赐帑金一千两,以资膏火。由是多士向风,学徒云集,延名师以主教席,日有课,月有程,士风丕振,益征圣朝文教覃敷之盛。"③

是年有《天然假山赞(并序)》④:

---

① 《钱辛楣先生年谱》,《北京图书馆藏珍本年谱丛刊》第105册。
② 齐召南《宝纶堂续集》卷十,《清代诗文集汇编》第300册,P470。
③ 《浙江通志》卷一,《四库全书》第519册,P136-137。
④ 齐召南《宝纶堂文钞》卷七,《续修四库全书》第1428册,P560。

乾隆乙亥,养病居万松岭,岭即凤凰山北麓,檐前奇石千百,列队争雄,云涌波幻,前贤题字甚多,此天然大假山也。余于西冈拾云根石数百枚,涤去沙泥,晶莹夺目,择寒芒最盛者为小镜,其面平角方梢,有凹突文,似篆隶行草及绘画者。

同时有《云根石天然图书序》《天然图书铭》等。
《耄余诗话》卷一①:

(齐召南)官吏部侍郎,年老陈情解职归。后主敷文书院讲席,造士甚众。尚于凤凰山顶指云气处,掘地得奇石,皆似古篆籀,名曰"天然图书",为文记之。天台齐息园宗伯主讲敷文书院时,每当山雨欲来,云气涌起,比识其处。及霁,随一童,往锄之,辄得一石,上有古篆"云"字,积久至盈箧。最后得一石,上有"天台文人"四字,状若雕刻。宗伯具异禀,目炯炯,能瞻一二十里许。尝登杭州之凤凰山,视隔江西与渡口,历历可辨。又尝于山顶云起处得奇石,皆似古篆籀,名曰"天然图章"。

关于齐召南对万松冈上的石头有特殊的偏好,戚学标也有一则轶文:"息园齐宗伯在杭州王松冈书院,一日雨后,山翠可悦。扶杖徐行,得石一枚,隐隐有'次风'字,篆刻天成。次风,先生字也。大喜,以为瑞,作长歌纪之,并有集韩文叙一篇。尝印榻示人,字迹如蚁脚,细认始明。"②

齐召南弟子祝德麟(1742—1798)有诗《登万松山顶魁星阁展眺》③,诗中有自注:"山产天然印章,石似砚,隐隐有字可辨,其最奇者一石,上有'次风'二字,乃山长齐息园先生别号也。先生曾为文以记。"

万松岭以怪石著称,与齐召南共事的钱塘汪由敦,早年也有诗《万松岭东冈多怪石,诗以纪之》④。汪由敦此诗写于康熙乙未年(1715),当时汪二十四岁,在敷文书院学习,对万松冈山石非常熟悉。

---

① 周春《耄余诗话》卷一,《续修四库全书》第1700册,P2上。
② 戚学标《风雅遗闻》卷四,台州文献丛书,上海古籍出版,2016年,P260。
③ 祝德麟《悦亲楼诗集》卷一,《续修四库全书》第1462册,P545。
④ 汪由敦《松泉集》卷二《诗集》,《四库全书》第1328册,P402-403。

是年有《重刻叶文定公水心集序》①：

> 公(叶适)生平抱负，岂但以著作显名耶？即著作之精者，若《周易述释》《春秋通说》《习学记言》《荀杨问答》《名臣事纂》，其书既皆不传，粗者若《制科进卷外稿别集》，亦不得片纸只字，则此集幸存，其亦为千百中之十一耳。因公支孙某请，遂跋其后。

叶适文集的乾隆刻本由雷鋐发起，雷鋐亦有序，述其过程："余甲戌校士，至东瓯，乃得水心先生文集而读之，叹其峻洁淳雅，足为学者程序。惜缺十之二三，盖其后裔仅守此残编也久矣。余属郡学博士王君执玉，佥恿重刊，从武林藏书家觅全本以补缀之。越一年，余再至，则剞劂已竣，校雠亦审……乾隆乙亥年季秋月，两浙督学使者后学雷鋐敬题。"②雷鋐此序，是由汪沆代笔，汪沆之《重刻叶水心文集序(代)》，收录在汪沆的《槐塘文稿》③中，对照二者，文字一致。

乾隆十八年至二十年，胡天游奔走各地修志。乾隆十八年，胡天游在河间与修《河间县志》。十九年，胡天游在蒲州修《蒲州府志》，二十年到阳城修《阳城县志》。二十二年，胡天游主河中书院讲席，卒于河中书院④。

约于是年，撰《春秋左氏传要义序》⑤：

> 吴兴慎君朝正，自携所著《春秋左氏传要义》五十六卷来万松冈，求余序。余病久废学，其言安足为慎君重？然阅其书，如卷首总论云云，朗若烛照数计，胸中洒然，蒙翳尽豁。窃叹其力学数十年，博观约取于经，不为从前凡例所蔽，于传、于注、于疏、于百家著述慎思明辨，可谓择之精而语之详也。

慎朝正，字端揆，号菰城居士，归安诸生，著《研露斋诗集》⑥。据杭世骏的

---

① 齐召南《宝纶堂文集》卷四，《续修四库全书》第1428册，P522。
② 孙诒让《温州经籍志》卷二十一，《续修四库全书》第918册，P461上。
③ 汪沆《槐塘文稿》卷一，《清代诗文集汇编》第301册，P441。
④ 胡元琢《先考穉威府君年谱记略》乾隆十八年至二十二年，《北京图书馆藏珍本年谱丛刊》第95册。
⑤ 齐召南《宝纶堂文钞》卷四，《续修四库全书》第1428册，P517-518。
⑥ 阮元《两浙輶轩录》卷三十四，《续修四库全书》第1684册，P315-316。

《慎端揆诗题辞》①载,慎朝正自乾隆九年(1744)开始撰写《春秋阐义》《毛诗原志》二书,曾致书杭世骏、齐召南交换意见。齐召南于乾隆十五年(1750),因坠马受伤回原籍,经过杭州时,慎朝正未能面晤齐召南,深以为憾。慎朝正此次与齐召南通信,是在齐召南丁母忧期间(《答慎生书》及附慎朝正原书)。从慎朝正与齐召南的交往经历来看,齐召南一到杭州敷文书院就职,慎朝正就携书往见,请齐召南为他的《春秋左氏传要义》一书作序。慎朝正同时又请杭世骏为自己的书作序,杭世骏撰《春秋阐义序》(《道古堂全集》文集卷四序)。至于慎朝正所辑《毛诗原志》一书,齐召南、杭世骏各作了一篇序。齐序云:"吴兴慎生,老儒之精于经者也,著《春秋集解》既成,数年中,又辑《毛诗原志》三十一卷,寓书天台,求为之序。"②此序可能作于齐召南自敷文书院辞归之后,但不能确定齐召南、杭世骏作序的具体时间。

沈廷芳为查歧昌之《岩门集》题诗,有《九龙山下题药师〈岩门集〉,即次题小稿韵》③。沈廷芳为胡应瑞之《结庐图》题诗,有《题胡西园皋亭〈结庐图〉,次大宗韵》二首④。胡应瑞在皋亭山结庐一事,杭世骏有《胡三应瑞爱皋亭山水,有结庐之愿,诗以坚之》⑤。

是年,张廷玉卒,全祖望卒,马曰管卒,吴廷华卒。

乾隆二十一年(1756 丙子)五十四岁

是年春,两江总督尹继善访齐召南。尹继善有《过访齐次风,即用刘绳庵韵留别》⑥。

《尹文端公诗集》卷五中,还有《丙子春奉使杭州,初至西湖,次刘绳庵少司农韵》《三至湖上,绳庵因恙未行,诗以嘲之,仍用前韵》《送绳庵还京仍用前韵》《送别绳庵仍用前韵》等诗,都反映尹继善在杭州的活动情况。乾隆四年,尹继善任三礼馆副总裁、纲目馆副总裁,算是齐召南上级。此时,刘纶任户部左侍郎,因公务至杭,故有尹继善多次造访刘纶的诗。

---

① 杭世骏《道古堂文集》卷二十八,《续修四库全书》第1426册,P488上。
② 齐召南《宝纶堂诗文钞》卷五,《续修四库全书》第1428册,P539-540。
③ 沈廷芳《隐拙斋集》卷二十,《四库存目补编》第10册,P349下。
④ 同上,P353。
⑤ 杭世骏《道古堂诗集》卷二十一,《续修四库全书》第1427册,P170下。
⑥ 尹继善《尹文端公诗集》卷五,《续修四库全书》第1426册,P60上。

尹继善(1695—1771),章佳氏,字符长,号望山,满洲镶黄旗人,东阁大学士兼兵部尚书尹泰之子。雍正元年进士,历官编修,云南、川陕、两江总督,文华殿大学士兼翰林院掌院学士,军机大臣等职。著有《尹文端公诗集》《尹文端公遗集》《江南通志》等①。

是年春,有《沈母查太君墓表》②:

呜呼!此吾友仁和沈廉使贤母查太君之墓也。廉使自河南入觐,以太君老乞归养。归数月,太君殁,距赠公东隅府君之葬十有余年矣。廉使兄弟请召南文,表其母墓,不可以不文辞。谨按状:太君查氏,海宁园花里人,父詹事府少詹事,讳升负,海内文章重名。母赠夫人陈氏。少詹爱女如子。未第时,游杭州,奇赠公所作文,即以太君许字,招公为赘婿。太君岁时来杭,奉侍舅姑甚谨。少詹既入翰林,留太君与兄嫂共理家政,巨细悉合程度,内外雍睦无间言,舅姑病,随赠公归家。既贫,又先后遭丧,太君尽脱簪珥为丧葬资,尽礼致哀,乡邻伤感。少詹官日起入直内廷,呼赠公、太君至京师。少詹卒,遗命三子析产与太君均,太君固让,其随丧南回也,止受田一区、屋数椽于宛虹溪上。凡查氏称贤孝女,沈氏称贤孝妇,必首曰太君。太君生三子一女,以身为教,一言动必有法,课督较赠公尤严。赠公由武英殿纂修出知广东之文昌县,以刚忤上官,罢谪宁夏而没也。二十年间,三子奔走万里,更代趋侍经营。太君则留家,日率诸妇躬操作,教童孙经书,诸孙女女工、刺绣,无片刻闲。论者谓艰难忧患时能持门户使蹶而复振,太君力也。赠公讳元沧,诰赠朝议大夫,某某道监察御史。三子皆贤而有文:长曰廷櫰,府学生。次曰心,县学生。季曰廷芳,即廉使也,以博学鸿词官翰林编修,改御史,转守山东登莱青道,擢河南按察使。一女,适府学生查奕松。孙男四:曰国学生世炜,曰世燕,曰世炯,曰世炊。孙女七。曾孙二:曰守中,曰守正,俱幼。太君初以夫贵封孺人,后以子贵封太孺人,晋太恭人。卒于乾隆乙亥九月十九日,距生康熙六年十一月十日年八十有九。今卜某月某日合葬某乡之原。召南年家子

---

① 《清史稿》卷三百七。
② 齐召南《宝纶堂文钞》卷八,《续修四库全书》第1428册,P572。

也,曩于都门修登堂拜母之敬,今太君殁矣。太君生前尝蒙圣天子宠锡"壸范遐龄"四字颜其堂,一时荣遇,罕有伦比。而太君之贤,亦有非寻常闺阃所可及者。为文以表其阡,俾后人传列女者有考焉。

此墓表是沈廷芳在母亲死后第二年(即 1756 年)请齐召南写的。沈廷芳于乾隆二十一年春,将其父母亲的墓合葬(参见沈廷芳《隐拙斋集·皋亭山次仲兄韵》卷二十一 P356〈下〉之自注),齐召南于上一年到敷文书院任山长,沈廷芳到敷文书院会齐召南(参见隐《拙斋集》卷二十一《过敷文书院呈山长齐次风侍郎》,P355 上),应当正是此次见面,沈廷芳邀齐召南为其母写墓志铭。沈廷芳撰有父母行状,即《诰赠通议大夫山东按察使前文昌知县先考东隅府君行状》①、《诰赠淑人显妣查太君行状》②。

是年春,杭世骏受聘扬州安定书院,至乾隆三十二年春三月,杭世骏自安定书院归。杭世骏此次至扬州是在春季,见《红桥雨夜》③。春,杭世骏因汤萼棠得识南涧五世孙释实月,应释实月之请,作《武林理安寺志》序,并请其提供理安寺相关之故实④。

是年夏,有《奎星阁观天然图书谱》⑤。

  参错云石裯,真气惊户牖。蛟龙发相缠,畜眼未见有。物理固自然,造化钟神秀。亭亭凤凰台,其阴宿牛斗。凤雏无凡毛,高者十八九。用舍在所寻,取别随薄厚。事与古先别,扫除似无帚。佳处领其要,村村自花柳。三皇五帝前,其人骨已朽。子云窥未遍,未知张王后。目击元圃存,使我沈叹久。连山晚照红,重碧拈春酒。

齐召南自乾隆二十年到敷文书院,将平日在万松山上所见云彩、奇石绘成画,并配上诗文。

是年夏,沈廷芳来访。

---

① 沈廷芳《隐拙斋集》卷四十九,《四库存目补编》第 10 册,P572 - 575。
② 同上,P575 - 577。
③ 杭世骏《道古堂诗集》卷二十二《续修四库全书》第 1427 册,P180 下。
④ 杭世骏《道古堂文集》卷六,《续修四库全书》第 1426 册,P256 - 257。
⑤ 齐召南《宝纶堂外集》卷七,《清代诗文集汇编》第 300 册,P13。

事见沈廷芳《过敷文书院呈山长齐次风侍郎》二首①。沈廷芳于乾隆二十年回家,主要是家事,一是他的伯母去世②,一是合葬其父母亲③。拜访齐召南,就在此间。沈廷芳于乾隆二十二年回京。

是年夏,有《百花咏序》④:

霪霖匝月,流波绕砌,兀坐书楼,似痴如醉。户绝车声,门乏题字,怅美人于各天,叫九阍而不应。人生几何,而堪此廖寂也。忽闻剥啄声,应门童子云,有人持尺素至,启视之,乃同里一文潜溪裘子札也,并《百花咏》一集。展卷览一二,则使予痴魂忽醒,醉魄旋定,几忘淫霖之在天,流波之在室,拍案叫曰:咄咄裘子,其玉皇香案吏耶!其众香国里使者耶!其叫月子规宿花蝴蝶耶!不然,何其咳吐皆成丹砂,运笔无半点烟火也。然予固为潜溪咤而为百花幸也。为造物精英,天地之奇文,挟其香艳以游人间,亦欲得一二知己,以抒其云容月魄、回风舞雪之姿,两相倾倒于笔精墨妙之下,乃不幸而辱于豪奢之场,污于俗客鄙夫之口,花灵有知,应不胜含愁怀羞,自恨所产非地,所遇非人,不若隐于深山穷谷黄烟蔓草中,自开自落而已。嗟乎嗟乎!予将抱花大恸,而见花之清泪如铅,不营金童仙人之酸风射眸也。今得潜溪之《花咏》,或谑或嘲,或正言或旁引,使花皆获逞其荣宠际遇,而不淹没于庸夫俗子之手,可不谓花之知己也哉。然则览是编者,须以薇露浣手,焚名香于清风朗月之下,诵之应有千百美人,如洛神巫女,如萼绿,如董双成辈,飘飘乎连袂蹈影而至,与之徘徊几席间,芳艳袭人,而不觉在百花丛中也。岂不快哉!岂不快哉!乾隆丙子季夏书于万卷楼。

是年八月,有《家大宗祠碑记》⑤:

古者宗法与治法相维,尊祖敬宗,教族人孝弟亲睦,莫重于庙。庙之

---

① 沈廷芳《隐拙斋集》卷二十一,《四库存目补编》第10册,P355上。
② 同上,P356上。
③ 同上,P356下。
④ 齐召南《宝纶堂续集》卷十一,《清代诗文集汇编》第300册,P478-480。
⑤ 同上,卷七,P569-570。

制,视爵列高卑;祀,视田禄厚薄;所会子姓远近,视世系后先。其最明者,姓统同而氏别异,虽在士庶一庙及奠于寝者,宗法亦井然不乱。周初,封鲁、卫、殷民六族、七族,封唐叔怀姓九宗是也。汉后以氏为姓,自天子、诸侯外无世爵禄,公卿、大夫祀其先,亦不能如古礼。于是郡县著姓始合族为大宗祠,奉始迁者为百世不迁之祖,其余支分派别各为小宗。凡春秋祀事,必先水源木本,则亦尚存古人大小宗之遗意,关系风俗人心至深且巨也。我齐氏本家汴之祥符,随宋高宗南渡,自杭迁居天台之城隍庙前;台人称曰殿前齐,则自宝祐间宣义郎征远公始。公二子,后并蕃衍,科名仕进发闻于乡者,代不乏人,至今二十有一世矣。当明初,吾族之移葛姥、欢岙,移水南者,皆有小祠。其世居殿前左右者,曰后园,曰前园,蕃衍实甲一族;亦各有宗祠,一则后园,祀驾部忠节公;一则前园,祀介宾可泉公,祠相去仅数十武。台俗,上元必合悬先像于总祠,如古祫祭礼。吾家以忠节祠邻社庙,上元灯最盛,遂为会祀地。像多屋浅,至不能容,恭遇圣主恩诏,命督抚核所部先贤祠墓,官宜修整者上闻,吾台以忠节公应,有司岁加防护。族人乃慨然曰:专祠褒忠,膺国家盛典,若仍会祀,无以显忠节公,盍即旧祠拓基作堂以伸妥侑乎!议既定,经始于辛未秋月,今夏告成。大堂三楹,东向,中奉始祖,配以二世至五世。祠左一楹,专奉可泉公,前园诸祖咸祔,存旧迹也。右一楹,奉水南上下齐及大潢、葛塘、葛姥、欢岙之祖及神主无依者,以收全族。两庑南北向各三楹,自六世以后冠带者,昭穆列次。前为大门,临石溪,面黄榜,焕然翼然,几筵祭品毕具。召南方养病于杭之万松冈,兄河洲书来曰:宜作记,於乎为宗祠亦难矣。吾台氏族,大半始于南宋,厥后或盛衰转徙不常。惟吾齐氏以忠厚朴诚为教,使后人循循谨守礼法,不敢逞才智自雄,安分务勤俭,渐至丰裕。自宣义公以来五百余年间,里居庙前者绵绵相承勿替,家诗书而户衣冠,即愚陋如召南,亦得列翰苑、跻卿贰,岂非祖德深厚之垂裕无疆也哉!《诗》曰:无念尔祖,聿修厥德。是当为世世子孙勖也。乾隆丙子仲秋,第十八世孙召南谨记。

是年秋,有《浦江县重新学宫记》①:

---

① 齐召南《宝纶堂文钞》卷七,《续修四库全书》第1428册,P568-569。

圣朝右文致治，超迈前古，环海之内，道一风同。虽然，山陬僻坏，人知慕学。而浙之浦江为婺州属，宋元以来，人材蔚起，代尚儒术，则学校之事因其地而作兴之，尤良有司之责也。乾隆丙子秋，重修浦江学宫成文，学戴君殿海走杭请文，刻石示来者。余于是益叹学校足以复人性而成人材，上为国家职官任使之用，下为乡党闾里风俗之型。惟在正人心，鼓励其志，志向于学，则道近在伦常日用，教近在《五经》《四书》。由教入道，近在学问思辨笃行，士希贤，贤希圣，如掘井者必得泉，岂果难知难行哉！即此学宫之成，经营创始于前，积累勿替于继，不辞艰瘁，而事蒇功成，其明鉴也。浦学在宋三徙，至元再修，记之者前有唐仲友、叶味道，后有柳贯、戴良。其迁今地，在县治东南，始于明正德中，记之者有章枫山懋，旧志具载之。自万历十四年后，积久未修，地卑湿多，白蚁穿穴，栋宇朽腐。春秋释奠，有司行礼，惴惴乎惟覆压颠越是惧，师儒亦僦屋别居，诸生无弦诵讲习所，义路礼门，鞠为茂草，盖百有数十岁矣。何侯始至，慨然曰：屋既无可修，盍改作乎？吏数以费不赀对。侯与博士方君岱济集邑中士夫，捐资为倡，皆欣然踊跃争输，庀材而鸠工焉，以乙亥秋建大成殿。侯曰：断蚁当清基本，因故址下疏暗沟，增甓五尺，培高筑厚，厥土燥刚，南移戟门三丈许，缭以回廊。上属左右两庑，庭墀广平，势始延敞，棂星柱半倾折，易以新石。殿后曰崇圣祠、明伦堂、敬一亭、尊经阁。旁曰名宦、乡贤两祠，教谕、训导两署，皆以次修举。侯志兴学校，其勇如此。噫！士能以侯之志勇于所学，讵可量耶！俗学之弊也，高者流入于异端，卑者汩没于功利。粗解训诂，即务剿袭浮词，幸希科目，日对圣贤之书，究不知所学何事。虽所性原与圣贤不殊，而始拘于质，中囿于习，终安于暴弃自画，实理不察，实行不修，无他，志不先立故也。浦虽小邑，山有仙华、宝掌、青萝、九灵之高，且秀水有浦源汇群溪，为越三江之一。自昔钟毓名贤，如宋文宪《人物志》所列政事、文学、忠义、孝友，炳炳烺烺，足垂不朽。其最著者如方、吴、柳、宋、戴、郑诸公，即使孔子犹在，亦当在七十子之列。论者动谓浦邑近日人文之衰，地运为之，亦思天不变，道亦不变。浦阳山川犹是，地果有变欤？否欤？今者学宫之成，材不赋而美匠不征，而多事不劳而集。然则学以致道，反求诸身，勇于复性，以成其材志之所，至气亦至焉。体立用行，功崇业广，自旋至而立效，未见有力不足者也。是役也，名曰重修，实同建始,浦阳人文,其复振矣乎!侯名子祥,福建侯官人,知浦江,多善政。余病不文,惟取古人劝学之意,书于石以昂多士。

同时,雷鋐亦有《重修浦江县学记》①:"浦江县学,自明万历十四年重修,迄今一百七十余年矣。圣朝殿庑以及明伦之堂,尊经之阁,一切亭楼斋署,栋折榱崩。邑令王君果始受事,愁然伤之。请于上官,与邑绅士图兴是役。经始于乾隆二十年孟夏,阅一年,将告成,来请记。"

是年九月十二日,写有《稼村〈膏馥集〉序》②。

余养疴万松冈,士以文求教者,经义外,概弗观。有盛生晙置书两帙石阶上径去。余取而阅之,作而叹曰:呜呼!此秀水盛稼村先生遗集也。先生为朱竹垞太史婿,诗兼学愚山、渔洋,词赋兼学迦陵,与兄丹山、弟让山称三盛。足迹几半天下,初司训剡水,继训吾台,官虽贫,意兴特豪迈。闻先生捐馆久,其子侄无名晙者,此必先生孙也哉。既而生复来,果孙也,言先生遗稿散佚,从篋笥中随乎纂录,得诗词、歌赋若干首,乞为之序,以留俟后人。嘻!表章先美贤,子孙之职,况先生名素著,其集必传。余虽病不敢辞。犹忆戊戌、己亥间,先生方为吾台校官,承府檄,监造清圣祠。见余旧作《琼台赋》,目以奇才;又因拒富豪之议,祀乡贤,目以志士,后凡遇佳晨,以诗为会,及游览赤城、石梁、桃源、华顶、寒明诸胜,南至郡城,行北固,登巾山,东眺江海,西望栝苍,感兴怀古,必呼余赓和,往复不休。先生才思澜翻,稿脱听人取去,余亦年少,不知稍为汇聚。今则诸友在者已落落如晨星。集中于吾台仅得数首,余虽在健忘,不能记忆,为补一二。何况先生前后、东西南北踪迹所至,篇章之飘洒于席车、铃驮、烟艇、风樯、岐亭、驿壁、酒楼、歌馆者,可胜道耶!此余手是编,不觉悲从中来,为之废书三叹也。虽然,书果可传,不在多寡,汉魏至明诗人赫赫在人耳目者,必卷轴浩烦耶?生字某,年少而才盛,氏复振,余当于生乎卜之。时乾隆丙子重阳后三日也。

---

① 雷鋐《经笥堂文钞》卷上,《清代诗文集汇编》第285册,P32下。
② 齐召南《宝纶堂文钞》卷四,《续修四库全书》第1428册,P516-517。

盛稼村，即秀水盛禾，字既同，一字稼村，秀水人，岁贡生，朱彝尊的女婿，官天台训导。好游历，足迹所至，凡川原景物、碑碣、陆墓，搜奇抉奥，不厌详考。赏述其见闻事迹，条分件系，积数十册，颇资掌故。著有《稼村笔记》《膏馥集》，今不传①。

是年有《绿萝山庄全集序》②。

  会稽竹岩胡先生，学博才雄，久以诗古文名天下，旧刻《绿萝山庄》四六全集二十四卷，临川李公穆堂、同邑鲁公秋塍序之。今刻诗集二十二卷并前编，属余为序。余荒陋，乌足以言诗古文？先生所著，元元本本，殚见洽闻，取精多而用物宏，功力深而收名远，文于五色，其为天孙之云锦，诗于八音，其为广乐之琅璈乎！余读元黄二赋，始觉笑六合为愚者，眼犹针孔；读游仙数什，又觉登七篇于选者，才实径庭也。闻先生晚好韦编，爱阐卦画之义，弁其首。

《绿萝山庄全集》，会稽胡浚撰。胡浚，字希张，号竹岩，会稽人。康熙庚子举人，官知县，著《绿萝山庄诗集》③。文集初刻于乾隆元年（1736），再刻于乾隆二十一年，齐召南的序言，是再刻时所作。"绿萝山庄"乃胡浚之书斋名，胡浚有《绿萝山庄记》记其事（《绿萝山庄文集》卷十七）。

是年有《题严陵归舫送方大苏台》④：

钱塘秋老潮兼雨，篮舆送客江之浒。江水西回船已去，潮声拍岸鸣雷鼓。此是严陵归棹图，帆悬不用摇双橹。烟景迷离何处停，直到青溪望衡宇。我记方君真旧侣，二十年前京邑聚。彦升好士辟龙门（座主溧阳任大宗伯），书擅游鸿文绣虎。绿云如盖快联吟，才子都忘羁客苦（任师爱士，就绿云书屋文会无虚日。余以代修《一统志》，久馆其家，同下榻者胡襜威及君。转眼萍蓬各一方。陶奉常稚中、张编修雪子、掌科柳渔、阁学星指、胡侍御静轩、万检讨星钟、邓太仆逊可、孙副宪虚船、任太守处泉，先后同修志，出入升沈不可胜数）。侯生先作蓉城主（临海侯元经），王胡陈子异升

---

① 阮元《两浙輶轩录补遗》卷三，P26。
② 齐召南《宝纶堂文钞》卷四，《续修四库全书》第1428册，P524-525。
③ 阮元《两浙輶轩录》卷十五，P30。
④ 齐召南《宝纶堂诗钞》卷六，《续修四库全书》第1428册，P646-645。

沈。升者回翔沈戢羽（王晋川少宰今候补宗丞,陈勾山奉常今为少仆,而穉威偃蹇,犹旅食赵代间）,方君虽困得盐官。萧散湖山比丞簿（君以盐大使为运使幕官,得湖山雅兴）,我病辞朝乐乡土。惟君与我过从数,如何惜墨懒应官。勿愿逍遥氏仓庚,卓亭昔岁早知几。写照为君占解组（此画系丙子春胡卓亭来杭时戏笔）,方君方君吾独取。子舍从容养严父（文輀年伯今年八十有六）,天伦至乐在庭闱。胜望白云愁陟岵,人间情态幻烟岚。无定阴晴曾熟睹,况有山标物外亭。桂树团团香满坞,君家令弟名第五（立亭）。晨夕松冈搜石谱,为道村居跨武林。山鸟自歌花自舞,题图遥寄送行诗,掀髯一笑闲挥麈。

此诗中,齐召南回顾了与方超然相识,及在任兰枝家一同编修《一统志》的情况。根据齐召南自注,此画作于丙子春,时胡作肃在场。方苏台,即方超然,生卒不详。郑燮在其文集《板桥集》中,提到方超然:方超然,字苏台,淳安人,工书,为盐场大使。方超然于乾隆九年任嘉兴批验所大使,于乾隆十一年出任两浙盐运司将盈库大使①。方超然在任两浙盐运使间,写有《捐修将盈库署碑》②。对照方氏之父方楘如《集虚斋学古文》卷九可知,《捐修将盈库署碑》一文,乃方氏之父方楘如特为方超然所写。方超然父方楘如、弟方卓然,与齐召南均有交。前面已提到,方卓然为齐召南的《天然图书谱》题词,齐召南作此画,为方超然题诗之时,方卓然此时正就读于敷文书院,故齐召南有"君家令弟名第五,晨夕松冈搜石谱"句。方超然于乾隆九年得盐官之时,周大枢有《方苏台超然选得监盐东归,诗以送之,得云亭两字》③,这时齐召南尚在丁忧。

是年,有《祝雷太夫人八十寿》④。

孟母芳徽久著声,大家随子赋东征。瑶章进秩隆三锡,玉尺持衡喜再迎。共仰婺星辉寿域,新瞻瑞气绕文旌。吴山越水多桃李,总向萱阶进彩舭。

拜疏陈情予告旋,圣恩如海又如天。浙闽地近宜留养,忠孝名高见待

---

① 《重修两浙盐法志》卷二十二《职官二》,同治刻本,P20。
② 同上,卷三十《艺文四》,同治刻本,P27-31。
③ 周大枢《存吾春轩集》卷四,《清代诗文集汇编》第289册,P523下。
④ 齐召南《宝纶堂外集》卷三,《清代诗文集汇编》第300册,P494下。

贤。梓里荣光逢八秩，莱衣欢舞定千年。悬知南岳称难老，歌颂添筹次第编。

是年，雷鋐辞官回籍，奉养老母。时与雷鋐同在浙江学政任上的窦光鼐，有《送雷翠庭副宪归养(由浙江学政告归)》《寿雷太夫人》二诗①。钱陈群有《雷母李太夫人八十寿序》②。

是年周振采(1687—1756)卒，齐召南有传，即《周白民小传》③。

先生，名振采，晚自号菘畦。海内言时文者，无不知有山阳周白民先生。白民，其字也。先生性孝友，幼即端谨好学，得祖父欢。年十五入郡学，试必冠其曹。因踬棘闱者数十年，竟以选贡老。然淮海言经学品行仿佛古人者，必曰先生。初，家丰裕，弟瞽听谗言，求析居，先生悉推产与之。后弟产屡破，时赒赡之，抚犹子如己子。先世有孝子思亲楼，事载《府志》。先生购遗址建家庙，奉孝子祔，族党义之。生平朴诚恬淡，视势利声华，得失毁誉、人情欣戚百变泊如也。与人交，人皆服为饮醇，至于节行之大，一意孤行，毅然不可夺。尹公博野尝称曰：进止不愧儒者，近世文人中罕见。自幼至老，寝食书卷中，研精覃思，自标清醇一格。于前明章罗、陈艾之外凡数百篇，方公望溪称之，至不容口。方朴山先生曰：白民经学不必尽逮古人，而能到古人之所不到；其于史，不喜观大意，而心解处出人意表，乃适得人意中。士林以为确论。白民选贡后，督抚以孝廉宏词及经学三举应诏，皆不就。家居待选教职，自定义其已刻文存数十篇。卒年七十。

又张维屏《国朝诗人征略》卷二十三④有周振采的传。又阮葵生有《闻周白民先生讣音》⑤。又《重修山阳县志》卷十四有其传。

齐周华五十九岁，其长子式昕往武当山接回。临行，弟子赵公嘿有赠序，

---

① 窦光鼐《省吾斋诗赋集》卷九，《清代诗文集汇编》第347册，P440下。
② 钱陈群《香树斋文集》卷十四，《四库未收书辑刊》第9辑18册，P158-159。
③ 齐召南《宝纶堂文钞》卷七，《续修四库全书》第1428册，P567。
④ 张维屏《国朝诗人征略》卷二十三，《续修四库全书》第1712册，P532上。
⑤ 阮葵生《七录斋诗钞》卷二，《四库未收书辑刊》第10辑19册，P519上。

载《诸公赠言集》。又成《华阳子文稿自序》。

乾隆二十二年(1757　丁丑)五十五岁

《齐侍郎年谱》：正月十一日起程赴省，恭迎圣驾南巡。二月十六日，于无锡北之迎龙桥迎御舟，尚未奏名，皇上远望见，即呼齐召南：汝今已好么？臣奏曰。随即诸大营盘恭请圣安，即召见，询问近日病体加减，及书院人文，臣奏对，天语温慰良久。臣以行步犹难，遵谕先坐船至杭稍息。十八日，上驻跸苏州。军机房赏臣墨刻及内缎四匹，至杭给与。二十日，臣与学政窦（时任浙江学政窦光鼐）率诸生于谢村迎驾。二十八日，于西湖行宫蒙恭进颂册。二十九日，恭领钦赏大缎六匹，又领苏州所赏内缎四匹、御书石刻一卷、墨二匣。三月初二日，具折，奏请封典，愿以己身所有乞恩贻赠曾祖之仲、曾祖母节孝许氏，及祖化龙、祖母徐氏，父肃、母张氏三代诰命。即奉朱批：着赏给。初三日，驾幸敷文书院，制诗一篇。臣与学臣恭和。初四日，奏谢天恩。初八日，于王江泾，率在籍诸臣恭送天颜，有喜。九月二十一日，自敷文书院接到诰命三轴。十一月二十七日，至家，行受封礼，改题三代圣主。

齐召南此次迎銮诗有《皇上再幸江浙，臣扶病迎銮，恭贺御制诗元韵得九首》《三月三日微雨稍霁，上幸敷文书院正谊堂，御制五言六韵，命诸生和进，臣忝为师，与学政窦公作领袖焉，得二首》①。与齐召南同往迎銮的沈廷芳，亦有多首诗述其事，如沈廷芳《隐拙斋集》卷二十二中有《平桥迎銮恭纪》《蒙垂询臣归养及服阙日期纪恩》《赐纻纪恩》《族叔德潜蒙赐御制诗加礼部尚书衔恭纪》《王江泾迎銮恭纪》《恭和圣制瑞石洞元韵》《恭和圣制敷文书院元韵》等。

乾隆帝到杭州后，齐召南撰有祝文，恭祝皇太后、皇帝福寿，即《浙江恭祝皇太后、皇上福寿经坛榜文》，其序云②：

> 伏以典重时巡，普南朔欢腾，华祝道隆。孝治合人天，快劾嵩呼！朗爱日于萱庭，长普恩光之照。瞻慈云于椒殿，益征福阴之宏。敬诵名经，

---

① 齐召南《赐砚堂诗稿》〈乙本〉，临海博物馆藏抄本。
② 齐召南《宝纶堂续集》卷五，《清代诗文集汇编》第300册，P416-418。

用绥茂祉。钦惟圣母崇庆慈宣康惠敦和裕寿纯禧皇太后陛下。

此祝文由齐召南执笔撰写,由梁诗正、汪由敦、钱陈群、范灿同祝。是年,六十一岁的梁诗正致仕在家。汪由敦在礼部尚书任上,随驾南巡。钱陈群于乾隆十七年患疾,疏乞解职,此年乾隆南巡,令在籍食俸。范灿(1680—1767)此时致仕在籍。

是年,《云根石天然图书谱》一卷成,有《云根石天然图书谱序(集韩文)》①。

齐召南《方立亭卓然有诗题天然图书谱,用坡公石鼓歌韵酬之》②:"天然图书落吾手,忆从乙亥到丁丑。"可知齐召南的《云根石天然图书谱》作于乙亥、丙子、丁丑三年间。此图谱最初是根据山阴张嗣益之提议而作的。

齐召南的弟子阮葵生有题、序③:"齐息轩宗伯目力最胜,夏日居万松山,每见云起,必牵一缕如丝系于山巅,踪迹之,寻石数枚,有反文,印之成书画,久而渐多,遂作为谱。复用东坡石鼓韵题长歌一篇。刘绳庵(即刘纶)、杭堇浦两先生首和章。赵石函、方立亭、程存斋及弟紫坪,亦皆继作。今春至武林,宗伯属题,亦赋一首。"

汪师韩也有赠诗,齐召南有《汪上湖前辈惠题〈云母天然假山诗〉次韵酬谢》《汪上湖前辈又有〈云石天然图书歌〉,言松冈名孔家山,宜有此瑞,因思物显乘时。圣代右文,超越前古,书院两经赐额。我皇上南巡,驻跸讲堂,作诗训士,文明之祥,亦山出器车征应也。但儒者耻言符瑞,石又纤细,书画复近似依希,未可据以入告,谨识斯美,次韵奉酬,兼示诸生,劝之力学耳》两篇,酬谢汪沆④。

此间,齐召南与窦光鼐交往甚密。

乾隆二十年至二十七年间,窦光鼐任都察院副都御史,于乾隆二十年至二十四年间出任浙江学政。窦光鼐在浙江学政期间,与齐召南过往较多。两人交往最为频繁是在乾隆二十一年、二十二年间。据陈康祺《郎潜纪闻初笔》卷七⑤载:"本朝儒臣以文章名世者,天台齐侍郎与诸城窦侍郎齐名,曰

---

① 齐召南《宝纶堂续集》卷四,《清代诗文集汇编》第300册,P520-521。
② 齐召南《宝纶堂诗钞》卷六,《续修四库全书》第1428册,P639-640。
③ 阮葵生《七录斋诗钞》卷六,《四库未收书辑刊》第10辑19册,P653-654。
④ 齐召南《宝纶堂诗钞》卷六《续修四库全书》第1428册,P640。
⑤ 陈康祺《郎潜纪闻初笔》卷七,《续修四库全书》第1182册,P227下。

南齐北窦。"又《宝纶堂文钞·秦瀛序》:"诸城窦东皋先生,于当时名公卿少所推服,独称先生。乾隆丙子、丁丑间,东皋先生视学两浙,适先生为敷文书院山长,两先生者时过从,过辄作竟日聚,城钥已上漏数下,两先生犹谈论未辍。"

沈廷芳于迎驾后,受粤秀书院聘请,出任山长①。次年,沈廷芳北上入京②。沈廷芳为翟灏的诗册题词,有《过翟大川教授抱经斋题其诗册志别》③。翟灏时任金华府学教授。

是年秋,三十四岁的王昶到访,聚会者还有杭世骏、释明中、盛本枬。王昶有《湖中晚归,简齐侍郎次风召南、杭编修大宗世骏》④。

乾隆二十二年,王昶馆京师汪梧凤家,随后南归,过扬州时,会卢见曾、陶元藻等。至杭州,会彭启丰(《彭少司马芝庭先生园亭》)、释明中(《将游净慈,再用前韵柬恒上人明中》)。

又王昶在《吴丽煌闭户著书图诗序》中,提到乾隆二十二年他在西湖时与齐召南等聚会情况⑤:"余以乾隆丁丑九月,过西湖寓昭庆寺西俞氏楼时,天台齐侍郎次风方为敷文书院院长,董浦罢官家居,而让山以退院住万峰山房,净慈寺方丈则大恒主之。三人者,偕予集大恒所,相携寻南屏古迹。还则设茗具,进伊蒲馔,谈笑至漏下二十刻。湖心月露浩然,乃呼小艇送余回寓楼小酌。久之,及曙而后别。"

是年有《黄岩河闸志序》⑥。

> 黄岩有贤令曰刘君,以名进士宰淳安,调繁兹地,善政具举,其最大者,在兴修水利。古籍载道,藉藉口碑如池阳歌曰公,南阳颂杜母。事竣,自辑疏河建闸设施,次第为志九卷,垂示后人。从余游阮生邮寄其橐,请序。余为序曰:土必得水成稼穑,故五行起于水,六府终于谷。而农用八政,货不先食,政在养民,孰有重于此者乎!后世田非井授恒产,听民自

---

① 沈廷芳《隐拙斋集》卷二十三《粤秀书院讲堂示诸生》,《四库存目补编》第10册,P370。
② 同上,卷二十四《金山与院中诸生话别赋此以答赠行》,P378上。
③ 同上,卷二十二,P362下。
④ 王昶《春融堂集》卷六,《续修四库全书》第1437册,P397。
⑤ 同上,卷四十,《续修四库全书》第1438册,P80-81。
⑥ 齐召南《宝纶堂续集》卷十,《清代诗文集汇编》第300册,P464-466。

制,三代疆理经界荡然无存。然各因地宜,相其流泉,当蓄当泄,收灌溉使用于农田,即大禹陂泽距川遗意,水利兴而害尽除。史起富邺,李冰富蜀,胥此道也。矧东南土惟涂泥,于谷宜稻,则周官稻人掌潴蓄防止沟荡,遂均列舍浍泻以稼下地者,立法至详至慎。民生丰歉攸关,为民父母,其可不兢兢加之意欤!吾台属县有六,沃衍产谷,必推黄岩,滨海控江,西南群山,涧壑汇为宁溪,引灌三乡五十余万亩之田,支渠脉络纵横凡数十里,牝达于江南,达于新河港。传闻昔贤所建十一闸资蓄泄者,前明虽析其地,又置太平一县,而其五闸犹在黄岩。某地为元祐中提刑罗公创造,以分清浊;某地为淳熙中提举朱子议增,继任句龙公底续,以收全利,志乘炳炳可稽。委羽之阳,温岭之西,自瑞岩平田,东跨栅桥、长浦,南暨仓屿、白峰,间砥平原,黑土膏腴,迥非临海、宁海、天台、仙居所能及。乃数百年中,非无意在足民、整治一二,而河旋浚旋淤,闸频更频毁,堤堰时筑时颓,陡门旧址半明半昧,致南北日夜咸潮皆直洋溢游荡于近郊远鄙,无可如何。昔贤能化斥卤生稻粱,后人不能因沮洳成颖粟。官既视所居为传舍,民亦厌兴作为道谋。旱则高田拙井,患不及泉,涝则弥望波涛,低洼先成巨浸。此产谷之乡,粟多红腐。昔但取陈赡,数岁而有余;今且野无旷土,室鲜盖藏;铚刈初抛,米价已长;茅檐劳瘵,三时并求救,一灾而不足也。刘君勤力有方略,甫下车,周谘父老疾苦,恻然悯之。念叔敖之陂,至后汉王景而复信臣之塌,至宋赵尚宽而修海盐之浦,至鲁宗道而开鉴湖之闸,至汤绍恩而定,亦患志未锐,识未精耳,遂毅然身任其责,不惮艰辛,力请于督抚。上司既报可,先期示谕,选工采料,计力程,能按亩取费,不假手于胥吏,不借役于山农,举绅士中克善其事,如古林县丞蔡武博者,有程孝廉等十人,率都鄙之民,如吕师党正君,亲行阡陌,息乡亭,测量水势缓急,知为堰不知为闸,务扼其吭。不蔑古,亦不泥古。暮鼓声腾,黎庶踊跃,畚臿云集,河道毕浚,以宽以深,可通舟楫。于是作坝截流,椹石营闸,其料皆厚而坚,其工皆精而良,其资皆不谋而合,令亦不肃而成。河有经有纬,交贯若网,在网分布,若丝在机;闸有创有因,闸则若雄关当要路,启则若高屋建瓴;水以蓄以泄,即遇俭岁,尚获其收,其利民讵有涯乎哉!朱子有言:水利修,黄岩无水旱;黄岩熟,台州无饥馑。自昔以为至论。犹忆雍正年,郡守江公修复太平六闸,余深美慕,代为作碑。况斯役也,地广功钜,不特黄岩士女永庆乐利,即邻封均仰其仁。斯志也,闸有图,图有说,源委首位,一展卷而了然。区画经理细致,匠作物用,纤悉靡遗,可以为民牧效古循良,殚心尽力,登闾阎于康阜者之金鉴也。

刘世宁宰黄岩间,疏浚城内外河道,创修闸坝十四所,设立闸田闸夫,资其衣食,以时启闭,因为此书,以记工役始末。首例言,次总图,次沿革,次申详,次文告,次图说,次造闸式,次善后事宜,次艺文。卷首有齐召南、雷鋐序。

刘世宁(1720—1800),字匡宇,别字乾斋,新淦人,乾隆十年进士,历官淳安知县、黄岩知县、工部营缮司主事等职,官至礼部稽勋司员外郎、户部山西司郎中。乾隆二十年至二十二年,知黄岩。在任期间,刘世宁浚城内外河道,并修闸坝十三所,使东南滨海田得到灌溉。又兴文教、立义学①。

齐周华撰《昭静先生列传赞》②。

乾隆二十三年(1758 戊寅)五十六岁

《齐侍郎年谱》:正月二十四日诣墓行焚黄礼。二月起程赴书院。

是春,有《湖上饯送汪西灏同年之南粤前韵》三首③、《送汪西灏之岭南》④:"湖水东边凤岭西,君家自与竹林齐。竹中一滴曹溪水,卧看千帆落浅溪。"

关于此次南游岭南,汪沆自己有《粤游集序》⑤:"戊寅岁,曾偕将军新公赴粤东。居未两月,旋即返辕。追理游踪,颇自悔其草草。越二年,应李钦斋制府之邀招,自江干开程至庾岭,道中得诗二十九首,沈萩林廉使已为予订而付梓。今合抵粤后所作,汇为一集,题曰《粤游》,仍萩林之命名尔。从予游者,吴生祥金、从子宗鐏。"

是年八月,有《周松霭著书图(有序)》⑥。

海昌进士松霭,待选家居,好学不倦,笃经评史,著作日多。《海神庙

---

① 彭元瑞《恩余堂辑稿》卷二,《清代诗文集汇编》第 374 册,P694-695。
② 《名山藏副本》附录年谱。
③ 齐召南《齐胡二家诗钞》,临海博物馆藏抄本。
④ 齐召南《宝纶堂外集》卷十,《清代诗文集汇编》第 300 册,P516 下。
⑤ 汪沆《槐塘诗稿》卷十一《粤游集》,《清代诗文集汇编》第 301 册,P378 上。
⑥ 齐召南《宝纶堂外集》卷十,《清代诗文集汇编》第 300 册,P514 上。

志》,亦其一种也。素工词赋,众论俱以馆局期许。今夏绘《著书图》,求予题。予病久断吟咏,集坡公句为歌迎之。

周春在《耄馀诗话》详述此事原委①:"太夫子天台齐息园宗伯掌教万松书院,余常得晋见。公自述坠马,额破脑流,后蒙古大夫治疗之法甚奇而详。世传所读之书不复记忆,此言过也,但精神顿衰,不能如旧尔。公为余序《中文孝经》《尔雅补注》二书,公笔墨酬应繁,懒于构思,喜集古人诗文成语,尝集苏题余《著书斋图》云。"沈德潜亦有《题周松霭著书斋》②。

周春著书之处,称作昙华馆,据《松霭大令偶检箧笥,得予平日投赠书尺凡七百三十余通、诗二百五十余首,合计殆不下千纸,书来备述之,心感其意,率酬一律(以下壬申)》③自注云:"昙华馆,松霭著书之所。"可知昙华馆是周春之书斋。另外,齐召南还为周春之《中文孝经》《尔雅补注》作序,这些序,均收录在《宝纶堂文钞》卷四中。

周春(1729—1815),字松霭,海宁人,乾隆十九年进士,官广西岑溪县知县。著作有多种,如《十三经音略》《杜诗双声叠韵谱话》《小学余论》《古文尚书》《续经籍题跋》等④。

是年九月,有《郭西诗钞序》⑤:

钱唐佳丽多诗人,其爱清静而寡交游者,半居吴山西南麓。林壑峥泓幽邃,俗客罕来,虽同在一城,杳若别墅遥村,与市廛嚣尘迥隔。诗人风格亦然,此赵生时敏所以有郭西集选也。诗本文章之一体,然原本情性,发为咏歌,兴趣所致,天机呈露,随才力深浅,际遇苦乐,皆可以自见,较他文为最真。选中六十五家,或仕或隐,皆生长光天化日之中,饱□山水滋味,诗稿颇繁。今则殁者稿已化为云烟,存者老寿食贫,不能付诸剞劂。若非赵生好事,遍搜录于邻里友朋、残书败壁中,安能片词只字存十一于千百乎哉?唐人自选有数种,唯元次山《箧中集》

---

① 周春《耄馀诗话》卷一,《续修四库全书》第 1700 册,P1 下。
② 沈德潜《归愚诗钞余集》续修四库全书》第 1424 册,P471-472。卷四。
③ 吴骞《拜经楼诗集》续编,《续修四库全书》第 1454 册,P174。
④ 《清史稿》卷四百八十一。
⑤ 《郭西诗钞》卷首,浙江工商大学出版社,2013 年。

专采开元间遗佚数人,其姓氏篇章至今犹在人耳目。赵生其亦闻道州之风而兴起之欤?乾隆戊寅重阳节天台息园斋召南书于万松冈,西泠汤日新镌。

《郭西诗钞》乃仁和赵时敏辑,齐召南选定。据赵时敏之《郭西诗钞跋》:"因于丁丑辑里中先辈遗稿并耆老近作,录请息园老夫子选定,迄戊寅冬告竣。"据凡例云:"今集中所刊,城内自吴山至涌金门,城外自万松岭至涌金门,统名曰郭西。"

是年冬,有《瑞石山志序》①。

> 凡山得名者有三,曰地、曰人、曰时,遇苟有其一,虽培塿支阜,声誉亦足与高山等。况夫地占水陆都会,冈□挺拔,因空得高岩石,岞崿岩嵌,所在奇幻成趣。陟其巅,左览江海,潮汐出入,元气直接混茫;右眺湖山,四时之几席间,展画屏而开明镜。近则城市街衢、屋庐阛阓,繁华为浙东最;远则南眺严濑,东望会稽,水村山郭数百里。田畴秀错,云树隐现迷离,若杭之有吴山,吴山之有紫阳峰者乎!人至大贤君子,方外至神仙高僧,所居所游,有事可传,迹可指诗文,着迷可录,后人生其地者,无不流连景慕,擅为美谈,谓某地以某时遇某某得名,志郡邑者,必一一采登简册。况时际升平极盛,礼修设教,省方屡经赞赏于至尊,垂奎章以勒石,若紫阳峰之上有大观台,中有瑞石洞者乎?杭凤以山水名,自唐及宋,一邱一壑,无奇不搜。吴山之美亦久著,而紫阳一峰,雄秀实冠吴山。贤守好游如白苏,偏安如南渡君臣,地迹宫苑,名俱未著。后因羽客楼迟,士大夫偶有题字咏歌,其声称固不如湖上诸山远甚。乃扶舆清淑所钟,待时自发,大观台至我圣祖仁皇帝南巡登临而始彰。瑞石古洞,至今皇上再巡而始大显,是盖天造地设,不假人工,雄过初阳,秀跨灵鹫,为武林群山汇其精粹,为全浙民安物阜,康熙皥皥表其休嘉。翠华幸浙,必先驻跸。宸藻烂然,如景星庆云,辉映林谷。是诚不可无志,以贺兹山。荣遇亦如崆峒具茨,虽非岳镇,其名发自圣神,来游即可以永传万古。诸生莫栻(亦写作栻)、朱彭、

---

① 齐召南《宝纶堂续集》卷十,《清代诗文集汇编》第 300 册,P467。

赵时敏居山之麓，其辑见闻，请余增订。余疾失学未能，嘉其志，在觐光为书首。

《瑞石山志》上一次编志是在康熙六十一年，志成之后，严书开写有《瑞石山志略序》："壬寅秋日，逸山子游于杭之紫阳洞……羽士丁梅石者，野鹤之裔也……因索山志览之为志，其概如左。"①"瑞石山上有瑞石洞，本朝乾隆二十二年、二十七年、三十年、四十五年，高宗巡幸，并有御制诗。"②

又雍正《浙江通志》卷九③："瑞石山，万历《杭州府志》，在宝山南，上有紫阳庵，中有瑞石泉、橐驼峰。此山秀石玲珑，岩窦叫窱，湖山奥区，罕与伦比。去年，乾隆帝南巡到杭州，幸瑞石洞，有诗《瑞石洞》。"④

是年有《馆阁诗序》⑤。

　　淮上二阮太史选辑《馆阁诗》二十二卷成，以子进士紫坪来从召南游，即嘱为序。自惟奔陋，又病久废书，深愧无以报命。适雨霁风清，坐松冈石亭中，翻阅目次，作而叹曰：盛哉乎斯世！伊古立教，取言志者，治人性情，感发兴起，义归无邪，功与礼乐相终始。而篇章所录，雅有正变，风有贞淫，不能不转移于时地求夫。会值郅隆，化成久道，环海兵销刑厝，率土俗易风移，击壤康衢，颂声洋溢，天帱地载，盛德所同。洋洋乎！野无遗贤，朝罗群雅，虽古称至治，如唐虞、成周，絜德量功，尚未能及我皇清之圣圣相承，重熙累洽，统乾坤以辟文明，厚人伦而美教化也。况汉魏下至元明世之治乱靡常、运之盛衰迭见者所可同日语哉！诗有总集，昉自六朝，伏滔、袁豹、谢灵运、颜延之，即有晋宋宴会，各编专纪，一时侍从应诏所作。唐以诗著选者稍多，若《崔融集》、学士《张孝嵩集》、《朝英书》亦失传，今所传，惟殷璠《河岳英灵》、高仲武《中兴间气》、元结《箧中》数种。诗取杂篇，无关时政，其于古人立教微意，概乎未之有闻也。太史兄弟以硕学鸿才，并典承明，著作后媲轼、辙，前跨机、云，馆阁诸儒

---

① 严书开《严逸山先生文集》卷一，《四库禁毁书丛刊》第 90 册，北京出版社，1997 年，P250 上。
② 嘉庆《大清一统志》卷二百十六，《四库全书》第 479 册，P7-8。
③ 雍正《浙江通志》卷九，《四库全书》第 519 册，P307。
④ 《御制诗集》卷七十，《四库全书》第 1304 册，P333-334。
⑤ 齐召南《宝纶堂文钞》卷四，《续修四库全书》第 1428 册，P523-524。

莫不宗仰。曩者敕编《文颖》,群视太史为准绳。今因功令乡会取士,兼存唐制,患初学不得其门,无以导先路也;闱试虽专用五言八韵,而古今各体未备,亦不足扩心思而循典则,乃依《文颖》成例,搜罗益广,采择尤严,务必语本性情,事关礼乐,始可润色鸿业,歌咏太平。周官太师教六诗,德本中和、祇庸、孝友。卜子序诗,言治世之音安以乐,经解言温柔敦厚而不愚。是书采录,可谓兼之,即书是语复两太史,未知两太史谓可与言诗否也?

《馆阁诗》由阮学浩选编。阮学浩(1702—1764),山阳人,雍正八年(1730)进士,授翰林院编修,两典领乡试,一提督学政。阮学浩在翰林院与齐召南共事数年。阮学浩殁后,墓志铭出自齐召南之手。其传在同治十二年刊本《重修山阳县志》卷十四。

是年有《重刻石龙庵诗草序》①。

士有得天地正性,刚方耿直,为国家指斥奸佞,言人所不敢言,蹈九死而不悔。虽志抑为伸,其气节自足不朽,岂必以文名哉!拜一疏,廷辩数语,此即文之磊落轩天地者。视虽雕虫小技,求工字句声韵间,孰短孰长,孰得孰失。余于上虞徐氏重刻其先银台公《石龙庵诗》,不觉为之三叹也。明世庙时,奸邪严嵩父子柄用先后,直谏诸臣得祸最烈者曰杨、曰沈,廷杖幸不死,削籍家居十有八年。遗诏复召,卒于途中。而学行最纯者曰徐公,其事具载《明史》。明尚气节,似东汉。嘉靖当正德后,部曹争以诗才胜,馆阁李王诸子,名声籍甚。公在林下,笃于孝弟,沈静渊默,既不以气节自矜,闲有咏歌,多和平之音,无怨诽之语,是盖公涵养性情之功,实出诸公上也。孔子称志士仁人,论者谓慷慨捐生与从容就义稍有不同,如公殆志士进于仁人者邪!方其应诏上书,家人皆不知,固自分必死,乃得出狱为民,父母相贺。在国为刚方耿直之臣,如疾雷发声,使妖魅丧魄。在家为恭谨温良之子,养志承颜,又如春风冬日、可亲可爱。王龙溪最重公德行,尝招之讲学,坚辞不赴。公盖深知讲学渐成党祸,其害必流于国家,

---

① 齐召南《宝纶堂文钞》卷四,《续修四库全书》第 1428 册,P525。

不可不预防也。公抗疏言所当言,本非以倖直沽誉,即讲学,犹毅然不为,况与小技较量短长,得失于字句声韵间乎!诗不存稿,其孙采辑成集,经百数十年,后人再刻之,皆非公当日所及料也。然读公之诗,亦足以见公性情之正,深于诗而不失之愚。

《石龙庵诗草》刊刻后,齐召南有《题石龙庵诗草后》①:"先贤上虞徐公诗重刻既成,捧诵不忍释手。尝读松坡尚书旧序,足以肖公之为人;然犹憾其以楚骚相比,疑公之独不怨也。《诗》三百篇,大率皆忠臣孝子作,时处其变,怨与不怨半焉,孟子所以有论世知人之说也。分宜父子乱政,公以曹郎奋不顾身,直发其奸,此非家父之作诵,刺赫赫师尹乎!除名里居,上有垂白父母,当是时,权奸耳目布满天下,第一言涉怨诽,族矣。风列考盘、衡门,雅美白驹、其人,安知非因放弃远去,遂自乐其乐以终身者。屈子,楚宗臣,社稷将墟,所处固自异耳。呜呼!诗传不传,视其人。《钤山堂集》具在,未尝不工,海内不以挂齿颊。公诗和平不怨,能卷史鱼之直而怀之,真君子人也。窃谓百世下读公章疏,可以振顽懦;诵公诗,可使鄙夫敦薄夫宽。"

《石龙庵诗草》是明朝徐学诗(?—1567)的作品,其传在《明史》卷二百一十中。又《四库全书总目提要》卷一百七十七集部三十:《石龙庵诗草》四卷附刻二卷,明徐学诗撰。学诗,字以言,别号龙川,上虞人,嘉靖甲辰进士,授刑部主事迁郎中。以劾严嵩父子罢职。隆庆初,起南京通政司参议,未任而卒,赠大理寺少卿。学诗不以诗名,而所作音节颇清亮,盖尝与李攀龙相赠答,故流派与之相近。遗稿多阙字,邑人黄之璧为补入,以圈别之。后二卷,则附刻《劾嵩疏稿》及传略诸篇。

是年为吴彪之父吴廷璟作传。

齐召南文集不载,此事见于齐召南学生戴殿泗的记述:"乾隆戊寅,庄大中丞抚浙,天台齐宗伯主敷文书院教事。学使者窦公,量才挍艺,甄浙水东西士,肄业其间,一时彬彬,无虑数百人。义乌吴君彪,独温诚质厚,暇日请于宗伯,为其父作传,余得而诵之。其闲静敦朴,类古高士。事父继母孝,抚幼弟顺,喜宾客斟酒谈笑,终日不倦。配陈氏,有同德,严勖诸子,母为贤达

---

① 齐召南《宝纶堂文钞》卷六,《续修四库全书》第1428册,P543下。

所弃记其事,可告后之志耆旧者。"此《宝纶堂文集》所载友兰翁传之节略也。吴彪之父讳廷璟,字廷玉,号友兰①。可知齐召南为吴廷璟作传,戴殿泗为之作墓志铭。

是年,阮葵生就学于齐召南。

齐召南任内阁学士、礼部侍郎,与阮学浩在翰林院共事多年。乾隆十四年因坠马受伤归乡。阮葵生之弟阮芝生也曾从齐召南问学②。

是年三月,沈廷芳自广东粤秀书院归杭,丁忧结束,之后北上。行前与杭州的好友陈撰、丁敬、赵信、杭世骏、齐召南惜别,六人于皋亭聚会。

沈廷芳有《留别陈楞山、丁敬身、杭大宗、赵意林、齐次风》③:"我交天下士,五子昔贤风。出处途虽异,生平道本同。人随归雁北,客忆大江东。今夜皋亭月,孤舟有梦通。"

陈撰(1678—1758),字楞山,鄞县人,毛奇龄弟子。性情孤傲,有诗才。荐举博学鸿词,不就。擅画,尤其擅长梅花。有《玉几山房吟》存世④。

丁敬(1695—1765),字敬身,号龙泓山人,又自号钝丁,钱唐人,著《龙泓山馆诗钞》⑤。

赵信(1701—?),字意林,仁和监生。乾隆丙辰荐举博学鸿词,著《秀砚斋吟稿》。《碧溪诗话》:意林与兄谷林同有诗名,又尝与芗林、相国倡和,刻《同林倡和集》行世⑥。

沈廷芳有《题〈西湖送别图〉赠觉罗箕山司臬调山左》⑦。因罗素文之邀,沈廷芳为倪瓒之画题诗,有《罗生素文由滇南归德水,道出钱唐,访余于隐拙斋,出倪云林画索题,予甫返自粤东,即拟北山,匆匆赋此,殊愧前修翰墨也》⑧。

戴震之《勾股割圜记》成⑨。

是年,惠栋、胡天游、汪由敦、陈撰卒。

---

① 戴殿泗《风希堂文集》卷四《吴友兰墓志铭》,《续修四库全书》第1471册,P103-104。
② 《阮葵生年谱》,《淮阴师范学院》2006年第1期。
③ 沈廷芳《隐拙斋集》卷二十四,《四库存目补编》第10册,P380上。
④ 《清史稿》卷四百八十五。
⑤ 《两浙𫐄轩录》卷二十六,《续修四库全书》第1684册,P77上。
⑥ 同上,卷二十一,P670下;《清史稿》卷四百八十五。
⑦ 沈廷芳《隐拙斋集》卷二十四,《四库存目补编》第10册,P380下。
⑧ 同上。
⑨ 段玉裁《戴东原先生年谱》乾隆二十三年,《北京图书馆藏珍本年谱丛刊》第104册。

乾隆二十四年(1759　己卯)五十七岁

是年四月,有《邵生服议》①。

　　钱塘邵生澄观,名学鉴,翰林霁川先生长子也。幼敏慧,异常儿,甫学举子业,文出辄冠其侪。年十六应童子试,学使者拔补博士弟子员。身长七尺,顾盼伟然,似丈夫。其明年得病死。呜呼!栝柏豫章,栋梁才也,已离拱把风催之。哀哉!时乾隆己卯四月朔日,距生癸亥二月十日,年十七。未娶,于礼为长殇,未成人,其文不缛。族党疑之,先生书问服制,余答之以书曰:生年虽殇,德已成人,当以成人为服,不得拘古二十冠而字之例、今之未二十已冠而字者。《丧服小记》曰:丈夫冠而不为殇,妇人笄而不为殇。郑氏注言:成人也。博士弟子员官,取其才于诸童子中,俾冠带衣襕衫,拜谒先圣,名与宾兴,非既冠而字欤?《丧服传》论年特其常耳?《曲礼》"问大夫之子,长曰能御;幼曰未能御也;问士之子,长曰能典谒;幼曰未能典谒也。"此即成人与未成人之辨也。以文学能名称于众,犹可曰未能御典谒、不得为成人欤?《春秋》于内女,僖九年之伯姬,文十二年之子叔姬书卒,此即笄而字、以成人服之明证也。《檀弓》记:汪踦能执干戈卫社稷,夫子勿殇,此又不专论年之明证也。男子冠而字不为殇,则《杂记》所云丧无无主,自当以父在,父为主矣;赴告之文,自当云某长子某不禄矣。准古酌今,于礼无可疑者。

　　霁川,即邵祖节,号椒石,钱塘人,乾隆十三年进士②。
是年五月有《雷母李太夫人墓志铭》③:

　　副宪雷公鋐母曰李太夫人,诰赠通奉大夫通政使惕庐公元配也,远近人士莫不称:非是母不能教成是子。圣天子孝治天下,亦知之最深。副宪自翰林选入授皇子经官通政使,请假归省。己巳夏还京师,上念其母老,命督浙江学政。辛未南巡,召对询问,赏赉有加。寻移江苏,三年任

---

① 齐召南《宝纶堂文钞》卷六,《续修四库全书》第1428册,P551-552。
② 《历代词赋总汇》第13册清代卷,湖南文艺出版社,2014年,P12313。
③ 齐召南《宝纶堂文钞》卷八,《续修四库全书》第1428册,P576-577。

满,仍视浙学。丙子夏,副宪以太夫人寿届八十,奏,秋当报满入觐,面陈情,恩予即侍亲归养,不必来。丁丑春,副宪自闽至江浙迎驾,召对再三,赐"萱荣绥祉"四大字,并缎匹、貂皮,谕:汝亟归,为母寿。当是时,人人感叹美慕,谓圣主眷待贤臣,拳拳然不忘乎家有老母,母之贤益大著。今年五月,副宪邮讣状来万松岭乞铭。……太夫人生康熙戊午十月二十日,卒乾隆己卯二月二十七日,年八十有二。子男三人:长即副宪;次监生、候选州同鏛;季岁贡生鍈,俱孝友。有名女二:长适张廷试,次适庠生张峰。孙十:曰定淳、举人定澍、监生定源、定浚、增广生定灏、定滋、定汇、监生定溶、定润、定泽。曾孙四:曰光桂、光梓、光楠、光槐。太夫人德性纯备,遭际晚益亨。初封太孺人,累晋至太夫人。涫膺九重,隆恩异数,生荣死哀,可谓母道之极盛者矣。铭曰:宋儒有贤母,欧阳程苏并传,教孝、教忠,二者有焉。吾取以铭雷母李太夫人之阡。

此墓志铭是给雷鋐母亲写的。雷鋐(1697—1760),字贯一,号萃庭,福建宁化人,雍正十一年进士。出任浙江提督学政,改江苏学政。乾隆十八年,升任都察院右副都御史,仍提督学政,调任浙江。雷鋐较齐召南年长八岁,两人过往甚密。乾隆二十一年,雷鋐请假回乡探望母亲,二十四年(1759)二月二十七日,其母去世,雷鋐因办丧事,操劳过渡染病,于乾隆二十五年离世。雷鋐的传在《清史稿》卷二百九十中,或《芝庭文稿》卷五《通奉大夫都察院左副都御史加二级雷公墓志铭》,或《缉斋文集》卷七之《祭副都御史翠庭雷公文》,又沈廷芳有《雷副宪传》[1]。

是年中秋有《李太白集辑注序》[2]。

唐人诗李杜并称,两公集非手定,后人搜罗采摭,篇什递增,其中时有真赝参错,转写讹舛,而李集更多。盖自宝应元年,往依族子阳冰,得疾以卒,遂葬当涂青山东麓。阳冰序《草堂集》十卷,即云当时著作十丧其九,今所存者,皆得之他人。魏颢序《翰林集》二卷,亦云上元末偶得于绛。此

---

[1] 沈廷芳《隐拙斋集》卷四十一,《四库存目补编》第10册,P521-522。
[2] 齐召南《宝纶堂文钞》卷五,《续修四库全书》第1428册,P527-528。

即刘全白《碣记》所谓集无定卷、家家有之者也。至宋时，宜黄乐史始辑别集，常山宋敏求广裒遗文，始合为三十卷。南丰曾巩始考定先后次第。元丰中，信安毛渐始校刻于苏。绍兴中，闽薛仲邕始为年谱。太白本末，惟诸序志记、范裴二碑，及《旧唐》《新唐》二书，可证本诗。世远事湮，疑谬杂出，盖不免焉。而两集之有注也，注杜者自宋至今，名氏更仆难数；若李集，则注者寥寥，所见止杨、萧、胡三家。今乃得钱塘王载庵先生辑注。忆余自束发好诵李杜诗，苦于不能尽解。往在都中，友朋聚谭，闻有优劣李杜者，余曰：杜诚不可及，自李而外，可与杜颉颃者谁？必谓工部自许稷契，以诗为史，流离造次，不忘君国，为非太白所及。然李诗云：受气有本性，不为外物迁。又云：我志在删述，垂辉映千春。又云：天地皆得一，澹然四海清。此其语，岂寻常诗人所能道。且太白一生，始见赏于许公，后见奇于贺监，居山东为竹溪之六逸，游长安为饮中之八仙，识汾阳于行间，折力士于殿上，轻富贵如尘土，乐山水以相羊，慕仙嗜酒，浩然自放，即遭危困，未见其忧，此其人当居何等。谈者始稍稍息。今得此编，持论平正。其辑三家，去短从长，援引至当，殆太白功臣也。善读书者，其必有韪于余言。乾隆己卯中秋天台齐召南撰①。

另见杭世骏《道古堂文集》卷八，《李太白集辑注序》②。又王琦有《李太白集辑注序》③。

九月，有《听潮集序》④。

浙以海潮之奇观名宇内，信可乐也。深于观者，则谓果得《孟子》观澜微意。虽山居遥听，其乐亦同于观。余初疑之，及病久馆凤山北麓，古号万松岭，今无一树，惟见岩石峭涌，竹桂阴森。余方杜门习静，足不下山，手不执卷，而日听潮声，如期必应心为爽然，始稍稍信。至春秋月之既望，声尤入神。其初闻也，若有若无，如雷始启蛰，远在数十百里外。继次渐

---

① 《李太白全集》卷末附录，齐召南序，中华书局，1977年。
② 同上，杭世骏序。
③ 同上，王琦序。
④ 《宝纶堂续集》卷十一，《清代诗文集汇编》第300册，P476。

移而近,不疾不徐,如轻雷崔雨。其大起也,殷殷隆隆,溶溶渢渢,气挟鸿蒙,声满太空。……淮阴进士阮牛紫坪,英才卓荦,志在希贤,读书敦伦外无他嗜好,惟遇名山大川,不倦登临。余前辈裴园先生之肖子,征园先生之犹子也。浮大江,揽金焦北固之胜,过惠阜,抵姑苏,泛舟笠,游遍钱塘湖上,渡浙水而登会稽、探禹穴,而从余馆听潮者两岁。吴越中耆儒宿学,多折节订忘年交。其将归,汇诗歌都为一集,题曰《听潮》。生其深有所取于江山之助乎哉!生德行之粹,涵养之辽,讨论之勤,半由家教,温如其容,蔼如其言,渊如其度,观者莫窥涯涘。及游踪所到,意兴所感,对客挥毫,波胜墨海,千态万状,出奇无穷,人始惊其敏而能工、流于充积,有江绕瞿唐下三峡,河出龙门经砥柱,有一泻千里之概。观此集,即以诗作本之澜观可也。若从艺文,溯厥源本,要其会归,则圣道其海乎,经训其潮乎!好学力行,以心体味圣道,于经训中而返观内照,则余所言听潮之乐,可悟可想,在生必已洞然,惟勉之云尔。乾隆己卯季秋。

《听潮集》,阮芝生撰。阮学浩、阮学浚为兄弟关系,与齐召南为同仁,关系密切。阮学浩有两个儿子,长子阮葵生(1727—1789),次子阮芝生,二人都从学于齐召南。阮芝生,字秀储,号谢阶,又号紫坪。江苏山阳(今淮安)人,乾隆二十二年(1757)进士,历官内阁中书、永定河同知。与兄葵生以诗文名一时,有"淮南二阮"之目。著有《听潮集》《左传杜注拾遗》。生平事迹见《清诗纪事》乾隆朝卷[1]。

《齐侍郎年谱》:是年,于敷文书院修《温州府志》及《永嘉县志》。

《温州府志》三十卷,总修是齐召南、汪沆。现在所见乾隆二十七年刻本,主持编修是李琬,时任温州知府。卷首有明山(满族,译音为"明善",?—1779,世袭世管佐领,乾隆二十四年始任浙江巡抚)序、庄有恭(1713—1767,字容可,号滋圃,番禺人。乾隆四年状元,授修撰。乾隆二十四年至二十七年在浙江巡抚任上。其传见《清史稿》卷三百二十三)序。孙诒让《温州经籍

---

[1] 钱仲联《中国文学大辞典》,上海辞书出版社,1997年,P1179;《重修山阳县志》卷十四,《中国方志丛书》第117册,P209-210。

志》卷三十三,收录李因培(1717—1767,字其材,号鹤峰,云南晋宁人。乾隆十年进士。乾隆二十四年至二十七年间,提督浙江学政。其序写于乾隆二十六年)、朱椿(1709—1784,字大年,号性斋,江苏娄县人。捐纳得通判。乾隆十六年任浙江按察司副使,分巡温处道)、李琬的序。另有徐绵序(未录入府志、经籍志)。

李琬亦有序文①。

同时修纂《永嘉县志》二十六卷②。

卷首有李琬、徐绵、崔锡序。是书提调徐绵、李琬,总裁齐召南、汪沆,编辑崔锡、施廷灿、赵镇。崔锡序:"《永嘉志》自康熙二十一年阅今岁久,版剥落散失,存者不及十之三,人家亦无完本。余下车以后,即有志重修而未逮。岁乙亥,观察徐公、郡守李公雅意修郡志,予得参末议,敦请天台齐少宗伯、钱塘汪征君西颢主其事,历再稔而告成。继有事于县志,发凡起例,一依郡志,而纲举目张,征引典物,根据史传,要皆科律省志,较旧志为得体裁。……乾隆二十六年,岁在重光大荒落重九日,三韩崔锡谨序。"

齐周华撰《海内名山评》③。

是年,顾栋高、汪绂卒。

乾隆二十五年(1760 庚辰)五十八岁

《齐侍郎年谱》:抚臣庄时至书院论文。

庄有恭(1713—1767)是乾隆四年的状元,五年充日讲起居注官,与齐召南同朝做官。乾隆二十四年至二十七年间任浙江巡抚,此时两人又同在杭州④。

是年春,有《庚辰春闻西征大捷,拓地数万里,奉旨班师,奏凯之庆,集杜句志喜》十首⑤。其一:"今春喜气满乾坤,知有从来天子尊。紫气关临天地阔,崆峒西极过昆仑。"是年,平定回疆,天山南路统一。齐召南这十首诗即记此事。

除了诗之外,齐召南还有《平定西域颂》⑥:

---

① 《温州府志》卷首,乾隆二十七年序刊,同治五年补刊本,《中国方志丛书》第90册,P21-29。
② 《永嘉县志》,乾隆三十年晋江施廷燦刻本。
③ 《名山藏副本》附录年谱。
④ 钱实甫《清代职官年表》,中华书局,1980年,P1610-1613。
⑤ 齐召南《宝纶堂外集》卷八,《清代诗文集汇编》第300册,P510-511。
⑥ 同上,卷七 P557-559。

齐召南年谱 · 197 ·

　　臣闻威弧耀于列星,光垂元象;迅霆轰于盛夏,气转洪钧。是以因地制宜,奋武与揆文并重;本天作则,命德偕讨罪兼施。厥声厥灵,殷歌深入,有严有翼,周美出征。虽其近在边方,犹且长垂雅颂。若夫禹迹不到之土,尧封未辟之区,达鞮译于天垠,穷梯航于月窟。无侮无拂,廓地踰二万里而遥,于理于疆,成功计四五年之速。赫矣炜哉! 书契以来,曾莫一睹。钦惟我皇上德懋执中,道隆建极,文武圣神,以广运绍列祖之纯熙;聪明睿知,以有临膺上苍之景命。紫微正位,独斡玑衡,赤县神州,咸遵道路。抚辰凝绩,治功既驾乎祁姚;服教畏神,幅员亦超乎轩顼。固已南翔朱鸟,北耀烛龙,东渐鲛海鲲人,西底乌思鹫岭,岁时毕来贡献,血气莫不尊亲。惟是准夷,顽同苗种,丹浦一战,虽败犹存,黑水三危,既分复合。自矜绝远凿空,只有张骞,屡诱诸蕃,屯田宁容,郑吉而乃争先款塞,请王师若望云霓,因之命将出车,执渠魁如拾草芥。初经蒲类,即定伊犁,旋斩楼兰,更称鄯善,昆弥、叶护,俱欣叙于西戎;安息、康居,总称臣于北阙。大宛之驹汗血,随犀牛、狮子以登闲;于阗之石采河,并琥珀、明珠而接轸。纵有巨猾莫遂,奸谋奔觅,谁留封豨自毙,攻马耆而击疏勒,威慑百蛮,殪突厥而奠龟兹,版归四镇。玉门广辟,讵谓三绝三通,雪海全空,安知十姓十设。哈萨克斯坦占风纳悃,班列外藩;布鲁特向日输诚,职侔蒙古。斯则炎汉城置都护,未窥德化之遐敷;李唐州属羁縻,难语咸棱之丕畅矣。……我皇上应机善断,视远惟明,金镜高悬,太阿在掌,特专闻寄,擢上将于羽林,亲授韬钤,简精兵于神策,张两军为迅击。望之如火如荼,收六堡以捣虚勋矣。为貔为虎,卷蚩尤毒雾;无地藏身,竖太乙灵旗。有神默相,直指流沙之外。井自涌泉,长驱悬度,而遥蹊成坦道。……

　　平定西域是朝廷的一件大事,历康熙、雍正、乾隆三朝,军事上彻底解决准噶尔问题,是在乾隆二十四年、二十五年。齐召南的诗、颂,写的就是此事。时内外大臣都有诗颂祝贺这件大事,时彭启丰有《平定西域凯歌序》[1],陈兆仑有《圣武远扬西域效顺大阅礼成恭纪(并序)》[2],阮葵生有《平定西域谢表》[3]等。

---

[1] 彭启丰《芝庭文稿》卷三,《四库未收书辑刊》第9辑23册,P469。
[2] 陈兆仑《紫竹山房诗文集》卷六,《四库未收书辑刊》第9辑25册,P546-549。
[3] 阮葵生《七录斋文钞》卷三,《四库未收书辑刊》第10辑19册,P638-639。

为宣扬朝廷武功,乾隆时编纂了《平定准噶尔方略》,分三编,前编自康熙三十九年七月乙未至乾隆十七年九月壬申,正编自乾隆十八年十月甲戌至二十五年三月戊申,续编自二十五年三月庚戌以后至三十年八月乙亥。在乾隆帝的《御制诗集》卷十九、二十、二十二中,收录御笔《平定准噶尔告成太学碑文》《平定准噶尔勒铭伊犁之碑》《平定准噶尔勒铭格登山之碑》《平定准噶尔后勒铭伊犁之碑文》《平定回部告成太学碑文》《平定回部勒铭叶尔奇木之碑》、《平定回部勒铭伊西洱库尔淖儿之碑》《准噶尔全部纪略》。在平定准噶尔之时,于乾隆十一年就开始编修五十二卷的《钦定皇舆西域图志》。

是年夏,为周松霭作《尔雅补注序》①。

治经必先识字,识字必先训诂。于今可见古人小学之传,仅存《尔雅》一书,其源实出于六书中之有转注在。初造字者,因有转注而字形不穷,故欲识字者,因有转注而字义不昧也。字书总汇古文,无有重复,自三苍下逮《续训纂》,共得一百三章,章六十字计,只六千一百八十字,班《志》明谓六艺群书所载略备。然则汉初太史试学童,必能讽书九千字以上者乃得为史,字数尚多,其又有时俗所增、出于群书之外者耶?后人释字,端为一书,有从体制类聚者,始于象形;有从音韵条分者,始于谐声;其分散于经传之下,为音,为释某字,读如某字,有反有切,是谐声之转注也;字有相似,辨其疑误,订其舛讹,是象形之转注也;至字取指事会意假借者,亦必释之。而总以转注为纲,其形声不必同,而其义本同,彼此相资,观者自解其源。始于至圣赞易,乾健坤顺,震动巽入,坎陷离丽,艮止兑说,直以一字解一卦,为千古经学之宗。《尔雅》虽多为释诗词,非全备,间有错谬,然关系训诂,指陈名物,实为诸儒治经沿流溯源者导之先路。宜乎班《志》列《孝经》,后视他字书有异也。自郭氏为注,陆氏为释文,邢氏为疏,已列为十三经。后人精于六书,发前人所未发,则有夹漈郑氏。呜呼!俗儒专务词章,每耻言训诂,其于《尔雅》,不久已东置高阁欤?博物之难也,近在经籍,犹未遍识,菉竹是一是二,苋陆是合是分,柜柽是异是同,镈钟是大是小,毛公不用《释山》,郦元读有破句,田敏误改日,及王劭刊落"明桑",谢

————
① 齐召南《宝纶堂文钞》卷四,《续修四库全书》第1428册,P519。

尚诮蔡谟而先不熟,杨氏疏《穀梁》而疑本文,辨论所存,难以枚举。然则以"蛩"为"蟻蠓",以"蠡"为"蝼蛄",以"反舌"为"虾蟆",以"干鹊"为"蟋蟀",以"鸤鸠"为"巧妇",以"鹎鵙"为"伯劳",一物偶疏,尚亏该洽,又何怪乎主司不能答"天鸡",致千载下犹美终军之能识鼹鼠也哉?周君松霭为补注四卷,旁搜广采,疏通证明,又多出于夹漈之外,即群书释经有当者,以转注是书,其有功郭注,盖亦《尔雅》。后有张揖能广之,陆佃能埤之,罗愿能翼之,可以愧夫。名为治经,实则束书不观、游谈无根者。松霭,张樊川太史高弟也,以余言质之樊川谓何如?

对照《尔雅补注》之齐召南序和《宝纶堂文钞》卷四中的《尔雅补注序》,文字上有一些不同,齐召南文集中保存的序,缺少对周春的介绍,序言的结尾,也缺作序时间。齐召南还为周春的《中文孝经》一书作过序。

是年八月十三日,是乾隆帝五十寿辰,朝廷将有盛大的庆祝活动,文武大员都得参与祝贺。齐召南虽然因坠伤离职多年,但仍得入朝祝贺。齐召南原来计划于六月诣阙,已托人租舟,但因大病一场,不能入京,颇以为恨,写有《被病志恨》①。

序云:"庚辰六月之望,拟扬帆诣阙廷,稍抒葵藿微诚。而风痰大发,几致莫救。七月朔又然,苏后自思愧悚无地,岂造物者于病夫行止故为阻仰耶?寸哀耿耿,未可告人,咳嗽偶疏,集句志恨。"齐召南因不能入都,故成诗十首,祝贺皇上寿辰。"八月十三日望阙,叩祝万寿,恭集杜句自咏,恩遇之盛,不能入朝,所谓诗以言志也。"②此组七绝共十首,其四:"天颜有喜近臣知,退食从容出每迟。已近伶俜十年事,白头吟望苦低垂。"其五:"强移栖息一枝安,老病人扶再拜难。南极一星朝北斗,衰颜欲付紫金丹。"

时在皇帝身边的近臣,及入都大臣,都有祝寿诗,如沈廷芳有《恭祝皇上万寿序(谨序)》③:"乾隆庚辰八月十三日,恭逢皇上五十万寿……臣廷芳不揣芜陋,敬撰长律百韵,用申颂祷之忱,谨拜首稽首而献诗。"是时,沈廷芳在山东按察使任上。周长发亦有《恭庆皇上五十万寿诗(谨序)》④。陈兆仑亦有《恭祝皇

---

① 齐召南《宝纶堂外集》卷十,《清代诗文集汇编》第 300 册,P516-517。
② 齐召南《宝纶堂外集》卷八,《清代诗文集汇编》第 300 册,P510。
③ 沈廷芳《隐拙斋集》卷二十六,《四库存目补编》第 10 册,P394-396。
④ 周长发《赐书堂诗钞》卷八,《四库存目丛书》第 274 册,P807-810。

上五十万寿序》①:"乾隆二十五年八月十有三日,恭逢皇上五十万寿之辰,普天同庆……亲调兰膳,恭进慈宁。宫府内外,人人欣欣愉愉,稽拜舞蹈,呼嵩若雷猗。皇上率华,祝以称觞。"陈兆仑时任太仆少卿,入值上书房。钱陈群亦有《皇上五十万寿诗》②。

是年有《学耨堂文集序》③:

浙东数郡士,宋元明以来能讲朱子之学,各有源流,其一脉相承,四传不替,前有东莱吕成公,后有黄柳吴宋,伟然名冠一代。此外以文辞见者,如汲仲九灵仲、申子充,指不胜屈。遗风余韵,久而益彰,惟婺最盛,讲学之益大矣哉!余读东阳王鹤潭先生《学耨堂集》,如读黄柳吴宋诸公文,不觉为之三叹也。自明中叶,海内讲学颇多,求如婺宋元时恪守矩度,不可得,即婺自章枫山后,未闻再有硕儒。夫以婺钟山川神秀,人材辈出,秦时即有颜乌,东汉即有杨璇,孙吴即有骆统,唐有二冯之才猷、志和之隐逸,名著史册。宋代益磊落相望,其功在社稷,如宗忠简,德化九世;如郑冲素,皆不以讲学名。即明季婺学久衰,忠臣义烈,犹堪颉颃前哲,由斯以谈天地生材,似有定数。虽师仅俗儒,学止举业,性善自得于天,经书已传于古,苟能立志不怠,行谊必有可观。然而古人所重,必在讲学,讲学所重,又在得师,以人生气质之悬殊、习染之易误也。不学者,既迷于面墙而立,向学者,又苦于途径多歧。将使下士亦可希贤,英才必思法圣,得一二硕儒,以身立教,守先待后,其所陶镕造就之人材,不当尤盛乎!先生夙负文章重名,好学深思,鄙俗儒举业之陋,沿流溯源,志在绍何、王、金、许之传,以上承朱子,并由东莱以兼综金溪,多闻多见,采择至精。家居教授,一言一动,皆足楷模后学。有子三人,禀承庭训,学行俱冠一乡,乡人言儒必首推鹤潭王氏。郡城之建丽正书院也,礼聘为师,论者谓婺学既微复著,恃先生克寻坠绪。乃先生序记所言,隐隐然若有未尽之心期,讵非谓道在尊经,课惟举业,积习既久,解惑甚难。其视丽泽、北山、鲁斋、仁山、八华所讲之学,人知信从,期于成德达材者,不犹有间欤?读先生集者,即可以知

---

① 陈兆仑《紫竹山房诗集》卷四,《四库未收书辑刊》第9辑25册,P264-267。
② 钱陈群《香树斋续集》卷十四,《四库未收书辑刊》第9辑18册,P515-518。
③ 齐召南《宝纶堂文钞》卷五,《续修四库全书》第1428册,P529-530。

先生之志也。东阳与台接壤,先生季子齐五于余为旧交,今携已刻集求序。余谓先生可传者,岂徒在文章乎哉?学者能以先生之志为志,则儒先讲学之实可以复兴,斯集所系,固不止婺学之有源流也已。

另据《清人诗文集总目提要》①上册,王宗炳(1653—1739),字虎文,自署鹤潭(即浙江东阳)人,主丽正书院,著有《金华征献略》《金华文略》《广性理金》《学庸讲义》《学耨堂文集》《学耨堂诗集》《学耨堂诗余》,其中《金华征献略》《金华文略》二书,收录在四库存目丛书中。邓钟玉的《金华县志》卷十一人物中,有王崇炳的传。今人王品高、王湘有《学者王崇炳传略》,载《东阳文史资料选辑》第11辑。其主要著作《学耨堂诗稿》,中国国家图书馆藏雍正间刻六卷本,前有序,谓康熙六十一年壬寅以后诗录十之五,壬寅以前诗录十之一,后附《学耨堂诗余》二卷,有雍正九年自序,署七十九岁叟。广东中山大学图书馆藏乾隆间刻九卷本。乾隆间又刻《学耨堂文集》六卷,后附《书筌随笔》,复旦大学图书馆有藏。乾隆二十五年,其裔孙编为八卷,将《书筌随笔》六十条及箴言六篇,编于卷首,齐召南为之作序,浙江图书馆有藏。

是年有《易学资始序》②:

> 龙泉连廷山先生,余拔贡同年友也。别三十有六年,今司教象山,将刻所著《周易资始》。先袖凡例数则来万松岭相质,求余序。余学浅陋,又未见其书,无能发明,方退让不遑,而先生自言能以河图解全经,实由仙授。异矣哉! 余尤未之信也。……先生书余固未见也,姑先记遇仙事,为之序。

齐召南与连廷山虽是同年,但他对连廷山的著作是半信半疑,原因是连廷山著述《易学资始》的过程,让齐召南颇以为疑。其事情经过是这样的,"乾隆九年甲子春,馆邑之义塾有地仙吴妙应者,自匡山之天鲤峰来,与廷山讲《易》,凡数日夜,所论皆出人意表。其人不饮不食,状若八九十老翁,冠道士冠,衣布袍,须眉与面一色,双眸炯炯有光,自云宋时隐士也,所言姓氏与乡里传闻合。

---

① 柯愈春《清人诗文集总目提要》(上册),北京古籍出版社,2001年,P354。
② 齐召南《宝纶堂文钞》卷五,《续修四库全书》第1428册,P528-529。

问南渡前事,颇得一二,以后则不言。问修炼服饵之术、师友弟子姓名及往还何地,所读何书,即《周易》所据何本,诸儒中深于易者何人,皆不答。惟指《河图》曰,但自近取诸身,即知文周象象之取物矣。其来也,如石坠有声,去则御风,倏忽不见。廷山得其口授,著《易学资始》。"(李元度《天岳山馆文钞》卷十八《书吴妙应事》)显然,齐召南对连廷山碰到的这个吴妙应神仙不以为然,故对其《易学资始》的观点也是存疑。

是年,堂兄齐周华被逐出家族。

齐周华自乾隆元年被赦免之后,就云游四海,中途偶尔回家。齐周华于乾隆二十二年(1757)六十岁时回家,与家人摩擦不断,终致"是年,族长齐长庚,以周华回家后,忽而逐妻,忽而呈子,忽而告戚,种种横行,训斥不遵,曾摒出族,呈县有案"。①

是年为桑东愚之《松林采药图》题咏。

桑东愚,即桑鼎元,桑调元之弟,兄弟二人与齐召南都有交。(桑东愚)年近六十,属善绘者画《松林采药图》,齐召南首为之咏。国中属而和者,将百十数而未已也②。为桑鼎元《松林采药图》题咏之诗,在齐召南诗文集中无载。同时为桑鼎元《松林采药图》题词的,有其女婿卢文弨之《题桑东愚先生〈松林采药图〉端(庚辰)》、陈兆仑之《长甲处士桑东愚〈采药书卷〉》③等。又丁敬有《题桑东愚养爪采药小照》(《砚林诗集》卷三)。又汪沆有《题桑东愚〈采药图〉》(《槐塘诗稿》卷十四)。

是年,陶元藻有《寄怀齐次风少宗伯》诗④。

陶元藻于乾隆二十三年客居扬州,为两淮盐运使卢见曾(1690—1768)之幕僚。二十三年底离开扬州,途径杭州,可能拜会过齐召南,但此事两人均未记载。二十四年春,陶元藻出发到岭南,是应在广东任职的同乡梁国治之邀请。二十五年,写了此首《寄怀齐次风少宗伯》。陶元藻在游广州光孝寺时,想起了杭世骏八年前的《光孝寺诗》,故有《游光孝寺用杭堇浦太史原韵》⑤。

陶元藻(1716—1801),字龙溪,号篁村,会稽人。乾隆年间贡生,有诗名,

---

① 《名山藏副本》附录年谱。
② 卢文弨《抱经堂文集》卷七《题桑东愚先生松林采药图端(庚辰)》,《续修四库全书》第1432册,P614-615。
③ 陈兆仑《紫竹山房诗集》卷九,《四库未收书辑刊》第9辑25册,P579-580。
④ 陶元藻《泊鸥山房集》卷二十三,《续修四库全书》第1441册,P678上。
⑤ 同上。

时称"会稽才子"。后人两淮盐运使卢见曾之幕。归籍后,在杭州西湖建有泊鸥庄,以著述为业,历三十年余。著述有《泊鸥山房集》《全浙诗话》《凫亭诗话》《越谚遗编考》《越画见闻》等①。

乾隆二十六年(1761　辛巳)五十九岁

是年孟春,成《水道提纲》二十八卷。自序云②:

> 大地合水土为体,居天正中,亦若人身然,山其筋骨,而水其脉络也。至静者山,静中有动,故为干为枝,以一而万,又以万区界百川。至动者水,动中有静,故为源为委,以万而一,又以一遍周六合。阴阳自相经纬,与日月星辰之丽天为经纬者理气协应,此地道承天,所以含万物而化光也。志地有书,《九邱》尚矣。治水莫神于大禹,言地亦莫精于《禹贡》。以治水先委后源,则列叙九州,岛岛疆域中,高山大川,自滨海之冀、兖、青、徐、扬州,西迄梁、雍,以山自有干与枝,水自有源与委,则总叙导山四列,导水九川,皆起雍、梁,而东至于海。《诗》言:既景乃冈,相其阴阳,观其流泉。古圣人体国经野,以建都邑,利农田,济舟楫,设津梁,转运阜财,襟带险固,孰有不于水深究其本末者乎!自汉后地志日多,专言水者,惟有《水经》及郦道元注。道元于西北诸水巨细不遗,可谓精矣。后儒言水,或解《诗》《书》《春秋》,或释班《志》,或于寰宇略撮梗概,或于郡邑各记方隅。其志存经济者于治河、防海、水利、守边,博考古今,畅言得失,政理所系,援引虽多,不厌其繁杂。若夫志在艺文,情侈观览,或于神怪荒唐,遥续《山海》;或于洞天梵宇,揄扬仙佛;或于游踪偶及,逞异眩奇,形容文饰,祇足供词赋采用,以为美谈。从未有将中国所有巨渎经流实在,共闻共见、可筏可舟、不枯不涸,如孟子所言原泉混混、放乎四海者,用《水经》遗意,上法《禹贡》,导川总其大凡,芟除地志繁称,远引分名别号,附会穿凿之陋,务使源委了然,展卷即得。此《水道提纲》,所以纪载今日实有之脉络,山川都邑,并用今名,略识古迹,取其质不取其文。如河经数徙,济惟入

---

① 任宝根《鲁迅故乡的名人》,西南交通大学出版社,1988年,P118。
② 齐召南《水道提纲》卷首,传经书屋藏版。

河,汉有别支,江源非一,黑水未知谁是,积石原在羌中,前贤早有辩论,无烦复赘,取其实不取其虚也。盖自古帝王功德之盛,莫如我朝,重熙累洽,治致升平,幅员之广,尽天所覆,亦莫如我朝。臣召南学识愚浅,自乾隆丙辰蒙恩擢入翰林,纂修《一统志》。伏睹圣祖御制舆图,东西为地经度,以占节气后先,南北为地纬度,以测辰极高下。漠北直过和林,抵白哈海;西番遥穷拉藏至冈底斯,凡金沙、澜沧、潞江、昆仑,青海之近在边陲;黑龙、卢朐、松花、漱泥按出虎水,乌苏里江之本属内地者,源委秩如已迥非从前史志所能稍及。而我皇上圣神文武,善继善述,天威遐震,克奏肤功。逾流沙而开四镇,荡平伊犁、回部,拓地至二万里,西域并入版图,蒙泛咸受正朔。此岂汉唐元明盛时宾贡享王所能较量阔狭乎哉!即古称唐虞协和万邦,羲和所宅,章亥所步,伯益夷坚所志,方斯蔑矣。臣初久在志馆,考校图籍,于直省外又专辑《外藩蒙古属国诸部》道里翔寔。是以志成之后,亦尝条其水道,惟图无可据者阙之。及蒙恩告归台山,杜门无事,养病余暇时,检箧中旧稿,编成二十八卷。臣思为万国朝宗者君,为万川会同者海也。以一水论发源为纲,其纳受支流为目,以群水论巨渎为纲,余皆为目。如统域中以论,则会归有极,惟海实为纲中之纲。凡巨渎能兼支流注海者,亦目中有纲、纲中有目耳。是以诠列次第,不依《水经》,冠以海水,自北而南,并取《禹贡》首冀、次兖之意,内自盛京鸭绿江口以西,而南而西南,至合浦外,自云南而西而北。又自漠北阿尔太山、肯忒山而东至海。又自海而南而西而北,包朝鲜至辽阳域中,万川纲目毕列。至于葱岭以西水入西海,印度水入南海,丁零、黠戛斯以北水入北海,前史或略记其地。以我朝之声名洋溢,凡有血气,莫不尊亲,则重译慕思尽为强索,占测经纬,合寰瀛以成图,臣固可执笔俟也。《禹贡》曰:声教讫于四海。说者谓极言之,未可征实。然则自生民以来,久道化成,一统无外,能实有其盛,超越前古,其惟我大清也欤? 乾隆辛巳孟春,原任礼部右侍郎臣齐召南谨序。

卷首还有阮学浚、王杰(字伟人,陕西韩城人。乾隆二十六年状元,五迁至内阁学士。三十九年,授刑部侍郎,调吏部,擢左都御史。五十一年,命为军机大臣、上书房总师傅。次年,拜东阁大学士,管理礼部。《清史稿》卷三百四十有传)的序,后二人序都写于《水道提纲》初版时的乾隆丙申年(1776)。

卢文弨有《水道提纲跋》，据卢文弨跋言，他也参加此次刊本的校勘，校出了一些译文差异和个别字的不同①。

《水道提纲》成后，被录入四库全书，不曾刊刻。首刻《水道提纲》，是戴殿海、戴殿泗兄弟于1776年完成的。为刊刻《水道提纲》，专门募集了资金。募款启事是由戚学标为张裕荦代笔的，即戚学标之《募刻齐息园先生〈水道提纲〉启（代桐城张祭酒）》②云：

> 先生存日尝欲表进之，不果。临殁喃喃叮嘱，谓予一生功名事业如浮云，然可弗朽者独此耳，勿佚也。幸际天子右文，征书中外，特开四书馆，甲乙校雠，于是得进邀乙览，于先生纂录之本意诚为不负。然藏之中秘，外人罕见，不为刊刻，令四海之内叹学问之博如先生、著作之勤如先生。不幸一殁，而所为书概散失耗蠹而不著于后，则同类既不能不痛心，而况实济时用、卓然成一代之业如是书者，尤不可使湮灭而不传哉。计是书为卷二十八，刻费计数百金，独任则难，众任则易。凡旧系先生门下，或为同乡后进，及平日有交谊者，于先生之书之传是皆有责焉，庶几共襄厥事，付之剞劂，以答服古之勤，以慰好善之望，流美艺林，嘉惠后学，在此举也，谨具启。

张裕荦(1708—1788)，字又牧，又字幼穆，又字铁船，号樊川，安徽桐城人。乾隆十三年(1748)进士，授翰林院编修，迁国子监祭酒。曾两充教习庶吉士，撰修《续文献通考》。乾隆十八年典试山东。十九年、二十四年分校乡会试。暇以诗文会友，每有新作，人们争相传颂。年老归里，年八十一卒。著有《野茧园诗古文集》。张裕荦与齐召南兄弟都有交。张裕荦比齐召南小六岁，齐召南的弟子，于乾隆十三年中进士前，就与齐召南有交往。戚学标、秦瀛虽为齐召南弟子，两人似不是同时，但二人是同年，秦瀛有《记怀戚鹤泉同年》③。《水道提纲》成于乾隆二十六年，首刻是戴殿海刻于乾隆四十一年。戚学标的《水道提纲》募刻启事，当是戚学标、戴殿海等人一同策划的。戚学标、戴殿海、秦瀛

---

① 卢文弨《抱经堂文集》卷九，《续修四库全书》第1432册，P633-634。
② 戚学标《鹤泉文钞》卷下，《续修四库全书》第1462册，P403-404。
③ 秦瀛《小岘山人诗集》卷二十六，《续修四库全书》第1465册，P49上。

等交往甚密,戚学标有《浦江戴履斋夫妇双寿序》①。

　　齐召南的诗文集,则由秦瀛刻,见《齐次风先生文集序》②:天台山,当牛女之分,上应台宿,而次风齐先生适钟灵岳之秀,逢国家文教之隆,以辞赋辟大科,被天子知遇,入史馆,陟卿贰,文章、经术一时罕有比伦,世无论识与不识,无不知有先生者。先生既没久,而其文尚存,治浩乎莫穷其涯涘,滔滔乎莫测其源之所在。乌虖!可谓盛矣!乾隆癸未,余游杭州,过万松岭,问业于先生。阅乙卯,距见先生时已三十有二年,而先生之没亦已二十七年矣。会余官浙,有事台州,与先生子式迁相见行馆,因索先生集,式迁语余集在浦江戴学博殿海家。既而学博持先生集至,式迁属余重为编次,而学博暨鲍上舍廷博、邵秀才志纯分任校勘,共得若干卷,而镂之板刊。既成,余喟然而叹曰:先生之文,有本之文也。孟子曰:原泉混混,不舍昼夜,有本者如是。且夫沟渠川浍,暴水时涨,虽断港绝潢,泛溢弥满,迨其既退,目不及瞬,已涸然而无余。若夫长江、大河,深林巨壑,淡漫汹涌,馘耳荡心,涵澹萧瑟,澄涤志虑,挹之而不尽,注之而不竭。其所以然者何也?天台瀑布悬流数千丈,若银潢之屈注,薄风雷沃日月,而其源出于华顶,及桐柏之金涧始丰溪,泓演灏漾,南会于灵江以入海,而其源出于大盆山。苏氏有言曰:吾文如万斛泉源,不择地,皆可出,无他,有本故也。先生之文,亦自有所以文者已矣。诸城窦东皋先生,于当世名公卿少所推服,独称先生。乾隆丙子丁丑间,东皋先生视学两浙,适先生为敷文书院山长,两先生者时过从,过辄作竟日聚,城钥已上漏数下,两先生犹谈论未辍云。先生于学无不窥,著书甚具。学博为先生高第,弟子既刻《水道提纲》以行于世,今又与余刻其文集。学博言先生尚有诗集藏于其家,将继是集而刻之。

　　关于《水道提纲》的卷数,齐召南的自序,写于乾隆二十六年,说是二十八卷。但《齐侍郎年谱》中乾隆二十六年没有提及完成《水道提纲》一事。乾隆二

---

① 戚学标《鹤泉文钞续选》卷四,《续修四库全书》第1462册,P460-461。
② 秦瀛《小岘山人文集》卷三,《续修四库全书》第1465册,P150。

十八年,《齐侍郎年谱》中提到"是年,所编《水道提纲》三十卷成"。现在见到的《水道提纲》各种版本,都是二十八卷,而齐召南于乾隆二十八年说有三十卷。另外,杭世骏《资政大夫礼部右侍郎齐公墓志铭》、袁枚《原任礼部侍郎齐公墓志铭》、秦瀛《礼部侍郎天台齐公墓表》亦说《水道提纲》是三十卷。一种可能是,齐召南于乾隆二十六年完成《水道提纲》后,并作了序,又作过一些补充,故于乾隆二十八年有三十卷之说。情况如何,已无从知道。四库抄本及戴本,分别从齐召南之原稿而来,这两个版本的处理,都经过齐召南之子齐式迁之手,应当做过整理后,依二十八卷定稿的。

二月,沈德潜增订《国朝诗别裁》刻成。三月,选刻《盛青嵝诗》。九月,祝皇太后七旬圣寿,启行,十月底到京①。

是年春,齐世南中进士。

齐召南有六兄弟,齐世南排行第四。是年恩科,齐世南中榜,为三甲八十二名。齐世南有《尚书集解》,此书为讲义,齐召南有序②:"予家弟世南撰《尚书集解》以课子弟,离经辨志简而明,知类通达近而远。说本朱蔡,兼采注疏以后诸儒所长,俾读书者如读《论》《孟》《大学》《中庸》,味如菽粟,用如布帛,不可斯须去也。余嘉其志。"

齐世南的传在民国《台州府志》卷一百二十中:

> 世南,字英风,号孙圃。为学沈浸经史,博而不杂。乾隆十二年,举于乡,入都,居仲兄召南邸,对客挥毫,风发泉涌。刘纶、程景伊、陈兆仑、张裕莘、吴炜、周长发、龚廉并折,二十六年成进士。当道者以召南故,争物色,世南终日闭户,不通一刺。或咎之,笑曰:功名有命,吾奈何作马厩中人哉! 既殿试,得知县,改教职,选宁波府学教授,兼主月湖书院讲席十余年,人文蔚起。三十年,圣驾南巡,委办书画局事务,赏彩缎荷包。三十七年,广搜天下遗书,世南搜访得七千余种。解组归,筑娱老轩,于所居西与兄弟五人为五老会。命子式鹰作《五老歌》以纪之,号哦松。所辑有《易经要览》十二卷、《尚书集解》十八卷、《诗经便览》七卷、《礼记摘录》十卷、《周

---

① 《沈归愚自订年谱》,《北京图书馆藏珍本年谱丛刊》第91册。
② 齐召南《宝纶堂文钞》卷四,《续修四库全书》第1428册,P522-523。

礼图说》六卷、《仪礼约编》四卷、《左传便览》十六卷、《通鉴钞释》一百二十卷。所著有《明州》一卷、《开岩志略》三卷、《蝉鸣集》五卷、《自怡草》四卷。

是年十月,齐召南入都请安,作《皇太后七旬万寿赋》①:

皇帝御宇二十有六年,冬十有一月,圣母皇太后七旬万寿。庆洽敷天,欢腾遐迩,神人悦豫,祥瑞并臻,礼备恩覃,亿万国颂声洋溢。孝治之隆,福德之盛,自载籍以来,所未尝有。臣谨斋心作赋,指实敷陈。其辞曰:大哉!我皇上躬集诸福,以隆圣孝于万年也。至德要道,下际上蟠,神明效顺,环海澄澜。普太和于品物,合穹宇以承欢。总八纮而开寿域,统亿载而诒治安,颂九如而臻上瑞,符元会而征履端,庆慈闱之七十,为盛世之大观。惟皇太后德启乾行,福全坤厚。世当累洽重熙,治睹日新富有。开钦明于庆都,协思齐于文母,嗣徵音以发祥,燕皇天而昌后。……

《国朝宫史》卷七:谨按乾隆二十六年十一月,恭遇皇太后七旬大庆,先于二十一日皇上诣寿康宫,恭侍筵宴,敬起舞,皇子、皇孙、额驸以次队舞。又《清文献通考》卷七十六学校考:十一月,皇太后七旬万寿,恩诏满洲、蒙古、汉军兵丁及内扎萨克喀尔喀等,蒙古年七十、八十、九十以上者,分别赏赉,至百岁,题明给与建坊银两,余悉照从前恩诏例,恩赏耄耋儒臣。奉上谕:编修傅王露、检讨职衔周中规年登耄耋,远来京师献册庆祝,洵升平人瑞,着赏给赞善职衔,并缎二匹。举九老会,命游香山,以优遇之。在朝王大臣九人,共六百七十七岁,在朝武臣九人,共七百二十二岁,致仕诸臣九人,共七百四岁。

时沈廷芳有《皇太后七旬寿颂》(《隐拙斋集》卷三十二),陈兆仑有《恭庆圣母崇庆慈宣康惠敦和裕寿纯禧恭懿皇太后七旬万寿乐歌(谨序)》(《紫竹书房文集诗集》卷四)。

齐召南在京祝寿期间,有答果亲王诗,题、序②:"辛巳冬,诣阙祝寿,承果亲王招同沈尚书宴集经畬堂话旧,即席示诗。诗曰:'余生无复事雕虫,滥窃君恩

---

① 齐召南《宝纶堂续集》卷一,《清代诗文集汇编》第 300 册,P357-362。
② 齐召南《宝纶堂诗钞》卷六,《续修四库全书》第 1428 册,P643-644。

感激中。话别最怜芳草碧(先出年前春草诗十章,墨刻题诗),题诗亲劈采笺红。杯承湛湛层霄露,笔振泱泱大国风。归去台山对猿鹤,时登华鼎企高松。'"

果亲王和其他诸王都有贺诗。乾隆帝亲率皇后、皇子、皇孙等人至此跪问起居,进茶侍膳。此次齐召南入京是为祝皇太后七十大寿,有《万寿礼成后南还,承果亲王招饮示送别诗,和次奉答》《奉答果亲王惠寄怀一篇,次和二首》诗。此次皇太后万寿,朝廷大行赏赐。据《高宗实录》卷六百四十九·乾隆二十六年:"辛亥,谕曰:孔昭焕、嵇璜、沈德潜、钱陈群,俱着各赏缎六匹;程元章、田懋、齐召南、庄存与、蔡新、范灿、邹一桂、武进升,俱着各赏缎四匹。叶一栋、陈浩、程盛修、朱必阶、徐以烜、袁承宠、吴炜、彭树葵、许王猷,俱着各赏缎二匹。又谕:各省来京叩祝之在籍文武大臣等,以次推恩赐赉。现在时届仲冬,其中半系年老之人,庆典既成,自当早令傲装俾资颐养,可于二十二日行礼后,随便择日起程回籍,以示体恤。"

齐召南对自己这次入都祝寿、受赏及回程在《齐侍郎年谱》中有详述:"九月二十日,以叩祝皇太后万寿进京。十月下澣至,请圣安,与沈德潜即蒙召对,慰问良久,内侍扶起。奉旨仍赴上书房,与沈德潜偕皇四子、五子、六子,及诸阿哥皇孙俱相见,以诗文相质正。辰入未出,有扶掖者,不拘常仪。十一月二十五日,朝驾皇太后。赏大缎三匹、荷包烟壶(与尚书嵇璜等候于万寿寺经坛前)。钦赏彩缎三匹、貂六,及《皇清文颖》一部。皇子俱有赠遗。二十九日,奏旋浙。十二月二日起程,二十日至淮安城外守冻。"

齐召南为皇太后祝寿后南归,陈兆仑有《送齐侍郎南归序》[①]。

长至前一日,杭世骏为马曰璐书《南斋集序》[②]。

是年有《文学邵君复庵墓志铭》[③]:

仁和博士弟子员邵君复庵,以乾隆辛巳六月六日卒于家,距生康熙庚辰十一月七日年六十有二,将以某年月日葬于西湖普福岭之原。其子宝阶从余游,与其弟宝勤衰经扶杖,持君行状以志铭请。余以病辞,即伏地恸不止。予虑伤孝子心,后将无复自奋以成其先人之志也,爰书君梗概如

---

① 陈兆仑《紫竹山房文集》卷八,《四库未收书辑刊》第9辑25册,P316。
② 马曰璐《南斋集》卷首,《丛书集成初编》第2299册。
③ 齐召南《宝纶堂文钞》卷八,《续修四库全书》第1428册,P577-578。

左。君讳教忠,字汇瞻,复庵其号,宋康节先生后。按君家谱,有名潜字君佐者,元时自晋陵来,居慈溪为一世祖。明末,有明经曰体仁,谒选得官,以国亡不赴任。其子允昌隐居养亲,即君曾祖也。祖曰德华,始由慈溪卜居于杭。父曰叙发,母曰沈氏、应氏、黄氏。兄弟五人,长曰鸿,次曰敏知,三曰湄君,行居四,五曰涌君。早岁受知于安溪李公清植,以第一人补博士弟子员。性好学,居常手不释卷,遇前人著述,必手自抄录,积久箧笥充盈,各为评识,朱墨烂然。君父母先殁,事继母黄,能曲尽其欢。初,长兄鸿勖以成立,长嫂应主持中馈,君每事必咨请以行。洎后分箸居,犹感兄嫂德不置,视从子如己子。鸿之子曰日章,有隐德,读书不求仕进,尤爱怜之。祖墓在慈溪北雪狮子山。君考遗命,必葬近先代墓,君与诸兄卒葬其亲于慈溪之杜谷。与人交,朴诚不欺。中年信袁氏功过格,夜必焚香告神。尝患背疽,几殆,自誓戒荤酒,晨夕诵《感应篇》《阴骘文》,数月,不药自瘳。君每曰,此予长兄逵羽先生之教也。逵羽,鸿字,尝官秦粤有声。君之孝友不矜,盖如此。丁未春,天子南巡狩,以献诗赋,得赐佩包,同里荣之。乃卒困场屋,以诸生终其命也。君临没,诫其子曰:居心正直,方可为子孙则;读书贤达,方可为祖父光。吾已矣,汝曹勉之。呜呼悲哉!娶应氏:子二:长即宝阶,庠生;次宝勤,业儒。女二,适县学生卢兰诸以淳。铭曰:士以显亲扬名为美,以没世无称为耻,呜呼!勤学积行如邵君,而止于此,天实为之,志足悲已,盖潜德幽光不耀于其身者,必庆余于孙子。

是年,阮芝生来敷文书院求学于齐召南。《宝纶堂外集》卷八《万松冈》第五首齐召南自注:"山阳阮进士芝生年前来学,有《补植万松诗》。"

是年,沈德潜曾来访敷文书院,《宝纶堂外集》卷八《万松冈》第四首有齐召南自注:"沈归愚(廷芳)尚书年前来访,自言纵览栖霞古松之奇,此间宜复胜概。"

是年有《寿沈尚书九十》①。

潇洒风仪不染尘,朝天归棹泊河滨。两班齿叙成群外,九老诗称第一人。雪满瑶池才献寿,花生银管又迎春。眼前耆旧皆年少,醉饮屠苏共问津。

---

① 齐召南《宝纶堂诗钞》卷六,《续修四库全书》第1428册,P645。

此次为乾隆帝生母祝寿时，依照唐宋九老会制，邀请了在朝文武大臣及致仕大臣七十岁以上者各九位，赐游香山静宜园。第一班是在朝文臣九人，第二班是在朝武臣九人，第三班是致仕大臣九人，在致仕大臣中，排在第一位的就是礼部侍郎加尚书衔沈德潜，年八十九。此次进京祝寿，沈德潜有《九老会纪恩诗》《赐游香山纪恩诗》(《归愚诗钞余集》卷五)。次年，即1762年，齐召南写给沈德潜的诗，由其学生阮芝生带了过来，沈德潜看后非常高兴，赠答《壬午元日，阮紫坪进士见过，出示赠严桐峰、齐息园两前辈及赠余诗，并读桐峰、息园和作，因次元韵》。沈德潜有《九十咏怀》诗数首，当是写于是年(《归愚诗钞余集》卷六)。

是年，齐周华请杭州刻字匠周景文刻《名山藏副本》，刻成之后，自序于寄生草堂①(《名山藏副本》附录年谱)。

是年，齐周华成《临海百步梁氏谱序》②，在此序中，他为自己的行为进行了辩解："(谱)甫将告成，忽群诣天台问序于予。夫予曩以狂愚，抱薪救火，以致自焚。今也遍游五岳而归，旋遭家变，抱疾居山，奄奄待毙，爰号'忍辱居士'。乃尚诬谤纷纷，在至亲者反尤甚，心实沉痛而难言。"在序末有丁治化志云："巨山仗义出险后，久为人所叹服，今忽遭奇变，遂致不理于口，予也因其祸起萧墙，无从解救。而梁氏请君信其素性，不恤犬吠枭鸣，特来请序，真可谓道者。"

沈廷芳有《题翁实传上舍〈观潮图〉》③。沈廷芳为钱载的画题诗，有《题〈并蒂芍药画卷〉(并序)》四首④。沈廷芳为桑调元的《瘦吟图》题诗，有《过滦源书院赠叕甫山长，即次见题〈瘦吟图〉韵》⑤。沈廷芳为王苹的《二十四泉草堂图》题诗，有《题王秋史进士〈二十四泉草堂图〉，用吴莲洋征君旧韵》⑥。沈廷芳有《题迂翁松泉〈瀑布图〉(先仲兄寄赠)》⑦。

是年，蒋溥、马曰璐、周长发、华岩卒。

---

① 《名山藏副本》附录年谱。
② 《名山藏副本》，P256。
③ 沈廷芳《隐拙斋集》卷二十六，《四库存目补编》第10册，P396-397。
④ 同上，P397-398。
⑤ 同上，P398下。
⑥ 同上，P400上。
⑦ 同上，卷二十七，P405上。

乾隆二十七年(1762 壬午)六十岁

正月二日,沈德潜、范璨、严源焘、周鸿儒、齐召南在杨锡绂之丛桂轩聚饮。杨锡绂有《正月二日邀沈确士、范约轩、齐次风三侍郎,严桐峰给谏、周鸿儒学博共饮丛桂轩》[1]:"风和日旭敞云屏,二叶尧阶恰换萱(客自香山来,九老沈、范二公赴京祝釐,皆与九老之会,赐游香山)。人从淮浦聚文星,盘餐淡泊供蔬笋。气象淳庞见典型,记取新年佳会最,和平一座洽神听。"杨锡绂又有《正月三日集诸同人共饮丛桂轩》:"乡音听处忘天涯,梓里衣冠共一家。入座人倾新岁酒,横牕梅绽去年花。上云乐奏红牙细,翻水诗成白雪夸。瞥眼秋风香更满,一枝谁独折天葩。"

沈德潜、齐召南等一行人,入京为皇太后祝寿,回程至淮安,运河结冰,不能行走。时杨锡绂任漕运总督,驻淮阴,尽地主之谊,在自己的丛桂书屋招饮沈德潜、齐召南等人。根据杨锡绂《四知堂文集》,将此诗系于辛巳年,实为壬午年。杨锡绂(1701—1768),字方来,又字兰畹,江西清江人,雍正五年进士,授吏部主事,官至兵部尚书、都御史。著述有《漕运全书》《四知堂文集》《漕运则例纂》等[2]。

《齐侍郎年谱》:正月十一日,余六十诞辰也。

是年正月邹一桂有《寿齐次风六十》[3]:"生平未得瞻台岳,犹喜曾亲岳降身。栖壑输君先十载,弄泉我亦阅三春。青松翠柏应同寿,玉液琼浆好共陈。邀约灰飞骖鹤驾,蓬莱阙下会仙真。"

邹一桂(1686—1772),字原褒,江南武进人。雍正五年二甲一名进士,改庶吉士,授编修。十年,授云南道监察御史。二十一年,授内阁学士。二十三年,致仕。三十六年,诣京师祝上寿,加礼部侍郎衔,在籍食俸。三十七年,归,卒于东昌道中。加尚书衔[4]。

《齐侍郎年谱》:(正月)是日春风解冻,漕宪杨公至船上送行。十二日扬帆,十三日至扬州府城外。二十日抵杭寓邵家。皇上三度南巡,臣于二月十五日由杭登舟,出北关,因有旨不必远迎。十八日,至吴江之王家溪。二十七日,

---

[1] 杨锡绂《四知堂文集》卷三十五,《四库未收书辑刊》第9辑24册,P613下。
[2] 《清史稿》卷三百八。
[3] 邹一桂《小山诗钞》卷十一,《清代诗文集汇编》第260册,P109下。
[4] 《清史稿》卷三百五。

迎驾于亭上,即诣大营盘,恭请圣安,献赋册及经坛牓文。明日,先回杭。三月初一日,偕学臣李,率诸生蒙候迎圣驾于谢村亭上。初四日,上自海宁阅塘工至杭,臣又率诸生迎驾于八仙石。初六日,候驾拈香于净慈寺前。午刻,恭领御赏大缎三匹于行宫前。初十日,圣驾幸敷文书院,臣率教职诸生奉迎。御制诗叠前韵。又御书二联,命悬讲堂(一联:正谊明道,养士求贤。一联:萦回水抱中和气,平远山如蕴藉人)。十四日,至王江泾,同诸生送驾,玉音叮咛慰劳。十九日,抚臣庄送入书院。

是年春,乾隆帝第三次南巡,齐召南于吴江汪家溪迎驾。

乾隆帝到杭州后,幸敷文书院,齐召南迎銮。是时,钱陈群、沈德潜等到常州迎驾。此次迎驾,齐召南弟子秦瀛有《书少宗伯轶事》①,从中看出此次迎驾中齐召南的不愉快:"至扬州,将渡江,上召见公曰:汝其遂朕登金山。公曰:臣有足疾,不能行。上曰:与汝骑。公曰:臣不能骑。江山真面目,臣于舟中得之,心为之快。若新作台殿,粉饰壮丽,皆人工耳。上默然。比至西湖,上召见沈尚书德潜及公于小有天园,命和御制诗章,尚书随和以进,而公谢以病废,不能诗。阅日,又召见,曰:朕闻天台胜甲于两浙,汝天台人,当能道之。公曰:穷岩绝壑,虎豹所居。臣生长天台,敬凛孝子不登高、不临深之意,未尝一识石梁也。上笑曰:汝真土人哉!是日,遍赐诸臣文绮,而不及公。"显然,齐召南坠马造成的后遗症,给他带来严重不适。乾隆二十五年,齐召南又大病一场,身体大不如前,给这次迎驾带来了诸多不愉快。

初夏,杭世骏为姚远翿《华岳志》书序②。

五月,有《喜雨杂兴(有序)》十二首③。其一、六云:

> 壬午闰五月望,雨甚殷。抚军庄公虔诚步祷,果得甘霖连夜,一救如焚,信天人感格,只凭寸心也。喜而有述。
>
> 一杯当属水仙王,来往如梭为底忙。粗识君王为民意,白衣仙人坐高台。
>
> 书来粗遣古人知,福贵功名老不思。惟有悯农心尚在,欲师老圃问樊迟。

---

① 秦瀛《小岘山诗文集·补编》,《续修四库全书》第 1464 册,P380 下。
② 杭世骏《道古堂文集》卷六,《续修四库全书》第 1426 册,P254。
③ 齐召南《宝纶堂外集》卷十,《清代诗文集汇编》第 300 册,P519 上。

沈廷芳于是年以原品休致，回原籍杭州，事见《隐拙斋集》卷二十八《蒙恩以原品休致恭纪》二首。沈廷芳回杭州后，拜访齐召南，沈有《宿敷文书院同次风、卫宗、经根作》《湖上观荷歌》①。

齐召南有和诗《壬午夏杪，湖上看荷歌次和椒园先生》②。

西湖荷花讵十里，前日偶到亭子湾。濂溪祠连表忠观，百顷香雾笼风鬟。翠盖红粧纷满眼，居人笑衹豹一斑。尚有北西南三面，无数池馆花闲闲。今朝快共东阳沈，钱港棹放南屏山。先从漪园酌苦茗，次步浴鹄沿堤还。北泛金沙过曲院，绕孤山背云水间。忠贞院即勾留处，拍拍鸥鹭惊人觑。径坐前轩凭栏数，手珠默转几循环。安得净友如此众，近在几席皆可攀。久病止诗并止酒，对兹旧约能无删。况有东阳擅题咏，天然雕饰兼谢颜。成连审音操琴和，使我讽诵开天关。回舟戏折碧筒饮，听歌缓缓行珊珊。凉风吹衣涤烦暑，细葛犹荷宸恩颁。升平林下乐何极，相顾各已抛青纶。书窗八月桂花盛，迟君鸡黍当破悭。

一同游湖的有卫宗、经根。卫宗，即成城(1713—?)，字卫宗，号成山，仁和人，乾隆庚辰进士，官郎中。著《慕啸轩集》《渤海吟》《玉磬山斋诗文集》③。经根，即查茂荫，昌和子，号朴砚，又号敬堂，海宁人，乾隆壬午举人，官奉化教谕。著有《朴砚诗文集》④。

是年秋，有《万松冈诗》⑤。诗前序：

书院冈岭，古称万松，南巡三度辇到所。由庄抚军所栽，有为国树人雅意。数日间，蔚然新秀，约束声明，士林额手相庆。俄奉恩命移节江苏。此则坡公诗所云"湖上棠荫手自栽"者。叹病不能诗，随意集少陵句，得十四绝。前看濯濯学者，当借警于牛羊。今睹九九居民，必相戒于剪伐。

---

① 沈廷芳《隐拙斋集》卷二十八，《四库存目补编》第 10 册，P408-409；P409 上。
② 齐召南《宝纶堂诗钞》卷六，《续修四库全书》第 1428 册，P645 下。
③ 阮元《两浙輶轩录》卷三十四，《续修四库全书》第 1684 册，P293。
④ 洪永铿、贾文胜、赖燕波《海宁查氏家族文化研究》，浙江大学出版社，2006 年，P60。潘衍桐《两浙輶轩续录》卷八。
⑤ 齐召南《宝纶堂集古录》卷八，《清代诗文集汇编》第 300 册，P511 上。

齐召南于是年冬回了趟天台,沈廷芳有《次风将返天台,予过书院话别,出示补植新松,集杜诗次韵》十首①。其十云:

小别何须更酿愁,一尊酒对万松稠。预期花月春光烂,还向白云深处求。

此后,两人少有来往,原因是沈廷芳随后到福州鳌峰书院、肇庆端溪书院、仪征乐仪书院、安庆敬敷书院等地任教。

是年有《重修龙泉县志序》②:

栝西南二百四十里,乡曰龙泉,唐乾元二年置县,更宋元,图经不传。其志创自明正德时邑人叶方伯溥。本朝顺治中,徐令可先修之。今苏侯编辑成,寄书相质。余虽病谢笔墨,于书之关政治教化、宜法宜戒、信今而传后者不敢辞。龙泉虽僻远,北有黄崔、石马,西有匡山、昴山、九漈,南有琉华、湖台、豫章、佛山、剑池,叠嶂层峦,插天屏,绕襟带,群流汇于留槎之阁。宅幽势阻,踞东瓯上游,实为浙闽要地。滩多险阻,已经疏凿,可筏可舟。隘曰小梅、供邸、鸦春、吴岱、武溪,足以固守。御渠曰云水堰,曰蒋溪,足以溉稻田。自昔物产有常,民俗俭朴力勤,亦称乐土。余披新志,惟慨然于旧称文献之邦,后竟寂寂无闻,今当以振起人才,为岩邑庆得贤侯也。……自明至今三百年,沐浴圣世德化之盛,累洽重熙,轻徭薄赋,销锋偃革,枹鼓不鸣,户有盖藏,人敦仁让。扶舆清淑之气,郁久必宣;又得贤侯,以儒术饰吏治,以文献示师模。余知龙泉复振,必不谓古今人不相及也,故曰为岩邑庆得贤侯也。至志与史同,事核例严,见侯自序,兹不赘。

《龙泉县志》有多种,顺治、康熙、乾隆、同治、光绪数朝都曾编修过。《龙泉县志》首修是顺治年间的徐可先。齐召南作序的是乾隆二十七年时苏遇龙主

---

① 沈廷芳《隐拙斋集》卷二十八,《四库存目补编》第 10 册,P412-413。
② 齐召南《宝纶堂文钞》卷五,《续修四库全书》第 1428 册,P532-533。

持编修,故有重修之说。乾隆《龙泉县志》前有苏遇龙、徐绵、齐召南等人的序,顺治时徐可先的序,作为"原序"也收录卷首。顺治《龙泉县志》修于顺治十二年(1655)。

是年有《重刻王刚叔文集序》①:

> 元有草莽之臣,不求禄仕,家居讲圣贤之学,英才并萃其门。遭时变乱,群盗蜂起,独能义不忘君,仁而有勇,为国斩除豺虎,全活桑梓生灵数万,而其究以忠被害,千古悲之,若龙泉王刚叔是也。呜呼!元政不纲,人心瓦解久矣。先生既剿盗有功,邑长台宝忽丁,自忠罪大,遂纠合他盗,乘间以害先生。当时,元官自石抹忠愍外,俱不能行先生之志,惟其弟子奋不顾身,争思报国,若章三益、季彦文、胡仲渊诸公是也。自有史策以来,忠义如先生、得士之盛如先生有几人哉!《木讷斋集》五卷,其弟子于明初建祠奉祀之后始付之梓。叶世渊世杰等皆已显名,为先生作传。而又序其文者,金华宋文献志;铭其墓者,胡仲伸;记祠堂者,王忠文;撰入祠祭文祝版者,青田刘文成也。宏治中板既朽,余向尚求其书不得。今秋龙泉令苏侯以手校善本将授梓者示余,凡若干卷。先生讲圣贤实学,平易无奇,其忠义得士,虽生百世下,闻其风亦当自奋。苏侯此举所关于名教者甚巨。

王毅(1303—1354)字刚叔,龙泉人,因其书房称木讷斋,又称之讷斋先生。王毅与胡翰(1307—1381)等是许谦的亲炙弟子。长期在乡里讲学,元末死于战乱。《木讷斋文集》收录在续修四库全书中。其传见宋濂《文宪集》卷十一《王先生小传》及胡翰为王毅撰写之墓志铭。胡翰所撰墓志铭不见于胡翰《胡仲子集》,今存《木讷斋文集》之附录。

是年有《重刻草木子序》②:

> 《草木子》八篇,明初龙泉叶静庵先生著。先生事迹,俱《明史》儒林传。其书博大精深,能括天地、人物、古今、载籍之奥而洞其原,于学术、政

---

① 齐召南《宝纶堂文钞》卷五,《续修四库全书》第1428册,P533-534。
② 同上,P534。

治、制度、风俗、是非得失，确有至理，法戒炳然，为两汉后成一家言者所罕及。先生硕学奇才，固与章三益、叶景渊、胡仲渊、季彦文辈同学于大儒王刚叔，称高第弟子者也。士每患遇非其时，虽抱负非常，卒不为当世用；又或患生非其地，声名不彰。乃适当明祖开基，风虎云龙，策力群萃，用贤惟恐不及。最著曰四先生，栝苍实居其三，同门士友联袂升庸文武，唯其所明几与河汾比盛。而先生仅得巴陵一簿，无罪放黜，以终其身；著书数万言，犹自谓当与草木同腐，悲夫！天生此硕学奇才，于用贤之时、多贤之地而亦究一无所展，岂非命乎哉！先生知命自安，以康节观物，为后学开格物穷理、尽心知性之坦途；以濂溪主静，为自昔圣功悟一本万殊、人道天道之根柢。其著书由穷愁起，而实不为穷愁，则真君子儒也。为君子儒，又何计遇不遇哉？是书刻于正德丙子，有黄铁桥序，岁久板失。今邑令苏君德水手校定，序以付梓。后之学者，读前后二序，则思过半矣。

叶静庵，即叶子奇，字世杰，一名琦，号静斋，其传在《两浙名贤录》中。《明史》著录其著作有《天玄本旨》《草木子》《草木子余录》《元理》，其中《天玄本旨》《草木子》收录在四库全书中。另有《地理节要》《诗宗选玉》《静斋诗集》《静斋文集》行世。《草木子》一书，内容广泛，涉及天文、历象、时政、元末农民起义等，资料价值很高。有正德、万历、乾隆、同治等不同刻本。乾隆重刻本有苏遇龙、齐召南序。

约于是年，为余萧客撰《古经解钩沉》代序：

吴中余君仲林，笃志穷经数十年，博搜载籍，凡汉后、唐前诸儒解经之可备旧闻，未入《五经正义》，及他经疏与义疏引入他经者，条分缕析，类以本经，共成三十卷。自作序录，题曰《古经解钩沈》。呜呼！经学荒略久矣。《十三经注疏》颁国子监者，士或皓首未尝寓目；即科举所行，宋元儒说亦或诵读不全，况有求多于注疏之外者乎？经固万世不易之常道也，日居常道中茫然不得其解，则惑岐趋而迷于所往，不又为宋元诸儒所不及料者乎？宋末有王厚斋好古敏求，独集二汉解经之见他书者，君子称其学冠一代。今仲林氏《钩沉》，经不止九，解经不止汉，网罗散失，编次犁然，斯真可谓好学也已。愚固陋不文，喜是书先得我心，故不辞而书之首。

余萧客自序,述其写作缘由与过程:"己卯杪秋,萧客从事《钩沉》,载寒暑易,《尚书》古注旁搜略徧,而《周易》五卷既削稿。其后得交朱太学文游,学博思精,所藏宋元精本,率前日所未见,及所求而不得若《王应麟集》、郑玄《尚书注》之类,莫不毕具。传本往还,一瓻无费。越一岁辛巳,遂下榻滋兰精舍,丹铅朝夕,乐不为疲,至于左目几成青盲。而《钩沉》得信而有征,于先儒言匪面命之言,提其耳焉。……壬午夏五,扶疾缮写。八月书二十九卷毕。先以己卯十月作前序,是岁九月作后序,及录,并前序为序。"①

此外,王鸣盛亦有《古经解钩沉序》(《西庄始存稿》卷二十四),戴震有《古经解钩沉序》(《戴东原集》卷十)。余萧客之《古经解钩沉》收录在四库全书中,但卷首只有余萧客之序,齐召南、王鸣盛、戴震等人序未收录。《四库总目提要》对是书的评价较高。《古经解钩沉》完成于乾隆二十七年九月,故将齐召南、王鸣盛之序系于是年。至于戴震之序,则写于乾隆三十四年②。

余萧客(1729—1777),字古农,长洲人。撰《古经解钩沉》三十卷,凡唐以前旧说,自诸家经解所引,旁及史传、类书,片语单词,悉著于录。清代经学昌明,著述之家,争及于古,萧客是书其一也。萧客又撰《文选纪闻》三十卷,《文选音义》八卷。《清史稿》有传③。

是年,有《次和刘绳庵同年过书斋留别韵》④。

> 微寒留得几分春,谈对梅花酒数巡。日下诸公如问及,湖山佳处着闲人。梦游天竺得奇征(甲戌冬梦见大士),未向波心一叶乘。赖有小亭堪望远,时看水月倚枯藤。

是年,刘纶在杭州写给齐召南留别诗六首,"留别六首索齐次风和韵一宵晤语,七载离踪,才具于此,不下脚注,他年合并时,谁与备遗忘者耶。则亦存其事,而不备其诗焉可也"。(《绳庵外集》卷四)齐召南在《方立亭卓然有诗题天然图书谱,用坡公石鼓歌韵酬之》自注有"丙子春,刘绳庵少司农以使事来

---

① 余萧客《古经解钩沉》卷首,《四库全书》第 194 册。
② 段玉裁《戴东原先生年谱》乾隆三十四年,《北京图书馆藏珍本年谱丛刊》第 104 册。
③ 《清史稿》卷四百八十一。
④ 齐召南《宝纶堂诗钞》卷六,《续修四库全书》第 1428 册,P646 上。

浙,事毕,屡顾山斋,叹赏造物之奇,攫取其半。"(《宝纶堂诗钞》卷六)自乾隆二十一年刘纶因公务使浙,至乾隆二十七年,正好七年。是年当是刘纶随驾巡浙而造访齐召南。据刘纶诗自注,此间齐召南次兄亦到访,但未遇齐召南,齐召南当去吴江迎驾了。据刘纶介绍,齐召南好神仙之事,每次两人见面,齐召南都大谈神仙之术。

沈廷芳有《题张隐罗〈汲江煮茗图〉》①。又为许承祖的画题诗,有《题许绳武明经〈西湖渔唱图〉》②。

是年,江永卒,金德瑛卒。

乾隆二十八年(1763 癸未)六十一岁

《齐侍郎年谱》:正月十二日,移居司后之宅。二月仍至杭课士,抚臣庄时来论文。是年,所编《水道提纲》三十卷成。

是年夏,沈廷芳来访。

齐召南无诗,沈廷芳有《晤次风后出凤山门,用渔洋与周量访茗文韵》③:

客夏话山楼,凉入万松绿。小别频梦君,携手金庭曲。凌晨惬良会,足以慰幽独。怜我雪刺添,形类支离木。平生湖海气,晚节恋岩谷。一卷冰雪文,千个琅轩竹。惟君谐凤志,静对开心目。出门大江横,何日伴松宿。

是年,沈廷芳赴福州鳌峰书院,出任山长。启程时,与傅王露、齐召南、丁敬等惜别,有诗《将之闽峤,留别傅玉笥筏前辈、齐次风同年及诸老友,次丁敬身见送韵》四首。

是年十月,沈德潜将旧版《国朝诗别裁集》毁版,另辑新本进呈。沈德潜于乾隆二十六年十一月六日,进呈《国朝诗别裁集》,以钱谦益冠首,结果被乾隆帝斥为"纰缪""老愦","已命内廷翰林逐一检删,为之别白正定矣"。④ 在内廷大臣尹继善的协助下,沈德潜经过两年的裁订,于是年十月完成新本《国朝诗

---

① 沈廷芳《隐拙斋集》卷二十八,《四库存目补编》第10册,P410下。
② 同上,P410-411。
③ 同上卷二十九,P416下。
④ 《高宗实录》卷六四八乾隆二十六年,第17册,P251-252。

别裁集》。

是冬,张五典过杭州,与傅王露、邵祖节、释明中、吴嗣富、齐召南等游。

时张五典有诗《傅玉笥太史招同齐次风、邵椒石两公湖舫小饮》①《答次风先生(玉笥翁座间,先生问及八水近日形,得悉言之,翼日辱赠诗,因用原韵)》②。其他还有《谒郑公夫子》《西湖》《炗虚上人见我图》③。张五典在《荷塘诗集·与炗虚上人》自注云"癸未冬,曾陪次风先生过访(释明中)"。④ 可知张五典的诗写于癸未年。

张五典(1734—?),陕西泾阳人,字叙百,号荷塘,乾隆十七年举人,官上元知县。有《荷塘集》(见张五典《荷塘诗集》卷十五《邹若泉处士为治有弟写真》。王昶《湖海诗传》卷十五)。

是年有《力行沈先生墓志铭》⑤。

乾隆壬午八月二十日,仁和沈先生卒,余同年友椒园伯兄,余亦夙敬之如兄者也。闻讣走唁,椒园恸至失声。族党群谓先生行谊高,宜追号"力行"……先生讳廷檟,字孟公。兄弟三人,仲曰文学心,季即椒园,俱贤能,绍家庭及外祖学,执经初白查浦之门,以诗文擅名,人称三沈。

沈廷芳有《伯兄力行显示行略》⑥,详述伯兄生平事迹。

沈廷芳有《题〈花港送行图〉赠邵侪鹤明经赴成均》二首⑦。

是年,二十一岁的秦瀛来学。

《宝纶堂文钞》秦瀛序:"乾隆癸未,余游杭州,过万松岭,问业于先生。阅乙卯,距见先生时已三十有二年,而先生之殁亦已二十七年矣。会余宦浙,有事台州,与先生子式迁相见行馆……"秦瀛此序收录在其《小岘山人集》卷三中,即《齐次风先生文集序》。

---

① 张五典《荷塘诗集》卷一,《续修四库全书》第1457册,P12下。
② 同上,P12-13。
③ 同上,P12。
④ 同上,P21。
⑤ 齐召南《宝纶堂文钞》卷八,《续修四库全书》第1428册,P580-581。
⑥ 沈廷芳《隐拙斋集》卷四十九,《四库存目丛书》第10册,P577-578。
⑦ 同上,卷二十九,P417上。

是年,三十一岁的罗聘来访。

见《江都罗两峰聘以六月来湖上,手持画卷示予松岗,戏集杜句得五首画其便面》①。罗聘是年在杭州,是年正月作《坦禅师图》轴②。

罗聘(1733—1799),字遯夫,号两峰,别号花之寺僧,原籍歙县,寓扬州,为扬州八怪之一。罗聘随金农学画。他绘画的主要题材有梅花、竹枝、兰花、山水、花卉等,人物则以画鬼著称③。

《齐侍郎年谱》:十一月辞馆,抚臣熊恳留再三,始从之。归家,小儿修宅差堪容膝,可以读书。

是年,桑调元为齐周华《名山藏副本》作序。

是年,梁诗正、金农、查为义、梅毂成卒。

乾隆二十九年(1764 甲申)六十二岁

《齐侍郎年谱》:二月至书院,学徒太多,疲于阅文。冬向抚臣坚辞,以明春圣驾南巡,仍从之。

十一月一日,清廷准御史曹学闵奏,以"平定准格尔及回部,拓地二万余里",决议重修《大清一统志》④。

沈廷芳为朱景英诗册题诗,有《题朱幼芝〈蕉馆诗册〉》⑤。沈廷芳为姜宸熙诗册题词,有《次检芝见寄韵,即题其诗册》二首⑥。沈廷芳为张学举的《慎独图》题诗,有《题张南坪太守〈慎独图〉》⑦。沈廷芳为纪昀的《观弈图》题诗,有《题纪晓岚〈观弈图〉》⑧。

是年秦蕙田、赵一清、何梦瑶、王会汾卒。

乾隆三十年(1765 乙酉)六十三岁

是年春,乾隆第四次南巡,齐召南于苏州城内迎驾。《齐侍郎年谱》详述了

---

① 齐召南《宝纶堂外集》卷八,《清代诗文集汇编》第300册,P511。
② 《扬州八怪年谱·罗聘年谱》,江苏美术出版社,1990年。
③ 同上。
④ 《高宗实录》卷七二二,乾隆二十九年,第17册,P1044。
⑤ 沈廷芳《隐拙斋集》,卷三十一,《四库存目补编》第10册,P431下。
⑥ 同上,P434上。
⑦ 同上,P435上。
⑧ 同上,P436上。

此次迎銮过程："元宵束装抵杭,仍寓邵宅。督臣苏、抚臣熊、学臣钱来会。二月十六日,舟行出关。二十一日至苏州府城葑门外,大雨,泊焉。二十五日,即诸城内行宫前跪迎。上望见,即喜问:齐召南你好么?臣请圣安,并献颂册及经坛媵文。传谕文:且先回杭暂候。明日开船。闰二月初七日,与学臣钱率领教职诸生,迎驾于八仙石。初十日,候会绅士尚书钱等迎驾拈香于净慈寺前。恭领钦赏大缎三匹于行宫前。十五日,圣驾幸敷文书院,登览山亭,御讲堂用膳(命移前"萦回平远"一联于奎文阁)。御制诗再叠前韵。大书董仲舒'正其谊'二语悬堂柱(字大如斗),命臣与学臣和,会奏进呈。十七日,于行宫前领笔、墨、砚之赏。二十二日,恭送驾于王江泾。二十八日,抚臣熊以科场之年,学徒云集,送至书院。"

齐召南先到苏州侯驾,随后奉命回杭州迎驾,乾隆亲到齐召南执教的敷文书院。《宝纶堂诗钞》卷六《丙戌暮春和赵石函教授寄怀》中,齐召南自注云:"丁丑及壬午、乙酉,恭逢圣驾幸书院,俱蒙御制诗,命臣偕诸生和韵。"乾隆帝此次幸敷文书院,命齐召南与学臣及诸生和诗进呈,赐笔墨砚。

是春,完成《明鉴前纪》。

《明鉴前纪》,初稿成于乾隆七年(见年谱乾隆七年)。据王棻考证,齐召南最终完成《明鉴前纪》,当在是年春,王棻案:"《明史》成于乾隆四年,而先生是书作于归田之后,在乾隆三十年之春,非在史馆时也。其无明表者,盖以《明史》浩繁,而纲目三编太简,且系钦定之书,不敢草草节录尔。"①齐召南的《历代帝王年表》,是自先秦至明末,然而我们今天看到的《历代帝王年表》,实际上分为两种书,即《历代帝王年表》(自先秦至元末)和《明鉴前纪》。现在通行的《历代帝王年表》的明朝部分,实为阮福所续,而齐召南的《明鉴前纪》则单独刊行。结合齐召南的《历代帝王年表》序、胡天游《历代帝王年表》序、郭传璞《新刻明鉴前纪》序、齐毓璜《明鉴前纪》跋(以上均见于《台学统》卷八十二)、童槐《历代帝王年表》序(《历代帝王年表》卷首)、《齐侍郎年谱》等,可知齐召南所撰《明鉴前纪》是依照康熙年间御定的王之枢《历代纪事年表》体例。王之枢年表的断限是先秦至元末,齐召南亦依其体例编写。《明鉴前纪》则另行编纂,于乾隆七年进呈皇帝,但一直未能刊刻,后由齐召南裔孙齐毓璜、鄞县郭传璞等人整理

---

① 《台学统》卷八十二《新刻明鉴前纪序》王棻案语,《续修四库全书》第 546 册,P503 上。

出版于光绪十五年(1888)。齐召南的《历代帝王年表》十三卷,加上阮福续编的明年表一卷,合起来共十四卷,由阮福刊刻于道光四年(1824)。

是年六月二十三日,朝廷重开国史馆,修纂文物大臣列传①。

是年夏,王鸣盛结集出版自己早年的诗文集《西庄始存稿》三十卷②。

是年夏,有《赠公祀典序》③。

此序为齐召南在家祭祖的一篇序言:"永言孝思,维则孝思之大,莫如祭祀。春露秋霜,有余哀焉。祭墓奠庭,祇成礼也。祭有酹新有献,著生存也。除夕设像中堂,庆新春也。元宵灯家庙,嘉令节也。我眈赠资政公当日祭祀,散齐致齐,必诚必谷,酒醴肴品,至洁至丰,此可为亦禩所则效也。今条录节序祀仪,以登于册。子子孙孙尚世世其守之。诗曰:于万斯年,受天之祜。有深望于念祖修德之后贤。乾隆三十年长至之吉,曾孙召南谨撰。"

《齐侍郎年谱》:秋风年力日衰。十月,遂坚辞归家。予主于敷文书院授徒十有一年也。

是年秋,有《题张看云栋〈秋冈曳杖画卷〉》④。

此组诗前有序:"别玉川八年矣。戊寅秋,偕耕石先生访予万松岭,以画卷属题。海内能诗者大半具在,余病实不能诗,别作一格,得句即书杂兴二十四,间可资良友拊掌也。"齐召南所题《秋冈曳杖画卷》是张栋的作品。

张栋,江苏吴江人,字鸿勋,号玉川,又号看云。以贡生入太学,工诗画,乾隆十六年(1751)聘纂南巡盛典。浪迹天涯三十多年,著述有《看云吟稿》等⑤。

是年秋,戴震自订《水经》一卷⑥。

自敷文书院辞归后,齐召南撰自编年谱。

查齐召南年谱,杭世骏之《资政大夫礼部右侍郎齐公墓志铭》有"公自撰年谱"之说,然遍寻不得。宁海干人俊(1901—1982)有《齐召南年谱》,四卷(稿本),现收录在《宁海丛书》中,第一卷主要收录齐召南的本传、墓表等,第二卷是齐召南的家族世系,第三卷才是齐召南的年谱,第四卷收录了齐召南的一些

---

① 《高宗实录》卷七三九乾隆三十年,第18册,P138-139。
② 王鸣盛《西庄始存稿》卷首张涛之序,《续修四库全书》第1434册。
③ 齐召南《宝纶堂续集》卷十,《续修四库全书》第1428册,P467-468。
④ 同上,P640-642。
⑤ 冯桂芬《(同治)苏州府志》卷一百十,《中国方志丛书》江苏省第5册,P2581上。
⑥ 段玉裁《戴东原先生年谱》乾隆三十年,《北京图书馆藏珍本年谱丛刊》第104册。

重要文章等。从干人俊的行文看,他没有见过《齐侍郎年谱》。现浙江省图书馆藏有齐召南裔孙齐中嶔著《齐侍郎年谱》,为手抄本。《齐侍郎年谱》颇为简单,起自康熙五十七年齐召南初入县学,至乾隆三十年自敷文书院辞归,中间所述之事,主要限于齐召南于朝廷做官、四次迎驾等,其他事即使述及,也至为简略,共五千多字。然《齐侍郎年谱》对所述之事的时间记载,颇为详细,绝非齐中嶔所能追记。结合语言特征,所记时间断限,可以肯定《齐侍郎年谱》就是齐召南自编年谱,齐中嶔稍作补充。

是年,丁敬、方德发、郑燮卒。

乾隆三十一年(1766 丙戌)六十四岁

是年二月《重修讲约亭记》①:

> 如太平东南、滨海六都之团浦,左接新河、金清,右通松门旧卫。中道有亭,旧传为先民会讲乡约处。其子孙递衍,数村聚族而居,烟火相望,繁庶甲于一邑。……此文学林生芬所以自书创置修建本末,远诣天台,介陈生来谒,匄余颜其楣而文其石也。亭始建于前明宣德六年,专为讲约。至孝宗时,亲逊成风,贤才蔚起,一时号君子乡。乡约之讲,不异古师儒说经,少长贤集。其约曰林本,曰江诚,其副正曰毛清,曰林植,曰江旸,曰徐绍,皆以隐君子为时矜式。

戚学标(1742—1825)《嘉庆太平县志》卷八《庶政志·乡约》云:"明代以御史奏,令州县举行乡约,时惟邑东盘峰里诸耆民,仿蓝田吕氏约法,月一举行;余虽行无实,旋亦废止。嘉靖间,知县曾始每乡择年高德望者为约正,有才力干济者副之。约所立木牌一座,楷书圣教六训,置于上方,而以泰和云亭乡约、四礼条件,令约正副参讲。于时乡各有所,或假禅院为之。今各里皆有乡约堂,名目尚存。"齐召南所述太平县,即今之温岭市。

是年三月有《丙戌暮春和赵石函教授寄怀》②:

---

① 齐召南《宝纶堂文钞》卷七,《续修四库全书》第1428册,P569。
② 同上,卷六,P647-648。

讲学应思惜寸阴，松岗回首发长吟。十年西席春风暖，三度南巡瑞日临。秀萃湖山占地胜，章县云汉见天心。自惭多病全无益，虚说朋来庆合簪。

赵金简字石函，又字玉书，上虞人，乾隆四年进士，任杭州教授十八年。为文清醇，性廉介不受馈遗。年至八十余，家徒壁立，处之晏如，学者称"赤绣先生"。著述有《石经古屋》①。赵金简在乾隆中后期任杭州府教授，兼带管理敷文书院，也就是书院院监，与齐召南交往甚密，诗文往来较多。万松书院所在地万松冈，本来没有松树，赵金简于乾隆壬午年（1762）在万松冈补植松树万余株，后逐渐成林。

是年夏有《答秦凌沧书》②。

石桥和尚至，得手书及诗文二卷，表格清迥，愈陟愈高，将绝尘埃而凌霄汉。足下年甚少，所造已如此，为之不已，其直登古作者之堂无惑也。

秦凌沧即秦瀛（1743—1821），号遂庵，江苏无锡人，乾隆三十九年举人，官至刑部侍郎。工诗，善书法，是齐召南的得意弟子。这年秦瀛给齐召南写有一封信，并附上一卷诗，希望齐召南指点一下："瀛顿首白息园阁下。瀛生二十有三年矣，伏处衡茅，知识蠢陋，阁下偶见瀛所作《方广寺饭僧田碑记》，谬蒙称许。嘱天台僧物成索观瀛平日所为诗文，瀛录一卷寄呈。又蒙赐书奖借过当。上年薄游武林，谒阁下于万松岭，阁下进而教之，勤勤恳恳，礼意有加，私心益为欣幸。"秦瀛的《小岘山人文集》卷二中，有《上齐少宗伯书》《再上齐少宗伯书》。《宝纶堂文钞》中，所录是秦瀛所写的第一封信。秦瀛的《再上齐少宗伯书》写于三年之后："瀛顿首白，瀛不见阁下，于今三年矣。今年春，闻阁下以事牵连，仓皇被逮，颂系京师。瀛始而愕然以骇，且皇然以惧，然窃意阁下之人素为天子所知，自必昭雪。闻阁下果蒙恩放归，欣喜无量。……谨附诗文一通，伏惟阁下垂览。瀛再拜不宜。"秦瀛是信写于1768年，信到达天台时，齐召南

---

① 《杭州府志》卷七十九，乾隆四十九年刊本，P31。
② 齐召南《宝纶堂文钞》卷六，《续修四库全书》第1428册，P554-555。

已离世。秦瀛事后知道此事,故在是信之后作了说明:"是书以戊子冬十月嘱僧物成邮天台,而先生已以是年夏五月殁,不及见,为之慨然。并记。"齐召南卒后,秦瀛有挽诗《同陆古渔挽齐息园先生》二首(《小岘山人诗文集·诗集》卷二)。乾隆五十八年(1793),秦瀛出为温处道。五十九年,因事过访天台,夜宿齐召南故宅,晤齐召南子式迁(1728—?)(《宝纶堂文钞·秦瀛序》)。这时距离齐召南离世已二十七年了,他不由感慨万千,想不到经齐周华文字狱后,齐氏家道衰落,故宅竟然变成了行馆。其《晚宿天台行馆,故齐息园侍郎旧第也,感而有作》云:"忽过西州路,羊昙泪不禁,此邦先哲尽,遗宅古苔侵。患难生前劫,文章死后心。名山犹可访,荒阙白云深。"①秦瀛有《齐息园先生像赞》②。秦瀛在过天台途中,曾经过齐召南墓,有《斤竹岭(亦写作金竹岭)逢天台僧话旧》③。《宝纶堂文钞》之校勘刻板,即出自秦瀛之手。

长至日,杭世骏为沈大成《学福斋诗集》作序④。

齐召南自敷文书院辞归之后,与堂兄齐周华产生了芥蒂。

  召南掌教敷文,假满归里,巨山适应母召返台,为谗者所中,移书让召南以"身肩名教,手荷纲常,不能为真西山之抗节棱棱,徒为养子云之附声喏懦",语多切直不讳。浙抚熊学鹏,时方孕恨召南,遽绎其书上之,而前案复发⑤。

齐氏两兄弟之间,关系确实时好时坏,据《苏昌、熊学鹏奏齐周华著书悖逆及审拟折》⑥中有"齐召南至臣熊学鹏寓所面,据称齐周华系我堂兄,从前曾见过他,《天台游记》一篇,时文数篇,他要刊刻,我因他文理不通,阻他不刻,他便恨我。至他平日为人乖张狂诞,罔顾伦纪,随手假言,无风生影,是以久不与之往来。至他告我的话,俱系凭空捏造"等语。从苏昌、熊学鹏的奏折看,齐召南是在齐周华案发之后,才断绝与齐周华的来往。可见齐召南实属无奈之举。

---

① 秦瀛《小岘山人诗集》卷九,《续修四库全书》第1464册,P600下。
② 同上,卷六。
③ 同上,卷九,P51下。
④ 《学福斋诗集》卷首,《续修四库全书》第1428册,P253-254。
⑤ 《名山藏副本·附录》,P334。
⑥ 《清代文字狱档》第二辑,上海书店,1986年,P138。

当时,同时在世的朝廷命官中,还有沈德潜、桑调元二人,都曾经为齐周华的文集作序,此时都否认与齐周华的关系。

是年,沈廷芳受聘端溪书院,同行的是其兄沈心①。

乾隆十七年,全祖望曾任职端溪书院,故沈廷芳有《端溪书院追怀范九池前辈、全绍衣同年、何报之州牧,用张燕公还至端州与高六别处韵,兼简陆大田表兄》②。沈廷芳自福建回杭州,再次拜访敷文书院,此时,齐召南已于前一年离开敷文书院回天台,接替敷文书院山长的是桑调元,见《过敷文书院与弢甫山长见录别》③。桑调元是雍正四年进士,乾隆元年与齐召南等人一起被浙江荐为博学鸿词。桑调元被授工部屯田司主事。后隐疾归田,主九江濂溪、嘉兴鸳湖、滦源书院、敷文书院等。著述有《弢甫诗集》等④。桑调元之后的山长是金牲,金牲与齐召南亦有交。

是年,戴震著《声韵考》成⑤。是年,戴震于户部侍郎裘曰修家馆执教,著述《杲溪诗经补注》⑥。

乾隆三十二年(1767　丁亥)六十五岁

是年二月二日,朝廷开三通馆,续修《通考》《通典》《通志》⑦。

是年五月端阳节,有《天台山方外志要序》⑧:

名山不可无志,志专为名山设,自与郡邑之志体例稍有不同。其载高贤、方外、古迹、艺文,无非实有关系于名山者,故仙佛书半涉虚诞,核以地则遗址或存,文人学士游观之诗歌述,半属自逞才华,汰其烦芜,则采取宜择,此志名山之当得要也。东南名山,最推天台山,所以名于千古,由晋孙兴公一赋始也。而名山曰天台,岂自晋始乎? 赤城、瀑布、琼台、双阙,赋已举其号;王乔控鹤,应真飞锡,赋已著其神;峭崿峥嵘,翠屏壁立,五芝八

---

① 沈廷芳《隐拙斋集》卷三十二,《四库存目丛书补编》第10册,P443下。
② 同上,P445下。
③ 同上,P443上。
④ 《清史稿》卷四百八十。
⑤ 段玉裁《戴东原先生年谱》乾隆三十一年,《北京图书馆藏珍本年谱丛刊》第104册。
⑥ 同上,乾隆三十年。
⑦ 《高宗实录》乾隆三十二年卷七七八,第18册,P546-548。
⑧ 齐召南《宝纶堂续集》卷十,《清代诗文集汇编》第1428册,P466。

桂,琪树垂珠,赋已胪陈其景物。水有楢溪、灵溪,可济可濯;居有丹邱、仙都,可寻可宿;路有五界、九折,可攀可跻。然则百家所记,二氏所传,西汉有掌治之茅盈,东京有卜居之高察。刻客采药,年自永平,葛翁成仙,观在桐柏,其得名在兴公未赋之先者,不早已彰明灵异乎哉! 况自掷地金声,人皆传诵。山镜日辟,名迹日多。高隐有顾欢、褚伯玉、杜京产;高僧有坛猷、普耀、定光;高道有班孟、夏馥、徐刚,则事并可纪。至于智者开教数世,递承寒、拾、丰干三贤,继起司马子微论著《坐忘》,通元德韶派传法眼,永明寿《宗镜》有录,张无梦《还元》成篇,张紫阳《悟真》启秘。于是海内言仙佛者,必首天台。道书称为玉清洞天修真福地也,佛书称为罗汉方广菩萨支提,似非虚语。以此山高逾八城,大蟠三郡,比附吴越,东眺沧溟,峻极实足以颉颃华岳、岱宗,神秀实足以领袖四明、雁荡也。明僧无尽灯公,教传智者,尝辑《台山方外》一志,远近称良,今岁久版片不全,后人增称半嫌芜杂。余家居养病山中,不能游石梁。化霖请余删取其要义,又请为序。余拙鄙不能序也。若灯公《名胜考》一篇,即可为此山序矣。乾隆丁亥端阳节。

明释无尽撰《天台山方外志》。案,钱希言《狯园·释异篇》曰:"有门法师名传灯,一号无尽,太末人也,出家天台之高明寺。少精炼戒行,学识高出道流,尝撰《天台山志》,甚有禅藻"云云,则无尽者乃其号也。天台山自孙绰作赋以来,登临题咏,翰墨流传,已多见于地志。此书成于万历癸卯,出自释家之手,述梵迹者为多,与专志山川者体例稍殊,故别题曰《方外志》(《四库总目提要》卷七十六史部三十二)。释无尽撰《天台山方外志》,保存了一些有价值的资料,但卷帙浩繁,有三十卷,少数人物传记有重复出现的情况。齐召南删繁就简,重纂为《天台山方外志要》十卷,后增至十二卷。

是年六月五日,蔡显"逆书"案发,乾隆帝谕旨严惩[1]。

是年十月,齐周华案发,这时距离曾静案发,他为吕留良辩护而写《吕晚村先生悖逆凶悍一案疏》已三十七年了。

此次案由仍然是他为吕留良辩护一事引发的。是年十月,浙江巡抚熊学

---

[1] 《高宗实录》卷七八六乾隆三十二年第18册,P666-667。

鹏到天台查仓,齐周华借机向巡抚献上自己的著作《名山藏副本》等,希望巡抚为自己的文集作序,一并呈上的还有《为吕留良事独抒意见奏稿》。这次惹出麻烦的还是吕留良的事情,齐周华再次被收押,并被抄家。齐召南也受到牵连,(十二月)甲子,谕:"据熊学鹏奏,天台县逆犯齐周华,党恶狂悖,按律定拟,并称该犯系原任侍郎齐召南堂兄,一并参奏请旨等语,齐召南身为侍郎,见近族有此逆犯,何以并不据实奏闻,齐召南着来京候旨。"①

像以往任何一起文字狱一样,堂兄齐周华"天台山游记案"牵连极广,其亲朋好友全被卷入了这起案件。尽管齐周华在乾隆二十五年就被逐出天台齐氏家族,齐周华并不与家人同处一起,独自住在天台西二十多里处,但天台齐氏仍遭灭顶之灾。齐周华之《名山藏副本》,刊刻于乾隆二十六年至二十七年间,前后为齐周华诗文作序跋的有房演、杨绳武、郑义门、蒋拭之、郑如夔、盛禾、张若震、陆大业、吕抚、杨汇、陈溥、叶绍诗、梅元标、谢济世、陈升阶、侯嘉繙、丁学希、僧纪安、赵元容、陈咫亭、李绂、桑调元、沈廷芳、齐召南。至案发之时,只有桑调元、沈廷芳、齐召南三人在世,三人都被传至督抚问询。齐召南因是齐周华之堂弟,准备解押至京城候旨。齐周华本人将被凌迟处死,其子齐式昕、齐式文,其孙齐传绕、齐传荣,俱着从宽改为应斩监候秋后处决②。

齐周华案发后,齐召南至省被传讯,问讯者就是浙抚熊学鹏,问讯内容是齐召南为齐周华《天台山游记》作跋一事。齐召南供称,雍正二年曾见过齐周华《天台山游记》,为跋数语,今所刻者,系齐周华自行添改。现在收录在《名山藏副本》附录中的《跋巨山大兄台岳游记后》(缺名),当是齐召南之跋言。

在省城被问讯后,齐召南随即被押解至京城,于十二月十九日自仁和出发③。

是年冬,有《日讲官起居注翰林院侍讲学士杨公墓志铭》④。铭文中云:"乾隆丁亥冬,故学士杨公仲子耀曾持其兄述曾、弟承曾所为公行状,徒跣走浙,哭求铭。呜呼!召南忍铭公墓乎?公学行高卓,晚折辈行忘年想与讲论,疾革

---

① 《高宗实录》卷七百九十九,第18册,P788下。
② 《苏昌熊学鹏奏齐周华着书悖逆及审拟折》,P137-143。《齐召南来京候旨谕》,P143。《宽免齐式昕等治罪旨》,P143-144。
③ 《齐召南来京候旨谕》,P143。《熊学鹏奏齐召南已由仁和县起程折》,P145-146。
④ 齐召南《宝纶堂文钞》卷八,《续修四库全书》第1428册,P575-576。

时,犹作书寄文稿属点定。"这是齐召南为杨椿所作的墓志铭。前面有关杨椿的生平已经作了介绍,此处不再重复。杨椿较齐召南年长二十八岁,两人是忘年交,在朝廷同事多年。杨椿的文集中,可以看到齐召南就《周礼》的问题,曾多次向杨椿请教;在杨椿的《孟邻堂文钞》卷九中,保存着杨椿写给齐召南的十四封信,其中十二封信是关于《周礼》问题的,一封关于《明堂书》,一封关于《越绋书》。

是年有《重刻石壁谏垣稿序》①:

明孝宗时,台郡名臣磊落辈出。而吾邑石壁庞公,以刚介敢言,久居谏职,遇事言无不尽,争是非,不顾利害,忠谠为时首推。后历官广西布政使,因病告归。当时士大夫不问相识与否,言及公必曰:古之遗直,倘大用,魏郑公复见矣。公初为诸生,力学不怠,毅然以经济气节自负。戚友中,惟评事夏公赤城、先祖司训立斋两人相许可。尝手撰《书经大义》及《名臣论略》。其卒也,赤城志墓谓公奏章甚多,择其独伸己见,冒死批鳞,如扶善类、沮幸进、斥异教、恤灾伤、罢玩好、检束戚里、罪劾中官,言人所不敢言,共十六篇。幸遇孝宗仁明,奏多报可,即有未合,亦不过诏狱一旨,寻辄开释。呜呼!有明一代,守文令主孜孜图治,君臣相得,群贤盈廷,公论不苟,唯有孝宗足方汉唐宋极盛之日。《书》曰:后从谏则。圣上有好直言之主,国家始收言之益,否则,谏愈直,则怒愈深,得祸愈酷。臣虽获忠鲠之名,而百官闭口结舌,国事遂不可问矣。赤城谓公幸而遇之,其即李空同诗所谓"中夜悲歌泣孝宗"乎哉!公生平文稿有三,曰《谏垣》,曰《薇垣》,曰《归田》,有邵尚书二泉、程学士篁墩序,今俱散轶,并篇目多寡亦无可稽,唯疏十六篇首尾完具,则赤城录以付梓人者。板虽全毁于兵火,赖公家谱中曾载。前有赤城序,后有潘梅壑跋,又有金溪吴公虚斋蔡公送行二序。今公族孙汉章志在表扬,取《明史》本传冠其首,重刻之,乞余为之序,谊不可辞。呜呼!忠谠如公,真古之遗直欤!语曰:观凤一毛,即知五色皆备。然则观十六篇,可以知公全稿。又可悟孝宗能受直言,公于其时,即朝阳之一凤也。

---

① 齐召南《宝纶堂文钞》卷五,《续修四库全书》第1428册,P538-539。

《明史》卷一百八十：庞泮（1456—1517），字符化，天台人，成化二十年进士，授工科给事中。弘治中，中旨取善击铜鼓者，泮疏谏。迁刑科都给事中。副使杨茂元被逮，泮率同列救之，茂元得薄谴。

是年，程元章、商盘、杨应琚卒。

乾隆三十三年（1768　戊子）六十六岁

正月十日，官修《历代通鉴辑览》成①。

二月，齐召南入京后，由军机大臣会同刑部会审，拟以杖流。

罪状是"于堂兄齐周华逆案，为之隐讳不奏，咎实难辞"。乾隆帝念齐召南曾为朝廷大员，加恩宽免递回原籍。不过，齐召南寄银与江姓生息之事被查处，"着传谕熊学鹏，可即密行查办，惟酌留糊口外，所有生息余赀即尽数查出归公，以充本地公用。后经查实，齐召南并无生息之事"。②

三月，齐召南房屋、田产除自留养赡外，其余一律充公。

时浙江新任巡抚永德（？—1784）奏明："所有查出齐召南原籍家产，应如前抚臣熊学鹏所议，将伊祖遗田地山塘共六十八亩零，留为齐召南养赡外，其余自置田地、山塘，共三百三十亩零，及房屋二所，计五十六间，共值库平纹银四千三百四十九两零，应悉行变价，以充地方公用。除俟齐召南递到之日，传旨令其闭户，安分奴才。"③齐召南部分房屋改为官方行馆，齐召南的得意弟子秦瀛于乾隆五十九年因公务经过天台，留下了《晚宿天台行馆，故齐息园侍郎旧第也，感而有作》一诗，感叹不已。

四月，在顺天府尹裘曰修的押送之下，齐召南回浙江。

先到杭州府署接受告诫，之后齐召南被移交给署台州府事乍浦理事同知双福纳，带回天台。五月二十三日，齐召南病故。齐召南回天台不久，天台县知县沈坚就呈报，齐召南感冒痰疾，医治不痊，于五月二十三日身故。齐召南卒后，被安葬到天台花坑之原④。齐召南"卒时，言不及家事。惟云滨于死者二，皆赖圣主得以生全：马惊触石而得万金良药以生；族子之狱，而荷从宽典。

---

① 《高宗实录》卷八〇二，第18册，P820。
② 《密行查办寄银生息之事谕》，P148 - 149。《熊学鹏奏密查齐召南生息银两折》，P149 - 151。《尤拔世奏江日泰并无代齐召南存银生息折》，P153 - 155。
③ 《永德奏调查齐召南资产折》，P155 - 157。
④ 《永德奏将齐召南宽免递回原籍折》，P162 - 163。《永德奏齐召南病故折》，P168 - 169。

今日考终牖下,虽死犹幸,齐氏子孙生生世世,宜如何其含结以报也。"①

是年十二月二十日,齐周华被磔于市②。

是年,许宗彦生。王德溥、邱永、方观承、卢见曾卒。

---

① 《台学统》卷八十一,《续修四库全书》第 546 册,P490 上。
② 徐三见《默墨斋集·齐周华简论》,中国社会科学出版社,2004 年,P109。

附录一　齐侍郎年谱

齐中嶔

康熙五十七年戊戌

学院汪岁考拔入天台县学（汪，徽州人，历官侍郎、大理寺卿）。

康熙五十九年庚子

抚院朱观风取入敷文书院（朱文端公，高安人，官至文华殿大学士）。

雍正二年甲辰

补行癸卯年拔贡，学院何考拔充贡（何端简公，山东新城人，历官直隶总督、礼部尚书）。

雍正七年己酉

己酉科浙江乡试中副榜第八名（主考，阁学任，编修王。房考，进士汪）。

雍正十二年甲寅

九月，浙江总督程学政帅考试录取，以博学宏词荐举（先取七人，后取三人，共十名：严遂成、厉鹗、周玉章、杭世骏、沈炳谦、齐召南、张懋建、周长发、汪沆、周琰）。

雍正十三年乙卯

领咨入都（内外大臣举荐后先送至吏部，汉军二人，直隶三人，奉天一人，江苏七十八人，浙江六十八人，江西三十五人，湖北六人，湖南十三人，福建十二人，河南五人，山东四人,山西三人,广东六人,陕西四人,四川一人,云南一人。召南履历:浙江台州府天台县人,年三十。雍正元年选拔贡生,己酉科副贡生。治诗经三代,曾祖三仲,殁;祖化龙,生员,殁;父肃,生员。荐由浙江总督巡抚事兵部右侍郎,兼都察院右副都御史程元章荐举。程,河南上蔡人,历官总督漕运吏部右侍郎)。

乾隆元年

九月二十六日,内外大臣荐举博学鸿词一百八十四员,奏名给卷,御于保和殿(赋题《五六天地之中合》;诗题《山鸡舞竟》;论题《黄中万事之根本》)。二十八日再赋(经解、策问、史论。钦点大学士鄂、张侍郎邵阅卷,一等刘纶、潘安礼、诸锦、于振、杭世骏五人,二等杨度汪、陈兆仑、刘玉麟、沈廷芳、夏之蓉、汪士锽、陈士璠、齐召南、周长发、程恂十人)。初五日,吏部带领引见养心殿,授翰林院庶吉士,赐御制《日知说荟》一部。初八日,充《大清一统志》馆纂修官(总裁尚书任、尚书陈、侍郎方)。十月二十五日大雪,到翰林院上任(馆师尚书徐、尚书任)。

乾隆二年

三月某日,奉命誊试卷。五月十一日,钦赏端砚一方,笔三匣,墨六笏,广纱一联,葛纱二匹,御制《喜雪诗》墨刻一纸。十七日,庶吉士试,散馆于《一统志》馆。二十七日,引见于养心殿,授翰林院检讨。三月初一日,到翰林院上任。是日,拜领覃恩封祖父母、父母敕命(三月初六日恩诏也),貤赠祖齐化龙文林郎、翰林院庶吉士,赠祖母徐氏太孺人;敕封父齐肃文林郎、翰林院庶吉士,封母张氏太孺人。十月赐《春秋日讲》一部。十二月十九日,覃恩封父母及己妻室敕命(十二月初五日,恩诏也),敕封父文林郎齐肃翰林院检讨,母张氏太孺人。奉召南徵仕翰林院检讨,妻张氏孺人。

乾隆三年

元旦预赐宴。四月,京察一等。七月初八日,引见于圆明园勤政殿,奉旨准其一等加一级。是月,赐《药膳堂集》一部。

乾隆四年

五月,领颁赐世宗宪皇帝御集一部。六月,兼充武英殿校勘经史(总裁官侍郎陈,派校三传、三史)。十月十一日,奉旨修《明鉴纲目》,开馆充纂修官(总裁大学伯鄂,汉大学伯张,派编神光熹三朝。后又派总校)。十二月二十三日,钦赐《明史》一部。

乾隆五年

十一月二十七日,《大清一统志》告成(河南、山东、江苏、安徽、福建、云南,召南撰)。十二月二十六日,赐《钦定四书文》一部。

乾隆六年

三月,以《一统志》馆议叙列一等,奉旨加一级。四月,京察一等,奉旨改为二等。十月二十三日,颁赐《世宗宪皇帝上谕》十二本。

乾隆七年

十一月初一日,纲目馆进《明鉴前纪》二卷。奉硃批。硃批:关材谢知古学未通经。当此史笔之公,实恐目光之眩。至明祖,前任体例,诸多所见,与朕意同,盖大君臣子名分不可逃于天地间。僭号兴王,予夺当严乎。辞语内敢曰继秦秋之翼道,于以昭来兹之鉴,观我君臣其共勉之。钦此。十二月,将修改之处贴籖进呈,奉旨:甚是。钦此(《前纪》系召南手编)。是年,撰《春秋三传考证》(总裁尚书张照)。

乾隆八年

四月二十日,翰詹官一百三员御试于圆明园正大光明殿(赋诗论)。是日,赐宴。赐内苑樱桃扇二柄,香珠一串。又赐香结二个,香珠一串,香牌一个。闰四月初五日,奉旨列三等第七名。初六日,宣至圆明园,赏笔两匣、墨四锭、广纱葛纱各一匹,御制元宵联句石刻一卷。六月十七日,引见圆明园,旨升右春坊右中允,二十二日到中允任。

十一月初九日,奉旨以原衔署日讲起居注官。十二日谢恩,即蒙召对于养心殿西暖阁(与庶子阿林同赐记名)。二十日,御乾清门,奉旨升授翰林院侍读。二十九日,到侍读任。

十二月初五日,御门奉旨以原衔充日讲起居注官。是年,撰《尚书考证》。

乾隆九年

二月十九日,闻讣丁忧。三月初十日奔丧,五月二十七日抵家。

乾隆十年

三月十九日,经史馆总裁励宗万面奉旨,上谕:经史馆考证《礼记》《汉书》二部,原系翰林齐召南承办,今丁艰回籍,仍着寄信与齐召南,宣其在籍编辑,陆续交送武英殿进呈,钦此(经史馆咨移浙抚常、浙抚行布政司潘、行台州府冯、行天台县海文。五月到书一匣,系武英殿新刊《前汉书》一部,公书一封,于五月二十四日受到。七月十二日,将编成《前汉书考证》稿本四十卷,全匣交本县海送递。九月二十二日,将编成《前汉书考证》稿本六十卷,全匣交本县海送递武英殿。新刊《礼记》一部,又宋辽金之史志,于十二月十六日受到)。十一年五月二十五日,将《礼记考证》稿本六十三卷,全匣交本县王递送。

乾隆十一年

五月十九日,服阕。先是闻三月,《明通鉴纲目》馆告成,议叙列一等,奉旨于起馆日加一级。九月初三日,起程至省领咨。十月初四日到京。十一月十七日,经史馆告成,奉旨仍于武英殿校阅经史。

乾隆十二年

二月二十八日,御门补翰林院侍读(张泰开升缺),三月十二日到任。

三月十二日经史馆议叙列一等,奉旨加一级。十三日,奉旨充《大清会典》馆纂修官(五月十二日开馆)。

四月,京察一等。

五月初六日,奉旨署日讲起居注官。初七日,谢恩,即蒙召对于勤政殿。六月,校勘《通典》《通志》《通考》(武英殿)。

七月初七日,大学士张廷玉、尚书梁诗正、汪由敦,奏请《续修通考》开馆,奉旨充《通考》纂修官(十月初三日开馆)。

九月十二日,御门奉旨,补授翰林院侍读(阁学董邦达升缺)。十月初一日到任。十三日,奉旨为顺天乡武正考官(副陈桂洲)。二十二日,揭榜取中武举共一百五十一名。十一月二十日,御门奉旨,齐召南以原衔充日讲起居注官。

乾隆十三年

三月初三日，奉旨充会试同考官(正考官尚书陈大受，副考官侍郎蒋溥、鄂容、沈德潜)，入闱派《易》一房。四月初九日揭榜，本房取中十五名(张裕莘、史奕簪、段廷机、楚文暻、吴绶诏、宋梅、赵丹、陶金谐、黄汝亮、王檽芳、吴培朱、王谦益、刘可考、陈致中。馆选四人：张裕莘、史奕簪、吴绶诏、段廷机)。五月十九日，御试翰詹词臣于(自少詹学士以下八十七员)乾清宫(《竹泉春雨赋》《洞庭张乐诗》、陈时务疏)。

六月初一日，内阁奉上谕：侍读学士齐召南，着在阿哥书房行走，钦此。初五日谢恩，初六日传榜，召南卷御定一等第一名(一等三名：召南、李因培、王际华；二等程恂、周长发等十名；三等积善、章恺等二十名)。乾清宫右之弘德殿，奉旨擢授内阁学士兼礼部侍郎(时阁学无缺，特移阁学朱定元为副都御史，以召南补阁学，真天恩异数也)。李因培、王际华以编修擢侍读学士。初十日谢恩，赏砚一方、墨八锭、笔四十枚、御制诗石刻一纸。十八日赴内阁任(大学士桐城张、海宁陈、溧阳史、祁阳陈)。

闰七月初九日，内阁奉上谕：礼部侍郎沈德潜年力就衰，以原衔食俸在阿哥书房行走，礼部侍郎员缺，着齐召南补授；内阁学士员，着叶一栋补授，钦此。十二日，谢恩于圆明园，十七日到礼部任。

八月初二日，圆明园该班召对于勤政殿。初四日，赏《词林典故》一部。二十九日，上特召于养心殿西暖阁。

九月五日，礼部于畅春园西楼该班，伏观御射，发十九矢俱中的。上骑马还圆明园，顾臣及尚书臣蒋溥曰：不能无诗。臣于初六日进诗四首、序一篇。半刻，上即俯赐和臣韵四章，命内监持朱笔稿示臣。信乎，天纵之圣文武超迈百千也！十四日，内阁奉上谕：齐召南着充文献通考副总裁。十六日侍班畅春园大西门楼，尚书王安国面奏，奉旨通礼，着齐召南勘定。十九日谢恩于香山，二十日到馆。十月二十七日，赐貂皮褂。

十二月十六日赏"福"字龙笺五、对联四、笔墨各一匣。二十一日，赏御书《敬胜堂法帖》十二卷。二十七日，诣乾清宫，上亲书"福"字以赐。又赏一大鱼、六山鸡、十二鹿尾、一挂面、十束藕粉、二斤葛粉、一袋荔枝莲子果，嘉庆子一大筐。二十八日，赏貂皮一张、荷包一对、手帕二条。

乾隆十四年

元旦得"福"。正月二十四日，召对于养心殿西暖阁。

四月初五日,册封婉嫔,奉旨充副使。二十九日,圆明园坠马,得病,甚危。五月初一日,赐葛纱二端、蕉扇二握、香珠香袋及蟾酥锭盐水锭各一包。

十二月二十八日,病稍愈,诸宫门请圣安。传:闻汝病,今全愈乎?奏曰:今略好。初五月六日,病正急时,上见果亲王阿哥,频问:汝师傅齐召南病如何?须时差人探问。又诸大臣奏事,张廷玉、史贻直、王安国、秦蕙田等俱蒙天语问及。木兰围场中,又问阿哥。九月驾还京,又问尚书梁诗正。圣眷之隆,轸念微臣如此。二十九日,召见于弘德殿,臣病容未退,行步犹艰。天颜恻然曰:汝病尚未全愈,须加意安养。臣因陈恳恩即解职任,才可安心调治,且家有老母,臣愿回籍省侍。上慰留再三。臣又坚请,上又言:冬见风寒,如何行路?臣奏当如春船南归。上始许可。具云,汝具折来。是日天语春温,询问详悉,虽父母于子,不过慈爱委典于如此。是日晚,内阁奉上谕:盛安现在患病,齐召南亦因坠马,调理未愈,阿哥书房内行走须人,着内阁学士嵩寿在上书房行走,孙嘉淦着该部行文调取来京,赏给左副都御史衔,汪师韩仍授翰林院编修,具着在上书房行走。钦此。十一月初二日,具折恳恩辞解任回籍调理。是日,内阁奉上谕:据礼部侍郎齐召南奏称坠马伤重,风痰时发,难以供职,有老母在家,恳请解任调理,明春回籍等语。齐召南着照所请,准其以原衔回籍调理。钦此。初五,谢恩,即传旨宣太医院刘裕铎、邵正文诊脉开方。

乾隆十五年

四月二十六日,于圆明园陛辞谢恩,以五月初六日起程,奉旨:知道了,钦此。赏广纱二端、葛纱二端。五月初六日,至张家湾上船,以七月十三日抵家。

乾隆十六年

正月,皇上南巡,臣以二十日扶病赴杭。至二月二十七日,船行奉迎圣驾。过平望,至吴江八尺河岸跪迎。周扶为学士周长发,上御船。远百步,即玉音呼:齐召南,汝已好么?臣奏称:已略好。上顾侍臣曰:齐召南好了。又手指曰:此髯者即周长发。随即扶向行在所奏圣安,即召对询问病体,及老母健饭否。据实奏。天语谕以安养,不必步步相随。奏对良久,即赐克食一大盘,赏内缎二端、景貂四个(谕:齐召南、雷鋐、周长发三人,皆上有老母,赏赐须加一分,与众不同)。三月初一日,于杭州同沈德潜、周长发行宫前候驾,恭进南巡颂册页,同周长发谢恩。船至平望,恭送圣驾。二十六日抵家。十月,因母不能诣阙祝贺皇太后万寿圣节,自撰颂册及请圣安折,遣式迁至杭,交抚宪永公讳贵代进奏。十一月初三日,丁母忧。十二月十四日,抚台差官捧送朱批折本,易吉服跪阅后,封交回缴。

乾隆十七年

十月某日,奉厝考妣于花坑之原。

乾隆十九年

二月初三日,服阙。初九日,督宪喀公讳尔吉善,因阅兵过台来访,即请为绍兴蕺山书院师。四月,至蕺山。十二日,以直陈微悃,病犹未痊。奏折至杭,而托雅公讳尔哈图代进奏。闰四月二十二日,抚宪差官送到朱批:览。汝且安心乡里调摄,期痊可也。又朱批请安折:朕安。九月,督宪自福建差官以书币请主道山书院,因道远辞。十月,抚宪周公讳人骥请主敷文书院。

乾隆二十年

馆于敷文书院。六月,督宪亦驻杭。

乾隆二十一年

仍馆于敷文书院。六月,抚宪杨公讳廷璋至。

乾隆二十二年

正月十一日起程赴省,恭迎圣驾南巡。二月十六日,于无锡北之迎龙桥迎御舟。尚未奏名,皇上远望见,即呼:齐召南汝今已好么?臣奏曰。随即诸大营盘恭请圣安,即召见,询问近日病体加减及书院人文,臣奏对,天语温慰良久。臣以行步犹难,遵谕先坐船至杭稍息。十八日,上驻跸苏州。军机房赏臣墨刻及内缎四匹,至杭给与。二十日,臣与学政窦,时任浙江学政窦光鼐率诸生于谢村迎驾。二十八日,于西湖行宫蒙恭进颂册。二十九日,恭领钦赏大缎六匹,又领苏州所赏内缎四匹、御书石刻一卷、墨二匣。三月初二日,具折,奏请封典,愿以己身所有乞恩贻赠曾祖之仲、曾祖母节孝许氏,及祖化龙、祖母徐氏,父𪣻、母张氏三代。诰命即奉朱批:着赏给。初三日,驾幸敷文书院,制诗一篇。臣与学臣恭和。初四日,奏谢天恩。初八日,于王江泾,率在籍诸臣恭送天颜,有喜。九月二十一日,自敷文书院接到诰命三轴。十一月二十七日,至家,行受封礼,改题三代圣主。

乾隆二十三年

正月二十四日,诣墓行焚黄礼。二月,起程赴书院。

乾隆二十四年

于书院修《温州府志》及《永嘉县志》。

乾隆二十五年

抚臣庄时至书院论文。

乾隆二十六年

九月二十日,以叩祝皇太后万寿进京。十月下澣至,请圣安。与沈德潜即蒙召对,慰问良久,内侍扶起。奉旨仍赴上书房,与沈德潜偕皇四子、五子、六子及诸阿哥皇孙俱相见,以诗文相质正。辰入未出,有扶掖者,不拘常仪。十一月二十五日,朝驾皇太后。赏大缎三匹、荷包烟壶(与尚书嵇璜等候于万寿寺经坛前)。钦赏彩缎三匹、貂六,及《皇清文颖》一部。皇子俱有赠遗。二十九日,奏旋浙。十二月二日起程,二十日至淮安城外守冻。

乾隆二十七年

正月十一日,余六十诞辰也。是日,春风解冻,漕宪杨公至船上送行。十二日扬帆。十三日至扬州府城外。二十日抵杭寓邵家。皇上三度南巡,臣于二月十五日由杭登舟,出北关,因有旨不必远迎。十八日,至吴江之王家溪。二十七日,迎驾于亭上,即诣大营盘恭请圣安,献赋册及经坛牓文。明日,先回杭。三月初一日,偕学臣李,率诸生蒙候迎圣驾于谢村亭上。初四日,上自海宁阅塘工至杭，臣又率诸生迎驾于八仙石。初六日，候驾拈香于净慈寺前。午刻，恭领御赏大缎三疋于行宫前。初十日，圣驾幸敷文书院，臣率教职诸生奉迎，御制诗叠前韵。又御书二联，命悬讲堂（一联：正谊明道，养士求贤。一联：萦回水抱中和气，平远山如蕴藉人）。十四日，至王江泾，同诸生送驾，玉音叮咛慰劳。十九日，抚臣庄送入书院。冬，回家。

乾隆二十八年

正月十二日，移居司后之宅。二月，仍至杭课士。抚臣庄时来论文。是年，所编《水道提纲》三十卷成。十一月，辞馆。抚臣熊恳留再三，始从之。归家，小儿修宅，差堪容膝，可以读书。

乾隆二十九年

二月，至书院，学徒太多，疲于阅文。冬，向抚臣坚辞，以明春圣驾南巡，仍从之。

乾隆三十年

元宵束装抵杭，仍寓邵宅。督臣苏、抚臣熊、学臣钱来会。二月十六日，舟行出关。二十一日至苏州府城葑门，外大雨，泊焉。二十五日，即诸城内行宫前跪迎。上望见，即喜问：齐召南，你好么？臣请圣安，并献颂册及经坛牓文。传谕文：且先回杭暂候。明日，开船。闰二月初七日，与学臣钱率领教职诸生，迎驾于八仙石。初十日，候会绅士尚书钱等，迎驾拈香于净慈寺前。恭领钦赏大缎三匹于行宫前。十五日，圣驾幸敷文书院，登览山亭，御讲堂用膳（命移前"萦回平远"一联于奎文阁）。御制诗再叠前韵，大书董仲舒"正其谊"二语悬堂柱（字大如斗）。命臣与学臣和，会奏进呈。十七日，于行宫前领笔、墨、砚之赏。二十二日，恭送驾于王江泾。二十八日，抚臣熊以科场之年，学徒云集，送至书院。秋风年力日衰。十月，遂坚辞归家。予主于敷文书院授徒，十有一年也。

附录二　齐召南年谱简编

康熙四十二年（1703　癸未）一岁

齐召南先世是汴之祥符人，南宋时南渡侨寓杭州。自齐盛中进士第、官宣义郎，始占籍天台。四世祖齐庄卿，在明洪武初授湖广房县知县。七世祖齐汪，是明正统丙辰（1436）进士，官至兵部车驾司郎中，于土木之变中殉难。曾祖父齐之仲，早卒。祖父齐化龙，以德义闻名于乡里。祖母徐氏。父亲齐䨱，在地方上以文学著称。母亲张氏。自曾祖之下，都因为齐召南的地位而显贵。齐召南（生于康熙四十二年正月十一日，卒于乾隆三十三年五月廿三），字次风，号琼台，晚年号息园。齐召南有兄弟六人，他排行第二（杭世骏《资政大夫礼部侍郎齐公墓志铭》）。

关于齐召南传记资料，还有袁枚《原任礼部侍郎齐公墓志铭》[1]，秦瀛《礼部侍郎天台齐公墓表》[2]，陈用光《齐召南传》[3]。李元度辑有《齐次风先生事略》[4]，钱林有《齐召南》[5]。

《清史稿》卷三百五有齐召南传：

> 齐召南，字次风，浙江天台人。幼而颖敏，乡里称神童。雍正十一年，命举博学鸿词，召南以副榜贡生被荐。乾隆元年，廷试二等，改庶吉士，散馆授检讨。八年，御试翰詹各官，擢中允，迁侍读。九年，以父丧去官。时方校刻经史，召南分撰《礼记》《汉书考证》，命即家撰进。服除，起原官。

---

[1] 袁枚《小仓山房文集》卷二十五，《续修四库全书》第1432册，上海古籍出版社，2002年，P279-280。
[2] 秦瀛《小岘山人诗文集》卷五，《续修四库全书》第1464册，P231-232。
[3] 陈用光《太乙舟文集》卷三，《续修四库全书》第1493册，P294-297。
[4] 《国朝先正事略〈2〉》卷四十一，岳麓书社，2008年，P1200-1201。
[5] 《文献征存录》卷五，明文书局，1985年，P853-858。

十二年,迁侍读学士。十三年,复试翰詹各官,以召南列首,擢内阁学士,命上书房行走,迁礼部侍郎。上于宁古塔得古镜,问召南,召南辨其款识,具陈原委。上顾左右曰:"是不愧博学鸿词矣!"上西苑射,发十九矢皆中的,顾尚书蒋溥及召南曰:"不可无诗!"召南进诗,上和以赐。十四年夏,召南散直堕马,触大石,颅几裂。上闻,遣蒙古医就视,赐以药。语皇子宏瞻:"汝师傅病如何?当频使存问!"幸木兰,使赐鹿脯十五束。及冬,入谢,上慰劳,召南因乞归,固请乃许。及行,赐纱、葛各二端。上南巡,屡迎驾,辄问病状,出御制诗命和。上尝询天台、雁宕两山景物,召南对未尝游览。上问:"名胜在乡里间,何以不往?"召南对:"山峻溪深,臣有老母,怵古人登高临深之诫,是以未敢往。"上深嘉之。既而以族人周华为书讦上,逮诣京师,吏议坐隐匿,当流,籍其家。上命夺职放归,还其产十三四。召南归,遂卒。

齐召南七世祖齐汪的传,在《台州府志·人物》卷一百十二中,另于《明史》卷一百六十七附在王佐的传中。
齐召南祖父的传,在《台州府志·人物传》卷一百十五。
齐召南父齐焘的传,在《台州府志·人物传》卷一百二十四:

  齐焘,化龙子,化龙名在孝友传。焘,字宗器,号省斋,诸生。受学于外舅张利璜,利璜称其雅量,似古人福泽,不可量。性恬淡,不爱荣利,日取马援戒兄子书及崔瑗座右铭以课子。论事多恕,有友谈史多讥贬,焘曰:某代某人可师、某事可法,何不言邪?坐客皆改容谢。乾隆初,有诏举贤良方正,舆论首推焘,县令再三造请,卒不就。临殁,遗命不作佛事,丧不用乐。祖尚,字孟润,号钧磻,亦诸生。母病,刲股以进。邑饥且疫,令讳言灾,适总督巡海,祖尚为书陈状,洋数千言,始获振复。率同志掩埋疫尸,走烈日中,臭腐熏蒸,不少避。乡里皆高其义。焘子,周南、召南、图南、世南、道南,自有传。

齐召南兄弟共六人,有一姊妹。
兄弟六人是齐周南、齐召南、齐图南、齐世南、齐道南、齐指南。一姊妹无名。其中,齐周南、齐图南、齐世南三人传,在《台州府志》卷一百二十中。三兄弟传中,附有从弟齐周翥,及齐图南的儿子齐式赞、齐式诜,齐世南的儿子齐炎、齐式鹰,齐周南的孙子齐锄经等传。

是年,齐召南的堂兄齐周华六岁。杭世骏八岁。

康熙四十三年(1704　甲申)二岁

康熙四十四年(1705　乙酉)三岁

康熙四十五年(1706　丙戌)四岁

康熙四十六年(1707　丁亥)五岁

康熙四十七年(1708　戊子)六岁

齐召南幼儿聪敏,六岁时启蒙,就能够对诗①。

齐召南幼时在方广寺读书。其得意弟子秦瀛有诗云:

乞身同贺监,被逮复江关。西寺才成狱,南冠已放还。感恩余白发,埋骨有青山。长逝公无恨,诗名天地间。天台读书处,带草满僧寮(先生少读书天台方广寺)。弟子云间陆,同余赋大招。魂归石桥雪,梦渡浙江潮。共有羊昙泪,音尘竟寂寥。②

天台方广寺有上方广寺和下方广寺。"旧有石桥寺,传系五百应真之境……上方广寺在石桥上流,其下方广寺在石梁之下,可以仰望飞瀑。又古传有五百应真居方广寺。"③根据秦瀛之"弟子云间陆,同余赋大招。魂归石桥雪,梦渡浙江潮"句,可知当时齐召南就读的学校在石桥处的上方广寺。上方广寺离天台

---

① 杭世骏《道古堂文集》卷四十一《资政大夫礼部侍郎齐公墓志铭》,《续修四库全书》第1426册,P602-607。
② 秦瀛《小岘山人诗集》卷二《同陆古渔挽齐息园先生》,《续修四库全书》第1464册,P527下。
③ 张联元《天台山全志》卷六,台郡尊经阁藏版,P7-8。

稍近,但也有三十多里,齐召南必须住在寺院才行。

康熙四十八年(1709 己丑)七岁

康熙四十九年(1710 庚寅)八岁

齐周华十三岁。缺名《赠齐巨山序》:总角时,性英敏,不可测识,文亦深刻离奇①。

康熙五十年(1711 辛卯)九岁

九岁时,就能够背诵五经,乡里称之为神童。②

康熙五十一年(1712 壬辰)十岁

齐周华十五岁,秋游天台,成《台岳游记》,见白岩寺条自注。按:此《记》原有其从弟召南评语,今本无③。

康熙五十二年(1713 癸巳)十一岁

康熙五十三年(1714 甲午)十二岁

是年,父亲齐蘌带着齐召南参加郡试。

在郡城临海考试时,登巾子山,吟五言诗:"江水连天白,人烟满地浮。巾山山上眺,一览小东瓯。"④

康熙五十四年(1715 乙未)十三岁

齐周华年十八岁,成诸生⑤。

---

① 《名山藏副本》附录年谱,上海古籍出版社,1987 年。
② 杭世骏《道古堂文集》卷四十一《礼部侍郎齐公墓志铭》,《续修四库全书》第 1426 册,P602 - 607。
③ 《名山藏副本》附录年谱。
④ 杭世骏《道古堂文集》卷四十一《礼部侍郎齐公墓志铭》,《续修四库全书》第 1426 册,P602 - 607。
⑤ 《名山藏副本》附录年谱。

康熙五十五年(1716　丙申)十四岁

康熙五十六年(1717　丁酉)十五岁

康熙五十七年(1718　戊戌)十六岁

是年,岁考拔入天台县学,充博士弟子①。

受知于督学何世璂②。

何世璂(1666—1729),字澹庵,新城人。康熙己丑进士,官检讨,处翰苑十余年,无失言。雍正元年,出典江西乡试,视学两浙。升刑部侍郎、吏部右侍郎,察吏安民,实心行政,不辞劳瘁,不避嫌怨。年六十四,卒于官,谥曰"端简"③。

康熙五十八年(1719　己亥)十七岁

二月,学士蒋廷锡表进《皇舆全览图》,颁赐廷臣。

康熙间,圣祖命制《皇舆全览图》,以天度定准望,一度当二百里,遣使如奉天,循行混同、鸭绿二江,至朝鲜分界处,测绘为图。以鸭绿、图门二江间未详晰,五十年,命乌喇总管穆克登偕按事部员复往详察。国宗弟国栋,亦以通历法直内廷。五十三年,命国栋等周历江以南诸行省,测北极高度及日景。五十八年,图成,为全图一,离合凡三十二帧,别为分省图,省各一帧。命蒋廷锡示群臣,谕曰:"朕费三十余年心力,始得告成。山脉水道,俱与《禹贡》合。尔以此与九卿详阅,如有不合处,九卿有知者,举出奏明。"乃镌以铜版,藏内府(《清史稿》卷二百八十三)。后来,齐召南撰写《水道提纲》时,充分利用了《皇舆全览图》。

康熙五十九年(1720　庚子)十八岁

抚院朱观风取入敷文书院(朱文端公,高安人,官至文华殿大学士)。

朱文端公即朱轼(1665—1736),于康熙五十六年至五十九年任浙江巡抚。

---

① 杭世骏《道古堂文集》卷四十一《礼部侍郎齐公墓志铭》,《续修四库全书》第1426册,P602-607。
② 袁枚《小仓山房文集》卷二十五《原任礼部侍郎齐公墓志铭》,《续修四库全书》第1432册,P279-280。
③ 《山东通志》卷二十八之四,《四库全书》第540册,上海古籍出版社,1987年,P874。

其传见《清史稿》卷二百八十九。

康熙六十年(1721　辛丑)十九岁

康熙六十一年(1722　壬寅)二十岁

是年八月,有《琼台赋》。赋前序①:

> 天台为大江之南名山之最,奇胜有数十处,其尤胜者,琼台也。《山海经》有"天台山,次会稽后"。"台"与"臺"音相近,乌知"天台"非即"天臺"耶? 又乌知天台不因琼台得名耶? 孙兴公作赋时,榛莽出劈,所指名不过一二。然于是地目为仙都,盖三致意焉。既言霞标,即及瀑布,即桐柏福圣观前之瀑水也。过灵溪而一濯,灵溪即百丈潭之下流也。双阙云竦以夹路,琼台中天而悬居。工于立言,丹青不及伯乐,一过冀北,而马群逐空,兴公之谓也。明徐大章、王季重《甲乙台山》俱目此为弁冕。国朝潘稼堂亦谓海内名胜邈焉寡俦,谅哉! 非夫身历其地,亦不知化工之神至于是也。历代名贤文士咏歌记述备矣,惟赋无有,余不揣而为之。

此赋后齐召南裔孙齐毓川案,对齐召南写作《琼台赋》的原委作了说明:"公琼台之游,在康熙壬寅八月,时二十年。赋成,乡先达某见之,诧其雄伟光怪之气,令人如入帝所见群神奇形诡状、不可方物,决其为长卿、子云后身。又有秀水朱太史彝尊胥盛学博禾,为吾台校官,承府檄监造清圣祠,见是作,目以奇才。洎公归田,后掌教敷文,时有为盛作《稼村膏馥集》序,道及之序,已梓前集。"

雍正元年(1723　癸卯)二十一岁

雍正二年(1724　甲辰)二十二岁

是年三月,与兄齐周南游琼台。

---

①　齐召南《宝纶堂续集》卷二,《清代诗文集汇编》第300册,上海古籍出版社,2010年,P374-376。

《琼台诗集》卷首齐周南序①："甲辰三月，曾与舍弟游而乐之，谓吾乡山水即甲宇内，其最瑰伟神秀可方蓬莱、阆苑，无若琼台。赤城瀑布特近观耳，造物者所为殚精蓄智，营造作藏于深邃险奥之中，以宅飞仙而表名胜者，其在兹乎！"

《齐侍郎年谱》：补行癸卯年拔贡，学院何考拔充贡（何端简公，山东新城人。历官直隶总督、礼部尚书）。

雍正元年，由于是新皇帝登基，依照惯例开恩科，于四月举行乡试，此次乡试中举者一百四十一人中，日后与齐召南有交往的有陆宗楷、金甡等。雍正二年，补行癸卯科，于二月乡试，中举者一百一十七人（《浙江通志》卷一百四十四），其中杭世骏、陈兆仑、汪由敦，日后与齐召南交游甚密。齐召南没有参加此两次乡试，而是以生员资格参与考选，以拔贡保送入京。显然，是次拔贡，有雍正元年、雍正二年两次，齐召南于雍正二年选拔上的。

是年入都，入太学。

齐召南在其诗文集中，多次提到此事。此次入京，住天坛北廊，同住的有会稽周徐彩等。参见《宝纶堂文钞·周舫轩文集序》②。

雍正三年（1725　乙巳）二十三岁

雍正四年（1726　丙午）二十四岁

十月十二日有《唐宋八大家文论》③。

是年，三十岁的侯嘉繙入京，著《夷门集》及《东山集》④。

雍正五年（1727　丁未）二十五岁

是年有《明文快序》⑤：

---

① 齐召南《琼台诗集》，临海博物馆藏抄本。
② 齐召南《宝纶堂文钞》卷五《周舫轩文集序》，《续修四库全书》第1428册，P534-535。
③ 齐召南《宝纶堂续集》卷六，《清代诗文集汇编》第300册，P424-425。
④ 《夷门先生年谱》，临海市博物馆藏抄本。
⑤ 齐召南《宝纶堂续集》卷十一，《清代诗文集汇编》第300册，P478-479。

余友胡恭士,快士也,手辑《明文快》一编,示余,余阅其文,皆正希大士陶庵卧子诸君子文也。……序引之役,不得以无快笔辞,因次其辞,为《明快文序》。时雍正丁未冬至,书于曹源书屋。

《明文快》,乃齐召南友胡作肃辑。胡作肃,字恭士,号卓亭,天台人。

雍正六年(1728　戊申)二十六岁

侯嘉繙在京,著有《锦堂集》《讨春集》《拾瑶集》①。

雍正七年(1729　己酉)二十七岁

《齐侍郎年谱》:是年秋,齐召南己酉科浙江乡试中副榜第八名(主考阁学任、编修房考进士王)。

阮葵生《茶余客话》卷二:"己酉,浙江乡试主考为任香谷、王次山两先生得人最盛。然名重当时者二人,俱中副车,胡稚威天游、齐次风召南也。"②

是年浙江乡试中举者共一百一十八人(《浙江通志》卷一百四十四),其中张湄、商盘、张映斗、董邦达等与齐召南有交游。胡天游、齐召南此次乡试中副榜。

是年浙江乡试考官为溧阳任兰枝、常熟王峻。王峻有《浙江乡试录后序》③,详述此次乡试过程。

是年有《题座主溧阳公奉使安南画册》六首④。任兰枝于乾隆六年出使安南,乾隆七年出任浙江乡试考官,算是齐召南的老师,故齐召南称任兰枝为座主。

十月三日,有《高明寺贝叶经记》⑤。

己酉冬,偕陈咫亭游高明寺,得观所谓贝叶经者,淡黄色,肤理细润而坚致,长六寸许,绳贯其末,凡五十余页,皆番书不可识。寺僧盛以檀匣,

---

① 《夷门先生年谱》临海博物馆藏抄本。
② 阮葵生《茶余客话》卷二,《丛书集成初编》2826册,商务印书馆,1935年,P4下。
③ 王峻《艮斋文集》卷一《浙江乡试录后序》,《四库存目丛书》第274册,齐鲁社,1997年,P315-316。
④ 齐召南《宝纶堂诗钞》卷四,《续修四库全书》第1428册,P617-618。
⑤ 《天台齐袁两先生游记》卷上,清宣统二年,天台袁之球铅印本。

袭以锦囊;客请观,则盥熏丹拜而后出之,予于是喟然而叹。寺僧曰:此来自天竺,佛所手书,我智者大师所宝藏而贻后人者也。

是年,侯嘉繙著有《寻鉴集》《半船集》①。

雍正八年(1730 庚戌)二十八岁

是年正月,有《凤凰来仪赋》②。赋前序:

自古帝王致治,必或瑞应于天,德盛者瑞龙,化洽者应麐,天人感通,捷于影响。臣观书契以后,得统之正大,奕叶之显承,享祚之悠长,幅员之广远,民物之康乐,海宇之升平,则未有如我圣朝者也。雍正七年,岁在己酉十一月,凤凰集于遵化县之天台山。八年,岁在庚戌正月,集于房山县之石梯山峰。来仪上瑞,复见于今,盛矣! 夫臣召南,草茅鄙儒,乌足仰名帝德之荡荡,然被化至深,不能以嘿,譬诸葵藿向阳,亦自信其心,造为是赋。词义粗浅不敢以献也,传诵乎里闾童叟,窃亦附于古谚之列。

据此赋后齐召南裔孙齐毓川案语:"此题曾经高宗纯皇帝御赋于雍正八年,并《九符颂》呈上。世宗宪皇帝刊入《乐善堂全集》中。"齐毓川所说的雍正帝的《凤凰来仪赋》,收录在《乐善堂全集》卷十一中。

雍正九年(1731 辛亥)二十九岁

是年正月,堂兄齐周华有《吕晚村先生悖逆凶悍一案疏》,为吕留良辩护。
是年二月,有《天台山八景卧游图记》③:

天台以山水名天下,其为怪伟奇秀之观甚好,游者不能遍,而艳称赤城栖霞、桃源春晓、双涧观澜、石梁瀑布、琼台夜月、寒岩夕照、华顶归云、断桥积雪,标举大致……台之景固不止于八,其尚伏而未出者必多也。辛

---

① 《夷门先生年谱》临海博物馆藏抄本。
② 齐召南《宝纶堂续集》卷四,《清代诗文集汇编》第300册,P406-408。
③ 《天台齐袁两先生游记》卷上。

亥春,汪雨亭作尺幅八景图,属余各为小记一则,序次依夫图之先后。观者展图,可以当卧游矣。至于地名古迹大略,余记及之。

是年,有《春秋诸国爵姓考序》①。

从序言可知,齐召南编撰《春秋列国爵姓图》,是作为阅读《左传》之入门书,有工具书的价值。然该书不传。《春秋列国爵姓图》成书时间不详,由于齐召南始编于是年,故系于此。

雍正十年(1732　壬子)三十岁

夏,齐周华作《痴话》②。

> ……及至臬司对簿,吏讽以痴自承,可以免难。予却坚不认痴,带索而返。三痴拂然曰:"若夙以痴自负,今反坚不承认,何也?"予曰:"认痴,则不痴;亦不认痴,此予之真痴也。"

是年,吕留良案结。

雍正十一年(1733　癸丑)三十一岁

是年春,浙江进士及第四十三人(《浙江通志》卷一百四十二)。

其中进士张湄、汪师韩等与齐召南有交往。

是年八月,与三弟齐图南培风同游桐柏山,有《游桐柏山观新作道宫诗以代记(雍正癸丑仲秋)》③。又有《携弟培风游新建桐柏观于百丈奥,午饭登山,大雨如注,后赋一百三十韵记之。时癸丑仲秋也》④。

是年,侯嘉繙的《寻鉴集》《半船集》付梓,齐召南为序⑤(《夷门先生年谱》)。齐召南诗文集未载此序文。

---

① 齐召南《宝纶堂续集》卷十,《清代诗文集汇编》第300册,P464。
② 《名山藏副本》,P280。
③ 齐召南《宝纶堂诗钞》卷一,《续修四库全书》第1428册,P593-594。
④ 齐召南《琼台诗集》卷上,临海博物馆藏抄本,P10-11。
⑤ 《夷门先生年谱》临海博物馆藏抄本。

雍正十二年(1734　甲寅)三十二岁

齐召南于雍正二年至雍正十二年间的诗,由其兄齐周南编次,即《琼台诗集》。集前有多人序。

五月初五,齐召南有《琼台诗集自序》①。五月初五,齐周南有《琼台诗集序》②。九月四日,杨绳武有《琼台诗集序》③。

九月,浙江荐举博学鸿词,试帖为《河清海晏颂谨序》《万宝告成赋》和《三通论》。厉鹗的《樊榭山房集·轶事》附录四,记当时试事④。

> 雍正甲寅、乙卯,浙江总督程元章三次省试,荐举博学鸿词十人:严遂成、厉鹗、周玉章、杭世骏、沈炳谦、齐召南、张懋建、周长发、汪沆、周琰。正试题《河清海晏颂》《万宝告成赋》、杜氏《通典》、郑氏《通志》、马氏《通考总论》,赋得"冲融和气洽"。补试题《玉烛醴泉颂》《鹏奋天池赋》《九法五政论》,赋得"禾比君子"。续试题《景陵瑞芝赋》《春雪》诗、《两浙通志》序、评二十一史。

齐召南试帖《万宝告成赋》,收录在《宝纶堂续集》卷三中。

据《宝纶堂续集》卷三《万宝告成赋》之齐毓川案:"此赋与《河清海晏颂》《三通论》同为雍正十二年浙江荐举博学鸿词试帖。时主试者总督程公元章、学使帅公念祖,得此卷,皆诧为奇才,叹赏不置,遂列名第六。"

齐召南试帖《杜氏〈通典〉、马氏〈通考〉、郑氏〈通志〉总论》收录在《宝纶堂续集》卷六中。

十一月二十七日,慈溪郑性来访,夜宿齐召南家。

郑性此次游天台,自十一月十六日开始,至十一月三十日结束。

郑性游完天台后,齐召南有写给郑性的诗,诗前有序言:"慈水郑义门性来访,郑自称五岳游人,于海内名山已十游七八,将自台温南历武夷以还旧隐。"⑤

---

① 齐召南《琼台诗集》卷首,临海博物馆藏抄本。
② 同上。
③ 同上。
④ 厉鹗《樊榭山房集·轶事》附录四,《近代中国史料丛刊续编》第六十一辑,台湾文海出版社,1974年,P1380－1381。
⑤ 齐召南《宝纶堂诗钞》卷二,《续修四库全书》第1428册,P598。

郑性(1665—1743)，字义门，号南溪，慈溪人。著名藏书家，一生未出仕，师事黄宗羲。好游历，五岳之中，只有衡山未到。郑性与齐召南之堂兄齐周华的交往更多，大约两人都是旅游家的缘故，郑性有《赠汪雨亭（时偕巨山来）》等(《南溪偶刊》卷下)。郑性游天台之后，汪霦、齐周华曾一同到慈溪拜会过郑性。

雍正十三年(1735　乙卯)三十三岁

《齐侍郎年谱》：乙卯，领咨入都。

齐召南此次入都，是在春季。其兄齐周南送至杭州。到杭州后，齐周南返天台，齐召南有《发武林别家兄》①。

入都途中，过江都，闽华、王藻、齐召南、汪沆等，有红桥秋禊事。

汪沆有《红桥秋禊词，同闵莲峰、王载扬、齐次风作》纪其事②。

是年，汪沆津门寄诗，怀念齐召南、杭世骏诸友人，齐召南等有诗韵作答，齐召南诗《答汪五槐塘（沆）津门见寄次韵兼怀诸友》③。

乾隆元年(1736　丙辰)三十四岁

是年，齐召南被选博学鸿词。

雍正十二年四月八日诏举博学鸿词科，到乾隆元年秋，朝廷内外臣共荐举了二百六十一人。对这次盛举，杭世骏在《词科掌录》卷首《举目》详述过程④。

袁枚《小仓山房文集》卷二十五《原任礼部侍郎齐公墓志铭》⑤："乾隆元年初，余与齐公次风同试博学鸿词于保和殿，一时士论佥以为实学推公。及榜发，钦取十五人，公果与选。余虽报罢，而公念同征之谊最殷。后三年，余亦入翰林作后进，常与公唱和。"

《词林典故》卷四对此次御试的记载：上谕：天气渐寒，着于保和殿内考

---

① 齐召南《宝纶堂诗钞》卷二，《续修四库全书》第1428册，P604下。
② 汪沆《槐塘诗稿》卷三，《清代诗文集汇编》第301册，P323。
③ 齐召南《宝纶堂诗钞》卷三，《续修四库全书》第1428册，P612。
④ 杭世骏《词科掌录·举目》卷首，《四库未收书辑刊》第1辑19册，北京出版社，1998年，P455-464。
⑤ 袁枚《小仓山房文集》卷二十五《原任礼部侍郎齐公墓志铭》，《续修四库全书》第1432册，P279下。

试。九月二十六、二十八二日,御试保和殿,赐宴。钦命第一场题:《五六天地之中合赋(以敬授民时圣人所先为韵)》,《赋得山鸡舞镜》,诗七言排律十二韵得"山"字,《黄钟为万事根本论》。

齐召南的《宝纶堂文钞》卷一中,收录有《五六天地之中合赋》《黄钟为万事根本论》。在张廷玉主持编辑的《皇清文颖》卷八、卷九中,收录有当时入选者张廷璐、刘纶、于振、周长发、汪士锽、齐召南六人的《黄钟为万事根本论》。《皇清文颖》卷四十九中,收录有刘纶、于振、杭世骏、刘藻、汪士锽、齐召南的《五六天地之中合赋》。《皇清文颖》卷六中,收录有入选者刘纶、于振、汪士锽、杭世骏、沈廷芳、齐召南的《赋得山鸡舞镜》。

钦命第二场题是经论和史论,齐召南当时的答题,亦收录在《宝纶堂文钞》卷一中。

此次二百多人参加博学鸿词科,朝廷仅录取十五人,①引见考取博学鸿词刘纶等十五员。刘纶、潘安礼、诸锦、于振、杭世骏俱授为翰林院编修。陈兆仑、刘玉麟、夏之蓉、周长发、程恂俱授为翰林院检讨。杨度汪、沈廷芳、汪士锽、陈士璠、齐召南俱授为翰林院庶吉士。

《齐侍郎年谱》:(十月)初五日,吏部带领引见养心殿,授翰林院庶吉士。赐御制《日知荟说》一部。

十月初八日,齐召南充《大清一统志》纂修官。

清朝前后有三次编修《一统志》,即康熙《大清一统志》、乾隆《大清一统志》和嘉庆《重修一统志》。康熙《大清一统志》自康熙二十五年至乾隆五年初稿完成,齐召南参加的就是康熙《大清一统志》的编修。其中,河南、山东、江苏、安徽、福建、云南六省皆为齐召南编辑,外藩、属国亦由齐召南创稿。时《一统志》馆设在任兰枝家中,与修人员齐召南、胡天游、方超然借住在任兰枝家,张湄、张映辰、胡定(1709—1787)、夏之蓉、邓时敏五人则辰入酉出②。

十月二十五日,诸进士初到翰林院上任。齐召南诗不传,陈兆仑有诗。

是年有《胡忠简公遗集序》③。

胡忠简公即南宋政治家、文学家胡铨(1102—1180),字邦衡,号澹庵,庐陵

---

① 《高宗实录》卷二十八,中华书局,1986年,第9册,P599。
② 齐召南《宝纶堂诗钞》,卷三,《续修四库全书》第1428册,P609上。
③ 同上,P505-506。

人,反对秦桧的投降政策。胡铨有《澹庵文集》,有散佚。至清朝,其裔孙再次搜集成《胡忠简公集》,邀齐召南作序。

是年,为杭世骏的《续方言》撰写《续方言序》①。

是年,胡天游有《题齐次风瑞竹图》②。

为齐召南之《瑞竹图》和诗,最早的是胡天游,雍正十二年,杭世骏的《词科余话》卷一述及此事:"天台齐次风读书之室,生竹一茎两歧,枝节相对,是年甲寅,次风适应大科之征,山阴胡天游为赋《瑞竹诗》。"张湄、夏之蓉、翟灏、任端书、张映斗、沈廷芳、汪沆、周大枢等都有和诗。

是年作《丰年赋》③。

齐周华三十九岁。乾隆帝命刑部将齐周华定"永远枷号""永远监禁""永远墩门"三案卷宗,进呈钦定,始遇赦旋里,在狱先后达五年。出狱后,知曾静、张熙已受极刑,吕氏子孙戍边未还④。

乾隆二年(1737 丁巳)三十五岁

《齐侍郎年谱》:三月某日,奉命誊试卷。五月十一日钦赏端砚一方,笔三匣,墨六笏,广纱一联,葛纱二匹,御制喜雪诗墨刻一纸。

由于此次赐端砚,齐召南就将自己的书斋命名为"赐砚堂"。此次齐召南受赐砚台,胡天游写有《赐砚歌为齐次风太史赋》,以示祝贺⑤。

齐召南于四月九日独游陶然亭,齐召南诗集不传。胡天游有和诗《和琼台学士四月九日独游陶然亭》,又有《瓶子芍药和琼台》二首⑥。

《齐侍郎年谱》:五月十七日,庶吉士试,散馆于一统志馆。五月二十七日,引见于养心殿,授翰林院检讨。三月初一日,到翰林院上任。是日,拜领覃恩封祖父母、父母敕命(三月初六日,恩诏也),貤赠祖齐化龙文林郎、翰林院庶吉士,赠祖母徐氏太孺人。敕封父齐燾文林郎翰林院庶吉士,封母张氏太孺人。

七月,清廷补试博学鸿词,录取万松龄等四人。

---

① 齐召南《宝纶堂诗钞》卷三,《续修四库全书》第 1428 册,P506 - 507。
② 胡天游《石笥山房诗集》卷七,《续修四库全书》第 1425 册,P536 下。
③ 齐召南《宝纶堂续集》卷三,《清代诗文集汇编》第 300 册,P387 - 389。
④ 《名山藏副本》附录年谱。
⑤ 胡天游《石笥山诗集》卷四,《续修四库全书》第 1425 册,P500 下。
⑥ 同上卷七,P536 上。

《齐侍郎年谱》：十月赐《春秋日讲》一部。十二月十九日，覃恩封父母及己妻室敕命（十二月初五日，恩诏也），敕封父文林郎齐萧翰林院检讨，母张氏太孺人。奉召南征仕翰林院检讨妻张氏孺人。

是年有《制科齿录后序(代)》[1]。

及我皇上御极，多士云集阙下，乃以乾隆丙辰试于保和殿中，拔十五人。明年续试，其后至者又拔四人，盖旷世之盛典，非复唐、宋时间岁一举、士子先期投牒、有司临时奏名者可同日而语也。某学殖奔陋，幸获厕名。尝考前代有科名记《讳行录》《同岁名》诸书，即今春秋二试所集《齿录》也。略仿其例，首登诏旨，次录试题及甲乙等第，后列同籍诸君之姓氏、里居、世系、举主而详书之合为一集，名曰《制科同年齿录》。

沈廷芳亦有《词科同年录后序》[2]。同年齿会者即张汉、诸锦、潘安礼、万松龄、汪士锽、于振、陈士璠、杭世骏、夏之蓉、陈兆仑、刘玉麟、朱荃、杨度汪、齐召南、洪世泽、刘纶、沈廷芳。此次同年聚会，周长发回了山阴，程恂回休宁。

齐召南授检讨。这时有答杨学士问。杨问："参合陂即今大同之天城否？统万在河套内今何地？"杨问："狼居胥山在今何地？浚稽山今属何部落？天山今出口甚近，即此天山，抑别有天山耶？"杨问："哈密是伊吾卢地，前汉何名？汉敦煌今何地？玉门、阳关何在？"杨问："疏勒诸国今为回回所居否？"

是年，撰《秋霖赋》[3]，此赋同时载胡天游《石笥山房文集》卷一中。

不过，在胡天游的《石笥山房文集》卷一[4]中，同样收录有《秋霖赋》。另外，在杭世骏的《词科余话》卷四中，也全文收录有胡天游的《山阴胡天游〈秋霖赋〉并序》。杭世骏收录的《秋霖赋》与胡天游文集中的《秋霖赋》较为一致，有少量差异。但齐召南的《宝纶堂续集》中的《秋霖赋》，比胡天游、杭世骏收录的《秋霖赋》少了最后一个段落，约少130多字。

郑板桥有《潍县暑中寄胡天游》[5]中云："辽沈为我朝龙兴之地，山川雄浩，

---

[1] 齐召南《宝纶堂文钞》卷三，《续修四库全书》第1428册，P507-508。
[2] 沈廷芳《隐拙斋集》卷三十七，《四库存目补编》第10册，齐鲁书社，2001年，P486-487。
[3] 齐召南《宝纶堂续集》卷一，《清代诗文集汇编》第300册，P366-368。
[4] 胡天游《石笥山房文集》卷一，《续修四库全书》第1425册，P328-330。
[5] 郑燮《郑板桥文集》，四川美术出版社，2005年，P107。

实生异人,以子之旷代奇才,将所经所历者发而为诗歌,写而为文章,我知异日必有胜过《秋霖赋》《孝女李三行》之绝作出现。"另外,郑板桥作《赠胡天游弟》诗①:"昨读《秋霖赋》,触手生妙理。"综合杭世骏、郑板桥、袁枚等人的资料,可以肯定《秋霖赋》是胡天游的作品,而非齐召南的所作。《宝纶堂续集》收录了《秋霖赋》一篇,显然是齐召南的裔孙齐毓川之失误。

齐周华四十岁,夏游普陀、四明,过甬上,访蒋季眉(杕之),索题《半山学步序》。作《游南海普陀山记》②。

乾隆三年(1738 戊午)三十六岁

元旦赐宴。此事齐召南无诗,沈廷芳有《乾隆三年元日赐宴太和殿(戊午)》③述其事。

正月,高宗颁谕,命举行经筵讲学④。

大臣依值班次序,日进经史札子,自乾隆二年开始,至乾隆十四年,编辑成《御览经史讲义》,共三十一卷七百十六篇。齐召南《宝纶堂文钞》卷二,共保存有十篇,这十篇涉及十个问题,分别是,札子一,《尚书·周官》:"若昔大猷,制治于未乱,保帮于未危。"札子二,《唐书·玄龄传》:"太宗尝问:'创业守文孰难:'元龄曰:'创业难。'魏徵曰:'守文则难。'太宗曰:'创业之不易,既往矣,守文之难,方与公等共之。'"札子三,《汉书·儒林传》:"武帝初使使迎申公至,问治乱之事。申共曰:'为治者,不在多言,顾力行何如耳?'"札子四,《汉书·文帝纪》:"尝欲作露台,召匠计之,直百金。上曰:百金,中人十家之产也。吾奉先帝宫室,尝恐羞之,何以台为?"札子五,《尚书·皋陶谟》:"天工人其代之。"孔安国曰:言人代天理官,不可以天官私非其才。札子六,《诗大雅》:"有冯有翼,有孝有德,以引以翼。岂弟君子,四方为则。"札子七,《通鉴纲目》:汉宣帝地节三年,赐胶东相王成爵关内侯。札子八,《诗·周颂》:"天作高山,太王荒之。彼作矣,文王康之。"朱子曰:此祭太王之诗,言天作岐山而太王始治之,太王既作而文王又安之。札子九,《大学》:"致知在格物。"朱子曰:"格,致

---

① 郑燮《郑板桥诗文书画》,中国言实出版社,2006年,P290。
② 《名山藏副本》附录年谱。
③ 沈廷芳《隐拙斋集》卷七,《四库存目补编》第10册,P233上。
④ 《高宗实录》卷六十,第10册,P3-4。

也,物,犹事也。穷至事物之理,欲其极无不到也。"札子十,"上天下泽,履。君子以辨上下定民志。"

是年二月,有《轮进经史札子(一)》①,是札子讨论《周书·周官》第二十二的"若昔大猷,制治于未乱,保邦于未危"。

中春,齐召南有《圣主躬耕耤田恭纪四首》②。

是篇齐召南诗文集未收录。

《皇清文颖》卷五十八录有闻棠的《圣主躬耕耤田诗》,诗前序文,对此次乾隆帝的躬耕耤田经过作了简述。同名诗的收录情况,有吴应枚(卷六十五),张廷玉(卷六十九),熊晖吉(卷七十),卷八十二收录有史贻直、陈德华、梁诗正、吴应棻、许希孔、邹升恒、于振、金相、嵇璜、张若霭的文章,卷八十三收录有徐以烜、阮学浩、沈慰祖、吴华孙、宋楠、程钟彦、冯元钦、曹秀先、张映斗、陆嘉颖、刘纶、朱荃、洪世泽、王会汾的文章。卷九十四收录有敷文、孙灏、郭肇鐄的文章。卷九十六有陈大受、梁文山、陈兆仑、汪士锽、王锡璋的文章。卷一百收录有徐本、尹继善的文章。

是年三月,有《圣主临雍礼成恭纪》四首③。

在《皇清文颖》卷八十四中,除了齐召南这篇外,题名相同的还有蒋溥、于振、林令旭、徐以烜、阮学浩、张若霭、任端书的文章。在卷六十四中,有张湄的《圣主临雍礼成恭纪》,在卷七十中,有梁诗正的《圣主临雍礼成恭纪》八首。卷九十四有刘藻、何其睿、王会汾、汪士锽、观保的《圣主临雍礼成恭纪》,卷一百有徐本、尹继善《圣主临雍礼成恭纪》。

《齐侍郎年谱》:是年四月,齐召南在京察中为一等,加一级。七月初八日,引见于圆明园勤政殿,奉旨准其一等加一级。是月,赐《药膳堂集》一部。

七月十五,齐召南等在沈廷芳拙隐斋举行同年聚会。

事见沈廷芳《七月望日,招万星钟、汪钧宣、杭大宗、陈星斋、齐次风、刘眘函诸同年集隐拙斋赋秋禊诗》④。

十月有《轮进经史札子(二)》⑤,阐述《新唐书》卷九十六·房杜传中,唐太

---

① 齐召南《宝纶堂文钞》卷二,《续修四库全书》第1428册,P485-486。
② 《皇清文颖》卷八十三,《四库全书》第1450册,P693。
③ 《皇清文颖》卷八十四,《四库全书》第1450册,P701-702。
④ 沈廷芳《隐拙斋集》卷七四,《四库存目补编》第10册,P237上。
⑤ 齐召南《宝纶堂文钞》卷二,《续修四库全书》第1428册,P486-487。

宗与房玄龄之间关于创业与守文孰难的讨论。

是年十二月初八,于振、张汉、潘安礼、汪士锽、杭世骏、陈兆仑、刘藻、齐召南、刘纶,在沈廷芳寓所聚会。

沈廷芳有《腊八日,雪中鹤泉招同月槎、立夫、钧宣、大宗、星斋、麟兆、次风、旾函,集寓斋用前韵》①。

十二月,有《志馆修外藩属国书呈同馆诸公得占字》②。

乾隆二年丁巳至乾隆三年戊午末,齐召南闲暇间阅读陶渊明的诗,有《和陶百咏》③。

是年有《志馆口占呈邓逊可同年(时敏)》④。

邓时敏(1710—1775),四川广安人,丙辰进士⑤。

是年,齐召南参与十三经注疏考证、二十一史考证的校勘⑥。

十三经注疏考证中,由齐召南、陈浩两人合作完成的有《尚书注疏考证》(乾隆四年完成)、《春秋左传注疏考证》《春秋公羊传注疏考证》《春秋穀梁传考证》(这三种都完成于乾隆八年)。《礼记注疏考证》则由齐召南独自完成于乾隆九年。在十三经注疏考证中,出力最多的就是齐召南,齐召南一人和与人合作完成考证的有五种。

在二十一史考证中,齐召南主持的有《汉书》《宋史》,其他由齐召南参与的有《魏书》《北齐书》《隋书》《旧唐书》。可见,在二十一史考证中,齐召南出力也较多。

同时在胡天游的《石笥山房集》卷一中也有《拟上经义奏"不竞不絿,不刚不柔,敷政优优"》⑦,与齐召南实为同一篇文章。《宝纶堂续集》由齐召南裔孙齐毓川所辑,他在《不竞不絿、不刚不柔、敷政优优》一文后有案语,说明这篇文章是齐召南所撰的缘由,《鋈坡纪胜》云:"公(齐召南)有所作,上无不知。娄县张大司寇照(张照)经义所作,偶出公手。上览之,笑曰:此必齐召南。诘

---

① 沈廷芳《隐拙斋集》卷八,《四库存目补编》第 10 册,P241。
② 齐召南《宝纶堂诗钞》卷三,《续修四库全书》第 1428 册,P609。
③ 齐召南《和陶百咏》,临海博物馆藏抄本。
④ 齐召南《宝纶堂诗钞》卷三,《续修四库全书》第 1428 册,P609 上。
⑤ 《清史稿》卷三百六。
⑥ 《周易注疏考证》卷首,《四库全书》第 7 册,P287-293;《史记考证》卷首,《四库全书》第 243 册,P9-14。
⑦ 胡天游《石笥山房集》,卷一,《续修四库全书》第 1425 册,P348-351。

之,张不敢讳。其受殊盼若此。此亦敏公倩作之文,见公亲笔存稿,暨族叔秀三夫子录本中,为辑而登之。益感公所学之能济实用,而非徒以其词瞻而文优也。"

上面乾隆二年的《秋霖赋》,同时出现在胡天游、齐召南的文集中,已作考证。在这里,又有《不竞不絿、不刚不柔、敷政优优》一文,同时收录在胡天游、齐召南的文集中。按规定,乾隆年间的经筵讲席,参与人员必须是朝廷官员。胡天游在博学鸿词科中报罢,进士落第,是没有资格写轮进经史札子的,所以此篇文章的归属,确实是一个谜。胡天游以词赋著称当时,而齐召南以经史雄冠当代。齐召南有皇命在身,必须定期完成轮进经史札子,为皇帝提供咨询。当时齐召南、胡天游同在任兰枝家与修《一统志》,胡天游代拟或参与撰写,也有可能。张照于乾隆二年开始任经筵讲官,任务繁多,他偶尔请齐召南代笔写文章。齐召南、胡天游同居一处,好的文章,常常互相传抄,后世不知就里,编入各自的文集中。从齐毓川的考证看,联系齐召南、胡天游、张照三人的履历和当时的环境,该文应该是齐召南所作。

《宝纶堂文钞》卷二中,共收录齐召南轮进经史札子十篇,写于乾隆三年至乾隆十二年间,《不竞不絿、不刚不柔、敷政优优》不知写于何年。由于张照于乾隆二年开始任经筵讲官,故将这篇文章系于是年较为合适。

齐召南还有一篇《〈礼记·王制〉"大乐正论造士之秀以告于王,而升诸司马,曰进士"》,文集漏收,后被齐毓川收入《宝纶堂续集》卷六中。此编由贺长龄收录在《皇朝经世文编》卷十中。

为侯嘉璠之画题诗,有《题侯彝门嘉璠〈天姆秋眺画卷〉》[①]。

乾隆四年(1739 己未)三十七岁

花朝日,邹升恒、金相、钱本诚、张鹏翀、胡天游、王会汾、齐召南聚承露堂赏花。

齐召南有《花朝值春分节,慎斋先生招同金琢章相、钱勉耘本诚、张南华鹏翀三前辈,胡云持天游、王济川会汾两同年及令弟晴川,礼部士随,集承露堂次

---

① 齐召南《宝纶堂诗钞》卷三,《续修四库全书》第1428册,P611上。

南华韵》①。

　　是年春,沈廷芳、万松龄、齐召南三人到黑窑厂看杏花。六日后,胡天游、周大枢、杭世骏、齐召南、汪沆、张栋、曹廷枢集杭世骏寓斋看丁香花。

　　到黑窑长看杏花,齐召南诗无载,沈廷芳有《黑窑厂杏花歌同星斋次风作》②。

　　是年春,有《松吹书堂歌为杭堇浦赋》③。

　　松吹书堂,是杭世骏的读书堂。

　　是年六月,兼充武英殿校勘经史,总裁官侍郎陈派校三传三史。

　　七月有《轮进经史札子(三)》④。

　　十月十一日,奉旨修《明鉴纲目》,开馆充纂修官(总裁大学伯鄂汉、大学伯张派编神光熹三朝后,又派总校)。撰《明史纲目前纪》二卷,神、光、嘉三朝并出其手⑤。

　　是年冬,《尚书注疏考证》完成,有《呈〈尚书注疏考证〉后序》⑥。

　　《齐侍郎年谱》:十二月二十三日,钦赐《明史》一部。

　　是年有《纲目馆议》⑦。

　　是年有《南屏山人集序》⑧。

　　《南屏山人集》,是无锡任端书的作品,是集为乾隆刻本,集前有陈兆仑、胡天游、齐召南三人序。

　　是年有《为金慕斋同年德瑛题小清凉山房册子(山房在西园前)》⑨。

　　是年,有《汉宣帝祀甘泉铜行镫歌,次邹学士、胡征君韵二首,意犹未尽,赋此以呈诸君》⑩。

　　是年有《孝眼先生歌》⑪。诗前序:

　　　　南昌熊迎龙,国初金声桓叛,居人争避出城。迎龙以父病留,侍一日,

---

① 齐召南《宝纶堂诗钞》卷四,《续修四库全书》第1428册,P620。
② 沈廷芳《隐拙斋集》卷八,《四库存目补编》第10册,P244。
③ 齐召南《宝纶堂诗钞》卷三,《续修四库全书》第1428册,P612-613。
④ 齐召南《宝纶堂文钞》卷二,《续修四库全书》第1428册,P487-489。
⑤ 徐世昌《清儒学案》卷六十八,知识产权出版社,2008年,P1。
⑥ 齐召南《宝纶堂文钞》卷三,《续修四库全书》第1428册,P497-498。
⑦ 同上卷六,P546-548。
⑧ 《南屏山人集》卷首,《续修四库全书》第1441册,P310。
⑨ 齐召南《宝纶堂诗钞》卷三,《续修四库全书》第1428册,P610-611。
⑩ 同上,P607-608。
⑪ 同上,卷四,P618。

父为饿贼所执,将烹之,迎龙拥父颈求代。贼怒,以刀刺其左目,迎龙垂死犹不释手。一贼义之,父子俱获免。迎龙死两日复苏,左目亦旋能见物,自云梦中有乡先达吴公饮以杯茗,故瞳已坏复完也。乡人称为孝眼先生。孙晖吉,官至大理卿。

是年有《赵忠愍公墓祠》①。

赵譔,云南昆明人,以御史死崇祯甲申难,墓在悯忠寺侧,国初褒赠偶遗,今以傅侍御为訏,题请赐谥忠愍。乡人张检讨汉等捐金立祠。赵公奋节事堂堂,碧化孤坟古寺旁。阙典百年书野史(事见赵吉士表忠录),表忠今日焕天章。自看浩气翔霄汉,何必归魂盼点苍。梓里衣冠贤不乏,每于祠下荐蕉黄。

江都马荣祖南归,齐召南次韵送之。齐诗已不见,杭世骏《词科余话》卷四中有《甘泉马荣祖词科既罢,丁巳、己未连不得志于春宫,山阴胡天游赋长古二篇送之。次韵者长洲沈德潜、嘉定张鹏翀、天台齐召南、临海侯元经,皆擅胜场》。

马荣祖(1686—1761),清乾隆间江都人,字力本,号石莲,室名石连堂。官知县。工古文词,善书法。刻印过自撰《力本文集》。此文集今收录在《四库未收书辑刊》第9辑26册。②

齐周华成《重修海宁塔山童氏族谱后序》,桑调元为撰《名山藏副本序》,后案发,周华自承为假名代作,避牵累也③。

乾隆五年(1740 庚申)三十八岁

从乾隆元年至五年,齐召南住在绿云书屋。

事见《为程莘田学士题〈绿云借憩图〉(景伊)》,序文④:"绿云书屋,海宁相国陈文简公第也,前巨桑,高十丈。王尚书俨斋取杜诗'桑柘绿如云'句,以颜

---

① 齐召南《宝纶堂诗钞》卷四,《续修四库全书》第1428册,P619-620。
② 瞿冕良编《中国古籍版刻辞典》,齐鲁书社,1999年,P96。
③ 《名山藏副本》附录年谱。
④ 齐召南《宝纶堂诗钞》卷五,《续修四库全书》第1428册,P635上。

其楣。予于乾隆丙辰(1736)为座主任公招编地志,馆是屋者五年。后又入于刘尚书喻旃。今莘田又作寓舍。披图为慨然者久之。"在绿云书屋期间,同住的有胡天游多人,在齐召南迁出绿云书屋时,胡天游有贺诗《再贻次风年丈》序①:"二月,次风太史迁寓,已赋五言长篇,念三载相对怀抱,共托嫪念之私,未能都忘。"

齐召南在任兰枝家,闲谈之中,常常提及浙江海潮。为此,未曾见过浙江海潮的任端书写有《听齐次风前辈说海潮》②。

是年二月,齐召南自居住四年的绿云书屋迁至半截巷,六月,再迁横街。

半截巷,是郑江旧寓。周长发先居郑江旧寓,是年二月搬迁,但仍然在同一巷中。齐召南则迁入周长发旧寓,也是早先的郑江旧寓。由于齐召南、周长发同在一巷中,相去不远,故两人当时的交往最多。齐召南《移居唱酬集》的首诗就是周长发的,周长发在序言中写到:"余客秋入都,由马市迁居半截,五阅月矣。春二月由南徙北,仍在巷中,次风同年移居旧寓,余赠齐联句有'同谱人皆尊邃学,旧巢予幸得芳邻',盖纪实也。"

二月,周长发于自己的绿萝书屋,招齐召南等聚饮③。

是年三月,有《轮进经史札子(四)》④。

是年春,沈廷芳、邹升恒、郑江、周长发、张鹏翀、胡天游、齐召南在张鹏翀家观赏桃花、丁香花⑤。

孟夏,周长发招齐召南等聚饮⑥。

六月,齐召南再次搬迁,自半截巷迁到横街⑦。

是年夏,齐周南、齐召南、张畿千、周长发同访沈环⑧。

沈环,字皆山,乾隆丙午举人。工书。入都为教习,会家难,忧愤而殁。病中赋《孤雁曲》七古,阅者伤之。

秋,兄齐周南归天台。齐周南在京期间帮助齐召南搬家。

---

① 齐召南《齐太史移居唱酬集》卷二,掣古斋本,P2-3。
② 任端书《南屏山人诗集》卷七,《四库未收书辑刊》第9辑29册,P606-607,P608-609。
③ 周长发《赐书堂诗钞》卷三,《四库存目丛书》第274册,齐鲁书社,1996年,P730上。
④ 齐召南《宝纶堂文钞》卷二,《续修四库全书》第1428册,P489-490。
⑤ 沈廷芳《隐拙斋集》卷十,《四库存目补编》第10册,P258。
⑥ 周长发《赐书堂诗钞》卷三,《四库存目丛书》第274册,P730-731。
⑦ 齐召南《齐太史移居唱酬集》卷三,P6。
⑧ 周长发《赐书堂诗钞》卷二,《四库存目丛书》第274册,P727。

《移居唱酬集》卷三之《六月九日，自半截南巷移居横街，叠前韵》第四首①自注有"移居部署，一切皆家兄代理"。其长兄在齐召南搬家之后回天台，齐召南有诗《送家兄南旋》②。张湄、杭世骏、周大枢等，都有送别诗。

《大清一统志》于是年修撰结束，齐召南与其事，其中的盛京、河南、山东、江苏、安徽、福建、云南出自齐召南之手。外藩蒙古诸部出自齐召南，齐召南有《一统志外藩蒙古属国书总序》《外藩蒙古五十一旗序》。

这时有答郑江问"潞江即梁黑水，西洱河即此水否？""澜沧即《禹贡》黑水乎？""源流最远莫如大金沙江，今拉藏所谓雅鲁藏布江矣，可当《禹贡》黑水乎？""然则黑水不可考乎？""三危在敦煌非欤？""汉时大夏乌孙、大宛今在何地？大宛是撒马而汗否？唐之波斯是汉偿支否？今策妄庭即金微府否？"

郑江(1682—1745)，字玑尺，号筠谷，浙江钱塘人。康熙五十七年进士，改庶吉士。充《明史》馆纂修官，历任考官，督学安徽，迁侍讲，进侍读，充《明史纲目》纂修官。后以足疾告归。

是年有《郑筠谷前辈以足疾请假归浙》③。

是年有答阿侍郎问"尝逾哈密北天山地名碑岭，积雪中见断碑，有唐贞观字，此何碑也？问土人皆不知，《西域志》亦阙如也"④。

又阿问："据《元史》，都始穷河源在星宿海，然则自元以前，并无大昆仑者，神禹道河、积石，固近在河州耶"⑤。

阿侍郎即阿克敦(1685—1756)，字仲和，章佳氏，满洲正蓝旗人，康熙四十八年进士，康雍乾时重臣。著有《德荫堂集》。其传在《清史稿》卷三百零三中。

是年有《仙岩重修大忠祠碑》⑥。齐召南还有《仙岩大忠祠录序》⑦。

喻长霖民国《台州府志》卷五十四·祠祀略："文信国祠，在县东一百二十里仙岩百花洞，祀宋丞相文天祥。"

十一月二十七日《大清一统志》告成。

---

① 齐召南《移居唱酬集》卷三，掣古斋，P4。
② 齐召南《宝纶堂诗钞》卷四，《续修四库全书》第1428册，P620下。
③ 同上卷二，P606上。
④ 同上，卷七，P564下。
⑤ 同上，P564-565。
⑥ 同上，卷七，P570-571。
⑦ 同上，卷四，P516。

是年十二月二十四日，有《十二月二十四日，进呈校勘六经，退直武英殿，用朱子钞二南诗韵，应杭堇浦同年索赋，兼呈同馆诸公》(陈侍郎大受、张阁学照、陈詹事浩、周学士学建、吕学士炽、朱庶子良裘、熊侍讲晖吉、赵编修青藜、沈编修廷芳、唐检讨进贤、闻编修棠、吴检讨泰、万检讨松龄、于修撰敏中、王编修会汾、李编修龙官，并会所校六经注疏，则〈尚书〉〈毛诗〉〈仪礼〉〈礼记〉〈左传〉及〈尔雅〉也)》①。

是年有《经史馆遇雪，呈堇浦、葆青、方来(吴跋)、仲常(于敏中。馆即怡亲王旧府也，园亭宏丽，并雍正年建造。雪中与诸公瀹茗校经，轩窗洞启，炉香馥郁，如坐瑶池蓬岛中)》②。

《齐侍郎年谱》：十二月二十六日，赐钦定《四书文》一部。

除夕有《除夕前一夜，斋宿起居注馆，燃蜡校书有述》③。

齐周华馆于半浦二老堂，与郑性同访罗嵩于其家(《名山藏副本》附录年谱)。

乾隆六年(1741　辛酉)三十九岁

是年春，傅为訢、张鹏翀、胡天游、周长发、沈廷芳、王会汾、齐召南、张凤孙，由邹升恒招饮看红梅(《邹慎斋学士招饮看红梅花，以"高疏明月下，细腻晚风前"为韵，得下字，同赋者傅少京兆岩溪、张编修南华、胡征士稚威、家检讨石帆、沈检讨椒园、王编修晋川、齐检讨次风、张上舍鸿勋》④)。

是年春，李重华、周长发、张鹏翀、傅为訢、胡天游、周大枢、张栋、齐召南、王会汾、沈廷芳等人，于承露堂赏梅。春日承露堂看梅，事见沈廷芳诗《新春日泰和丈招同玉洲先生，兰坡、南华、嘉言诸前辈，穉威、爱穆、鸿勋、次风、苏服诸君集承露堂看梅(辛酉)》⑤。

《齐侍郎年谱》：是年三月，以《一统志》馆议叙列一等，奉旨加一级。四月，京察一等，奉旨改为二等。完成外藩书。

三月，齐召南进圆明园进讲章⑥。

是年四月，有《轮进经史札子(五)》卷二，是札子阐述《尚书·皋尧谟》中

---

① 齐召南《宝纶堂诗钞》卷三，《续修四库全书》第 1428 册，P609-610。
② 同上，P610 上。
③ 同上，P610 上。
④ 周大枢《存吾春轩集》卷六，《清代诗文集汇编》第 289 册，P538 下。
⑤ 沈廷芳《隐拙斋集》卷十一，《四库存目补编》第 10 册，P263。
⑥ 齐召南《宝纶堂诗钞》卷三，《续修四库全书》第 1428 册，P610 下。

"天工,人其代之"①。

是年秋,齐周南乡试中式,为第五十四名②。

齐召南兄弟六人,齐周南为长兄。齐周南,字缀风,号河洲,天台人。乾隆六年举于乡,入都,与周长发、杭世骏、张鹏翀、胡天游辈唱酬,甚相得。三上春官,不第。大学士任兰枝素稔周南,会主中书试,欲为之地,周南引嫌,归。外舅张贞品宰湖北蕲水,挟与偕。值收漕廒舍吏缘为奸,周南为剔积弊,革陋规。贞品深器之。十六年,岁大祲,周南撰状介大宪请振,得俞旨,民赖以苏。选慈溪教谕,弟子执经请业者无虚晷。以老乞休,卒,年九十一。著有《春秋传质疑》五卷、《纲目质疑》四卷、《东野吟》《瑞竹堂稿》③。

十月,有《轮进经史札子(六)》④:《诗·大雅》"有冯有翼,有孝有德,以引以翼。岂弟君子,四方为则"。

是年,有《送张柳渔侍御巡察台湾》⑤。

张柳渔,即张湄(1696—?),字鹭洲,号南漪,又号柳渔,钱塘人。1741—1743年担任台湾御史兼理学政。著作有《柳渔诗钞》。齐召南是诗,写于张湄出使之时(据张湄的《台海见闻录序》⑥)。

是年有《成同知祀名宦录序》⑦。

齐周华于是年开始历游各省⑧。

乾隆七年(1742 壬戌)四十岁

是年二月十七日,(张鹏翀)进奏经史,蒙圣恩召对,温语移时,兼赐御书三部,文绮一联,口占纪恩诗六首。次日,以《春林澹霭图》进呈,即题其上⑨。

齐召南的和诗⑩:

---

① 齐召南《宝纶堂文钞》卷二,《续修四库全书》第1428册,P490-491。
② 同上卷八《敕封征仕郎翰林院检讨显考斋府君行述》,P584上。
③ 民国《台州府志》卷一百二十,上海游民习勤所,1936年,P2。
④ 齐召南《宝纶堂诗钞》卷二,《续修四库全书》第1428册,P491-492。
⑤ 同上,卷四,P619-620。
⑥ 张湄的《台海见闻录》卷首序,《台湾文献史料丛刊》第7辑121册第129种,台湾大通书局,1987年。
⑦ 齐召南《宝纶堂文钞》卷三,《续修四库全书》第1428册,P507-508。
⑧ 《名山藏副本》附录年谱。
⑨ 张鹏翀《南华山房诗钞·金莲荣遇集》(卷首),《四库未收书辑刊》第9辑25册,P25上。
⑩ 张鹏翀《南华山房诗钞》,《四库未收书辑刊》第9辑25册,P28-29。

浩荡晴天幕四垂,瞻云浓处展尧蓍。万条烟柳晨光澹,庶子题诗进画时。早看单鹜有奇毛,今日风中六翮高。应取旧时诗句读,瑶池亲见熟蟠桃。赐出瑶笺擘彩云,光芒万丈耀奎文。擎来归院当初日,不数金莲照夜分。分明天语许亲承,说易何烦酒一升。李白百篇臣百首,但论豪饮未能胜。松花佳制尚方成,拜赐真叨稽古荣。开匣试看纹似水,可知四海摠澄清。圣藻辉煌不待求,好诗频进望春楼。广文可笑夸三绝,数字签题在轴头。

　　齐召南的诗集未收录此诗。

　　三月,有《轮进经史札子(七)》,讨论《通鉴纲目》"汉宣帝地节三年,赐胶东相王成爵关内侯"。齐召南对这一记载有异议,认为汉朝吏治很严,尤其是汉孝宣之时①。

　　四月,翰林院散馆廷试,袁枚(时年27)翻译满文成绩被鄂尔泰定为末等,与曾尚增、黄澍纶等人,俱交两江总督德沛,以知县用,袁枚将赴溧水知县任。行前,京师同仁、师友等多有送别诗②。时齐召南也有诗,此诗保留在袁枚的《随园诗话》卷一(乾隆十四年刻本)中③。

　　五月五日端午节,天降雨,齐召南诗无载,沈廷芳有《端午得雨次次风韵》二首④。

　　六月,周长发、齐召南等宴于甘泉馆,周长发有《夏六月,马立本孝廉、张南华庶子、胡云持、姚念慈二明经、杭堇浦编修、齐次风检讨、沈椒园侍御,暨予公燕甘泉馆平台上,分韵得"舞"字,即赠立本》⑤。

　　是年秋,周石帆长子到贵州成婚,齐召南写诗祝贺。

　　齐召南诗集失载。事见陈兆仑《送周石帆长君随妇翁庄太守就婚贵州,次齐二次风韵》三首⑥。

　　十一月初一日,纲目馆进《明鉴前纪》二卷,奉朱批须修改。十二月,将修

---

① 齐召南《宝纶堂文钞》卷二,《续修四库全书》第1428册,P492-493。
② 郑幸《袁枚年谱新编》乾隆七年,上海古籍出版社,2011年。
③ 袁枚《随园诗话》卷一,《续修四库全书》第1701册,P261-262。
④ 沈廷芳《隐拙斋集》卷十一,《四库存目补编》第10册,P270上。
⑤ 周长发《赐书堂诗钞》卷三,《四库存目丛书》第274册,P733-734。
⑥ 陈兆仑《紫竹山房诗集》卷三,《四库未收书辑刊》第9辑25册,P502下。

改之处贴签进呈。是年撰《春秋三传考证》。

是年有《送汪荇洲师致仕归里》①。

约于此时,有《忠节静庵公画像记》②。

齐召南的七世祖齐汪在土木之变中殉难,明宪宗时,于怀来县修显忠祠,纪念在土木之变中殉难的将士。此祠在万历、康熙、雍正、乾隆年间多次重修。由于时隔久远,到了乾隆初年,齐召南对土木之变中殉难者进行了考证,撰《显忠祠崇祀忠臣考》。齐汪的传,见《台州府志》卷一百一十二,或《浙江通志》卷一百六十五。

齐周华于是年自述《懵懂道士传》③。

乾隆八年(1743 癸亥)四十一岁

是年二月,杭世骏因上书获罪而被罢官。

杭世骏旋南归,时沈德潜有《送杭堇浦太史》④。又赵青藜有《送杭堇浦同年归里》⑤。回杭州后的杭世骏,与梁诗正、金农、丁敬、顾之珽、沈埏、郑江、金志章、吴廷华、周京、鲁曾煜、厉鹗、施安、梁同书、释明中、释篆玉等于杭州结诗社⑥。

是年三月,有《赐书堂诗钞序》⑦。

此序亦收录在《宝纶堂续集》卷十一中,标题则是《周石帆诗集序》,两序内容一致。《赐书堂诗钞》是周长发的诗集,共八卷。

《齐侍郎年谱》:四月二十日,翰詹官一百三员,御试于圆明园正大光明殿(赋诗论)。是日赐宴,赐内苑樱桃扇二柄、香珠一串。又赐香结二个,香珠一串,香牌一个。闰四月初五日,奉旨列三等第七名。初六日,宣至圆明园,赏笔两匣,墨四锭,广纱葛纱各一匹。御制元宵联句石刻一卷。

闰四月,齐周华游南岳。"予以乾隆癸亥闰四月下浣游岳麓书院。阅李邕

---

① 齐召南《宝纶堂诗钞》卷二,《续修四库全书》第 1428 册,P606 下。
② 同上,卷七,P567-568。
③ 《名山藏副本》附录年谱。
④ 沈德潜《归愚诗钞》卷十七,《续修四库全书》1424 册,P392 上。
⑤ 赵青藜《漱芳居诗钞》卷八,《清代诗文集汇编》第 306 册,P69 上。
⑥ 丁敬《砚林诗集·梁同书序》卷首,《丛书集成续编》第 105 册,台北新文丰出版公司,1988 年,P479-480。
⑦ 周长发《赐书堂诗钞》卷首,《四库存目丛书》第 274 册,P694-695。

碑于道乡台下,即买舟抵衡阳。"成《南岳衡山游记》①。

五月,《进呈〈春秋左传注疏考证〉后序》②。《进呈〈春秋谷梁注疏〉考证后序(乾隆八年五月代)》③。

六月,晋升为右春坊右中允。御试翰詹各官,擢中允,迁侍读④。

七月,有《轮进经史札子(八)》,阐述《诗·周颂·周庙之时》"天作高山,大王荒之。彼作矣,文王康之"。⑤

七月,有《圣驾谒陵礼成颂(谨序)》⑥。

乾隆八年,皇帝、皇太后自京师出古北口,诣兴京,祗谒列祖陵寝。齐召南的《陵礼成颂》,即写此事⑦。

十月,有《进呈〈春秋公羊注疏考证〉序》⑧。

《齐侍郎年谱》:十一月初九日,奉旨以原衔署日讲起居注官。十二日谢恩,即蒙召对于养心殿西暖阁(与庶子阿林同赐记名)。二十日,御乾清门奉旨升授翰林院侍读。二十九日,到侍读任。十二月初五日,御门奉旨,以原衔充日讲起居注官。是年,撰《尚书考证》。

十二月八日齐召南的父亲齐矞卒,年六十九。齐召南丁忧,服阕后补原官⑨。

陈兆仑之《齐次风学士读礼著书图》第四首中,陈兆仑自注"仆与齐二俱于癸亥岁先后丁外坚归里。"又自注:"(齐召南)奉特诏令,校定三传新本,邮递上馆。"⑩

乾隆九年(1744　甲子)四十二岁

约于年初,陈兆仑等人向齐召南、周长发索要共笔诗。此诗齐召南诗文集未载,参见周长发《赐书堂诗钞》卷五⑪。

---

① 《名山藏副本·南岳衡山游记》,P11-12。
② 齐召南《宝纶堂文钞》卷三,《续修四库全书》第1428册,P499。
③ 同上,P500-501。
④ 《清史稿》卷三百五。
⑤ 齐召南《宝纶堂文钞》卷二,《续修四库全书》第1428册,P493-494。
⑥ 齐召南《宝纶堂续编》卷五,《清代诗文集汇编》第300册,P411-413。
⑦ 《高宗实录·乾隆八年》卷二百一,第11册,P579上。
⑧ 齐召南《宝纶堂文钞》卷三,《续修四库全书》第1428册,P499-500。
⑨ 同上卷八《敕封征仕郎翰林院检讨显考省斋府君行述》,P584上。
⑩ 陈兆仑《紫竹山房诗集》卷四,《四库未收书辑刊》第9辑25册,P516。
⑪ 周长发《赐书堂诗钞》卷五四,《四库存目丛书》第274册,P761下。

《齐侍郎年谱》：二月十九日闻讣。三月初十日奔丧，五月二十七日抵家。

是年有《进呈〈礼记注疏考证〉后序》①。

约于是年，齐召南为父立传，撰《敕封征仕郎翰林院检讨显考省斋府君行述》②。

是年有《舅氏张鸣谦先生墓志铭》③。

是年，侯嘉璠服阕补金山丞，署江宁丞。著《金山集》《亦唐集》，长洲沈文悫（德潜）先生为序④。

乾隆十年（1745　乙丑）四十三岁

大约于是年夏，撰有《汪眉洲诗稿序（树琪）》⑤。

汪眉洲即汪树琪（生卒年不详），字玉依，安徽歙县人。世居阮溪，家近黄山，有水香园、眉洲园之胜。树琪生当康熙末季，尝周旋于王士祯、陈鹏年之间。熟闻先辈议论，诗亦有清词丽句可诵者，撰《眉洲诗》一卷。生平事迹见《清诗纪事初编》卷五。⑥

丁忧在籍，编辑《礼记考证》《汉书考证》。

沈廷芳有《闻齐次风同年读礼时，承旨即家编〈礼记〉〈汉书〉考证赋此寄怀》⑦。又张廷玉《词林典故》卷三："皇上乾隆十年三月传谕，在籍侍读齐召南，令将承修《礼记》《前汉书考证》属草后，交原籍抚臣邮递进呈，皆为特典。"

《宝纶堂文钞》卷三中，收录有《进呈〈礼记注疏考证〉后序》《进呈〈前汉书考证〉后序》，对于编书原委作了交待。

《齐侍郎年谱》记载齐召南于丁忧期间奉旨校勘经史一事："三月十九日，经史馆总裁励宗万面奉旨，上谕：经史馆考证《礼记》《汉书》二部，原系翰林齐召南承办，今丁艰回籍，仍着寄信与齐召南，宣其在籍编辑，陆续交送武英殿进呈。钦此。"十一年五月二十五日，将《礼记考证》稿本六十三卷，全匣交本县王

---

① 齐召南《宝纶堂文钞》卷三，《续修四库全书》第1428册，P501-502。
② 同上，卷八，P582-584。
③ 同上，P573-574。
④ 《夷门先生年谱》临海博物馆藏抄本。
⑤ 齐召南《宝纶堂文钞》卷三，《续修四库全书》第1428册，P509-510。
⑥ 钱仲联主编《中国文学家大辞典》清代卷，中华书局，1996年，P351。
⑦ 沈廷芳《隐拙斋集》卷十四，《四库存目补编》第10册，P290上。

递送。

齐召南丁忧期间,其老师帅念祖为其作《台山雪中读礼著书图》。

是年有《向荆山〈志学后录〉跋》①。

《志学后录》刻于乾隆十年,为正学轩刻本,是向璇的作品。向璇(1682—1731),字荆山,号惕斋,山阴人。家贫,常常无以为炊。先治良知之学,后改信程朱理学。著述有《志学录》《四书记疑》等②。

乾隆十一年(1746 丙寅)四十四岁

春,齐周华游中岳,成《中岳游记》。五月,游西岳,成《西岳华山游记》。五月二十八日,游太白山,成《太白山纪游》。又成《陕游随笔》③。

《齐侍郎年谱》:五月十九日服阙。先是,闰三月,《明通鉴纲目》馆告成,议叙列一等,奉旨于起馆日加一级。九月初三日,起程至省领咨。十月初四日到京。十一月十七日,经史馆告成,奉旨仍于武英殿校阅经史。

齐召南入京,其子式迁随行至嵊州,齐召南有《迁儿送至嵊将登舟书示》④。

过江都时,会江炳炎、闵华,有《红桥夜泛索研南和》⑤。

八月中秋,有《泳川草堂诗钞序》⑥。

《泳川草堂诗钞》是陈溥的作品。陈溥(1662—1749),字永叔,号南陔,天台人,献御子,康熙五十二年进士,授内阁中书。传在《台州府志》卷一百一十九人物传二十中。

八月,有《拟宗室王公瀛台侍宴纪》⑦。

齐召南北上途中,在芜城(今江都市)遇见全祖望。

全祖望于乾隆二年左迁外补,他放弃了做官的念头,南归不仕。自乾隆二年离京,到此次与齐召南相遇,正好十年。是年春季,全祖望与杭世骏等四十二人,以闰重三日,为禊事之会。之后上江苏,遇彭启丰。夏过维扬,再馆马氏

---

① 齐召南《宝纶堂文钞》卷六,《续修四库全书》第 1428 册,P542 - 543。
② 江藩《宋学渊源记》,中华书局,1983 年,P177。
③ 《名山藏副本》附录年谱。
④ 齐召南《宝纶堂诗钞》卷四,《续修四库全书》第 1428 册,P622 - 623。
⑤ 同上,P623 上。
⑥ 同上,卷十一,P471 - 472。
⑦ 同上,卷五,P413 - 414。

舍经堂,编纂《宋儒学案》。是年修禊之事,由杭守鄂敏组织,有《西湖修禊诗》一卷,卷首有鄂敏之序①。齐召南正是在此遇见了全祖望。

入京途中,过山东,有《东平宪王墓下作》②。

十月,过济宁,会沈廷芳,作《济宁南池杜工部新祠诗为沈椒园同年作》③。

沈廷芳在济宁重修南池杜工部祠,他自己有《济宁南池杜文贞公祠碑》④述其事。

此次服阙回京,仍回城南旧居。

有诗和周石帆,即《城南老屋,余旧所寓也。甲子(1744)春,石帆学士移居此地。余以丙寅(1746)冬仲入都,复借居焉。晨夕闻学士歌诗,声若出金石。余亦技痒乐欤,更倡叠和,几无虚日。丁卯(1747)夏,兰皋座主为作〈茅屋对吟图〉,盖实境也。用韩孟纳凉联句韵题之》⑤。

周长发移居横街时,齐召南正好丁忧。齐召南与周长发对居,齐的老师帅念祖为他俩作有一幅《茅屋对吟图》。

关于周长发移居事,夏之蓉有《赠周石帆移居横街》⑥。周长发自己有《甲子初夏,移居横街,与胡吏部卓堂相邻,以诗赠之》⑦。齐召南丁忧前,与周长发对屋而居,其老师帅念祖作《茅屋对吟图》。关于齐召南、周长发两人对居以及《茅屋对吟图》,多人有诗。

齐召南回京之后,沈廷芳有《喜齐次风侍读来都,次周兰坡学士韵》⑧。胡天游有《题画诗为齐琼台侍读作》⑨。

是年有《起居注后序》(乾隆丙寅)⑩。此序文亦载《乾隆帝起居注》第5册。

十一月三十日,以吏部左侍郎蒋溥充经筵讲官。侍读学士齐召南充日讲起居注官⑪。

---

① 《全谢山先生年谱》乾隆十一年,北京图书馆藏珍本年谱丛刊,第97册。
② 齐召南《宝纶堂诗钞》卷四,续修四库全书,第1428册,P623-624。
③ 同上,P624-625。
④ 沈廷芳《隐拙斋集》卷四十五,《四库存目补编》第10册,P543-544。
⑤ 齐召南《宝纶堂诗钞》卷五,《续修四库全书》第1428册,P630-631。
⑥ 夏之蓉《半舫斋编年诗》卷五,《清代诗文集汇编》第287册,P332下。
⑦ 周长发《赐书堂诗钞》卷四,《四库存目丛书》第274册,P742上。
⑧ 沈廷芳《隐拙斋集》卷十四,《四库存目补编》第10册,P295-296。
⑨ 胡天游《石笥山房诗集》卷二,《续修四库全书》第1425册,P478。
⑩ 齐召南《宝纶堂文钞》卷四,《续修四库全书》第1428册,510-513。
⑪ 《高宗实录》卷三百三,第12册,P967上。

乾隆十二年(1747 丁卯)四十五岁

正月七日,周长发、齐召南、沈廷芳、王藻、盛锦、蔡寅斗、祝维诰、伊福纳、曾符,城南登高。参见符曾《人日城南登高,用韩昌黎令征前事为觞咏新诗送分韵。会者周兰坡、齐次风、沈椒园、王梅沜、盛青崚、蔡芳三、祝豫堂、伊抑堂,余得令字》①。

一月十五日上元节,有《元夕戏咏流星花爆三十韵》②。

齐召南与周长发同入朝祝贺,诗:"天开三五夕,人晚九枝灯。巧制裁湘管,传声裂楚缯。爻占山火贲,爻取地风升。尾接衔芦雁,身轻掠草鹰。垂虹看异彩,绕电得奇征。"

周长发有《拟重华宫侍宴咏爆竹联句八十韵》,又有《元夕咏流星花爆和次风同年韵》③。

十六日晚,齐召南、周长发两人同访胡天游新居,见周长发《十六夕偕次风访云持小庵新寓》④。

《齐侍郎年谱》:二月二十八日,御门补翰林院侍读(张泰开升缺)。三月十二日到任。三月十二日经史馆议叙列一等,奉旨加一级,十三日奉旨充《大清会典》馆纂修官(五月十二日开馆)。四月京察一等。五月初六日,奉旨署日讲起居注官,初七日谢恩,即蒙召对于勤政殿。六月,校勘《通典》《通志》《通考》(武英殿)。

齐召南有《蒙恩充补日讲官志喜》。前有序言⑤:"予于癸亥年以中允署讲官。寻升侍读补充。今年夏,以侍讲署。至是,又以学士充。旧例讲官仪式同三品,得自缮折奏谢,前后凡四谢恩矣。词臣以记注一席为最荣,故《词林典故》有讲官年表。"

《词林典故》卷七十有"乾隆八年,齐召南以中允署,旋以侍读充"。又"乾隆十二年,齐召南以侍读再署"。

五月初七,有《轮进经史札子(九)》⑥,阐述《礼记·大学》中"致知在格物"。

---

① 符曾《春凫小稿(丁卯)》,《清代诗文集汇编》第 264 册,P483 上。
② 齐召南《宝纶堂诗钞》卷四,《续修四库全书》第 1428 册,P627。
③ 周长发《赐书堂诗钞》卷四,《四库存目丛书》第 274 册,P757-759。
④ 同上,P759。
⑤ 齐召南《宝纶堂诗钞》卷五,《续修四库全书》第 1428 册,P631 下。
⑥ 齐召南《宝纶堂文钞》卷二,《续修四库全书》第 1428 册,P494-495。

是年六月开始,参与《通典》校勘。

此次校勘,源于乾隆十二年六月十一日的上谕:"汲古者并称《三通》,该学博闻之士所必资也。旧刻讹缺漫漶,且流布渐少,学者闵焉。今载籍既大备矣,十三经、二十二史工具告赅,其以内府所藏《通典》《通志》《文献通考》善本,命经史馆翰林等详校而付之厥氏。一仿新刻经史成式,以广册府之储。"①一同参与校勘的有罗源汉、陈大晫、陈树本、叶酉、程景伊、储麟趾、丘柱、程恂、阮学浩、万松龄、史贻谟、齐召南共十二人②。

《齐侍郎年谱》:七月初七日,大学士张廷玉、尚书梁诗正、汪由敦,奏请《续修通考》开馆。奉旨充通考纂修官(十月初三日开馆)。

七月十六日,有《轮进经史札子(十)》③,阐述《周易·履·象》:"上天下泽,君子以辨上下,定民志。"

《齐侍郎年谱》:九月十二日,御门奉旨补授翰林院侍读(阁学董邦达升缺)。十月初一日到任。十三日奉旨为顺天乡武正考官(副陈桂洲)。二十二日揭榜,取中武举共一百五十一名。十一月二十日,御门奉旨齐召南以原衔充日讲起居注官。

十月,以翰林院侍读学士齐召南为顺天武乡试正考官,检讨陈桂洲为副考官④。齐召南有《顺天武乡试录前序》⑤。

乾隆朝《清实录》卷三百:乾隆十二年十月十三日,以翰林院侍读学士齐召南为顺天武乡试正考官,检讨陈桂洲为副考官。陈桂洲,字文馥,南安人,乾隆壬戌进士,授检讨,历官翰林院侍读学士,顺天府府丞,督学广西、广东。持躬端谨,试士公明(嘉庆《大清一统志》卷四百二十八人物)。

是年有《书杨农先生〈周礼疑义〉后》⑥。

《周礼疑义》一书,是杨椿于乾隆十二年八月作,是年杨椿年七十二岁。书成之后,杨椿有自序三篇,即《〈周礼〉考序》《〈周礼〉考后序(一)》《〈周礼〉考后序(二)》。

杨椿乃礼学专家,是年正月,治《仪礼》,成《仪礼考序》一篇(见《孟邻堂文

---

① 《乾隆上谕档》第2册,广西师范大学出版社,2008年,P183下。
② 《通典》卷首《四库全书》第603册,P1-4。
③ 齐召南《宝纶堂文钞》卷二,《续修四库全书》第1428册,P495-496。
④ 《高宗实录》卷三百乾隆十二年,第12册,P929下。
⑤ 齐召南《宝纶堂文钞》卷四,《续修四库全书》第1428册,P513-514。
⑥ 同上,卷六,P541-542。

钞》卷五《仪礼考序》)。八月二十日,杨椿治《周礼》,成《周礼考》。十月十五日,杨椿成《大戴礼考》(见《孟邻堂文钞》卷五《大戴礼考序》)。十一月二十一日,杨椿成《礼记考》(见《孟邻堂文钞》卷五《礼记考序》)。

大约于是时,撰有《鲭余集序》①:

> 宜兴万伯安先生,以诗文名海内者数十年,迄不获一第,抑塞流离以没。没后又十数岁,其子葆青(即万松龄)太史衷从前所刻《鲭余集》诗若干卷,嘱召南序。

齐召南为万夔辅的《鲭余集》写序,是在万氏死后十几年,具体时间尚不能肯定。万夔辅之子万松龄,是乾隆二年博学鸿词补试的第一名,与齐召南交往较多。

是年,齐召南四弟齐世南乡试中举,为第三十一名。

是年有《使蜀稿序》②。

《使蜀稿》乃云南丽江龚渤的作品。乾隆十二年,齐召南以侍读学士出任顺天府武乡试考官时,龚渤则以侍讲学士出任四川乡试考官。龚渤在乡试正副考官中列三等③。《使蜀稿》即龚渤出任四川考官时所写。龚渤回京师后,齐召南为之作序。

是年,全祖望有诗寄赠,事见《鲒埼亭诗集》卷七之《次风学士去年索诗,未及致也,客中寄之》④。

乾隆十三年(1748 戊辰)四十六岁

立春日,乾隆帝亲行祈谷礼,齐召南有诗《祈谷侍班,恭纪二首》。

上元日,齐召南参与宴会,有诗《上元日,侍宴西苑之正大光明殿,赋呈林鳌峰学士前辈。是宴为来朝各蒙古王公设也,讲席官专席负墙而坐,礼如除夕,乐舞外有灯棚烟火之观》⑤。元宵节,齐召南除了参加朝廷主办的宴会外,

---

① 齐召南《宝纶堂文钞》卷四,《续修四库全书》第 1428 册,P514 - 515。
② 齐召南《宝纶堂续集》卷十一,《清代诗文集汇编》第 300 册,P475。
③ 《高宗实录》卷二百八十八,第 12 册,P763 - 764。
④ 全祖望《鲒埼亭诗集》卷七四,《续修四库全书》第 1429 册,P397 下。
⑤ 齐召南《赐砚堂诗稿》〈乙本〉,临海博物馆藏抄本。

还与周长发、胡天游赏月。齐召南有诗《元夕同周石帆前辈踏月,访胡云持先生于僧院次韵》①。

正月十九,齐召南、陈兆仑、胡天游、周天度在周长发家中聚会,陈兆仑有《灯宵后五日,同齐琼台、胡云持、周让谷集周石帆学士寓,分得真字》②。此次聚会,齐召南诗无载。周天度,即周让谷,陈兆仑的弟子。

二月一日,齐召南兄齐首风,弟齐英风到齐召南家,齐召南有诗《二月一日,喜兄首风弟英风至》③。

《齐侍郎年谱》：三月初三日,奉旨充会试同考官(正考官,尚书陈大受。副考官,侍郎蒋溥、鄂容、沈德潜)。入闱派《易》一房。四月初九日揭榜,本房取中十五名(张裕莘、史奕簪、段廷机、楚文曝、吴绶诏、宋梅、赵丹、陶金谐、黄汝亮、王櫰芳、吴培朱、王谦益、刘可考、陈致中。馆选四人,张裕莘、史奕簪、吴绶诏、段廷机)。

关于此次会试,齐召南有诗《礼闱分校得〈易〉一房,口占呈程悚也、李同侯、程聘三、叶炳南、朱玉阶、陈修堂、窦元调诸公二首》④。

四月,在圆明园御试翰詹官,列优等。又谕:"昨于乾清宫考试翰林詹事等官,朕亲加详阅,按其文字优劣,分为四等。一等,齐召南、李因培、王际华三员。内侍读学士齐召南着升授内阁学士兼礼部侍郎。"(乾隆朝《清实录》卷三百十六)

《齐侍郎年谱》：五月十九日,御试翰詹词臣于乾清宫。六月初一日,内阁奉上谕:侍读学士齐召南着在阿哥书房行走。钦此。初五日谢恩。初六日传榜召南卷,御定一等第一名。乾清宫右之弘德殿,奉旨擢授内阁学士,兼礼部侍郎。李因培、王际华以编修擢侍读学士。初十日谢恩,赏砚一方、墨八锭、笔四十枚、御制诗石刻一纸。十八日赴内阁任。

此次御试,齐召南为一等一名,他的《竹泉春雨赋》,被写入御笔画卷之后,装潢成轴,齐召南感到异常荣幸。为此,齐召南写有诗《五月二十九日,上召试翰詹诸臣于乾清宫,蒙恩取一等第一,引见乾清宫之弘德殿,擢内阁学士兼礼部侍郎。纪恩。词臣鳞次序乾清,圣主临轩特唱名。浅学岂能高翰苑,

---

① 齐召南《赐砚堂诗稿》〈乙本〉,临海博物馆藏抄本。
② 陈兆仑《紫竹山房诗文集》卷四,P519。
③ 齐召南《赐砚堂诗稿》〈乙本〉,临海博物馆藏抄本。
④ 同上。

崇班竟与直端明。向来最爱冰衔写,此日真依香案行。拜手尧阶翻鸣咽,不知何以答恩荣》①。

六月,齐召南有《送张介石之长泰任》诗②。

张懋建(1702—?),字介石,镇海人。雍正七年(1729)由拔贡补官学教习。不久由浙抚程元章举荐博学鸿词,旋中顺天举人,才名远扬。后举国子博士,出任福建长泰知县。张懋建通诸子百家,著有《易学》《五经汇纂》《石谱》《读书录》《长泰县志》《邑志正说》《介石集》《庭学草》等③。

《齐侍郎年谱》:七月初九日,内阁奉上谕:礼部侍郎沈德潜年力就衰,以原衔食俸在阿哥书房行走。礼部侍郎员缺,着齐召南补授内阁学士员,着叶一栋补授。钦此。十二日谢恩于圆明园。十七日到礼部任。

又谕曰:礼部侍郎沈德潜年老就衰,着以原衔食俸,在阿哥书房行走。礼部侍郎员缺,着齐召南补授;内阁学士员缺,着叶一栋补授④。

齐召南有《闰七月九日蒙恩擢礼部侍郎恭纪》谢恩诗⑤。

是年七月,撰《秋水斋诗序》⑥。

《秋水斋诗》是张映斗的诗作。张映斗(?—1747),子雪子,浙江乌程人。雍正十一年(1733)进士,官翰林院编修。根据《高宗实录》卷二百九十一载,张映斗典蜀试是在乾隆十二年。

《齐侍郎年谱》:八月初二日,圆明园该班召对于勤政殿。初四日,赏《词林典故》一部。二十九日,上特召于养心殿西暖阁。

九月五日,乾隆皇帝在西苑射箭,发十九矢皆中,为此齐召南进诗四首,序一篇。诗即《畅春园西楼前伏观皇上亲射恭纪》⑦。

《齐侍郎年谱》亦详载此事:九月五日,礼部于畅春园西楼该班,伏观御射,发十九矢俱中的。上骑马还圆明园,顾臣及尚书臣蒋溥曰:不能无诗。臣于初六日进诗四首、序一篇。半刻,上即俯赐和臣韵四章,命内监持朱笔

---

① 齐召南《宝纶堂诗钞》卷五,《续修四库全书》第 1428 册,P635 - 636。
② 齐召南《赐砚堂诗稿》〈乙本〉,临海博物馆藏抄本。
③ 浙江省社会科学院:《浙江人物志〈中〉》,浙江人民出版社,1986 年,P309 - 310。
④ 《高宗实录》卷三百二十,第 13 册,P267 上。
⑤ 齐召南《宝纶堂诗钞》卷五,《续修四库全书》第 1428 册,P636 上。
⑥ 张映斗《秋水斋诗》卷首,《四库存目丛书》第 276 册,P736。
⑦ 齐召南《宝纶堂诗钞》卷五,《续修四库全书》第 1428 册,P631 - 632。

稿示臣。信乎！天纵之圣文武超迈百千也。十四日，内阁奉上谕：齐召南着充《文献通考》副总裁。十六日侍班畅春园大西门楼，尚书王安国面奏，奉旨通礼，着齐召南勘定。十九日谢恩于香山，二十日到馆。十月二十七日赐貂皮褂。

九月十四日，命齐召南为《续文献通考》馆副总裁官①。

秋，齐召南四弟下第南归，齐召南有诗《送四舍弟南旋次留别韵》②。

是年秋，有《潞河秋风行送万三葆青》③。

是年秋，万松龄偕其十岁子一同南归宜兴。同时有周长发之《送万葆青同年归宜兴》④。

是年十二月开始，参与《文献通考》校勘。

乾隆十二年六月十一日的上谕：要求经史馆翰林校勘三通，先校完《通典》，之后校《文献通考》。乾隆帝的《御制重刻文献通考序》："朕允儒臣之请，校刊三通。《通典》既竣，即以《文献通考》付之。"参与《文献通考》校勘的有程景伊、罗源汉、程恂、沈慰祖、王检、储麟趾、杨述曾、史贻谟、郑虎文、李清时、李友棠、陆树本、阮学浩、万松龄、丘柱、周世紫、齐召南十七人⑤。

《齐侍郎年谱》：十二月十六日赏"福"字龙笺五、对联四、笔墨各一匣。二十一日，赏御书敬胜堂法帖十二卷。二十七日，诣乾清宫，上亲书"福"字以赐。又赏大鱼、山鸡、鹿尾、貂皮等。

冬，齐召南值日后访周长发家，两人饮酒，有诗《冬日退直步访石帆学士，留饮，用坡公〈雪中观灯〉韵》，周长发亦有《石帆和诗》⑥。

是年，乾隆皇帝在宁古塔得到一枚古镜，不知道这枚古镜的出处，询问了多人，没有人能够说出其出处，最后是齐召南考证出这枚古镜的来历。乾隆非常高兴，对左右的人说："是不愧博学鸿词矣！"⑦

是年有《茗壶诗》⑧序云：

---

① 《高宗实录》卷三百二十四，第13册，P356－357。
② 齐召南《赐砚堂诗稿》〈乙本〉，临海博物馆藏抄本。
③ 齐召南《宝纶堂诗钞》卷五，《续修四库全书》第1428册，P628下。
④ 周长发《赐书堂诗钞》卷五，《四库存目丛书》第274册，P770上。
⑤ 《文献通考》卷首，《四库全书》第610册。
⑥ 齐召南《赐砚堂诗稿》〈乙本〉，临海博物馆藏抄本。
⑦ 《清史稿》，卷三百五《齐召南传》。
⑧ 齐召南《宝纶堂诗钞》卷五，《续修四库全书》第1428册，P629－630。

余甲辰(1724)贡入成均,舟过阳美,买一茗壶,历今二十五年矣。丙寅岁(1746)服阕,仍絜入都。虽提柄稍缺,竹以续之,铁以络之,客来辄置席上。石帆学士一见,叹为古物,摩挲不忍释手,因作长歌。余亦次韵,物虽陋,得诗可以不朽矣。

周长发于丁卯年有诗,咏此茗壶。诗前有序言①:"天台齐学士次风,藏一茗壶,腹如瓠,上蟠柄分为四垂;岁久断其一截,短竹续之,缅以铁线;盖无顶斗,圆木如钱,用补其阙。主人方自哂陋甚,而诸同人见之,皆叹为非晚近物也。"

是年,有《送沈椒园侍御观察登莱青道》②。

沈廷芳于乾隆六年至十三年任山东道监察御史,任期满后于乾隆十三年任山东登莱青道,齐召南故有此诗。时金德瑛亦有《送沈椒园侍御之登莱观察任》诗③。

是年,入幕太原的胡天游贻诗齐召南,事见《予以戊辰春去燕游太原,久之,将出云中,外观恒岳,复有所往。直石帆侍读书札问信,写意叙迹百韵奉答,并贻次风阁学侍郎》④。

是年,金德瑛招饮陈兆仑、迮云龙、齐召南。

参见金德瑛《连耕石别十余年,过宿寓斋,与陈句山、齐息园握手感叹,情显乎词》⑤,又陈兆仑的《金二桧门自江右视学还朝,招同迮四畔石、齐二琼台集饮,用东坡百步洪诗韵》⑥亦记其事。

是年,齐召南、刘纶、秦蕙田于金德瑛宅聚饮,金德瑛有《同年秦树峰、齐息园、刘绳庵过饮,拈涉涤二韵同赋》⑦。此次聚饮,齐召南诗无载。

是年,齐召南见戴震之《考工记图》,叹为奇书。

纪昀《考工记图序》曰:"戴君语余曰:昔丁卯、戊辰间,先师程中允出是书以示齐学士次风先生,学士一见而叹曰:诚奇书也。今再遇子奇之,是书可不

---

① 周长发《赐书堂诗钞》卷五,《四库存目丛书》第 274 册,P767。
② 齐召南《宝纶堂诗钞》卷五,《续修四库全书》第 1428 册,P633 下。
③ 金德瑛《诗存》卷二,《续修四库全书》第 1440 册,P377 下。
④ 胡天游《石笥山房诗集》卷九,《续修四库全书》第 1425 册,P551-552。
⑤ 金德瑛《诗存》卷二,《续修四库全书》第 1440 册,P374-375。
⑥ 陈兆仑《紫竹山房诗文集》卷四,《四库未收书辑刊》第 9 辑 25 册,P519-520。
⑦ 金德瑛《诗存》卷二,《续修四库全书》第 1440 册,P378 上。

憾矣。"①

乾隆十四年(1749 己巳)四十七岁

《齐侍郎年谱》：元旦得"福"。正月二十四日，召对于养心殿西暖阁。

二月，齐召南有《归愚少宗伯予告还里，诗以送之》②。

沈德潜二月致仕，四月南归，乾隆、果亲王均有和诗，沈德潜亦以此为荣，特辑《归田集》，首篇即是皇帝的御制诗③。

《齐侍郎年谱》：四月初五日，册封婉嫔，奉旨充副使。二十九日，在圆明园坠马，受创甚危。

乾隆赐药三瓶，并传蒙古医生为齐召南诊治。十月，齐召南病情好转，入朝请安，请辞回原籍侍候老母，乾隆慰留再三。上言冬间风寒，如何行路，慰谕款曲。十一月，齐召南再次上奏，言辞恳切，意思是等到开春天气暖和之后，乘船南归。直到这时，乾隆才准其奏。

《齐侍郎年谱》：五月初一日，赐葛纱二端、蕉扇二握、香珠香袋，及蟾酥锭盐水锭各一包。

是年有《平定金川颂(有序)》④。现存齐召南文集未收录是文。

乾隆十三年、十四年，写有《礼部驳请更孔子诞日议》《礼部驳请祀启圣王元配施氏议》《礼部再驳请祀启圣王元配施氏议》⑤。

据钱实甫《清代职官年表》，齐召南于乾隆十三年、十四年期间任右侍郎。⑥李慈铭读齐召南《宝纶堂集》云："《驳山东巡抚请更孔子诞日议》《驳升任副都御史陈请更祀启圣王元配施氏议》《再驳方苞请杞施氏议》，皆其官礼部侍郎时所作。"⑦齐召南这三篇文章，都与孔子有关。乾隆帝于十三年二月南巡之时，过山东阙里，祭拜孔子。关于孔子诞日之争再起。孔子诞日之争一直存在，历朝都有争议，乾隆之后也未停止过争议。

---

① 纪昀《纪文达公遗集》文集卷八，《续修四库全书》第 1435 册，P342-343；《戴东原先生年谱》。
② 沈德潜《归田集》，《清代诗文集汇编》第 235 册，P278 上。
③ 《沈归愚自订年谱》。
④ 《平定金川方略》卷二十八，《四库全书》第 356 册，P417-418。
⑤ 齐召南《宝纶堂文钞》卷六，《续修四库全书》第 1428 册，P548；P548-549；P549-551。
⑥ 钱实甫《清代职官年表》第 1 册，中华书局，1980 年，P608-609。
⑦ 李慈铭《越慢堂读书记(光绪丁亥，正月二十五日)》，上海书店出版社，2000 年，P1021。

齐召南的《礼部驳请祀启圣王元配施氏议》《礼部再驳请祀启圣王元配施氏议》，是对副都御史陈世倌奏请将孔子的前母施氏从祀孔庙的驳斥。孔子的父亲叔梁纥取有三个妻子，第一个是施氏，生有九女，没有儿子。叔梁纥又娶一妾，生子孟皮，由于孟皮有足疾，叔梁纥很不满意，接着就娶了颜征在，这就是孔子的生母。陈世倌于雍正四年（1726）奏请追封启圣王前配施氏位号，祔享曲阜圣庙寝殿，增圣兄孟皮氏配食天下崇圣祠，称先贤，位列四配，乾隆从之。

　　齐召南驳议的就是此事，齐召南驳议之后，方苞（1668—1749）支持陈世倌，上奏有《请定孔氏家庙祀典札子》①。从方苞的奏章中可以看出，陈世倌在雍正四年的提议未获通过，这次是旧事重提，得到了方苞的支持。齐召南对陈世倌、方苞的提议进行了批驳。关于孔子父亲元配争议再起之时，陈世倌在文渊阁大学士任上。齐召南还有《祫禘考》(《宝纶堂续集》卷九），当是在礼部任职时写。

　　八月九日有《和果亲王问讯坠马诗》二首②，齐召南不幸坠马，引来多方关怀，包括皇帝、皇子、同事等。

　　此诗前有序言，对这两首诗的写作背景作了说明："余自四月二十九日圆明园下直归澄怀园寓舍，惊失坠，昏迷不省人事者半月。及至城中寓舍，神气始苏，然于坠马始末及诸医调治之方都无记忆，但疾痛呻吟，自疑何以致斯耳。秋凉于巾箱中检得果亲王、皇长子夏间贻诗，如梦初觉，因口占次韵记之，时八月初九日。"

　　《齐侍郎年谱》：十二月二十八日，病稍愈。诸宫门请圣安。传：闻汝病，今全愈乎？奏曰：今略好。初五月六日，病正急时，上见果亲王阿哥，频问汝师傅齐召南病如何，须时差人探问。又诸大臣奏事张廷玉、史贻直、王安国、秦蕙田等俱蒙天语，问及木兰围场中。又问阿哥。九月驾还京，又问尚书梁诗正。圣春之隆，轸念微臣如此。二十九日，召见于弘德殿，臣病容未退，行步犹艰。天颜恻然曰：汝病尚未全愈，须加意安养。臣因陈恳恩即解职任，才可安心调治，且家有老母，臣愿回籍省侍。上慰留再三。臣又坚请，上又言：冬见风寒，如何行路？臣奏：当如春船南归。上始许可。具云，汝具折来。是日，

―――――――
① 方苞《方苞集・望溪先生集外文》卷二，上海古籍出版社，1983年，P570-573。
② 齐召南《宝纶堂诗钞》卷五，《续修四库全书》第1428册，P636-637。

天语春温,询问详悉,虽父母于子,不过慈爱委典于如此。是日晚,内阁奉上谕:盛安现在患病,齐召南亦因坠马,调理未愈,阿哥书房内行走须人,着内阁学士嵩寿在上书房行走,孙嘉淦着该部行文调取来京,赏给左副都御史衔,汪师韩仍授翰林院编修,具着在上书房行走。钦此。十一月初二日,具折恳恩辞解任回籍调理。是日,内阁奉上谕:据礼部侍郎齐召南,奏称坠马伤重,风痰时发,难以供职,有老母在家,恳请解任调理,明春回籍等语。齐召南着照所请,准其以原衔回籍调理。钦此。初五谢恩,即传旨宣太医院刘裕铎、邵正文诊脉开方。

是年除夕,齐召南、胡天游有唱和诗。但两人文集均不载,见周大枢《除夕,次稚威与齐次风太史唱和韵》①。

是年有《骎征集序》②。

《骎征集》乃夏之蓉的部分诗稿,此部诗稿,是夏之蓉在福建、广东、湖南任上所写。对照夏之蓉的《半舫斋编年诗》,其中卷六为典试闽中作,卷七、八、九、十为督粤作,卷十一、十二、十三为湖南学政任上作。齐召南为夏之蓉这部分诗稿作序。

是年,齐召南有祀龟诗。其诗集无载,不知其内容。事见周大枢《齐太史出祀龟诗,索和诗次韵》③。

胡天游于乾隆十三年、十四年在山西修志书④。

乾隆十五年(1750　庚午)四十八岁

《齐侍郎年谱》:四月二十六日,于圆明园陛辞谢恩,以五月初六日起程。奉旨:知道了,钦此。赏广纱二端、葛纱二端。五月初六日,至张家湾上船,以七月十三日抵家。

夏,齐召南南归经过苏州紫阳书院,谒老师王峻⑤。

---

① 周大枢《存吾春轩》卷七,《清代诗文集汇编》第289册,P558上。
② 齐召南《宝纶堂续集》卷十一,《清代诗文集汇编》第300册,P474。
③ 周大枢《存吾春轩》卷七,《清代诗文集汇编》第289册,P558上。
④ 胡元琢《先考穉威府君年谱记略》,《北京图书馆藏珍本年谱丛刊》第95册,北京图书馆出版社,1999年。
⑤ 齐召南《宝纶堂文钞》卷七,《续修四库全书》第1428册,P559-560。

是年秋,有《祝玉京三洞赞》①:

> 玉京三洞,奉魁星、文昌星、台星,为一邑振起人文之兆应。予庚午秋,梦先严指示此地名山。前拱黄榜也,神像既奉,戏学乡农祈田祖体,集帖字为祝赞。

是年秋,夏之蓉有《寄怀齐息园同年五百字兼呈近诗》②。

是年九月,年七十八的沈德潜作天台之游。是年正月,沈德潜与长洲周准二人游黄山,九月,始游天台。

此次游历,沈德潜有《黄山游草》一卷、《台山游草》一卷。沈德潜有《喜晤齐次风少宗伯》③。齐召南因摔伤,是年春辞官回原籍,故沈德潜到访齐召南家。

约于是年,有《有竹山房诗钞序》④。

此序无法确定具体写作时间,根据序言中所称,陈溥于1749年去世,随即苍圃亦离世。苍圃是天台人,齐召南写此序,当是回原籍之后,故将此序系于此。苍圃,名、生年不详,只知道是陈溥的孙辈。

是年有《朱觉庵遗集序》⑤。

> 吾台有三高士,曰确庵徐印卿,曰觉庵朱君巽(即朱之任),曰介靖张菊人,皆贤而有文。当明季隐居不出,清风劲节,足与古人颉颃,操行语言,至今乡里间盛传之,虽妇人孺子语及某先生,即洒然动容,不敢轻道其名字。三人中,著述最富,则推觉庵先生。(《朱觉庵遗集》今不传。)

乾隆十六年(1751 辛未)四十九岁

《齐侍郎年谱》:正月皇上南巡,臣以二十日扶病赴杭,至二月二十七日,

---

① 齐召南《宝纶堂外集》卷二,清代诗文集汇编,第300册,P491上。
② 夏之蓉《半舫斋编年诗》卷十三,《清代诗文集汇编》第287册,P740。
③ 沈德潜《台山游草》,《清代诗文集汇编》235册,P320上。
④ 齐召南《宝纶堂续集》卷十一,《清代诗文集汇编》第300册,P475-476。
⑤ 同上,卷四,P515-516。

船行奉迎圣驾。过平望,至吴江八尺河岸跪迎。周扶为学士周长发,上御船。远百步,即玉音呼:齐召南汝已好么!臣奏称:已略好。上顾侍臣曰:齐召南好了。又手指曰:此髯者即周长发。随即扶向行在所奏圣安,即召对询问病体,及老母健饭否。据实奏。天语谕以安养,不必步步相随。奏对良久,即赐克食一大盘,赏内缎二端、景貂四个。三月初一日,于杭州同沈德潜、周长发行宫前候驾,恭进南巡颂册页,同周长发谢恩。船至平望,恭送圣驾。二十六日抵家。

是年春,齐召南、袁枚、周长发等会于吴江,准备迎驾。此年春,乾隆第一次南巡,齐召南在吴江八尺河岸上迎驾。乾隆询问齐召南的病情及其母亲的健康。时与齐召南相交者如杭世骏、全祖望、厉鹗等,都到吴江迎驾。厉鹗与吴城则撰《迎銮新曲》进呈,吴曲曰《群仙祝寿》,厉曲曰《百露效瑞》,合为一编①。厉鹗此次遇见多年不见的齐召南,留下了一首《齐琼台侍郎雪中过访》②。

乘此聚会期间,袁枚与齐召南、周兰坡一同拜访在平望的玉川居士,袁枚有《舟过平望,偕齐次风宗伯、周兰坡学士访玉川居士,不知其已亡也,留诗哭之》③。

是年有《读纪游六篇,因忆沈归愚少宗伯年前游台诗》④。

《齐侍郎年谱》:十月,因母不能诣阙祝贺皇太后万寿圣节,自撰颂册及请圣安折,遗式迁至杭,交抚宪永公讳贵,代进奏。十一月初三日,丁母忧。十二月十四日,抚台差官捧送朱批折本,易吉服跪阅后,封交回缴。

乾隆十七年(1752 壬申)五十岁

是年十月,齐召南将母亲与父亲合葬于花坑之原,有《先考省斋府君先妣张太夫人圹记》⑤。

是年十二月,有《外王父明经张府君墓志铭》⑥。

是年冬,与兄齐周南同游桐柏观。

---

① 《厉樊榭年谱》,《北京图书馆藏珍本年谱丛刊》第 94 册。
② 厉鹗《樊榭山房集》续集卷十词乙,《近代中国史料丛刊续编》第六十一辑,1974 年,P802-803。
③ 袁枚《小仓山房》卷七,《续修四库全书》第 1431 册,P295-296。
④ 齐召南《宝纶堂诗钞》卷六,《续修四库全书》第 1428 册,P638 下。
⑤ 同上卷八,P581-582。
⑥ 齐召南《宝纶堂文钞》卷八,《续修四库全书》第 1428 册,P574-575。

事见《雪夜与大兄宿桐柏观紫阳楼下》①。二十年前,齐召南与弟培风一同游桐柏观,此次是与兄同游桐柏观。

是年有《重刻〈人谱全书〉序》②。

《人谱》是刘宗周的作品,刘宗周(1578—1642),字起东,号念台,山阴人。阳明心学的殿军,属于阳明修正派,著述多种,《人谱》是其一。此次重刻刘宗周遗集,最初是由雷鋐发起的。

是年有《书〈忠谏曹公奏议〉后》③。

曹学程是万历十二年(1584)进士,之后做台州宁海知县。一百五十多年后,其玄孙曹鏧到新昌、象山任知县,《忠谏曹公奏议》就是由其玄孙曹鏧重刻。曹学程的传在《明史》卷一百二十二中。

是年有《题淮安普济堂志(堂系程钟建)》④。

程钟,字葭应,号巏谷,徽商,捐职知县⑤。另见沈德潜《归愚文钞诗钞余集》卷四《淮安普济堂记》。又见黄达《普济堂记》卷十六。

齐周华撰《游卧龙冈记》,冈在邓州,不著写作年份,当为入楚后作⑥(《名山藏副本》附录年谱)。

乾隆十八年(1753 癸酉)五十一岁

是年春,彭启丰过天台,访齐召南。

事见《侍御王艮斋先生赞(并序)》⑦:"上年夏,学使彭公芝庭(即彭启丰)自台州试毕来吊,召南始知先生(即王峻)即世已逾祥禫,为之大恸。"又有《和次彭少宰过访见赠原韵》⑧。

彭启丰于乾隆十五年至乾隆十八年出任浙江学政。此时,同在浙江学政任上的,还有与齐召南关系密切的雷鋐。

---

① 齐召南《宝纶堂文钞》卷三,《续修四库全书》第1428册,P494上。
② 同上,卷五,P540-541。
③ 同上,卷六,P543-544。
④ 同上,卷一,P488下。
⑤ 《淮安盐业志》,方志出版社,2013年,P502-503。
⑥ 《名山藏副本》附录年谱。
⑦ 齐召南《宝纶堂文钞》卷七,《续修四库全书》第1428册,P559-560。
⑧ 同上,卷五,P637下。

乾隆十九年(1754 甲戌)五十二岁

是年二月,为蕺山书院山长。

根据杭世骏《资政大夫礼部侍郎齐公墓志铭》①:"十九年二月,服阕。制府喀公请为绍兴蕺山书院山长。"

是年夏有《〈天台山集句〉自序》②。

客问:息园家居养病,足迹曾不逾户外,乃取李杜成句,纵横离合,以状山水景物,次其路程远近,虚作纪游一卷,可乎?答曰:诗以言志。余虽病不能游,然乐山水之志自在。且台本名山,生长斯地,昔游即未遍,今兄弟友朋之游稍遍者,为余津津乎言之。余耳听心游,或寻旧迹,或获新境,欣然乐而忘倦。纪游不可无诗也,余又不能始思集句。集句者,矜工巧争耦对,每苦检书,余束书久矣,惟少时诵李杜诗,尚堪记忆,专取五古,能言余志所欲言而不能言者,笔以成章,不一可乎。

此序末齐毓川案,此篇序言遍寻不得,最后在金品三(字刚士,天台人。乾隆恩贡生,著有《介庵诗钞》)家藏寻得。另有雷鋐的《〈天台山集句〉题词》附于《〈天台山集句〉自序》后。

齐召南于1750年至1754年这四年间,重要的事情一是他的母亲于此间去世,以丁忧居家,一是养病。齐召南闲来无事时,练过书法,写了一些诗,此间的诗就是《集淳化阁帖字》,集前的序言云:"家居养病,百无一能,何以坐消白日。偶阅《淳化阁帖》,集王右军大令草字意为诗,俟稍轻健,当用双钩填墨,就正于好事者。生平书法甚拙,欲借此自补。"

是年夏,有《仪礼易读序》③。

马骊撰《仪礼易读》卷首还有雷鋐、万以敦、彭元玮、李志鲁序。这五篇序,齐召南稍早,写于乾隆十九年,雷鋐、万以敦、彭元玮、李志鲁四人序,都写于乾隆二十年。此时雷鋐正在浙江学政任上,万以敦是山阴令,彭元玮是会稽令,李志鲁是山阴学司谕。刊刻经费,主要由万以敦、彭元玮、李志鲁三

---

① 杭世骏《道古堂文集》卷四十一,《续修四库全书》第1426册,P602-607。
② 齐召南《宝纶堂续集》卷十一,《清代诗文集汇编》第300册,P477。
③ 同上,卷十,P463。

人捐助。

是年中秋有《侍御王艮斋先生赞》①。

  庚午夏,召南舟过吴门,谒先生于紫阳书院。先生见召南羸困甚,曰:一坠马即病同刘原父耶? 执手欷歔久之。时先生已病,然语音洪畅,临别犹以羊叔子相期待,固惟恐召南之不久于人世也。呜呼! 孰知先生竟溘焉先逝乎! 天台居万山中,岁荐饥,商旅罕往来者。召南以病居母丧,杜门谢客,于外事一无所知。上年夏,学使彭公芝庭自台州试毕来吊,召南始知先生即世,已逾祥禫,为之大恸。

齐召南还有一篇《王艮斋先生集序》②。王俊,齐召南的老师。
是年有《读〈香树斋续集〉题词》③。
《香树斋集》《香树斋续集》是钱陈群的作品。钱陈群(1686—1774),嘉兴人,字主敬,号香树、柘南居士。康熙六十年(1721)进士。钱陈群较齐召南年长18岁,当然是前辈了。

乾隆二十年(1755　乙亥)五十三岁

《齐侍郎年谱》:二月初三日,服阕。初九日,督宪喀公讳尔吉善,因阅兵过台来访,即请为绍兴蕺山书院师。四月,至蕺山。十二日,以直陈微悃,病犹未痊。奏折至杭,而托雅公讳尔哈图代进奏。闰四月二十二日,抚宪差官送到朱批:览。汝且安心乡里调摄,期痊可也。又朱批请安折:朕安。九月,督宪自福建差官以书币请主道山书院,因道远辞。十月,抚宪周公讳人骥,请主敷文书院。

是年夏至,有《三山汇录序》④。

  其徒汇录三山语,请余序。余于佛氏说本不解,何以为言? 然济恒与

---

① 齐召南《宝纶堂续集》,卷七,《清代诗文集汇编》第 300 册,P559 - 560。
② 同上,卷五,P535 - 536。
③ 《香树斋续集》卷首,四库未收书辑刊,第 9 辑 18 册,P366。
④ 齐召南《宝纶堂续集》卷十,《清代诗文集汇编》第 300 册,P470。

余为山水友,每谈山水游观之乐,无一虚假意。其于佛亦如谈山水耶。是编语言文字,视凡为语录之过多,则有间矣,学佛者必能辨之。时乙亥长至也。

齐召南在敷文书院期间,与济恒交往较多,如诗《净慈寺僧济恒知予病不茹荤,送斋来院聚谈》。

是年到万松书院(即敷文书院)执教,至乾隆三十年(1765)年结束,达十一年。

据《浙江通志》卷一记载:"万松书院在万松岭,宋为报恩寺,元末废。明弘治十一年,右参政周木因寺址改建,规制略如学宫。……国朝康熙十年,巡抚范承谟重葺。三十二年巡抚张鹏翮、四十九年巡抚黄秉中相继增修。五十五年,圣祖仁皇帝赐御书'浙水敷文',额因名'敷文书院',……雍正十一十钦奉特旨赐帑金一千两,以资膏火。由是多士向风,学徒云集,延名师以主教席,日有课,月有程,士风丕振,益征圣朝文教覃敷之盛。"①

是年有《天然假山赞(并序)》②。

乾隆乙亥,养病居万松岭,岭即凤凰山北麓,檐前奇石千百,列队争雄,云涌波幻,前贤题字甚多,此天然大假山也。余于西冈拾云根石数百枚,涤去沙泥,晶莹夺目,择寒芒最盛者为小镜,其面平角方梢,有凹突文,似篆隶行草及绘画者。

同时有《云根石天然图书序》《天然图书铭》等。

是年有《重刻叶文定公水心集序》③。

叶适文集的乾隆刻本,是由雷鋐发起,雷鋐亦有序。雷鋐的序,是由汪沆代笔,汪沆之《重刻叶水心文集序(代)》,收录在汪沆的《槐塘文稿》④中,对照二者,文字一致。

---

① 《浙江通志》卷一,《四库全书》第519册,P136-137。
② 齐召南《宝纶堂文钞》卷七,《续修四库全书》第1428册,P560。
③ 同上,卷四,P522。
④ 汪沆《槐塘文稿》卷一,《清代诗文集汇编》,第301册,P441。

约于是年,撰《春秋左氏传要义序》①:

吴兴慎君朝正,自携所著《春秋左氏传要义》五十六卷来万松冈,求余序。余病久废学,其言安足为慎君重?然阅其书,如卷首总论云云,朗若烛照数计,胸中洒然,蒙翳尽豁。窃叹其力学数十年,博观约取于经,不为从前凡例所蔽。于传、于注、于疏、于百家著述慎思明辨,可谓择之精而语之详也。

慎朝正,字端揆,号菰城居士,归安诸生,著《研露斋诗集》②。

乾隆二十一年(1756 丙子)五十四岁

是年春,两江总督尹继善访齐召南。

尹继善有《过访齐次风,即用刘绳庵韵留别》③。

尹继善(1695—1771),章佳氏,字符长,号望山,满洲镶黄旗人,东阁大学士兼兵部尚书尹泰之子。雍正元年进士,历官编修,云南、川陕、两江总督,文华殿大学士兼翰林院掌院学士,军机大臣等职。著述有《尹文端公诗集》《尹文端公遗集》《江南通志》等④。

是年春,有《沈母查太君墓表》⑤。

此墓表是沈廷芳在母亲死后第二年(即 1756 年)请齐召南写的。沈廷芳于乾隆二十一年春,将其父母亲的墓合葬(参见沈廷芳《隐拙斋集·皋亭山次仲兄韵》卷二十一 P356〈下〉之自注),齐召南于上一年到敷文书院任山长,沈廷芳到敷文书院会齐召南(参见《隐拙斋集》卷二十一《过敷文书院呈山长齐次风侍郎》,P355 上),应当正是此次见面,沈廷芳邀齐召南为其母撰墓志铭。

是年夏,有《奎星阁观天然图书谱》⑥。

齐召南自乾隆二十年到敷文书院,将平日在万松山上所见云彩、奇石绘成画,并配上诗文。

是年夏,沈廷芳来访。

---

① 齐召南《宝纶堂文钞》卷四,《续修四库全书》第 1428 册,P517-518。
② 阮元《两浙輶轩录》卷三十四,《续修四库全书》第 1684 册,P315-316。
③ 尹继善《尹文端公诗集》卷五,《续修四库全书》第 1426 册,P60 上。
④ 《清史稿》卷三百七。
⑤ 齐召南《宝纶堂文钞》卷八,《续修四库全书》第 1428 册,P572。
⑥ 同上,卷七,P13。

事见沈廷芳《过敷文书院呈山长齐次风侍郎》二首①。沈廷芳于乾隆二十年回家,主要是家事,一是他的伯母去世②,一是合葬其父母亲③。拜访齐召南,就在此间。沈廷芳乾隆二十二年回京。

是年夏,有《百花咏序》④。

是年八月,有《家大宗祠碑记》⑤。

我齐氏本家汴之祥符,随宋高宗南渡,自杭迁居天台之城隍庙前;台人称曰殿前齐,则自宝祐间宣义郎征远公始。……吾台氏族,大半始于南宋,厥后或盛衰转徙不常。惟吾齐氏以忠厚朴诚为教,使后人循循谨守礼法,不敢逞才智自雄,安分务勤俭,渐至丰裕。自宣义公以来五百余年间,里居庙前者绵绵相承勿替,家诗书而户衣冠,即愚陋如召南,亦得列翰苑、跻卿贰,岂非祖德深厚之垂裕无疆也哉!《诗》曰:无念尔祖,聿修厥德。是当为世世子孙勖也。乾隆丙子仲秋,第十八世孙召南谨记。

是年秋,有《浦江县重新学宫记》⑥。

浙之浦江为婺州属,宋元以来,人材蔚起,代尚儒术,则学校之事因其地而作兴之,尤良有司之责也。乾隆丙子秋,重修浦江学宫成,文学戴君殿海走杭请文,刻石示来者。余于是益叹学校足以复人性而成人材,上为国家职官任使之用,下为乡党闾里风俗之型。……是役也,名曰重修,实同建始,浦阳人文其复振矣乎!侯名子祥,福建侯官人,知浦江,多善政。余病不文,惟取古人劝学之意,书于石以昴多士。

是年九月十二日,写有《稼村〈膏馥集〉序》⑦。

---

① 沈廷芳《隐拙斋集》卷二十一,《四库存目补编》第10册,齐鲁书社,2001年,P355上。
② 同上,P356上。
③ 同上,P356下。
④ 齐召南《宝纶堂续集》卷十一,《清代诗文集汇编》第300册,P478-480。
⑤ 同上,卷七,P569-570。
⑥ 同上,卷七,P568-569。
⑦ 同上,卷四,P516-517。

余养疴万松冈,士以文求教者,经义外,概弗观。有盛生畯置书两帙石阶上径去。余取而阅之,作而叹曰:呜呼! 此秀水盛稼村先生遗集也。先生为朱竹垞太史婿,诗兼学愚山、渔洋,词赋兼学迦陵,与兄丹山、弟让山称三盛。

盛稼村,即秀水盛禾,字既同,一字稼村,秀水人,岁贡生,官天台训导。朱彝尊的女婿。好游历,足迹所至,凡川原景物、碑碣、陆墓,搜奇抉奥,不厌详考。赏述其见闻事迹,条分件系,积数十册,颇资掌故。著有《稼村笔记》《膏馥集》,今不传①。

是年有《绿萝山庄全集序》②。

《绿萝山庄全集》,会稽胡浚撰,初刻于乾隆元年(1736),再刻于乾隆二十一年,齐召南的序言,是再刻时所作。胡浚,字希张,号竹岩,会稽人。康熙庚子举人,官知县,著《绿萝山庄诗集》③。

是年有《题严陵归舫送方大苏台》④。

此诗中,齐召南回顾了与方超然相识,及在任兰枝家一同编修《一统志》的情况。根据齐召南自注,此画作于丙子春,时周作肃在场。方苏台,即方超然,生卒不详,淳安人。郑燮在其文集《板桥集》中,提到方超然:方超然,字苏台,淳安人,工书,为盐场大使。方超然于乾隆九年任嘉兴批验所大使,于乾隆十一年出任两浙盐运司将盈库大使⑤。方超然在任两浙盐运使间,写有《捐修将盈库署碑》⑥。对照方氏之父方楘如之《集虚斋学古文》卷九可知,《捐修将盈库署碑》一文,乃方氏之父方楘如特为方超然所写。方超然父方楘如、弟方卓然,与齐召南均有交。前面已提到,方卓然为齐召南的《天然图书谱》题词,齐召南作此画,为方超然题诗之时,方卓然此时正就读于敷文书院,故齐召南有"君家令弟名第五,晨夕松冈搜石谱"句。方超然于乾隆九年得盐官之时,周大枢有

---

① 阮元《两浙輶轩录补遗》,卷三《续修四库全书》第1684册,P26。
② 齐召南《宝纶堂文钞》卷四,《续修四库全书》第1428册,P524-525。
③ 阮元《两浙輶轩录》卷十五,P30。
④ 齐召南《宝纶堂诗钞》卷六,《续修四库全书》第1428册,P646-645。
⑤ 《重修两浙盐法志》卷二十二《职官二》,同治刻本,P20。
⑥ 同上卷三十《艺文四》,同治刻本,P27-31。

《方苏台超然选得监盐东归,诗以送之,得云亭两字》①,这时齐召南尚在丁父忧。

是年,有《祝雷太夫人八十寿》②。

是年,雷鋐辞官回籍,奉养老母。时与雷鋐同在浙江学政任上的窦光鼐,有《送雷翠庭副宪归养(由浙江学政告归)》《寿雷太夫人》二诗③。钱陈群有《雷母李太夫人八十寿序》④。

是年周振采(1687—1756)卒,齐召南有周振采传,即《周白民小传》⑤。

先生,名振采,晚自号菘畦。白民,其字也。年十五入郡学,试必冠其曹。因蹶棘闱者数十年,竟以选贡老。……白民选贡后,督抚以孝廉宏词及经学三举应诏,皆不就。家居待选教职,自定义其已刻文存数十篇。卒年七十。

又张维屏《国朝诗人征略》卷二十三⑥有周振采的传。又阮葵生有《闻周白民先生讣音》⑦。又《重修山阳县志》卷十四有其传。

齐周华五十九岁,其长子式昕往武当山接回。临行,弟子赵公嘿有赠序,载《诸公赠言集》。又成《华阳子文稿自序》。

乾隆二十二年(1757 丁丑)五十五岁

《齐侍郎年谱》:正月十一日起程赴省,恭迎圣驾南巡。二月十六日,于无锡北之迎龙桥迎御舟,尚未奏名,皇上远望见,即呼:齐召南,汝今已好么？臣奏曰。随即诸大营盘恭请圣安,即召见,询问近日病体加减,及书院人文,臣奏对,天语温慰良久。臣以行步犹难,遵谕先坐船至杭稍息。十八日,上驻跸苏州。军机房赏臣墨刻及内缎四匹,至杭给与。二十日,臣与学政窦(时任浙江学

---

① 周大枢《存吾春轩集》卷四《清代诗文集汇编》第 289 册,P523 下。
② 齐召南《宝纶堂外集》卷三,《清代诗文集汇编》第 300 册,P494 下。
③ 窦光鼐《省吾斋诗赋集》卷九,《清代诗文集汇编》第 347 册。
④ 钱陈群《香树斋文集》卷十四,《四库未收书辑刊》第 9 辑 18 册,P158-159。
⑤ 齐召南《宝纶堂文钞》卷七,《续修四库全书》第 1428 册,P567。
⑥ 张维屏《国朝诗人征略》卷二十三,《续修四库全书》第 1712 册,P532 上。
⑦ 阮葵生《七录斋诗钞》卷二,《四库未收书辑刊》第 10 辑 19 册,P519 上。

政窦光鼐)率诸生于谢村迎驾。二十八日,于西湖行宫蒙恭进颂册。二十九日,恭领钦赏大缎六匹,又领苏州所赏内缎四匹、御书石刻一卷、墨二匣。三月初二日,具折,奏请封典,愿以己身所有乞恩贻赠曾祖之仲、曾祖母节孝许氏,及祖化龙、祖母徐氏,父肃、母张氏三代。诰命即奉朱批:着赏给。初三日,驾幸敷文书院,制诗一篇。臣与学臣恭和。初四日,奏谢天恩。初八日,于王江泾,率在籍诸臣恭送天颜,有喜。九月二十一日,自敷文书院接到诰命三轴。十一月二十七日,至家,行受封礼,改题三代圣主。

齐召南此次迎銮诗有《皇上再幸江浙,臣扶病迎銮,恭贺御制诗元韵得九首》《三月三日微雨稍霁,上幸敷文书院正谊堂,御制五言六韵,命诸生和进,臣忝为师,与学政窦公作领袖焉,得二首》①。

乾隆帝到杭州后,齐召南撰有祝文,恭祝皇太后、皇帝福寿,即《浙江恭祝皇太后、皇上福寿经坛榜文》②。

此祝文由齐召南执笔撰写,由梁诗正、汪由敦、钱陈群、范灿同祝。

是年,《云根石天然图书谱》一卷成,有《云根石天然图书谱序(集韩文)》③。

齐召南的《云根石天然图书谱》作于乙亥、丙子、丁丑三年间。此图谱最初是根据山阴张嗣益之提议而作的(《方立亭卓然有诗题天然图书谱,用坡公石鼓歌韵酬之》自注)。

齐召南的弟子阮葵生有题、序④:"齐息轩宗伯目力最胜,夏日居万松山,每见云起,必牵一缕如丝系于山巅,踪迹之,寻石数枚,有反文,印之成书画,久而渐多,遂作为谱。复用东坡石鼓韵题长歌一篇。刘绳庵(即刘纶)、杭堇浦两先生首和章。赵石函、方立亭、程存斋及弟紫坪,亦皆继作。今春至武林,宗伯属题,亦赋一首。"此诗中,阮葵生自注有:"宗伯诗云:谱从乙亥至丁丑,松岭日伴苍髯叟。"

此间,齐召南与窦光鼐交往甚密。

乾隆二十年至二十七年间,窦光鼐任都察院副都御史,于乾隆二十年至二十四年间出任浙江学政。窦光鼐正是在浙江学政期间,与齐召南过往较

---

① 齐召南《赐砚堂诗稿》〈乙本〉,临海博物馆藏抄本。
② 齐召南《宝纶堂续集》卷五,《清代诗文集汇编》第300册,P416-418。
③ 同上,卷四,P520-521。
④ 阮葵生《七录斋诗钞》卷六,《四库未收书辑刊》第10辑19册,P653-654。

多。两人交往最为频繁是在乾隆二十一、二十二年间。据陈康祺《郎潜纪闻初笔》卷七①载:"本朝儒臣以文章名世者,天台齐侍郎与诸城窦侍郎齐名,曰南齐北窦。"

是年秋,三十四岁的王昶到访,聚会者还有杭世骏、释明中、盛本枬。王昶有《湖中晚归,简齐侍郎次风召南、杭编修大宗世骏》②。

是年有《黄岩河闸志序》③。

> 黄岩有贤令曰刘君,以名进士宰淳安,调繁兹地,善政具举,其最大者,在兴修水利。古籍载道,藉藉口碑如池阳歌曰公,南阳颂杜母。事竣,自辑疏河建闸设施,次第为志九卷,垂示后人。从余游阮生邮寄其橐,请序。余为序。

刘世宁(1720—1800),字匡宇,别字乾斋,新淦人,乾隆十年进士,历官淳安知县、黄岩知县、工部营缮司主事等职,官至礼部稽勋司员外郎、户部山西司郎中。乾隆二十年至二十二年,知黄岩。在任期间,刘世宁浚城内外河道,并修闸坝十三所,使东南滨海田得到灌溉。又兴文教、立义学④。

齐周华撰《昭静先生列传赞》⑤。

乾隆二十三年(1758 戊寅)五十六岁

《齐侍郎年谱》:正月二十四日诣墓行焚黄礼。二月起程赴书院。

是春,有《湖上饯送汪西灏同年之南粤前韵》三首⑥,《送汪西灏之岭南》⑦:

> 湖水东边凤岭西,君家自与竹林齐。竹中一滴曹溪水,卧看千帆落浅溪。

---

① 陈康祺《郎潜纪闻初笔》卷七,《续修四库全书》第1182册,P227下。
② 王昶《春融堂集》卷六,《续修四库全书》第1437册,P397。
③ 齐召南《宝纶堂续集》卷十,《清代诗文集汇编》第300册,P464-466。
④ 彭元瑞《恩余堂辑稿》卷二,《清代诗文集汇编》,第374册,P694-695。
⑤ 《名山藏副本》附录年谱。
⑥ 齐召南《齐胡二家诗钞》,临海博物馆藏抄本。
⑦ 齐召南《宝纶堂外集》卷十,《清代诗文集汇编》第300册,P516下。

关于此次南游岭南,汪沆自己有《粤游集序》①:"戊寅岁,曾偕将军新公赴粤东。居未两月,旋即返辕。追理游踪,颇自悔其草草。越二年,应李钦斋制府之邀招,自江干开程至庾岭,道中得诗二十九首,沈萩林廉使已为予订而付梓。今合抵粤后所作,汇为一集,题曰《粤游》,仍萩林之命名尔。从予游者,吴生祥金从子宗鐇。"

是年八月,有《周松霭著书图（有序）》②。

> 海昌进士松霭,待选家居,好学不倦,笺经评史,著作日多。《海神庙志》,亦其一种也。素工词赋,众论俱以馆局期许。今夏绘《著书图》,求予题,予病久断吟咏,集坡公句为歌迎之。

周春在《耄馀诗话》详述此事原委③:"太夫子天台齐息园宗伯掌教万松书院,余常得晋见。公自述坠马,额破脑流,后蒙古大夫治疗之法甚奇而详。世传所读之书不复记忆,此言过也,但精神顿衰,不能如旧尔。公为余集《中文孝经》《尔雅补注》二书,公笔墨酬应繁,懒于构思,喜集古人诗文成语,尝集苏题余《著书斋图》云。"沈德潜亦有《题周松霭著书斋》④。

周春著书之处,称作昙华馆,据《松霭大令偶检箧笥,得予平日投赠书尺凡七百三十余通、诗二百五十余首,合计殆不下千纸,书来备述之,心感其意,率酬一律（以下壬申）》⑤自注云:"昙华馆,松霭著书之所。"可知昙华馆是周春之书斋。另外,齐召南还为周春之《中文孝经》《尔雅补注》作序,这些序,均收录在《宝纶堂文钞》卷四中。

是年九月,有《郭西诗钞序》⑥:

《郭西诗钞》乃仁和赵时敏辑,齐召南选定。据赵时敏之《郭西诗钞跋》:"因于丁丑辑里中先辈遗稿并耆老近作,录请息园老夫子选定,迄戊寅冬告竣。"据凡例云:"今集中所刊,城内自吴山至涌金门,城外自万松岭至涌金门,

---

① 汪沆《槐塘诗稿》卷十一《粤游集》,《清代诗文集汇编》第301册,P378上。
② 齐召南《宝纶堂外集》卷十,《清代诗文集汇编》第300册,P514上。
③ 周春《耄馀诗话》卷一,《续修四库全书》,第1700册,P1下。
④ 沈德潜《归愚诗钞余集》卷四,《续修四库全书》第1424册,P471-472。
⑤ 吴骞《拜经楼诗集》诗集再续编,《续修四库全书》第1454册,P174。
⑥ 《郭西诗钞》卷首,浙江工商大学出版社,2013年。

统名曰郭西。"

是年冬,有《瑞石山志序》①。

> 瑞石古洞,至今皇上再巡而始大显,是盖天造地设,不假人工,雄过初阳,秀跨灵鹫,为武林群山汇其精粹,为全浙民安物阜。康熙皡皡,表其休嘉,翠华幸浙,必先驻跸。宸藻烂然,如景星庆云,辉映林谷。是诚不可无志,以贺兹山。荣遇亦如崆峒具茨,虽非岳镇,其名发自圣神,来游即可以永传万古。诸生莫栻(亦写作栻)、朱彭、赵时敏居山之麓,其辑见闻,请余增订。余疾失学未能,嘉其志,在觐光为书首。

《瑞石山志》上一次编志是在康熙六十一年,志成之后,严书开写有《瑞石山志略序》:"壬寅秋日,逸山子游于杭之紫阳洞……羽士丁梅石者,野鹤之裔也……因索山志览之为志,其概如左。"②"瑞石山上有瑞石洞,本朝乾隆二十二年、二十七年、三十年、四十五年,高宗巡幸,并有御制诗。"③又雍正《浙江通志》卷九④:"瑞石山,万历《杭州府志》,在宝山南,上有紫阳庵,中有瑞石泉、橐驼峰。此山秀石玲珑,岩窦叫窱,湖山奥区,罕与伦比。去年,乾隆帝南巡到杭州,幸瑞石洞,有诗《瑞石洞》。"⑤

是年有《馆阁诗序》⑥。

《馆阁诗》由阮学浩选编。阮学浩(1702—1764),山阳人,雍正八年(1730)进士,授翰林院编修,两典领乡试,一提督学政。阮学浩在翰林院与齐召南共事数年。阮学浩殁后,《墓志铭》出自齐召南之手。其传在同治十二年刊本《重修山阳县志》卷十四。

是年有《重刻石龙庵诗草序》⑦。

《石龙庵诗草》是明朝徐学诗(？—1567)的作品,其传在《明史》卷二百一

---

① 齐召南《宝纶堂续集》卷十,《清代诗文集汇编》第300册,P467。
② 严书开《严逸山先生文集》卷一,《四库禁毁书丛刊》第90册,P250上。
③ 嘉庆《大清一统志》卷二百一十六,《四库全书》第479册,P7-8。
④ 雍正《浙江通志》卷九,《四库全书》第519册,P307。
⑤ 《御制诗集》卷七十,《四库全书》第1304册,P333-334。
⑥ 齐召南《宝纶堂文钞》卷四,《续修四库全书》第1428册,P523-524。
⑦ 同上,P525。

十中。又《四库全书总目提要》卷一百七十七集部三十：“《石龙庵诗草》四卷附刻二卷，明徐学诗撰。学诗，字以言，别号龙川，上虞人，嘉靖甲辰进士，授刑部主事迁郎中。以劾严嵩父子罢职。隆庆初，起南京通政司参议，未任而卒。赠大理寺少卿。学诗不以诗名，而所作音节颇清亮，盖尝与李攀龙相赠答，故流派与之相近。遗稿多阙字，邑人黄之璧为补入，以圈别之。后二卷，则附刻《劾嵩疏稿》，及传略诸篇。”

是年为吴彪之父吴廷璟作传。

齐召南文集不载，此事见于齐召南学生戴殿泗的记述："乾隆戊寅，……义乌吴君彪，独温诚质厚，暇日请于宗伯为其父作传，余得而诵之。……吴彪之父讳廷璟，字廷玉，号友兰。"①可知齐召南为吴廷璟作传，戴殿泗为之作墓志铭。

是年，阮葵生就学于齐召南。

齐召南任内阁学士、礼部侍郎，与阮学浩在翰林院共事多年。乾隆十四年因坠马受伤归乡。阮葵生之弟阮芝生也曾从齐召南问学②。

是年三月，沈廷芳自广东粤秀书院归杭，丁忧结束，之后北上。行前与杭州的好友陈撰、丁敬、赵信、杭世骏、齐召南惜别，六人于皋亭聚会。

沈廷芳有《留别陈楞山、丁敬身、杭大宗、赵意林、齐次风》③。

乾隆二十四年(1759 己卯)五十七岁

是年四月，有《邵生服议》④。

钱塘邵生澄观，名学鉴，翰林霁川先生长子也。幼敏慧，异常儿，甫学举子业，文出辄冠其俦。年十六应童子试，学使者拔补博士弟子员。身长七尺，顾盼伟然，似丈夫。其明年得病死。呜呼！栝柏豫章，栋梁才也。

霁川，即邵祖节，号椒石，钱塘人。乾隆十三年进士⑤。

---

① 戴殿泗《风希堂文集》卷四《吴友兰墓志铭》，《续修四库全书》第1471册，P103-104。
② 《阮葵生年谱》，《淮阴师范学院》2006年第1期。
③ 沈廷芳《隐拙斋集》卷二十四，《四库存目补编》第10册，P380上。
④ 齐召南《宝纶堂文钞》卷六，《续修四库全书》第1428册，P551-552。
⑤ 《历代词赋总汇》第13册清代卷，湖南文艺出版社，2014年，P12313。

是年五月有《雷母李太夫人墓志铭》①。

此墓志铭是给雷鋐母亲写的。雷鋐(1697—1760)，字贯一，号萃庭，福建宁化人，雍正十一年进士，出任浙江提督学政，改江苏学政。乾隆十八年，升任都察院右副都御史，仍提督学政，调任浙江。雷鋐较齐召南年长八岁，两人过往甚密。乾隆二十一年，雷鋐请假回乡探望母亲，二十四年(1759)二月二十七日，其母去世，雷鋐因办丧事，操劳过渡染病，于乾隆二十五年离世。雷鋐的传在《清史稿》卷二百九十中，或《芝庭文稿》卷五《通奉大夫都察院左副都御史加二级雷公墓志铭》，或《缉斋文集》卷七之《祭副都御史翠庭雷公文》，又沈廷芳有《雷副宪传》②。

是年中秋有《李太白集辑注序》③。

同时的有杭世骏《道古堂文集》卷八，《李太白集辑注序》④。又王琦有《李太白集辑注序》⑤。

九月，有《听潮集序》⑥。

《听潮集》，阮芝生之作品。阮学浩、阮学浚为兄弟关系，与齐召南为同仁，关系密切。阮学浩有两个儿子，长子阮葵生(1727—1789)，次子阮芝生，二人都学于齐召南。阮芝生：清诗人，字秀储，号谢阶，又号紫坪。江苏山阳(今淮安人)，乾隆二十二年(1757)进士，历官内阁中书、永定河同知。⑦。

《齐侍郎年谱》：是年，于敷文书院修《温州府志》及《永嘉县志》。

《温州府志》总修是齐召南、汪沆，三十卷。

同时修纂有《永嘉县志》二十六卷⑧。

卷首有李琬、徐绵、崔锡序。是书提调徐绵、李琬，总裁齐召南、汪沆，编辑崔锡、施廷灿、赵镇。

---

① 齐召南《宝纶堂文钞》卷八，《续修四库全书》第 1428 册，P576 - 577。
② 沈廷芳《隐拙斋集》卷四十一，《四库存目补编》第 10 册，P521 - 522。
③ 齐召南《宝纶堂文钞》卷五，《续修四库全书》第 1428 册，P527 - 528。
④ 《李太白全集》卷末附录，杭世骏序，中华书局，1977 年。
⑤ 同上，王琦序。
⑥ 《宝纶堂续集》卷十一，《清代诗文集汇编》第 300 册，P476。
⑦ 钱仲联《中国文学大辞典》，上海辞书出版社，1997 年，P1179；《重修山阳县志》卷十四，《中国方志丛书》第 117 册，P209 - 210。
⑧ 《永嘉县志》，乾隆三十年晋江施廷燦刻。

齐周华撰《海内名山评》①。

乾隆二十五年(1760 庚辰)五十八岁

《齐侍郎年谱》：抚臣庄时至书院论文。

庄有恭(1713—1767)是乾隆四年的状元,乾隆五年就充日讲起居注官,与齐召南同朝做官。于乾隆二十四年至二十七年间任浙江巡抚。此时两人又同在杭州②。

是年春,有《庚辰春闻西征大捷,拓地数万里,奉旨班师,奏凯之庆,集杜句志喜》十首③。

除了诗之外,齐召南还有《平定西域颂》④。

平定西域是朝廷的一件大事,历康熙、雍正、乾隆三朝,军事上彻底解决准噶尔问题,是在乾隆二十四、二十五年。齐召南的诗、颂,写的就是此事。在平定准噶尔之时,于乾隆十一年就开始编修五十二卷的《钦定皇舆西域图志》。这些资料,详细记载了平定西域过程及西域的情况。

是年夏,为周松霭作《尔雅补注序》⑤。

对照《尔雅补注》齐召南序和《宝纶堂文钞》卷四中的《尔雅补注序》,文字上有一些不同,齐召南文集中保存的序,缺少对周春的介绍。序言的结尾,也缺作序时间。齐召南还为周春的《中文孝经》一书作过序。

是年八月十三日,是乾隆帝五十寿辰,朝廷将有盛大的庆祝活动,文武大员都得参与祝贺。齐召南虽然坠伤离职多年,但仍得入朝祝贺。齐召南原来计划于六月诣阙,已托人租舟,但因大病一场,不能入京,颇以为恨,写有《被病志恨》⑥。

是年有《学耨堂文集序》⑦。

据《清人诗文集总目提要(上册)》⑧：王宗炳,卒年不详,字虎文,自署鹤潭

---

① 《名山藏副本》附录年谱。
② 钱实甫《清代职官表》,中华书局,1980 年,P1610－1613。
③ 齐召南《宝纶堂外集》卷八,《清代诗文集汇编》第 300 册,P510－511。
④ 同上,卷七 P557－559。
⑤ 同上,卷四,P519。
⑥ 同上,卷十,P516－517。
⑦ 同上,卷五,P529－530。
⑧ 柯愈春《清人诗文集总目提要》(上册),北京古籍出版社,2001 年,P354。

人(即浙江东阳)。主丽正书院。著有《金华征献略》《金华文略》《广性理金》《学庸讲义》《学耨堂文集》《学耨堂诗集》《学耨堂诗余》,其中《金华征献略》《金华文略》二书,收录在四库存目丛书中。邓钟玉的《金华县志》卷十一人物中,有王崇炳的传。今人王品高、王湘有《学者王崇炳传略》,载《东阳文史资料选辑》第11辑。所撰《学耨堂诗稿》,中国国家图书馆藏六卷本,前有序,谓康熙六十一年壬寅以后诗录十之五,壬寅以前诗录十之一,后附《学耨堂诗余》二卷,有雍正九年自序,署七十九岁叟。广东中山大学图书馆藏乾隆间刻九卷本。乾隆间又刻《学耨堂文集》六卷,后附《书筌随笔》,复旦大学图书馆藏。至乾隆二十五年,其裔孙编为八卷,将《书筌随笔》六十条及箴言六篇,编于卷首。齐召南为之序,浙江图书馆藏。

是年有《易学资始序》[①]。

《易学资始》的作者是龙泉连廷山。齐召南与连廷山虽是同年,但他对连廷山的著作是半信半疑,原因是连廷山著述《易学资始》的过程,让齐召南颇以为疑。其事情经过是这样的:"乾隆九年甲子春,馆邑之义塾有地仙吴妙应者,自匡山之天鲤峰来,与廷山讲《易》凡数日夜,所论皆出人意表。其人不饮不食,状若八九十老翁,冠道士冠,衣布袍,须眉与面一色,双眸炯炯有光,自云宋时隐士也,所言姓氏与乡里传闻合。问南渡前事,颇得一二,以后则不言。问修炼服饵之术、师友弟子姓名及往还何地,所读何书,即《周易》所据何本,诸儒中深于易者何人,皆不答。惟指《河图》曰,但自近取诸身,即知文周象象之取物矣。其来也,如石坠有声,去则御风,倏忽不见。廷山得其口授,著《易学资始》。"(李元度《天岳山馆文钞》卷十八《书吴妙应事》)显然,齐召南对连廷山碰到的这个吴妙应神仙不以为然,故对其写作《易学资始》的观点也是存疑。

是年,堂兄齐周华被逐出家族。

齐周华自乾隆元年被赦免之后,就云游四海,中途偶尔回家。齐周华于乾隆二十二年(1757)六十岁时回家,就与家人摩擦不断,终致"是年,族长齐长庚,以周华回家后,忽而逐妻,忽而呈子,忽而告戚,种种横行,训斥不遵,曾掷出族,呈县有案"。[②]

---

① 齐召南《宝纶堂文钞》卷五,《续修四库全书》第1428册,P528-529。
② 《名山藏副本》附录年谱。

是年为桑东愚之《松林采药图》题咏。

桑东愚,即桑鼎元,桑调元之弟,兄弟二人与齐召南都有交。同时为桑鼎元《松林采药图》题词的,有其女婿卢文弨之《题桑东愚先生〈松林采药图〉端(庚辰)》、陈兆仑之《长甲处士桑东愚采药书卷》①等。又丁敬有《题桑东愚养爪采药小照》(《砚林诗集》卷三)。又汪沆有《题桑东愚〈采药图〉》(《槐塘诗稿》卷十四)。

是年,陶元藻有《寄怀齐次风少宗伯》诗②。

陶元藻于乾隆二十三年客居扬州,为两淮盐运使卢见曾(1690—1768)之幕僚。二十三年底离开扬州,途径杭州,可能拜会过齐召南,但此事两人均未记载。二十四年春,陶元藻出发到岭南,是应在广东任职的同乡梁国治之邀请。二十五年,写了此首《寄怀齐次风少宗伯》。陶元藻在游广州光孝寺时,想起了杭世骏八年前的《光孝寺诗》,故有《游光孝寺用杭堇浦太史原韵》③。

陶元藻(1716—1801),字龙溪,号篁村,会稽人。乾隆年间贡生,有诗名,时称"会稽才子"。后入两淮盐运使卢见曾之幕。归籍后,在杭州西湖建有"泊鸥庄",以著述为业,历三十年余。著述有《泊鸥山房集》《全浙诗话》《凫亭诗话》《越谚遗编考》《越画见闻》等④。

乾隆二十六年(1761　辛巳)五十九岁

是年孟春,成《水道提纲》二十八卷。

齐召南有自序⑤。卷首还有阮学浚、王杰的序,后二人序都写于《水道提纲》出版时的乾隆丙申年(1776)。卢文弨有《水道提纲跋》,据卢文弨跋言,他也参加此次刊本的校勘,校出了一些译文差异和个别字的不同⑥。

《水道提纲》成后,被录入四库全书,不曾刊刻。首刻《水道提纲》,是戴殿海、戴殿泗兄弟于1776年完成的。为刊刻《水道提纲》,专门募集了资金。募款启事是由戚学标为张裕荦代笔的,即戚学标之《募刻齐息园先生〈水道提纲〉

---

① 陈兆仑《紫竹山房诗集》卷九,《四库未收书辑刊》第9辑25册,P579-580。
② 陶元藻《泊鸥山房集》卷二十三,续修四库全书,1441册,P678上。
③ 同上,P678上。
④ 任宝根《鲁迅故乡的名人》,西南交通大学出版社,1988年,P118。
⑤ 齐召南《水道提纲》卷首,传经书屋藏版。
⑥ 卢文弨《抱经堂文集》卷九,《续修四库全书》第1432册,P633-634。

启（代桐城张祭酒）》①云：

> 先生存日尝欲表进之，不果。临殁喃喃叮嘱，谓予一生功名事业如浮云，然可弗朽者独此耳，勿佚也。幸际天子右文，征书中外，特开四书馆，甲乙校雠，于是得进邀乙览，于先生纂录之本意诚为不负。然藏之中秘，外人罕见，不为刊刻，令四海之内叹学问之博如先生、著作之勤如先生。不幸一殁，而所为书概散失耗蠹而不著于后，则同类既不能不痛心，而况实济时用、卓然成一代之业如是书者，尤不可使湮灭而不传哉。计是书为卷二十八，刻费计数百金，独任则难，众任则易。凡旧系先生门下，或为同乡后进，及平日有交谊者，于先生之书之传是皆有责焉，庶几共襄厥事，付之剞劂，以答服古之勤，以慰好善之望，流美艺林，嘉惠后学，在此举也，谨具启。

关于《水道提纲》的卷数，齐召南的自序，写于乾隆二十六年，说是二十八卷。但《齐侍郎年谱》乾隆二十六年没有提及完成《水道提纲》一事。乾隆二十八年，《齐侍郎年谱》中提到"是年，所编《水道提纲》三十卷成"。现在见到的《水道提纲》各种版本，都是二十八卷，而齐召南于乾隆二十八年说有三十卷。另外，杭世骏《资政大夫礼部右侍郎齐公墓志铭》、袁枚《原任礼部侍郎齐公墓志铭》、秦瀛《礼部侍郎天台齐公墓表》亦说《水道提纲》是三十卷。一种可能是，齐召南于乾隆二十六年完成《水道提纲》后，并作了序，又作过一些补充，故于乾隆二十八年有三十卷之说。情况如何，已无从知道。四库抄本及戴本，分别从齐召南之原稿而来，这两个版本的处理，都经过齐召南之子齐式迁之手，应当做过整理后，依二十八卷定稿的。

是年春，齐世南中进士。

齐召南有六兄弟，齐世南排行第四。是年恩科，齐世南中榜，为三甲八十二名。齐世南有《尚书集解》，此书为讲义，齐召南有序②："予家弟世南撰《尚书集解》以课子弟，离经辨志简而明，知类通达，近而远。说本朱蔡，兼采注疏以

---

① 戚学标《鹤泉文钞》卷下，《续修四库全书》第1462册，P403-404。
② 齐召南《宝纶堂文钞》卷四，《续修四库全书》第1428册，P522-523。

后诸儒所长,俾读书者如读《论》《孟》《大学》《中庸》,味如菽粟,用如布帛,不可斯须去也。余嘉其志。"

齐世南的传在民国《台州府志》卷一百二十中:"世南,字英风,号孙圃。为学沈浸经史,博而不杂。乾隆十二年,举于乡,入都,居仲兄召南邸,对客挥毫,风发泉涌。刘纶、程景伊、陈兆仑、张裕荦、吴炜、周长发、龚廉并折,二十六年成进士。……所辑有《易经要览》十二卷、《尚书集解》十八卷、《诗经便览》七卷、《礼记摘》卷、《周礼图说》六卷、《仪礼约编》四卷、《左传便览》十六卷、《通鉴钞释》一百二十卷。所著有《明州》一卷、《开岩志略》三卷、《蝉鸣集》五卷、《自怡草》四卷。"

是年十月,齐召南入都请安,作《皇太后七旬万寿赋》①。

齐召南在京祝寿期间,有答果亲王诗,题、序②:"辛巳冬,诣阙祝寿,承果亲王招同沈尚书宴集经畬堂话旧,即席示诗。诗曰:'余生无复事雕虫,滥窃君恩感激中。话别最怜芳草碧(先出年前春草诗十章,墨刻题诗),题诗亲劈采笺红。杯承湛湛层霄露,笔振泱泱大国风。归去台山对猿鹤,时登华鼎企高松。'"

据《高宗实录·乾隆二十六年》卷六百四十九:"谕:各省来京叩祝之在籍文武大臣等,以次推恩赐赉。现在时届仲冬,其中半系年老之人,庆典既成,自当早令俶装俾资颐养,可于二十二日行礼后,随便择日起程回籍,以示体恤。"

齐召南对自己这次入都祝寿,入京、受赏赐及回程有详述:"九月二十日,以叩祝皇太后万寿进京。十月下澣至,请圣安。与沈德潜即蒙召对,慰问良久,内侍扶起。奉旨仍赴上书房,与沈德潜偕皇四子、五子、六子,及诸阿哥皇孙俱相见,以诗文相质正。辰入未出,有扶掖者,不拘常仪。十一月二十五日,朝驾皇太后。赏大缎三疋、荷包烟壶(与尚书嵇璜等候于万寿寺经坛前)。钦赏彩缎三匹、貂六,及《皇清文颖》一部。皇子俱有赠遗。二十九日,奏旋浙。十二月二日起程,二十日至淮安城外守冻。"(《齐侍郎年谱》)

齐召南为皇太后祝寿后南归,陈兆仑有《送齐侍郎南归序》③。

是年有《文学邵君复庵墓志铭》④。

---

① 齐召南《宝纶堂文钞》卷一,《续修四库全书》第1428册,P357-362。
② 同上,卷六,P643-644。
③ 陈兆仑《紫竹山房文集》卷八,《四库未收书辑刊》第9辑25册,P316。
④ 齐召南《宝纶堂文钞》卷八,《续修四库全书》第1428册,P577-578。

仁和博士弟子员邵君复庵,以乾隆辛巳六月六日卒于家,距生康熙庚辰十一月七日年六十有二,将以某年月日葬于西湖普福岭之原。其子宝阶从余游,与其弟宝勤衰经扶杖,持君行状以志铭请。

是年,阮芝生来敷文书院就学齐召南。《宝纶堂外集》卷八《万松冈》第五首齐召南自注:"山阳阮进士芝生年前来学,有《补植万松诗》。"

是年,沈德潜曾来访敷文书院,《宝纶堂外集》卷八《万松冈》第四首,齐召南自注:"沈归愚（廷芳）尚书,年前来访,自言纵览栖霞古松之奇,此间宜复胜概。"

是年有《寿沈尚书九十》①。

沈德潜有《九十咏怀》诗数首,当是写于是年(《归愚诗钞余集》卷六)。

是年,齐周华请杭州刻字匠周景文刻《名山藏副本》,刻成之后,自序于寄生草堂②(《名山藏副本》附录年谱)。

亦于是年,齐周华成《临海百步梁氏谱序》③,在此序中,他为自己的行为进行了辩解。

乾隆二十七年(1762 壬午)六十岁

正月二日,沈德潜、范璨、严源煮、周鸿儒、齐召南在杨锡绂之丛桂轩聚饮。杨锡绂有《正月二日邀沈确士、范约轩、齐次风三侍郎,严桐峰给谏、周鸿儒学博共饮丛桂轩》④。沈德潜、齐召南等一行人,入京为皇太后祝寿,回程至淮安,运河结冰,不能行走。时杨锡绂任漕运总督,驻淮阴,尽地主之谊,在自己的丛桂书屋招饮沈德潜、齐召南等人。根据杨锡绂《四知堂文集》,将此诗系于辛巳年,实为壬午年。

《齐侍郎年谱》:正月十一日,余六十诞辰也。

是年正月邹一桂有《寿齐次风六十》⑤:"生平未得瞻台岳,犹喜曾亲岳降身。栖壑输君先十载,弄泉我亦阅三春。青松翠柏应同寿,玉液琼浆好共陈。

---

① 齐召南《宝纶堂文钞》卷六,《续修四库全书》第1428册,P645。
② 《名山藏副本》附录年谱。
③ 同上,P256。
④ 杨锡绂《四知堂文集》卷三十五,《四库未收书辑刊》第9辑24册,P613下。
⑤ 邹一桂《小山诗钞》卷十一,《清代诗文集汇编》第260册,P109下。

邀约灰飞骖鹤驾,蓬莱阙下会仙真。"

《齐侍郎年谱》：(正月)是日春风解冻,漕宪杨公至船上送行。十二日扬帆,十三日至扬州府城外。二十日抵杭寓邵家。皇上三度南巡,臣于二月十五日由杭登舟,出北关,因有旨不必远迎。十八日,至吴江之王家溪。二十七日,迎驾于亭上,即诣大营盘,恭请圣安,献赋册及经坛牓文。明日,先回杭。三月初一日,偕学臣李,率诸生蒙候迎圣驾于谢村亭上。初四日,上自海宁阅塘工至杭,臣又率诸生迎驾于八仙石。初六日,候驾拈香于净慈寺前。午刻,恭领御赏大缎三匹于行宫前。初十日,圣驾幸敷文书院,臣率教职诸生奉迎。御制诗叠前韵。又御书二联,命悬讲堂(一联：正谊明道,养士求贤。一联：萦回水抱中和气,平远山如蕴藉人)。十四日,至王江泾,同诸生送驾,玉音叮咛慰劳。十九日,抚臣庄送入书院。

是年春,乾隆帝第三次南巡,齐召南于吴江汪家溪迎驾。

乾隆帝到杭州后,幸敷文书院,齐召南迎銮。是时,钱陈群、沈德潜等到常州迎驾。此次迎驾,齐召南弟子秦瀛有《书少宗伯轶事》[①],从中看出此次迎驾中齐召南的不愉快："至扬州,将渡江,上召见公曰：汝其遂朕登金山。公曰：臣有足疾,不能行。上曰：与汝骑。公曰：臣不能骑。江山真面目,臣于舟中得之,心为之快。若新作台殿,粉饰壮丽,皆人工耳。上默然。比至西湖,上召见沈尚书德潜及公于小有天园,命和御制诗章,尚书随和以进,而公谢以病废,不能诗。阅日,又召见,曰：朕闻天台胜甲于两浙,汝天台人,当能道之。公曰：穿岩绝壑,虎豹所居。臣生长天台,敬凛孝子不登高、不临深之意,未尝一识石梁也。上笑曰：汝真土人哉！是日,遍赐诸臣文绮,而不及公。"显然,齐召南坠马造成的后遗症,给他带来严重不适。乾隆二十五年,齐召南又大病一场,身体大不如前,给这次迎驾带来了诸多不愉快。

五月,有《喜雨杂兴(有序)》十二首[②]。

沈廷芳于是年以原品休致,回原籍杭州,事见《隐拙斋集》卷二十八《蒙恩以原品休致恭纪》二首。沈廷芳回杭州后,拜访齐召南,沈有《宿敷文书院同次风、卫宗、经根作》《湖上观荷歌》[③]。齐召南有和诗《壬午夏杪,湖上看荷歌次和

---

① 秦瀛《小岘山诗文集·补编》,《续修四库全书》第1464册,P380下。
② 齐召南《宝纶堂外集》卷十,《清代诗文集汇编》第300册,P519上。
③ 沈廷芳《隐拙斋集》卷二十八,《四库存目补编》第10册,P408-409,P409上。

椒园先生》①。

是年秋,有《万松冈诗》②。

诗前序:"书院冈岭,古称万松,南巡三度辇到所。由庄抚军所栽,有为国树人雅意。数日间,蔚然新秀,约束声明,士林额手相庆。俄奉恩命移节江苏。此则坡公诗所云'湖上棠荫手自栽'者。叹病不能诗,随意集少陵句,得十四绝。前看濯濯学者,当借警于牛羊。今睹丸丸居民,必相戒于剪伐。"

齐召南于是年冬回了趟天台,沈廷芳有《次风将返天台,予过书院话别,出示补植新松,集杜诗次韵》十首③。

是年有《重修龙泉县志序》④。

《龙泉县志》有多种,顺治、康熙、乾隆、同治、光绪数朝都曾编修过。《龙泉县志》首修是顺治年间的徐可先。齐召南作序的是乾隆二十七年时苏遇龙主持编修,故有重修之说。乾隆《龙泉县志》前有苏遇龙、徐绵、齐召南等人的序,顺治时徐可先的序,作为"原序"也收录卷首。顺治《龙泉县志》修于顺治十二年(1655)。

是年有《重刻王刚叔文集序》⑤。

王毅(1303—1354),字刚中,号木讷斋,龙泉人,因其书房称木讷斋,又称之为讷斋先生。与胡翰(1307—1381)等是许谦的亲炙弟子。长期在乡里讲学,元末死于战乱。《木讷斋文集》收录在续修四库全书中。其传见宋濂《文宪集》卷十一《王先生小传》及胡翰为王毅撰写之墓志铭。胡翰所撰写之王毅墓志铭不见于胡翰《胡仲子集》,今存于王毅之《木讷斋文集》之附录。

是年有《重刻草木子序》⑥。

《草木子》八篇,明初龙泉叶静庵著。叶静庵,即叶子奇,字世杰,一名琦,号静斋,其传在《明史》儒林传、《两浙名贤录》中。《草木子》一书,内容广泛,涉及天文、历象、时政、元末农民起义等,资料价值很高。有正德、万历、乾隆、同治等不同刻本。乾隆重刻本有苏遇龙、齐召南序。

---

① 齐召南《宝纶堂诗钞》卷六,《续修四库全书》第1428册,P645下。
② 齐召南《宝纶堂集古录》卷八,《清代诗文集汇编》第300册,P511上。
③ 沈廷芳《隐拙斋集》卷二十八,《四库存目补编》第10册,P412-413。
④ 齐召南《宝纶堂文钞》,卷五,《续修四库全书》第1428册,P532-533。
⑤ 同上,P533-534。
⑥ 同上,P534。

约于是年,为余萧客撰《古经解钩沉》①作序。

> 吴中余君仲林,笃志穷经数十年,博搜载籍,凡汉后、唐前诸儒解经之可备旧闻、未入《五经正义》及他经疏与义疏引入他经者,条分缕析,类以本经,共成三十卷。自作序录,题曰《古经解钩沈》。

余萧客之《古经解钩沉》收录在四库全书中,但卷首只有余萧客之序,齐召南、王鸣盛、戴震等人序未收录。《四库总目提要》对是书的评价较高。《古经解钩沉》完成于乾隆二十七年九月,故将齐召南、王鸣盛之序系于是年。至于戴震之序,则写于乾隆三十四年②。

是年,有《次和刘绳庵同年过书斋留别韵》③。

齐召南在《方立亭卓然有诗题天然图书谱,用坡公石鼓歌韵酬之》自注有"丙子春,刘绳庵少司农以使事来浙,事毕,屡顾山斋,叹赏造物之奇,攫取其半"。(《宝纶堂诗钞》卷六)自乾隆二十一年刘纶因公务使浙,至乾隆二十七年,正好七年。是年当是刘纶随驾巡浙而造访齐召南。据刘纶诗自注,此间齐召南次兄亦到访,但未遇齐召南,齐召南当去吴江迎驾了。据刘纶介绍,齐召南好神仙之事,每次两人见面,齐召南都大谈神仙之术。

乾隆二十八年(1763 癸未)六十一岁

《齐侍郎年谱》:正月十二日,移居司后之宅。二月仍至杭课士,抚臣庄时来论文。是年,所编《水道提纲》三十卷成。

是年夏,沈廷芳来访。

齐召南无诗,沈廷芳有《晤次风后出凤山门,用渔洋与周量访茗文韵》④。

是年,沈廷芳赴福州鳌峰书院,出任山长。启程时,与傅王露、齐召南、丁敬等惜别,有诗《将之闽峤,留别傅玉笥笮前辈、齐次风同年及诸老友,次丁敬身见送韵》四首。

---
① 齐召南《宝纶堂诗文钞》卷五,《续修四库全书》第 1428 册,P537-538。
② 段玉裁《戴东原先生年谱》乾隆三十四年,《北京图书馆藏珍本年谱丛刊》第 104 册。
③ 齐召南《宝纶堂诗钞》卷六,《续修四库全书》第 1428 册,P646 上。
④ 沈廷芳《隐拙斋集》卷二十九,《四库存目补编》第 10 册,P416 下。

是冬,张五典过杭州,与傅王露、邵祖节、释明中、吴嗣富、齐召南等游。

时张五典有诗《傅玉筼太史招同齐次风、邵椒石两公湖舫小饮》①,《答次风先生(玉筼翁座间,先生问及八水近日形,得悉言之,翼日辱赠诗,因用原韵)》②。其他还有《谒郑公夫子》《西湖》《炎虚上人见我图》③。张五典在《荷塘诗集·与炎虚上人》自注云"癸未冬,曾陪次风先生过访(释明中)"。④ 可知张五典的诗写于癸未年。

是年有《力行沈先生墓志铭》⑤。

> 乾隆壬午八月二十日,仁和沈先生卒,余同年友椒园伯兄,余亦凤敬之如兄者也。闻讣走唁,椒园恸至失声。族党群谓先生行谊高,宜追号"力行"……先生讳廷櫰,字孟公。兄弟三人,仲曰文学心,季即椒园,俱贤能,绍家庭及外祖学,执经初白查浦之门,以诗文擅名,人称三沈。

是年,二十一岁的秦瀛来学。

《宝纶堂文钞·秦瀛序》:"乾隆癸未,余游杭州,过万松岭,问业于先生。阅乙卯,距见先生时已三十有二年,而先生之殁亦已二十七年矣。会余宦浙,有事台州,与先生子式迁相见行馆。"秦瀛此序收录在其《小岘山人集》卷三中,即《齐次风先生文集序》。

是年,年三十一岁的罗聘来访。

见《江都罗两峰聘以六月来湖上,手持画卷示予松岗,戏集杜句得五首画其便面》⑥。罗聘是年在杭州,是年正月作《坦禅师图》轴⑦。

《齐侍郎年谱》:十一月辞馆,抚臣熊恳留再三,始从之。归家,小儿修宅差堪容膝,可以读书。

是年,桑调元为齐周华《名山藏副本》作序。

---

① 张五典《荷塘诗集》卷一,续修四库全书,第1457册,P12下。
② 同上,P12-13。
③ 同上,P12。
④ 同上,卷二,P21。
⑤ 齐召南《宝纶堂文钞》卷八,《续修四库全书》第1428册,P580-581。
⑥ 齐召南《宝纶堂外集》卷八,《清代诗文集汇编》第300册,P511。
⑦ 《扬州八怪年谱·罗聘年谱》,江苏美术出版社,1990年。

乾隆二十九年(1764　甲申)六十二岁

《齐侍郎年谱》：二月至书院，学徒太多，疲于阅文。冬向抚臣坚辞，以明春圣驾南巡，仍从之。

乾隆三十年(1765　乙酉)六十三岁

是年春，乾隆第四次南巡，齐召南于苏州城内迎驾。《齐侍郎年谱》详述了此次迎銮过程：元宵束装抵杭，仍寓邵宅。督臣苏、抚臣熊、学臣钱来会。二月十六日，舟行出关，二十一日至苏州府城葑门外，大雨，泊焉。二十五日，即诸城内行宫前跪迎。上望见，即喜问：齐召南，你好么？臣请圣安，并献颂册及经坛牓文。传谕文：且先回杭暂候。明日，开船。闰二月初七日，与学臣钱率领教职诸生，迎驾于八仙石。初十日，候会绅士尚书钱等迎驾拈香于净慈寺前。恭领钦赏大缎三匹于行宫前。十五日，圣驾幸敷文书院，登览山亭，御讲堂用膳(命移前"萦回平远"一联于奎文阁)。御制诗再叠前韵。大书董仲舒"正其谊"二语悬堂柱(字大如斗)。命臣与学臣和，会奏进呈。十七日，于行宫前领笔、墨、砚之赏。二十二日，恭送驾于王江泾。二十八日，抚臣熊以科场之年，学徒云集，送至书院。

齐召南先到苏州侯驾，随后奉命回杭州迎驾，乾隆亲到齐召南执教的敷文书院。《宝纶堂诗钞》卷六《丙戌暮春和赵石函教授寄怀》齐召南自注："丁丑及壬午、乙酉，恭逢圣驾幸书院，俱蒙御制诗，命臣偕诸生和韵。"乾隆帝此次幸敷文书院，命齐召南与学臣及诸生和诗进呈，赐笔墨砚。

是春，完成《明鉴前纪》。

关于《明鉴前纪》，初稿于乾隆七年(见乾隆七年)。据王棻考证，齐召南最终完成《明鉴前纪》，当在是年春，王棻案："《明史》成于乾隆四年，而先生是书作于归田之后，在乾隆三十年之春，非在史馆时也。其无明表者，盖以《明史》浩繁，而纲目三编太简，且系钦定之书，不敢草草节录尔。"[1]齐召南的《历代帝王年表》，自先秦至明末，然而我们今天看到的《历代帝王年表》，实际上分为两种书，即《历代帝王年表》(自先秦至元末)和《明鉴前纪》。现在通行的《历代帝王年表》的明朝部分，实为阮福所续，而齐召南的《明鉴前纪》则单独发行。结

---

[1] 《台学统》卷八十二《新刻明鉴前纪序》王棻案语，《续修四库全书》第 546 册，P503 上。

合齐召南的《历代帝王年表》序、胡天游《历代帝王年表》序、郭传璞《新刻明鉴前纪》序、齐毓璜《明鉴前纪》跋(以上均见于《台学统》卷八十二)、童槐《历代帝王年表》序(《历代帝王年表》卷首)、《齐侍郎年谱》等,可知齐召南所撰《明鉴前纪》是依照康熙年间御定的王之枢《历代纪事年表》体例。王之枢断限是先秦至元末,齐召南亦依其体例编写。《明鉴前纪》则另行编纂,于乾隆七年上奏皇帝,但一直未能刊刻。《明鉴前纪》由齐召南裔孙齐毓璜、鄞县郭传璞等人整理出版于光绪十五年(1888)。齐召南的《历代帝王年表》十三卷,加上阮福续编的明年表一卷,合起来共十四卷,由阮福刊刻于道光四年(1824)。

是年夏,有《赠公祀典序》①。

此序为齐召南在家祭祖的一篇序言。

《齐侍郎年谱》:秋风年力日衰。十月,遂坚辞归家。予主于敷文书院授徒十有一年也。

是年秋,有《题张看云栋秋冈曳杖画卷》②。

此组诗前有序:"别玉川八年矣。戊寅秋,偕耕石先生访予万松岭,以画卷属题。海内能诗者大半具在,余病实不能诗,别作一格,得句即书杂兴二十四,间可资良友拊掌也。"齐召南所题《秋冈曳杖画卷》是张栋的作品。

是年,弟子秦瀛来访。

自敷文书院辞归后,齐召南撰自编年谱。

查齐召南年谱,杭世骏之《资政大夫礼部右侍郎齐公墓志铭》有"公自撰年谱"之说,然遍寻不得。宁海干人俊(1901—1982)之《新宁区志》末附有《齐召南年谱》,但民国《新宁区志》现仅存前八卷,人物传不存,干人俊之《齐召南年谱》应当不传。现浙江省图书馆藏有齐召南裔孙齐中嶔著《齐侍郎年谱》,为手抄本。《齐侍郎年谱》颇为简单,起自康熙五十七年齐召南初入县学,至乾隆三十年自敷文书院辞归,中间所述之事,主要限于齐召南于朝廷做官、四次迎驾等,其他事即使述及,也至为简略,共五千多字。然《齐侍郎年谱》对所述之事的时间记载,颇为详细,绝非齐中嶔所能追记。结合语言特征,所记时间断限,可以肯定《齐侍郎年谱》就是齐召南自编年谱,齐中嶔稍作补充。

---

① 齐召南《宝纶堂续集》卷十,《清代诗文集汇编》第 300 册,P467-468。
② 同上,卷六,P640-642。

乾隆三十一年(1766 丙戌)六十四岁

是年二月《重修讲约亭记》①。

如太平东南,滨海六都之团浦,左接新河、金清,右通松门旧卫。中道有亭,旧传为先民会讲乡约处。其子孙递衍,数村聚族而居,烟火相望,繁庶甲于一邑。……

戚学标(1742—1825)《嘉庆太平县志》卷八《庶政志·乡约》:"明代以御史奏,令州县举行乡约,时惟邑东盘峰里诸耆民,仿蓝田吕氏约法,月一举行;余虽行无实,旋亦废止。嘉靖间,知县曾始每乡择年高德望者为约正,有才力干济者副之。约所立木牌一座,楷书圣教六训,置于上方,而以泰和云亭乡约、四礼条件,令约正副参讲。于时乡各有所,或假禅院为之。今各里皆有乡约堂,名目尚存。"齐召南所述太平县,即今之温岭市。

是年三月有《丙戌暮春和赵石函教授寄怀》②。

赵金简字石函,又字玉书,上虞人,乾隆四年进士。任杭州教授十八年。为文清醇,性廉介不受馈遗。年至八十余,家徒壁立,处之晏如。学者称"赤绣先生"。著述有《石经古屋》③。赵金简在乾隆中后期任杭州府教授,兼带管理敷文书院,也就是书院院监,与齐召南交往甚密,诗文往来较多。万松书院所在地万松冈,本来没有松树,赵金简于乾隆壬午年(1762)在万松冈补植松树万余株,后逐渐成林。

是年夏有《答秦凌沧书》④。

  石桥和尚至,得手书及诗文二卷,表格清迥,愈陟愈高,将绝尘埃而凌霄汉。足下年甚少,所造已如此,为之不已,其直登古作者之堂无惑也。

秦凌沧即秦瀛(1743—1821),号遂庵,江苏无锡人,乾隆三十九年举人,官至刑部侍郎。工诗,善书法。这年秦瀛给齐召南写有一封信,并附上一卷诗,希望齐召南指点一下。秦瀛的《小岘山人文集》卷二中,有《上齐少宗伯书》《再

---

① 齐召南《宝纶堂续集》卷七,《清代诗文集汇编》第 300 册,P569。
② 同上,卷六,P647-648。
③ 《杭州府志》卷七十九,乾隆四十九年刊本,P31。
④ 齐召南《宝纶堂文钞》卷六,《续修四库全书》第 1428 册,P554-555。

上齐少宗伯书》。《宝纶堂文钞》中,所录是秦瀛所写的第一封信。秦瀛的《再上齐少宗伯书》写于三年之后:"瀛顿首白,瀛不见阁下,于今三年矣。今年春,闻阁下以事牵连,仓皇被逮,颂系京师。瀛始而愕然以骇,且皇然以惧。然窃意阁下之人素为天子所知,自必昭雪。闻阁下果蒙恩放归,欣喜无量。……谨附诗文一通,伏惟阁下垂览。瀛再拜不宜。"秦瀛是信写于1768年,信到达天台时,齐召南已离世。秦瀛事后知道此事,故在信后作了说明:"是书以戊子冬十月嘱僧物成邮天台,而先生已以是年夏五月殁,不及见,为之慨然。并记。"《宝纶堂文钞》之校勘刻板,即出自秦瀛之手。齐召南卒后,秦瀛有挽诗《同陆古渔挽齐息园先生》二首(《小岘山人诗文集·诗集》卷二)。乾隆五十八年(1793),秦瀛出为温处道。五十九年,因事过访天台,夜宿齐召南故宅,晤齐召南子式迁(1728—?)(《宝纶堂文钞·秦瀛序》)。这时距离齐召南离世已二十七年了,他不由感慨万千,想不到经齐周华文字狱后,齐氏家道衰落,故宅竟然变成了行馆,故写有《晚宿天台行馆,故齐息园侍郎旧第也,感而有作》①。

齐召南自敷文书院辞归之后,与堂兄齐周华产生了芥蒂。

  召南掌教敷文,假满归里,巨山适应母召返台,为谗者所中,移书让召南以"身肩名教,手荷纲常,不能为真西山之抗节棱棱,徒为养子云之附声喏懦",语多切直不讳。浙抚熊学鹏,时方孕恨召南,遽绎其书上之,而前案复发②。

从苏昌、熊学鹏的奏折看,齐召南是在齐周华案发之后,才断绝与齐周华的来往。可见齐召南实属无奈之举。当时,同时在世的朝廷命官中,还有沈德潜、桑调元二人,都曾经为齐周华的文集作序,此时都否认与齐周华的关系。

乾隆三十二年(1767　丁亥)六十五岁

是年五月端阳节,有《天台山方外志要序》③。

此书成于万历癸卯,出自释家之手,述梵迹者为多,与专志山川者体例稍殊,故别题曰《方外志》(《四库总目提要》卷七十六史部三十二)。释无尽撰《天

---

① 秦瀛《小岘山人诗集》卷九,《续修四库全书》第1464册,P600下。
② 《名山藏副本·附录》,P334。
③ 齐召南《宝纶堂续集》卷十,《清代诗文集汇编》第300册,P466。

台山方外志》,保存了一些有价值的资料,但卷帙浩繁,有三十卷,少数人物传记有重复出现的情况。齐召南删繁就简,重纂为《天台山方外志要》十卷,后增至十二卷。

是年十月,齐周华案发,这时距离曾静案发,他为吕留良辩护而写《吕晚村先生悖逆凶悍一案疏》已三十七年了。

此次案由仍然是他为吕留良辩护一事引发的。是年十月,浙江巡抚熊学鹏到天台查仓,齐周华借机向巡抚献上自己的著作《名山藏副本》等,希望巡抚为自己的文集作序,一并呈上的还有《为吕留良事独抒意见奏稿》。这次惹出麻烦的还是吕留良的事情,齐周华再次被收押,并被抄家。齐召南也受到牵连,(十二月)甲子,谕:"据熊学鹏奏,天台县逆犯齐周华,党恶狂悖,按律定拟。并称该犯系原任侍郎齐召南堂兄,一并参奏请旨等语,齐召南身为侍郎,见近族有此逆犯,何以并不据实奏闻,齐召南着来京候旨。"①

是年冬,有《日讲官起居注翰林院侍讲学士杨公墓志铭》②。

铭文云:"乾隆丁亥冬,故学士杨公仲子耀曾持其兄述曾、弟承曾所为公行状,徒跣走浙,哭求铭。呜呼!召南忍铭公墓乎?公学行高卓,晚折辈行忘年想与讲论,疾革时,犹作书寄文稿属点定。"这是齐召南为杨椿所作的墓志铭。

是年有《重刻石壁谏垣稿序》③。

《石壁谏垣稿》是明朝天台人庞泮之作品。庞泮文稿有《谏垣》《薇垣》《归田》,"今俱散轶,并篇目多寡亦无可稽,唯疏十六篇首尾完具,则赤城录以付梓人者。前有《赤城序》,后有潘梅壑跋,又有金溪吴公虚斋蔡公送行二序。今公族孙汉章志在表扬,取《明史》本传冠其首,重刻之,乞余为之序,谊不可辞。呜呼!"《明史》卷一百八十:庞泮(1456—1517),字符化,天台人。成化二十年进士。授工科给事中。弘治中,中旨取善击铜鼓者,泮疏谏。屡迁刑科都给事中。副使杨茂元被逮,泮率同列救之,茂元得薄谴。

乾隆三十三年(1768 戊子)六十六岁

二月,齐召南入京后,由军机大臣会同刑部会审,拟以杖流。

---

① 《高宗实录》卷七百九十九,第 18 册,P788 下。
② 齐召南《宝纶堂文钞》卷八,《续修四库全书》第 1428 册,P575 - 576。
③ 同上卷五,P538 - 539。

罪状是"于堂兄齐周华逆案,为之隐讳不奏,咎实难辞"。乾隆帝念齐召南曾为朝廷大员,加恩宽免递回原籍。不过,齐召南寄银与江姓生息之事被查处,"着传谕熊学鹏,可即密行查办,惟酌留糊口外,所有生息余赀即尽数查出归公,以充本地公用。后经查实,齐召南并无生息之事"。①

三月,齐召南房屋、田产除自留养赡外,其余一律充公。

四月,在顺天府尹裘曰修的押送之下,齐召南回浙江。卒于家。

先到杭州府署接受告诫,之后齐召南被移交给署台州府事乍浦理事同知双福纳,带回天台。五月二十三日,齐召南病故。齐召南回天台不久,天台县知县沈坚就呈报,齐召南感冒痰疾,医治不痊,于五月二十三日身故。齐召南卒后,被安葬到天台花坑之原②。齐召南"卒时,言不及家事。惟云滨于死者二,皆赖圣主得以生全:马惊触石而得万金良药以生;族子之狱,而荷从宽典。今日考终牖下,虽死犹幸,齐氏子孙生生世世,宜如何其含结以报也。"③

是年十二月二十日,齐周华被磔于市④。

---

① 《密行查办寄银生息之事谕》,《清代文字狱档》第二辑,上海书店,1986年,P148-149。《熊学鹏奏密查齐召南生息银两折》,P149-151。《尤拔世奏江日泰并无代齐召南存银生息折》,P153-155。
② 《永德奏将齐召南宽免递回原籍折》,P162-163。《永德奏齐召南病故折》,P168-169。
③ 《台学统》卷八十一《侍郎齐息园先生召南》,《续修四库全书》第546册,P490上。
④ 徐三见《默墨斋集·齐周华简论》,中国社会科学出版社,2004年,P109。

后 记

2008年底,我开始收集齐召南《水道提纲》的版本资料,准备校勘《水道提纲》一书。这部书是齐召南的学术代表作,也是乾嘉时期重要学术专著之一。由于在收集《水道提纲》各种版本的时候遇到一些困难,就放弃了。考虑到齐召南的主要著作《宝纶堂文钞》《宝纶堂诗钞》《宝纶堂续集》《宝纶堂外集》等尚易得到,就转而作齐召南的年谱。

从2008年底开始,就断断续续地写《齐召南年谱》,至2012年,基本上完成了初稿。2012年8月,我到浙江省图书馆抄录《齐侍郎年谱》,此抄本虽然只有短短5千多字,但价值较高,据此重新对年谱作了些补充。由于齐召南一些著作散见于各地图书馆、博物馆,尤其是临海市博物馆藏的较多,写作过程中我多次到临海市博物馆查阅资料,博物馆的徐三见、朱波二先生给我提供了很多方便,在此表示感谢。浙江大学何善蒙先生审读了稿件,提出了一些修改意见,上海古籍出版社的颜晨华先生,对稿件作了校改,并提出了许多修改意见,在此一并表示感谢。

还有一事需要补充说明一下的,直到整个书稿结稿以后,我一直都没能见到民国干人俊写的《齐召南年谱》。根据线索,干人俊的《齐召南年谱》在《新宁区志》的附录中,但查《新宁区志》也未能见到,我一直以为干人俊所写的《齐召南年谱》已经失传。巧的是就在不久前,我校图书馆刚买一套《宁海丛书》到库,里面就收录了干人俊的《齐召南年谱》四卷,我立马拍下这部书。看后发现,只是第三卷是齐召南的年谱,内容不多。从行文可以看出,干人俊没有看过《齐侍郎年谱》。

从写作《齐召南年谱》时我就开始申报课题,希望得到资金资助出版此书,多次申报都没有成功,此书稿放在电脑中有多年了。直到2019年11月,台州学院杨供法老师提出由和合研究院资助出版,后又与《台州文献丛书》编辑部协商,最终决定由《台州文献丛书》编辑部资助出版。此间,得到了《台州文献丛书》编委会副主任兼文化研究编辑部主编周琦先生的多次建议,修改定稿。在此对杨供法、周琦先生表示感谢。

和合研究院　陈爱平 2020.12.15

作者简介

陈爱平(1965—),男,湖北洪湖人,1996届华中师范大学历史文化学院硕士,现就职于浙江台州学院马克思主义学院工作,副教授。主要研究方向是中国近代史、浙江地方史,主要著作有《浙江学术文化通史》《孝说》等。